Bernd Langer

Antifaschistische Aktion

Geschichte einer linksradikalen Bewegung

Band 1

Denen, die kämpfen.

Bernd Langer, geboren 1960 in Bad Lauterberg im Harz, ist seit 1978 in der Antifa-Bewegung aktiv. Er gehörte zu den Gründern des *Antifaschistischen Arbeitskreises Bad Lauterberg*, der bis 1985 bestand, und war ein Organisator der autonomen Antifa-Bewegung im Harz, dem Eichsfeld, sowie Göttingen und Umgebung. Seit ihrer Gründung 1981 war Langer an der *Norddeutschen Antifakoordination* beteiligt und am Aufbau der bundesweiten Antifa-Koordination. Er initiierte die erste autonome Antifa-Gruppe in Göttingen und war ab 1987 verantwortlich für die Entwicklung der Bündnispolitik mit etablierten politischen Organisationen wie Gewerkschaften, den Grünen etc. in der Region Südniedersachsen. Langer war Mitbegründer der *Autonomen Antifa (M)*, der AA/BO und der kulturpolitischen Initiative *Kunst und Kampf* (KuK), bekannt für ihre Plakate, Bilder und AgitProp-Aktionen. In den 1980er-Jahren entwarf er dass neue Logo der *Antifaschistischen Aktion* mit den roten und schwarzen Fahnen. In einem Verfahren gegen die Autonome Antifa (M) wegen Bildung und Werbung für eine kriminelle bzw. terroristische Vereinigung (§129 bzw. §129a StGB) 1995 gehörte Langer zu den 17 Angeklagten. Die Ermittlungen und die Anklage wurden 1996 nach einem Vergleich mit der Staatsanwaltschaft eingestellt. Im Jahr 2001 löste sich AA/BO auf, die Autonome Antifa (M) folgte 2004. Langer blieb politischer Aktivist. Darüber hinaus publizierte er zahlreiche Artikel und Bücher zum Thema Antifaschismus.

Bernd Langer lebt heute in Berlin.

Bernd Langer

Antifaschistische Aktion
Geschichte einer linksradikalen Bewegung

Band 1

UNRAST VERLAG

Bernd Langer
Antifaschistische Aktion
Geschichte einer linksradikalen Bewegung, Band 1
5. Auflage, Juli 2026
ISBN 978-3-89771-180-8

Fuggerstr. 13 a, D-48165 Münster
www.unrast-verlag.de | kontakt@unrast-verlag.de
Mitglied in der assoziation Linker Verlage (aLiVe)

Umschlag & Gestaltung: Bernd Langer & Jürgen Frohnmaier
Satz: Jürgen Frohnmaier
Druck: Multiprint, Kostinbrod

Inhaltsverzeichnis

Vorwort 9

1917–1933

Irrtum Weltrevolution 11
Spaltung 15
Rechtsputsch 16
Beeindruckender Erfolg 20
Der Urfaschist 23
Hasserfüllter Kriegskurs 25
Verlorener Sieg 29
Squadristen 32
Fiume 37
Anfang vom Ende 39
Brutaler Machtkampf 42
Der Weg zum Faschismus 55
Attentate und Machtergreifung 58
Deutsche Misere 67
Heran an die Massen 72
Das Friedensdiktat 78
Der Sturm auf den Annaberg 83
Sturmkompanie Koppe 90
Organisation Consul 95
Der Rathenau Mord 100
Deutscher Oktober 106
Ordnungszelle Bayern 111
Debakel vor der Feldherrnhalle 114
Das Reichsbanner 117
Lehren der deutschen Ereignisse 119
Blutsonntag 120
Der Rote Frontkämpferbund 122

Patriarchale Verlegenheitslösung 126
Die Sozialfaschismusthese 130
Hitler kehrt zurück 133
Sozialdemokratie als Hauptfeind 136
Aufstieg einer Partei 139
Machtprobe in Braunschweig 146
Harzburger Front und Marsch der 100.000 148
Die Eiserne Front 151
Saalschlacht 154
Nationale Konzentration 166
Preußenschlag 171
Wahlergebnisse 174

1933–1945

Bereit sein ist alles! 178
Zeitfenster von drei Wochen 181
Der Reichstagsbrand 182
Der Tag von Potsdam 186
Nur bombastische Parolen 192
Das Banner des Antifaschismus 196
Marxistische Zwischentöne 198
Die Hoffnung stirbt zuletzt 202
Nationalsozialistische Antinationalsozialisten? 204
Braunes Heer und schwarzer Tod 207
Die Nacht der langen Messer 211
Kurswende Volksfront 216
Das Ende des schwarzen Spuks 220
Wilde Jungs 223
Betrogene Hoffnung 226
Der große Verrat 231
Antifaschismus in Schwarz-Weiß-Rot 233
Deutsche Partisanen 239

Weiße Rose und Edelweiß 241
Eine Möglichkeit blieb 245

1945–2015

Alte Krieger im kalten Krieg........................... 249
Nadelstreifennazis, Neonazis, Hitlerwelle.................. 254
Bewaffneter Kampf........................... 258
Wie alles (wieder) anfing 261
Im Windschatten 267
Gefundenes Fressen 268
Offensiv, autonom, militant........................... 272
Absolut linksradikal 279
Antipat und Antifa 280
Viele Namen 281
Per se faschistisch........................... 288
Das Ende der eigenen Kräfte 289
Radikal wie die Wirklichkeit?........................... 293
Von der Strömung zur Bewegung........................... 297
Jugendfront, Edelweißpiraten, Gençlik.................. 300
Die AA/BO........................... 304
Terror und Lichterketten........................... 306
Fantifa 310
Erfolgreiche Talfahrt........................... 311
Heß-liche Geschichte........................... 315
Kadervernetzung 320
Gesundschrumpfen 323
Wider den Zeitgeist........................... 327
Unschöne Begleitmusik 329
Befreiung und Wehrmacht 332
Aufstand der Anständigen? 336
Das NPD-Verbotsverfahren........................... 338
Neuer Terror 341

Antifa ist keine Kripo ... 343
Tag der (deutschen) Arbeit ... 345
Globalisierung und Neoliberalismus ... 351
Blockaden in Dresden ... 354
Desaster Warschau ... 356
Trauermarsch in Magdeburg ... 360
Wir können sie stoppen ... 364
Bad Nenndorf und Friedrichroda ... 365
Remagen ... 370
Demmin ... 383
Occupy, Blockupy ... 389
Welcome to hell ... 392
Hammer und Schwert ... 394
Literaturverzeichnis ... 396
Zeitschriften-/Zeitungsartikel ... 401
Quellen/Dokumente/Interviews ... 406
Videos ... 407
Bildnachweis ... 408

Vorwort

Das vorliegende Werk stellt die bislang wohl umfangreichste Darstellung der Geschichte der antifaschistischen Bewegung in Deutschland dar. Am Anfang stand die Broschüre *›80 Jahre Antifaschistische Aktion‹* aus dem Jahr 2012, eine 40-seitige Flugschrift, die zum ersten Mal die Geschichte der *Antifaschistischen Aktion* beschrieb. Entstanden *„für die Bewegung aus der Bewegung“*, wurde das Heft im Zusammenhang mit einer bundesweiten Veranstaltungsinitiative verbreitet.

Basierend auf dem überarbeiteten Manuskript erschien dann im Jahr 2014 das Buch *›Antifaschistische Aktion. Geschichte einer linksradikalen Bewegung‹*, das bis 2018 drei jeweils erweiterte Auflagen erfuhr. Zudem wurde unter dem Titel *›Antifa – Histoire du mouvement antifaschiste allemand‹* im Sommer 2018 eine französische Übersetzung publiziert.

Die nunmehr vierte Auflage ist mehr als nur die Fortsetzung jener Geschichte der antifaschistischen Bewegung. So begann das Buch bislang mit der Entstehung der *Antifaschistischen Aktion* 1932. Davon weicht diese Auflage ab, denn auch der revolutionäre Umbruch Ende des I. Weltkrieges und die Abwehr des Kapp-Putsches werden einbezogen, und vor allem wird die Etablierung des italienischen Faschismus beschrieben.

Ein Ziel des Buches ist es, den Mangel im Faschismusbegriff aufzuzeigen, denn mitverantwortlich für den Aufstieg des Faschismus war, dass er fatal unterschätzt wurde. Im Jahr 1933 dachten konservative Kräfte, sie könnten mit Hitler koalieren und würden bald mit ihm fertig werden. Das Bürgertum erkannte die Gefahr nicht, während die Linken wiederum meinten, der Faschismus sei nur eine – finale – Eskalation des Kapitalismus.

Aufgrund der historischen Erfahrungen müssen wir heute von einem Faschismusbegriff ausgehen, der ihn als eigenständige Herrschaftsform erkennt und untersucht. Dieser Erkenntnis entgegengesetzt, nennt Russland seinen Angriffskrieg gegen die Ukraine einen antifaschistischen Krieg. Eine Gleichsetzung von NS-Herrschaft und der heutigen ukrainischen Regierung bedeutet, den Faschismus-Begriff zu relativieren und ihn für verlogene Kriegspropaganda zu instrumentalisieren.

Das vorliegende Buch ist gegen solche Relativierungen gerichtet und soll zur Diskussion um einen angemessenen Faschismusbegriff beitragen.

Ich sehe im radikaldemokratischen Prozess einen wesentlichen Inhalt antifaschistischer Politik. In jeder Gruppe, in der ich bislang politisch tätig war, bildete die basisdemokratische Ausrichtung den ebenso selbstverständlichen wie ständig zu organisierenden und bewahrenden Grundkonsens. Wie im Kleinen so gilt es auch im Großen für solche Organisationsformen und die soziale und politische Gleichberechtigung aller Menschen zu kämpfen.

Indes ist die aktuelle Entwicklung seit Oktober 2018 in großen Schritten vorangegangen. Die letzten Jahre waren bestimmt u. a. von der Corona-Pandemie, *#BlackLivesMatter* in den USA, dem Aufstand im Iran und dem Angriffskrieg Russlands gegen die Ukraine. Auch diese Entwicklungen sind im Buch verarbeitet. Dadurch wurde ein Seitenumfang erreicht, der es ratsam erscheinen ließ, die Auflage in zwei Bände aufzuteilen.

Dieser erste Band reicht bis 2015. Wenn Entwicklungen, die ihren Ursprung vor 2015 hatten und in späteren Jahren von Bedeutung blieben oder ihren Abschluss fanden, ist ihre Geschichte in diesem ersten Band zu Ende erzählt. Der zweite Band beginnt dann mit dem Flüchtlingssommer 2015 und den sich daraus ergebenen massiven Veränderungen, die bis in die aktuellen Auseinandersetzungen reichen.

Bernd Langer, Frühjahr 2023

1917–1933

Irrtum Weltrevolution

Antifaschismus basiert zu großen Teilen auf der historischen Arbeiterbewegung, einer im Wesentlichen demokratischen Reformbewegung. Nicht umsonst wählte sie den Begriff Sozialdemokratie für sich und erkämpfte Stück für Stück soziale Rechte. Das war eine historische Großtat, ein gesellschaftlicher Emanzipationsprozess, an dem aber auch Liberale, fortschrittliche Christen und andere aufgeklärte ›bürgerliche‹ Geister ihren Anteil hatten – wobei viele der intellektuellen Anführer_innen und wichtige Funktionär_innen der sich etablierenden Arbeiterbewegung meist aus dem Bürgertum stammten.

Nur ein kleiner Teil der Arbeiterbewegung, wenn auch ein entscheidender, wie die Führung der deutschen sozialdemokratischen Partei, berief sich auf den Marxismus. Laut Marx sollten sich die Proletarier aller Länder vereinen und gemeinsam den Kapitalismus überwinden. Der erste Versuch einer solchen Vereinigung war die *Internationale Arbeiterassoziation* bzw. die im Jahr 1889 als Nachfolgeorganisation gegründete *Zweite Internationale* – der weltweite Zusammenschluss der sozialistischen Parteien, aus der die Anarchist_innen allerdings im Streit ausgeschlossen worden waren – Streit und (Ab-)Spaltungen waren im linken Spektrum von Beginn an akut. Gleichwohl teilten alle Strömungen die Überzeugung, dass der Siegeszug des Sozialismus unvermeidlich sei. Diese Gewissheit galt auch für die Zeit des Deutschen Kaiserreichs, in dem die größte sozialdemokratische Partei der Welt existierte, die mit den Reichstagswahlen 1912 auch zur stärksten Fraktion im Parlament wurde.

Internationalismus, Antimilitarismus und Klassensolidarität waren die Inhalte der Sozialdemokratie, eine neue klassenlose Gesellschaft ihr Ziel. *Vorwärts* hieß nicht nur das Zentralorgan der SPD, vorwärts schien auch der Marxismus zu weisen, und das auf einer gesicherten ›wissenschaftlichen Grundlage‹. Diese Grundannahme wurde mit Beginn des I. Weltkrieges 1914 erschüttert. Es erhoben sich nur einige wenige Gegenstimmen, als die sozialistischen Parteien auf den Kriegskurs ihrer jeweiligen Regierungen einschwenkten. Die Internationale zerbrach.

Doch gab es bereits seit der Jahrhundertwende eine breite Diskussion über die Fragen der Organisierung. Im Zuge dieses Prozesses trat ein russischer Intellektueller, der Rechtsanwalt Wladimir Iljitsch Uljanow, hervor. Er wollte Konsequenzen aus dem bisherigen Scheitern der sozialistischen Bewegung ziehen. Uljanow stellte sich u. a. den Fragen des Imperialismus, der Nationalitätenfrage, dem Scheitern der Pariser Kommune, den Bedingungen der Illegalität und des Bürgerkrieges. Mit der Analyse aus russischer Perspektive wollte Uljanow die revolutionäre Organisierung den neuen Erfordernissen anpassen. Dabei blickte der, im Jahr 1870 als Spross einer liberalen bürgerlichen Familie geborene, russische Revolutionär auf eine kämpferische Vergangenheit zurück. Sein älterer Bruder wurde wegen eines geplanten Attentatsversuchs auf den Zaren im Jahr 1887 hingerichtet. Trotzdem, oder gerade deshalb, unterhielt der Student Uljanow Kontakte zu führenden Sozialdemokraten und zählte 1895 zu den Mitbegründern des Kampfbundes zur Befreiung der Arbeiterklasse, einem Vorläufer der Sozialdemokratischen Arbeiterpartei Russlands (SDAPR), die 1898 in Minsk entstand. Die Mutter Uljanows war Deutsche und insofern war Deutsch auch seine Muttersprache. Das kam dem Revolutionär sehr zugute, denn nach dreijähriger sibirischer Verbannung wegen politischer Agitation ging der Revolutionär 1900 ins Deutsche Reich, wo er 1902 in München seine programmatische Schrift ›*Was tun?*‹ herausbrachte. Das Pamphlet propagiert den Aufbau einer straff organisierten Kaderorganisation aus Berufsrevolutionären. Eine Idee, die den Autor unter dem Pseudonym ›Lenin‹ populär machte, der fortan sein Name blieb. Der Idee seiner Schrift folgend, bildete der Exilant eine radikale Fraktion innerhalb der SDAPR.

Auf ihrem zweiten Exilparteitag in London 1903 spaltete Lenin die Partei. Fortan nannte sich seine Organisation Bolschewiki, was so viel wie Mehrheit bedeutet, im Gegensatz zur Minderheit, den Menschewiki. Diese Namensgebungen spiegelten allerdings nur die Verhältnisse auf dem Exilparteitag wider. In Russland blieben die Bolschewiki in der Unterzahl.

Große Hoffnung kamen im Jahr 1905 auf, als revolutionäre Unruhen Russland erschütterten. Viele Revolutionär_innen, darunter auch Lenin, kehrten ins Land zurück. Doch die Revolte wurde blutig niedergeschlagen. Lenin flüchtete im Jahr 1907 über Finnland erneut in die Schweiz, wo er, zusammen mit einem wichtigen Teil der bolschewistischen Führung, ab 1908 im Exil lebte. Die weiteren Vorgänge in Russland konnte die bolschewistische Führung um Lenin nur von Weitem kommentieren, bis der I. Weltkrieg alles änderte.

Im Februar 1917, dem dritten Kriegsjahr, stürzte eine breite Volkserhebung die Zarenherrschaft in Russland. Seitdem lenkte eine provisorische Regierung unter dem Rechtsanwalt Alexander Kerenski die Geschicke. Kerenski setzte auf das Modell der westlichen parlamentarischen Demokratie, während Linke und Linksradikale, vor allem die Bolschewiki, mit der Sowjet-Herrschaft (dt.: Räte) den Weg zum Kommunismus bahnen wollten.

Doch die Bolschewiki spielten, geschwächt durch massive Verhaftungswellen, in der Februarrevolution 1917 keine große Rolle. Zudem befand sich ein bedeutender Teil der Parteiführung unter Lenin im Schweizer Exil.

Obwohl die Zarenherrschaft gestürzt war, blieben die Bolschewiki in der Opposition, denn sie wollten keine bürgerliche Republik, sie wollten die proletarische Revolution. Ein weiterer gravierender Unterschied zwischen der russischen provisorischen Regierung unter Kerenski und den Bolschewiki war die Haltung zum Krieg. Während Kerenski den Krieg an der Seite der Entente gegen das Deutsche Kaiserreich fortsetzte, traten die Bolschewiki als einzige Gruppierung für einen sofortigen Friedensschluss ein.

Das wollte sich die deutsche Oberste Heeresleitung, kurz OHL, unter den Generälen Ludendorff und Hindenburg zunutze machen. Denn die OHL brauchte an der Ostfront unbedingt Frieden. Am 6. April 1917 waren die USA in den Weltkrieg eingetreten. Aus deutscher Sicht musste eine erfolgreiche Entscheidung auf dem Schlachtfeld erzwungen werden, bevor die US-amerikanischen Verstärkungen an der Westfront eintrafen. Es ließ sich ausrechnen: Der Verschleiß an Material und Menschen und die zur Verfügung stehenden Ressourcen gaben der OHL ein knappes Zeitfenster bis zum Frühjahr 1918.

Ein Friedensschluss mit Russland war die Voraussetzung, um alle deutschen Reserven für die Entscheidung im Westen freizumachen. Als Verbindungsleute des deutschen Außenministeriums an Lenin herantraten, zeigte dieser sich aufgeschlossen. Fast zehn Jahre im schweizerischen Exil, brannte der Revolutionär darauf, nach Russland zurückzukehren. Es kam zu einer Geheimoperation. Lenin und 18 seiner Genoss_innen wurden in einem Zug quer durch Deutschland zum Ostseehafen Saßnitz transportiert. Von dort ging es über Schweden und Finnland nach Russland, wo die bolschewistische Führung Anfang April 1917 eintraf.

Doch die deutsche Unterstützung ging weit über diese Bahnfahrt hinaus. Eduard Bernstein, ein prominenter Sozialdemokrat, der über gute Beziehungen innerhalb der deutschen Regierung verfügte, schätzte die Gesamtsumme, die 1917/18 von deutscher Seite den Bolschewiki angewiesen wurde, auf *„über 50 Millionen Goldmark“* (etwa zehn Tonnen Gold).[1]

Unter dem zurückgekehrten Lenin putschten die Bolschewiki im Herbst 1917, nachdem ein erster Versuch im Juli gescheitert war, erfolgreich gegen die russische provisorische Regierung und schlossen wenig später mit dem Deutschen Reich den Frieden von Brest-Litowsk. Dieser Deal ermöglichte es der OHL, den Krieg durchzuhalten und im Frühjahr 1918 die letzten entscheidenden Offensivoperationen zu starten. Nach einigen Anfangserfolgen scheiterten die deutschen Angriffe. Damit fiel die Entscheidung.

Militärisch ausgeblutet, ökonomisch ruiniert und politisch bankrott brach zunächst Österreich-Ungarn zusammen, unmittelbar darauf ging auch das Deutschen Kaiserreich auf Forderungen der Entente[2] für Friedensverhandlungen ein. Der Kaiser erklärte sich mit einer Umwandlung der konstitutionellen in eine parlamentarische Monarchie einverstanden. Am 3. Oktober übernahm eine neue Regierung unter Max von Baden und der Beteiligung der Sozialdemokraten die politischen Geschäfte. Alle deutschen Offensivhandlungen wurden eingestellt, politische Häftlinge amnestiert, die Pressezensur aufgehoben und einiges mehr. Aber die *Entente*, allen voran US-Präsident Wilson, forderte als Vorbedingung für Friedensverhandlungen die Abdankung Wilhelm II. Die Diskussionen zogen sich hin,

1 Pipes, Richard (1992b): *Die Russische Revolution*, Bd. 2, Berlin 1992, Seite 132.

2 *Entente*, Kurzform für *Triple Entente*, war zunächst ein informelles Bündnis zwischen der Republik Frankreich, dem Königreich England und dem Russischen Zarenreich. Am 5. September 1914, also einen Monat vor Beginn des Weltkrieges, wurde daraus ein offizieller Militärpakt.

während an den Fronten weiter gekämpft und gestorben wurde. Endlich begann am 29. Oktober eine Meuterei von Matrosen der deutschen Flotte. Binnen weniger Tage erfasste die Revolte das gesamte Land und erreichte am 9. November die Reichshauptstadt Berlin.

Der Kaiser hatte sich bereits am 29. Oktober seiner Verantwortung entzogen, indem er ins *Große Hauptquartier* nach Spa in Belgien reiste, von dort aus türmte er wenig später ins Exil nach Holland. Seine Abdankungsurkunde schickte Wilhelm II. einige Tage später per Post nach Berlin. Wie der Kaiser dankten alle Monarchen im Deutschen Reich ab und eine Revolutionsregierung, der *Rat der Volksbeauftragen*, übernahm vorübergehend die Macht. Dieser Rat bestand aus sechs Sozialisten, drei von der SPD und drei von der USPD. Aus dem Deutschen Kaiserreich wurde eine Republik.

Spaltung

Bereits während des I. Weltkrieges war es zur Spaltung der sozialdemokratischen Partei in die sozialistische SPD und die linkssozialistische USPD gekommen. Außerdem entstanden diverse Strömungen und Basisorganisierungen, die zumeist bis zum Krieg in der SPD organisiert gewesen waren.

Diese Linksradikalen wollten, trotz ideologischer Unterschiede, im November 1918 allesamt das Rätemodell durchsetzen. Man eiferte damit dem russischen Vorbild nach. Freilich war das, was man unter Sozialismus verstand, genauso unklar wie die Ordnung, die mit dem Schlagwort ›Räterepublik‹ bezeichnet wurde.

Ideologisch beriefen sich die Bolschewiki auf Marx, dessen Idee einer ›Diktatur des Proletariats‹ indes zur Rechtfertigung für die Vorherrschaft einer autoritären Parteipolitik wurde. Moskauorientierte Revolutionär_innen setzten also auf eine autoritäre Parteipolitik und eine Rätediktatur während andere Linke unter dem Rätemodell eine radikale Basisdemokratie verstanden und von einer Rätedemokratie sprachen: Unter Räterepublik firmierten beide Varianten. Die Ansichten darüber, was unter einer Räteherrschaft zu verstehen war, gingen also von Beginn an stark auseinander.

Nach den Vorstellungen Lenins konnte jedenfalls der revolutionäre Prozess in Deutschland nur von einer bolschewistischen bzw. kommunistischen

Partei geführt werden, die aber noch nicht existierte. Mit dem Ziel, diese Parteigründung zu erreichen, war der bolschewistische Emissär Karl Radek Ende 1918 im Deutschen Reich unterwegs. Es galt, einige Widerstände zu überwinden, bis sich der *Spartakusbund* und die *Internationalen Kommunisten Deutschlands*, kurz IKD, zur Jahreswende 1918/19 in Berlin zur KPD vereinigten.

Das KPD-Programm orientierte sich eng an den Bolschewiki. Das bedeutete, dass die KPD eine proletarische Revolution mit einem bewaffneten Aufstand erzwingen wollte und eine Beteiligung an Wahlen ablehnte. Bei diesem Programm kann es nicht wundern, dass die KPD zunächst eine kleine Splittergruppe blieb.

An den ab Januar 1919 in Deutschland ausbrechenden bewaffneten Aufständen beteiligte sich die KPD aktiv. Doch waren alle Versuche, Räterepubliken durchzusetzen, bereits bis Mai gescheitert, wobei die Regierung Freikorps gegen die Revolutionär_innen einsetzte, die mit brutaler Gewalt vorgingen. In dieser Phase entstanden weltweit kommunistische Parteien, die an den Bolschewiki orientiert waren. Sie sollten sich, wie von Marx propagiert und nun von Lenin gefordert, in einer gemeinsamen Organisation zusammenschließen. Deshalb wurde im März 1919, als Ersatz für die gescheiterte *Zweite Internationale*, die *Dritte Internationale*, bekannt unter dem Namen *Kommunistische Internationale*, kurz *KomIntern* oder KI, mit Sitz in Moskau gegründet. Von Beginn an war die KPD Mitglied der KI und unterlag ihren Weisungen.

Rechtsputsch

Bis zum Jahr 1920 kannte man in Deutschland nur Revolten und Aufstände von links. Zwar existierten in der Zeit vor dem Weltkrieg der pangermanische *Alldeutsche Verband* sowie esoterische Germanen-Sekten und reaktionäre Interessenverbände. Aber diese galten allesamt als vaterländisch gesinnt. In besonderem Maße traf das auf die 1917 gegründete *Deutsche Vaterlandspartei* (DVLP) zu, die für eine rücksichtslose Kriegsführung und einen ›Siegfrieden‹ eintrat. Der zweite Vorsitzende der DVLP hieß Wolfgang Kapp, ein in den USA geborener, gewichtiger Politiker, der das Amt des

↑ Zeitgenössische Bildbeschreibung: Gegenrevolution in Berlin. Parade der Kapp-Truppen vor Lüttwitz.

Generallandschaftsdirektors von Ostpreußen innehatte. Zur wirtschaftlichen Entwicklung Ostpreußens waren im 18. Jahrhundert vom preußischen König den Landwirten günstige, unkündbare Kredite eingeräumt worden. Daraus wurde im 19. Jahrhundert eine öffentlich-rechtliche Institution, quasi eine spezifisch ostpreußische Entwicklungsbank, an deren Spitze der Generallandschaftsdirektor stand, eine Art Bankdirektor mit erheblichem Einfluss. Wie alle rechtsnationalistischen Monarchisten gehörte auch Generallandschaftsdirektor Kapp zu den Stützen des Kaiserreiches.

Nachdem das Deutsche Reich 1918 zur Republik geworden war, standen die Monarchisten und Militaristen mit einem Male gegen die politische Ordnung. Zu den Gegnern der Regierungspolitik, die sie als ›Erfüllungspolitik‹ der Siegermächte diffamierten, zählte auch General Walter von Lüttwitz, der ›Vater der Freikorps‹. Diesen Titel hatte Lüttwitz erhalten, nachdem er 1919 im Regierungsauftrag von Reichswehrminister Gustav Noske (SPD) die Freikorps aufgestellt hatte.

Der General stand mit Wolfgang Kapp und dessen *Nationaler Vereinigung* in Verbindung, einem Netzwerk von einflussreichen Rechtsnationalisten, die gegen die Republik konspirierten, ohne sich auf einen tatsächlichen Plan geeinigt zu haben. Doch die Zeit drängte, denn die Freikorps sollten aufgrund der Versailler Friedensbedingungen aufgelöst werden.

Am 29. Februar 1920 erging der Befehl, die *2. Marinebrigade Ehrhardt* und die *3. Marinebrigade Loewenfeld* zu demobilisieren. Eine Parade, mit der die *Marinebrigade Ehrhardt* am 1. März auf dem Truppenübungsplatz Döberitz bei Berlin den Jahrestag ihres Bestehens feiern wollte, würde damit auch ihr letzter Auftritt sein. Das militaristische Spektakel wurde zur Demonstration. Alles, was in der reaktionären Offizierskaste Rang und Namen hatte, war eingeladen. Reichswehrminister Noske (SPD) durfte nicht erscheinen.

Der anwesende General von Lüttwitz ließ sich von seinen Empfindungen hinreißen; einige Offiziere seines Stabes vermittelten ihm in den nächsten Tagen ein Gespräch mit den Rechtsparteien *Deutschnationale Volkspartei* (DNVP) und *Deutsche Volkspartei* (DVP), die gerade eine parlamentarische Initiative einleiteten, um Wahlen zum Reichstag durchzusetzen. Diese Parteien spekulierten auf eine Veränderung der Mehrheitsverhältnisse zu ihren Gunsten, ein Putsch käme ihnen da nicht zupass.

Daraufhin ersuchte von Lüttwitz den Reichspräsidenten Ebert (SPD) um eine persönliche Unterredung und verlangte vom Staatsoberhaupt, die Truppenreduzierung nicht durchzuführen, stattdessen die Nationalversammlung aufzulösen und Neuwahlen durchzuführen. Ebert und Reichswehrminister Noske lehnten dieses Ansinnen ab und erwarteten nun ihrerseits den Rücktritt des Generals. Als von Lüttwitz sich weigerte, sein Amt freiwillig aufzugeben, entzog Noske ihm am 10. März die Kommandogewalt. Außerdem erwirkte der Minister Haftbefehle gegen Kapp und einige Offiziere. In Haft kam allerdings niemand, da die Betreffenden vorher gewarnt wurden.

Währenddessen fuhr von Lüttwitz nach Döberitz und drängte mit den Worten: *„Der Augenblick zum Handeln ist gekommen. Rücksichtslos will die Regierung alle Verbände auflösen“*[3] Freikorpsführer Ehrhardt zur Tat. Erst nachdem klar war, dass Ehrhardt marschieren würde, informierte von Lüttwitz die *Nationale Vereinigung* über den unmittelbar bevorstehenden Putsch. Am

3 Freska, Friedrich (Hg.): *Kapitän Ehrhardt. Abenteuer und Schicksale*, Berlin 1924, Seite 173.

Abend des 12. März marschierten die 6.000 Soldaten der Marinebrigade in Richtung Berlin. Gleichzeitig brachte ihr Schwesterverband, die ***Marinebrigade von Loewenfeld***, die schlesische Hauptstadt Breslau unter seine Kontrolle. Nirgends trafen die Freikorps auf Widerstand. ›Reichswehr schießt nicht auf Reichswehr‹, lautete die Parole des Militärs.

Durch die vom Zaun gebrochene Aktion, war Wolfgang Kapp gezwungen mit seiner ***Nationalen Vereinigung*** auf den fahrenden Zug aufspringen, ohne über ein politisches Konzept zu verfügen. Der getriebene Verschwörer wollte wieder an die Monarchie anknüpfen, ohne einen Monarchen dafür zu haben. Der Kronprinz hatte bereits im Vorfeld signalisiert, nicht zur Verfügung zu stehen, und Wilhelm II. konnte man schlecht wieder in sein Amt einsetzen – schließlich hatte der Kaiser kläglich versagt und war ins Ausland geflüchtet. Als Modell blieb nur eine Militärdiktatur. Deshalb erklärte sich Kapp am 13. März zum Reichskanzler und preußischen Ministerpräsidenten und Lüttwitz zum Reichswehrminister und Oberbefehlshaber der Reichswehr.

↑ Viele Freikorpssoldaten der ***Marinebrigade Ehrhardt*** hatten sich ein Hakenkreuz auf den Helm gemalt.

Letztlich war der Umsturz eine nicht durchdachte, spontane und dilettantische Unternehmung; eine militaristisch, antisozialistisch und antidemokratisch motivierte Militärrevolte. Im Kern war der Staatsstreich reaktionär und daher kein faschistischer Putsch, markierte aber sehr wohl den Übergang der alten Wilhelminischen Rechten zum neuen Rechtsradikalismus.

Viele Freikorpssoldaten traten bereits mit dem Hakenkreuz am Stahlhelm auf. Es existierten Kontakte zur völkisch-antisemitischen *Thule-Gesellschaft*. Von ihr stammte das Hakenkreuz, das auch Adolf Hitler von dieser Organisation übernahm. Hitler und die NSDAP spielten aber im Kapp-Putsch keine Rolle.

Auch wenn der Staatsstreich kein faschistischer Putsch war, gehörte seine Abwehr bereits zur Geschichte des Antifaschismus. Der Begriff Faschismus war im März 1920 in Deutschland noch nicht gebräuchlich und blieb auch später den Italienern vorbehalten – kein Deutschnationaler würde sich nach einer Bewegung des ehemaligen Kriegsgegners nennen.

Beeindruckender Erfolg

Gegen den ersten rechtsradikalen Putsch in der deutschen Geschichte stellte sich eine spontan entstehende Aktionseinheit. Von der Arbeiterschaft bis zum Beamtenapparat, quer durch alle sozialen Schichten, reichte die Solidarität für die aus der Novemberrevolution 1918 hervorgegangene Republik. Zwei Millionen Menschen beteiligten sich am einzigen Generalstreik in der deutschen Geschichte. Bereits am 17. März, nach 100 Stunden, brach der Staatsstreich zusammen. Wolfgang Kapp und Walter von Lüttwitz flohen ins Ausland, die putschenden Freikorps unterstellen sich wieder dem Befehl der legitimen Reichsregierung.

Dieser beeindruckende politische Erfolg hatte auch Eigendynamiken innerhalb der Anti-Putsch-Bewegung zur Folge. Unkoordiniert und spontan kam es an einigen Orten zur Aufstellung von Arbeiterwehren, die sich hier und da Scharmützel mit Putschisten lieferten. Oft traten im Wirrwarr von Falschmeldungen, gefühltem Wissen und Übereifer militante Aktivist_innen auch gegen regierungstreue Reichswehreinheiten an. Überhaupt begannen die schwersten Kämpfe erst nach dem Zusammenbruch des

↑ Massendemonstration gegen Kapp und Lüttiwitz, Berlin, März 1920.

Putsches am 17. März. Das sinnlose Blutvergießen, das im ›Ruhraufstand‹ einen Höhepunkt fand, hielt bis in den April hinein an.

An dieser Entwicklung hatte auch die KPD ihren Anteil, die innerhalb der Anti-Putsch-Bewegung ihr revolutionäres Maximalkonzept zu realisieren trachtete und bar jeglicher realistischen Einschätzung auf den bewaffneten

↑ Gescheitert; der rechtsradikale Putschist Wolfgang Kapp auf der Flucht nach Schweden, Berlin-Adlershof, 17. März 1920.

Aufstand setzte. Die irrige Annahme, man stünde am Beginn der Weltrevolution, ist nur durch die spezifische Situation jener Zeit erklärbar. In der Folge kam es zu weiteren Fehlinterpretationen, insbesondere betraf das die Einschätzung des Faschismus.

Zu Zeiten von Marx und Engels gab es noch keine faschistische Strömung oder Bewegung, auch wenn sich die Begründer des ›wissenschaftlichen Kommunismus‹ bereits mit reaktionären und restaurativen Ideologien und Bewegungen auseinandersetzten. Auch Lenin konzentrierte sich noch auf die konterrevolutionären Kräfte seiner Zeit, die mannigfaltig und mit brutaler Gewalt in Erscheinung traten.

In einem grauenhaften Bürgerkrieg mussten sich die Bolschewiki in Russland von 1917 bis 1920 erst durchsetzen. Sie kämpften gegen reaktionäre ›weiße‹ Armeen unter zaristischen Generälen, die von den kapitalistischen Westmächten unterstützt wurden. Einige Staaten wie England, Frankreich, USA und Japan intervenierten sogar mit eigenen Truppen. Deutsche Freikorps kämpften im Dienst der Entente im Baltikum gegen die Bolschewiki, dazu tobte ein Krieg mit dem neu entstehenden antibolschewistischen und nationalistischen Polen. Bis 1920 war keineswegs klar, ob die Bolschewiki sich würden halten können.

Überzeugt von der Vorstellung, die Speerspitze der Weltrevolution zu sein, sahen sich die russischen Revolutionär_innen von einem imperialistischen Komplott bedroht. Ob diese Staaten demokratisch verfasste liberale Demokratien waren, Militärmachthaber diktatorisch herrschten oder eben der Faschismus an die Macht kam, blieb dabei unerheblich. Im Entscheidungskampf sah man alle kapitalistischen Staaten unter Führung der Westmächte gegen die Bolschewiki verschworen. So wurde der Faschismus von der Sowjetunion und der KPD zunächst gar nicht als eigenständige Massenbewegung und Ideologie ernst genommen, dann falsch interpretiert und lange Zeit unterschätzt. Aber auch liberale und sozialdemokratische Kräfte schätzten den Faschismus falsch ein, Konservative und bürgerliche Kräfte verhalfen ihm gar zur Macht. Das Versagen war allgemein.

Faschismus nur als eine Art präventive Konterrevolution aufzufassen, greift jedenfalls zu kurz. Faschismus ist auch und oft zuvorderst gegen die liberale westliche Demokratie gerichtet.

Bereits der Kapp-Putsch richtete sich gegen das demokratische System, über das Mussolini seine Herrschaft errichtete und gegen das Hitler 1923 zunächst putschte, bevor er 1933 die Macht übernahm.

Der Urfaschist

Als Begründer der faschistischen Bewegung gilt Benito Mussolini, aus der norditalienischen Kleinstadt Predappio, wo seine Mutter Lehrerin war und sein Vater als Schmied arbeitete. Das Elternhaus galt als belesen und der Vater saß als aktiver Sozialist im Stadtrat. Als Sozialist war er auch an anarchistischem wie nationalistischem Denken orientiert. Zu dieser Zeit stellte das in Italien keinen Widerspruch dar.

In dieser Tradition trat Mussolini 1900 der *Partito Socialista Italiano* (PSI) bei und arbeitete zunächst als Lehrer. Allein das zeichnete ihn bereits als Mitglied der gebildeten, bürgerlichen Schicht aus. Laut offizieller Statistik waren 56 Prozent der Italiener_innen im Jahr 1901 Analphabeten.[4] In den ärmeren Schichten, vor allem bei der Landbevölkerung im unterentwickelten Süden, konnte kaum jemand Lesen und Schreiben.

1902 ging Mussolini in die Schweiz. Da er der Einberufung zum Militär nicht nachkam, verurteilte ihn ein italienisches Militärgericht in Abwesenheit wegen Desertation. In der Schweiz schlug sich der 19-Jährige mit Gelegenheitsjobs und vor allem Geldzuwendungen der Eltern durch. Auch schrieb er als Mitglied der Auslandsorganisation des PSI regelmäßig für sozialistische Zeitungen, trat bei Versammlungen auf und wurde mehrfach von der Polizei verhaftet, bis er 1903 von der Berner Kantonalbehörde ausgewiesen wurde. Er wich nach Lausanne aus, wo er ein Semester studierte, bevor er 1904 endgültig die Schweiz verlassen musste.

Zurück in Italien leistete Mussolini zunächst seinen Wehrdienst ab, um dann wieder als Lehrer zu arbeiten. Doch 1908 warf der unstete Revolutionär seine Anstellung hin. Sein Weg sollte allein ein politischer sein, und er schaffte es im folgenden Jahr in der Tat, Sekretär der PSI für das zu diesem

4 Cives, Giacomo (Hg.): *La scuola italiana dall'unità ai nostri giorni* (Educatori antichi e moderni 446), Florenz 1990, Seite 468.

Zeitpunkt österreichische Trient zu werden. Mit dieser Funktion war auch der Posten des Chefredakteurs des dortigen Parteiblattes verbunden.

Trient zählte zu den Gebieten, die der Irredentismus, (abgeleitet von terre irredente – unerlöste Gebiete), eine nationalistische Ideologie in Italien, dem italienischen Staat anschließen wollte. Es zeigte sich bald, wie sehr auch Mussolini dieser Idee nahestand. So erklärte er *„Italien endigt nicht in Ala!"*[5], dem damaligen Grenzbahnhof.

Durch ihre gemeinsame italienisch-nationalistische Opposition zur österreichisch-ungarischen Monarchie ergaben sich in Trient Kontakte zwischen verschiedenen politischen Strömungen. Vor allem machten die, sich antibürgerlich gebenden, kulturellen Avantgarden Italiens, eine Verbindung von linksradikalen Parolen mit extremem Nationalismus möglich. Mussolini, durch seinen persönlichen Geltungsdrang den Anführern dieser Kunstbewegungen nicht unähnlich, war angetan von der Radikalität der avantgardistisch-modernen Ideen. Nicht zuletzt blieb der junge Journalist und Parteikader bestrebt, als Intellektueller zu gelten und sich durch extreme Positionen hervorzutun. Sein persönlicher Ehrgeiz bestand nicht einfach darin, in einer revolutionären Partei Karriere zu machen, er wollte sie bestimmen oder vielmehr beherrschen: Sein egozentrischer Charakter stand noch über den politischen Inhalten.

Nachdem er sich entsprechend exponiert hatte, wurde Mussolini im August 1909 verhaftet und wenig später aus Österreich abgeschoben. Einige Aufmerksamkeit erhielt die Ausweisung, weil PSI-Vertreter in der Abgeordnetenkammer in Rom den Fall mehrmals zum Thema von Debatten machten. Der radikale Aktivist gründete kurz darauf die Zeitung *La Lotta di Classe* (dt.: Der Klassenkampf), proklamierte im Zusammenhang mit der Kriegserklärung Italiens an die Türkei 1911 einen Generalstreik und trat bei militanten Unruhen in Erscheinung. Das brachte ihm eine einjährige Haftstrafe ein, von der er aber nur wenige Monate bis zu seiner vorzeitigen Entlassung absitzen musste. Diese Episode ließ ihn weithin als Kopf der revolutionären Strömung in der PSI bekannt werden.

5 Zit. in, Güterbock, Ferdinand: *Mussolini und der Faschismus*, Wieland-Verlag München, 1923, Seite 12.

Als populärer Anführer des linken Flügels wurde Mussolini 1912 ins Parteidirektorium gewählt, gleichzeitig übernahm er den Posten als Chefredakteur des PSI Zentralorgans *Avanti!* mit Sitz in Mailand. Das war der wichtigste Posten, den die Partei zu vergeben hatte, und der mittlerweile 29-Jährige zeigte sich der Aufgabe gewachsen. Mit seinem journalistischen Talent gab er dem Blatt eine neue, radikalere Ausrichtung. Die Auflage steigerte sich bis 1914 auf über 100.000 Exemplare und übertraf damit die Anzahl der Partei-Mitglieder bei Weitem.

In der Redaktion agierte der noch recht jugendliche Chef selbstherrlich und forderte von seinen Mitarbeiter_innen absolute Gefolgschaft. Geringe Meinungsverschiedenheiten führten bereits zu Entlassung. Mussolini war der Chef – Basta.

Hasserfüllter Kriegskurs

Das Königreich Italien bildete vor dem I. Weltkrieg den *Dreierbund* mit dem Deutschen Kaiserreich und dem Königreich Österreich-Ungarn. Doch bereits vor dem Krieg gab es bezüglich einiger Gebietsforderungen deutliche Spannungen zwischen Österreich und Italien. Als dann der österreichische Thronfolger 1914 in Sarajevo ermordet wurde, erklärte sich das Königreich Italien für neutral, da es sich beim *Dreibund* um ein Defensivbündnis handelte. Italien vertrat die Meinung, der österreichisch-serbischen Konflikt sei kein Verteidigungsfall.

Ausschlaggebend für dieses Verhalten waren Geheimverhandlungen, die Vertreter der *Entente* mit der Regierung in Rom bereits vor Kriegsbeginn aufgenommen hatten. Die englischen und französischen Unterhändler knüpften an der Ideologie des italienischen Irredentismus an. Demnach sollten alle Gebiete mit italienischsprachiger Bevölkerung, egal ob diese das wollten und ob sie die Mehrheit bildeten, dem Mutterland angeschlossen werden. Die meisten dieser Territorien gehörten zu Österreich-Ungarn. Unterhändler der *Entente* stellten in Aussicht, dass Südtirol, Triest und andere vom Irredentismus geforderte Gebiete Italien zugeschlagen würden, wenn das Land im Falle eines Krieges die Seiten wechseln würde. Die Neutralitätserklärung von 1914 konnte also nur der erste Schritt sein, entsprach aber der Stimmung des größten Teils der Bevölkerung. Weder die liberale Parlamentsmehrheit noch die katholische Kirche oder die *Sozialistische Partei* (PSI), am wenigsten die arme Landbevölkerung und die Industriearbeiterschaft, waren für den Krieg. Doch finanziell unterstützt von England und Frankreich, wurden bald die *Interventionisten* aktiv. Diese Bewegung setzte sich für den sofortigen Kriegseintritt Italiens an der Seite der *Entente* ein. Viele ihrer intellektuellen Mitglieder standen vor 1914 linksradikalen Ideen nahe, um dann im fliegenden Wechsel zu glühenden nationalistischen Kriegstreibern zu werden.

Wortführer der *Interventionisten* war der sich ehemals als linksradikaler Dichter gebärdende Vertreter des Symbolismus Gabriele D'Annunzio. An seine Seite trat bald Benito Mussolini.

Noch am 22. August 1914 schrieb Mussolini im *Avanti!* *„Der Krieg ist das Höchstmaß der Ausbeutung der Proletarierklasse, die Opposition des sozialistischen Proletariats gegen den Krieg ist einfach unüberwindlich.“* [6]

Ebenso nahm der Parteivorstand am 21. September einen von Mussolini eigenhändigt verfassten Entschluss an, der sich zur *„absoluten Neutralität“*[7] bekannte. Bereits am 6., 7. und 8. Oktober wurden Gedanken von Mussolini u. a. im *Avanti!* veröffentlicht, die eine ganz andere Haltung offenbarten. Der Chefredakteur meinte nun, dass die sozialistische Kriegsgegnerschaft lediglich eine Propagandabewegung zur Verbreitung eines Prinzips sei, und die von den Sozialisten verkündete absolute Neutralität nur eine ideelle Opposition bedeuten würde.

In der PSI erhob sich ein Sturm der Entrüstung. Am 21. Oktober musste Mussolini aus der Redaktion des *Avanti!* und der Parteileitung ausscheiden. Er blieb aber Parteimitglied und trieb in der Absicht, große Teile der PSI auf seine Seite zu ziehen, eine heftige Kontroverse voran.

Auf eine Parteispaltung zielte auch die Herausgabe der neuen Tageszeitung, *Il Popolo d'Italia* (dt.: Das Volk von Italien). Bereits ab dem 15. November 1914 gab Mussolini die – zumindest dem Titel nach – sozialistische

6 Zit. in, Güterbock, Ferdinand: *Mussolini und der Faschismus*, Wieland-Verlag München, 1923, Seite 15.

7 Zit. in: Ebenda, Seite 18.

Zeitung heraus. Von der ersten Nummer an propagierte das Blatt einen hasserfüllten, aggressiven Kriegskurs und war in besonderem Maße antideutsch eingestellt. Geldgeber für *Il Popolo d'Italia*, mit einer Auflage von 80.000 Exemplaren, fand Mussolini in Kreisen der italienischen Rüstungsindustrie, erhebliche Summen steuerte zudem der französische Geheimdienst bei.[8]

Umgehend rief die Mailänder Sektion des PSI am 24. November eine Versammlung ein, um Mussolini aus der Partei auszuschließen. Der große Agitator meinte, dort mit einem theatralischen Auftritt größere Teile der Versammlung auf seine Seite ziehen zu können. Das scheiterte, die Mailänder PSI wollte Mussolini nicht mehr in ihren Reihen dulden. Der Parteivorstand besiegelte am 29. November den Ausschluss.

Dass sich Sozialisten mit Beginn des Weltkrieges auf die Seite ihrer Staaten stellten, war nichts Ungewöhnliches. Alle sozialistischen Parteien der kriegsführenden Staaten, die kurz zuvor den Militarismus bekämpft und für internationale Klassensolidarität gestanden hatten, schwenkten auf einen patriotischen Kurs um. Sozialismus und Nationalismus waren für sie kein Widerspruch. Doch die *Interventionisten* gingen weit darüber hinaus; sie sprangen ihrem Königreich nicht in vaterländischem Dünkel bei, sondern mobilisierten eine ultranationalistische Bewegung, um die Regierung in einen imperialistischen Krieg zu zwingen.

Mussolini stand deshalb nicht nur gegen die PSI, sondern gegen alle parlamentarischen Parteien, genau wie gegen die Kirche und das Königshaus, die allesamt weiterhin für die Neutralität Italiens eintraten.

Eine neue Partei nach altem Muster zu gründen, die sich in behäbige politische Debatten einmischte, kam für die *Interventionisten* nicht infrage. Sie wollten den sofortigen Kriegseintritt Italiens an der Seite der *Entente* erwirken. Einige ganz Ungeduldige meldeten sich freiwillig bei der französischen Armee. Individuelle Entscheidungen trugen aber nichts zur Veränderung der politischen Gesamtlage bei. Es galt, eine nationalistische Mobilisierung zu inszenieren, um die öffentliche Meinung zu manipulieren.

8 ›Angriff auf Österreich 1915. Arme Teufel aus dem Süden‹. In: *Süddeutsche Zeitung*, 7.8.2015, https://www.sueddeutsche.de/politik/angriff-auf-oesterreich-1915-so-trieb-italien-in-den-ersten-weltkrieg-1.2596766-3 (abgerufen am 11.1.2023).

Organisierte Bewegung statt Partei, so lautete Mussolinis Credo, und weiterhin blieben vor allem die Linken seine Zielgruppe. Lokale Verbände, sogenannte *Fasci* (dt.: Bündel), sollten als weitgehend selbstständige Gruppen entstehen. Innerhalb dieser autonomen Zusammenschlüsse herrschten allerdings strenge Regeln: Wer dreimal Versammlungen nicht beiwohnte, wurde z. B. ausgeschlossen. Das Organisationsmodell und der Name stammten aus der Gewerkschaftsbewegung. Bei Sozialisten, Syndikalisten und Republikanern war die Bezeichnung *Fasci* bereits seit Ende des 19. Jahrhunderts gebräuchlich.

Diese organisierte Bewegung begann am 11. Dezember 1914 in Mailand, mit einer Versammlung von rund 300 Gewerkschaftern, Sozialisten und Republikanern – die letztlich ihr italienischer Nationalismus verband. Unter Führung von Benito Mussolini und den bekannten linksradikalen Syndikalisten Alceste De Ambris sowie Filippo Corridoni, die sich als ›Linksinterventionisten‹ sahen, wurden die *Fasci Interventisti* gegründet.

Bereits Ende Februar 1915 hatte sich das *Fasci rivoluzionari di azione* (dt.: Revolutionäre Aktionsbündel) nennende Organisationsgeflecht mit 9.000 Mitglieder in 105 Gruppen[9] über ganz Italien ausgebreitet.

Den *Fasci* ging es nicht nur um Worte, es war eine militante Bewegung, die ab Frühjahr 1915 von sich reden machte. Mussolini und seine Anhänger_innen störten sozialistische Versammlungen und verhinderten Kundgebungen für die Neutralität.

Neben den *Fasci* standen andere, ähnliche Strömungen für den Interventionismus, namentlich Gabriele D'Annunzio, außerdem die Futuristen, eine avantgardistische Kunstbewegung, unter ihrem Gründer Filippo Tommaso Marinetti.

Aus der Mischung von nationalistischem Fanatismus und avantgardistischem künstlerischen Einfluss ergab sich ein neuer Propagandastil, mit Massenaufmärschen, dramatischen Appellen, hämmernder Rhetorik, dem Pathos von Blut und Kampf. Die Sache des Interventionismus beherrschte schließlich die Straßen. Treibende Kraft blieb dabei Mussolini, der mit seinen *Fasci* der Bewegung eine feste Organisation gab.

9 Güterbock, Ferdinand: *Mussolini und der Faschismus*, München 1923, Seite 37.

Verlorener Sieg

Zehn Monate verhandelte die italienische Regierung mit deutschen Diplomaten, aber auch mit den Entente-Mächten, und versuchte, den Preis für einen Kriegseintritt möglichst hochzuschrauben. Schließlich kam der *Londoner Vertrag* zustande, ein Geheimabkommen, das am 26. April 1915 zwischen Italien und den *Entente*-Mächten geschlossen wurde. Er sicherte Italien sämtliche Gebietsansprüche im Handel für den Kriegseintritt zu.

Am 3. Mai 1915 kündigte Italien den *Dreierbund* auf und trat am 23. Mai auf Seiten der Entente in den Krieg ein, wobei die PSI den Kriegskrediten nicht zustimmte. Ihre Vertreter gehörten zu der von Lenin auf den Konferenzen 1915 und 1916 in den schweizerischen Bauerndörfern Zimmerwald und Kiental formierten revolutionären Linken.

Begeisterung über den Waffengang herrschte hingegen bei den *Interventionisten*. An einen schnellen Sieg glaubend, meldeten sich viele freiwillig. Allen voran Gabriele D'Annunzio. Doch anders als von den Kriegstreibern erwartet, konnten die schwachen österreichischen Sicherungen an der Alpenfront nicht überrannt werden. Der italienische Angriff ging in einen aufreibenden Stellungskrieg über, und Deutschland entsandte das *Alpenkorps* zur Unterstützung an die österreichische Front.

↑ Anstecknadel aus Österreich. Sie verspottet D'Annunzio als ›Italiens Held für Englands Geld‹.

Während viele Freiwillige an den blutigen Schlachten teilnahmen, arbeitete Mussolini in den ersten Monaten nach dem Kriegseintritt weiter als Journalist. U. a. bereitete er seine Zeitung, *Il Popolo d'Italia*, organisatorisch auf seine Abwesenheit vor. Ihm deshalb persönliche Feigheit anzudichten, wäre indes falsch: Als seine Altersklasse im Herbst 1915 einberufen wurde, reihte er sich mit 32 Jahren in die Armee ein und ging an die Front. Als Zeitungsredakteur und Führer der *Fasci* hatte Mussolini bereits einen gewissen Bekanntheitsgrad erlangt. Auch als Soldat schrieb er weiterhin im *Il Popolo d'Italia*, die Zeitung wurde trotz einiger Schwierigkeiten den gesamten Krieg über herausgegeben. Mussolini setzte sich für eine erbarmungslose Kriegsführung ein und betrieb extreme anti-deutsche Propaganda. So forderte er, dass alle deutschen Spuren in Italien getilgt und Deutschland nach dem Krieg aus der europäischen Völkergemeinschaft ausgeschlossen werden sollte.

Durch den Status als ›Gebildeter‹ war er zum Offizier befähigt, war jedoch bis 1916 lediglich zum Korporal (unterster Unteroffiziersdienstgrad) befördert worden. Seine militärische Karriere endete wenige Monate später abrupt. Bei einer Übung explodierte am 23. Februar 1917 eine Mörsergranate beim Abschuss. Mehrere Soldaten in Mussolinis Nähe starben, er selbst wurde schwer verletzt und musste mehrere Monate in einem Mailänder Lazarett verbringen. Nach seiner Genesung erfolgte im August die Entlassung des Kriegsinvaliden aus dem Militärdienst.

In dieser Zeit versuchte Italien, die Initiative an der Alpenfront zurückzugewinnen und begann ab Juli 1917 mit der Aufstellung von Stoßtruppen, genannt *Arditi* (dt.: die Kühnen). Diese Einheiten bestanden in der Regel aus Freiwilligen und stellten eine selbstständige Untergattung der Infanterie dar. Ihre Waffenfarbe war schwarz, ihr Emblem ein lorbeerbekränzter Totenkopf mit Dolch im Gebiss. Aber auch die neue Elite-Truppe konnte keine Wunder vollbringen. Am 24. Oktober 1917 begann eine große deutsch-österreichische Offensive. In der Schlacht von Karfreit drohte dem italienischen Heer eine vernichtende Niederlage. Nur durch den Einsatz

Waffenfarbe schwarz, Totenkopf mit Eichen- und Lorbeerkranz und ein Dolch im Gebiss; Symbole der *Arditi*, die sich später bei den Faschisten wiederfanden. Auch die Kopfbedeckung (Fez), die Parole *„A noi!"* (dt.: Zu uns!), wie die spätere Parteihymne *Giovinezza* (dt.: Jugend) gingen auf die *Arditi* zurück.
Der Elitekult um die *Arditi*-Bataillone hielt der Realität nicht stand. Besser ausgerüstet als die normalen Einheiten, kämpften sie unter hohen Verlusten, brachten aber keinen militärischen Durchbruch. Bei der großen Niederlage in der Schlacht von Karfreit 1917 wurden sie einfach überrannt.

französischer und britischer Truppen wurde der völlige Zusammenbruch verhindert, doch Teile des Landes blieben besetzt. Um nicht aus dem Krieg auszuscheiden, mussten alle Reserven ausgeschöpft und das italienische Heer neu aufgestellt werden. Unter dem Slogan ›Für die Befreiung‹ setzte eine ultra-nationalistische Mobilisierung ein.

Damit fiel den Resten der Interventionistischen Bewegung erneut propagandistische Aufgaben zu. Viele Gruppen existierten indes nicht mehr, weil sich die aktivsten Anhänger nach dem Kriegseintritt freiwillig zum Militär gemeldet hatten und der Zweck der Bewegung erfüllt war. Aus demselben Grund gerieten auch die *Fasci* in die Krise. Mit zwei Treffen im November 1915 und Mai 1916 konnten die Strukturen reorganisiert werden. Ihre neue politische Ausrichtung folgte den Ideen Mussolinis. Hass und Kriegswillen gegen den ›äußeren Feind‹ sollten weiter angespornt werden, waren aber auch auf den ›inneren Feind‹, also Sozialisten, Liberale und Klerikale, gerichtet. Um politisch ein größeres Gewicht zu erlangen, vereinigten sich national gesinnte, revolutionäre und reformsozialistische Gruppen im Mai 1918 zur *Unione Socialista Italiana*.[10] Doch Mussolini beteiligte sich mit den *Fasci* nicht an der ›Unione‹. Der Zusammenschluss war nicht nach dem Geschmack des Egomanen, er hätte sich nur anschließen, die ›Unione‹ aber nicht dominieren können.

Unumschränkter Chef war Mussolini dagegen im *Il Popolo d'Italia*, deren Untertitel *„Sozialistische Zeitung"* er ab dem 1. August 1918 in *„Zeitung der Krieger und Produzenten"*[11] änderte. Geldsorgen musste sich der Chefredakteur weiterhin nicht machen. An der Existenz des Blattes hatte die Entente ein lebhaftes Interesse. Auch der britische Geheimdienst MI5 trug nun seinen Teil zur finanziellen Stabilität bei und ermöglichte darüber hinaus Mussolini einen gehobenen Lebensstandard mit eigenem Pferd und Auto.

Dass Italien am Ende des Weltkrieges 1918 aufseiten der Sieger stand, verdankte es der massiven Unterstützung durch die Entente. Am Ende bekam das Land die versprochenen Gebiete zugeschlagen, aber zu welchem Preis?

10 Güterbock, Ferdinand: *Mussolini und der Faschismus*, München 1923, S. 53

11 Ebenda.

Zwischen 1915 und 1918 hatte Italien insgesamt 5,6 Millionen Soldaten mobilisiert. Davon waren 650.000 gefallen und 950.000 verwundet worden. In den Lazaretten erlagen in den folgenden Jahren noch Zehntausende ihren Verletzungen.

Dazu kamen die ökonomischen Probleme, die das Land allein nicht lösen konnte. In den ersten Friedensjahren blieb das Königreich auf die umfassende Unterstützung der Entente angewiesen, denn der Krieg hatte die Staatsfinanzen zerrüttet, dazu waren die wichtigen Exportmärkte Deutschland und Österreich weggebrochen. Grundsätzlich musste die Industrie von Kriegs- auf Friedensproduktion umgestellt werden. Als Folge kam es zu Massenentlassungen, die durch die vielen, ausgemusterten Soldaten noch verstärkt wurde. Die Preise stiegen, es entwickelte sich eine galoppierende Inflation. Da soziale Sicherungssysteme nicht existierten, eskalierte die Situation. Es kam zu den *Biennio rosso*, den zwei roten Jahren, die 1919 begannen und 1920 ihren Höhepunkt erreichten.

Squadristen

Bereits während des Weltkrieges war die PSI auf den Revolutionskurs der Bolschewiki eingeschwenkt. Verantwortlich dafür war unter anderem Giacinto Menotti Serrati, der nach Mussolinis Sturz im Jahr 1914 den *Avanti!* herausgab. Serrati trieb auch die Mitgliedschaft der PSI in der *KomIntern* voran, die vom XVI. Parteitag im März 1919 beschlossen wurde. Die Ausrichtung auf das russische Weltrevolutionsmodell beinhaltete den bewaffneten Aufstand als Mittel zur Machtergreifung. Allerdings entstanden in der PSI über die Auffassung, ob sie sich aus taktischen Gründen auch an Wahlen im November beteiligen sollte, zwei Fraktionen. Eine endgültige Klärung dieser Frage blieb zunächst offen, denn alle Aufmerksamkeit galt einer Welle von Streiks und Demonstrationen die den industrialisierten Norden Italiens erfasste. Die PSI setzte sich an die Spitze der Bewegung. ›Viva Lenin‹, lautete die vom *Avanti!* verbreitete Parole. Wenig später kam es zu Aussperrungen, gewaltsamen Betriebsbesetzungen und militanten Demonstrationen. Nun wären konkrete Aussagen zur weiteren Zielsetzung vonnöten gewesen. Sollte gleich die politische Macht übernommen werden, oder ging es zunächst um konkrete Verbesserungen? Innerhalb der PSI konnte diese Frage nicht geklärt werden. Solcherlei Unklarheit gab es in Turin, dem Zentrum der bolschewistischen Fraktion, nicht. Dort war man um revolutionäre Maximalforderungen nicht verlegen. Eine Gruppe von Intellektuellen, unter ihnen der Schriftsteller und Philosoph Antonio Gramsci, gaben am 1. Mai 1919 die Zeitung *L'Ordine Nuovo* (dt.: Die neue Ordnung) heraus, in der sie zur Bildung von Arbeiterräten in den Fabriken aufriefen. Damit machte sich *L'Ordine Nuovo* zum Sprachrohr der Rätebewegung. Bis zum Jahresende waren allein in Turin mehr als 100.000 Menschen involviert, und Arbeiterräte übernahmen die Kontrolle über die Fabriken. Es handelte sich um den Versuch der direkten Sozialisierung, die Produktion lief weiter. Probleme blieben freilich die Rohstoffversorgung und die Absatzmärkte. Die Produktion konnte nur weiterlaufen, wenn die Zulieferfirmen die besetzten Betriebe nicht abhängten und sie an die staatliche und private Infrastruktur angeschlossen blieben. Politik und Wirtschaft lenkten erst einmal ein. Vom Einsatz des Militärs wurde abgesehen, und die Infrastruktur wurde nicht angetastet. Auf keinen Fall sollte die Lage eskalieren, sondern eine Verhandlungslösung gesucht werden.

Indes zeigte die Übernahme von Fabriken durch Arbeiterräte für die Intellektuellen um Gramsci das die Zeit des gesamtgesellschaftlichen Umschwungs gekommen war. In dem programmatischen Artikel *Democrazia operaia* (Arbeiterdemokratie) propagierte *L'Ordine Nuovo* ein Rätekonzept, das über die Fabrikkomitees hinaus in den politischen Bereich reichte. Damit wollten die Kommunist_innen eine *„revolutionäre Kultur selbstorganisierter Produzenten"* realisieren, die sie als Vorstufe der kommunistischen Gesellschaft ansahen. Die Entwicklung schien ihnen Recht zu geben. Immer mehr Städte wurden von der Revolte erfasst, selbst in den ländlichen Regionen breitete sie sich aus. Nun galt es für Gramscis Fraktion um *L'Ordine Nuovo*, die Politik der gesamten PSI im Sinne der Bolschewiki zu bestimmen. Die proletarische Revolution schien greifbar nahe. – Tatsächlich hatte sie keine Chance.

Abgesehen von ihren eigenen Unzulänglichkeiten erwuchs den Linksradikalen mit dem Faschismus eine Gegenbewegung, die sie zerschmettern sollte.

Mussolini hatte bereits seit Herbst 1918 eine Reorganisation des Interventionismus geplant. Unter den heimkehrenden, durch die Kriegserlebnisse traumatisierten und radikalisierten Soldaten entfaltete der große Agitator mit seiner *Il Popolo d'Italia* eine rege Propaganda.

Nur schwer konnten sich die meist arbeitslosen Veteranen wieder in die Gesellschaft einfügen. Die demokratischen Parteien verschenkten ihrer Meinung nach den Sieg und die Sozialisten verrieten mit ihrem Internationalismus ohnehin Italien. Alles Werte, für die sie im Krieg gekämpft hatten, sahen die Veteranen mit Füßen getreten und fühlten sich von der Welt betrogen; der Weg zum Faschismus war nicht weit.

Zunächst schlossen sich antibolschewistisch/antiliberale Gruppen auf lokaler Ebene und unabhängig voneinander zusammen. All diese Gruppen rief Mussolini für den 23. März 1919 zu einer konstituierenden Versammlung in Mailand auf. Einige Hundert Offiziere, Unteroffiziere und Intellektuelle sowie Arbeiter kamen im Sitzungssaal des *Industrial Alliance Circle* auf der *Piazza San Sepolcro* zusammen. Darunter auch die Futuristen, die mit Mussolinis Bewegung fusionierten. Die *Fasci italiani di combattimento* (dt.: Italienische Kampfverbände) entstanden.[12]

Unter den ersten Anhängern befanden sich auch fünf Juden, und die Räumlichkeiten des ersten Hauptsitzes in Mailand wurden von der lombardischen Vereinigung der Industriellen unter dem Vorsitz von Cesare Goldmann gemietet, einem Industriellen und Freimaurer jüdischer Herkunft.

Bereits nach wenigen Wochen waren Dutzende Kampfbünde mit etwa 15.000 Mitgliedern in den *Fasci italiani di combattimento* zusammengefasst. Organisatorisch blieb es beim Konzept aus dem Dezember 1914. Weitgehend autonome Gruppen agierten unter Mussolinis Oberhoheit.

Neu war allerdings das politische Programm, das die *Fasci italiani di combattimento* auch bei der Arbeiterschaft und der Landbevölkerung anschlussfähig machte. Dabei zeigte sich, dass Mussolini, der die Idee des internationalen Sozialismus bzw. den Bolschewismus bekämpfte, eine Geschichte

12 Nach Güterbock, Ferdinand: *Mussolini und der Faschismus*, München 1923, Seite 64, lautete der Name zunächst *Fascio di Combattimento* (dt.: Gebündelter Kampf oder Kampfstrahl) und wurde von Mussolini kurz darauf in *Fasci italiani di combattimento* geändert. Der Faschistenführer wollte mit dem neuen Namen vor allem Kriegsveteranen ansprechen.

in der politischen Linken hatte. Denn der Faschistenführer übernahm viele zuvor als klassenkämpferisch geltende Forderungen. So trat Mussolini für Mindestlöhne, den Achtstundentag, die Verkürzung von Nacht- und Kinderarbeit, höhere Invalidenrenten, eine obligatorische Kranken- und Arbeitslosenversicherung sowie die Beteiligung von Arbeitern an Unternehmergewinnen ein.

In der Agrarpolitik sollte Kleingrundbesitz gefördert werden, genauso die Verpachtung von Landhöfen an Feldarbeiter bzw. deren Beteiligung am Produktionsgewinn erfolgen.

Wenn Mussolinis Programm auch in Teilen einen sozialistischen Anstrich hatte, wollte er das kapitalistische Wirtschaftssystem keinesfalls abschaffen. Es ging ihm aber auch nicht um ungezügelte private Profitmaximierung. Sein Programm forderte bei großen Gewinnen außerordentliche Vermögensabgaben, Einzug der Kriegsgewinne, Beschlagnahme von Kirchengütern, Erbschaftssteuer und die Besteuerung von Luxuswaren.

Kapitalisten wie Arbeiter hatten der Nation zu dienen. Soziale Forderungen und Kapitalschöpfung waren keine Widersprüche und ließen sich integrieren, doch alles nicht italienische und antinationale wurde bekämpft.

Ebenso stand der Faschismus gegen bürgerliche, liberale Vorstellungen und die Kirche. Mussolini erfand eine neue politische Idee, deren Klammer ein überbordender Nationalismus war, verbunden mit einem militaristischen Kult und den Rückgriff auf die imperiale Vergangenheit.

Alte Größe, ewige Werte, Härte, soldatische Stärke, all das war ganz nach dem Geschmack vieler ehemaliger Kriegsteilnehmer. Durch ihren Zustrom bekam die Struktur der *Fasci italiani di combattimento* einen mehr und mehr militärischen Charakter.

Untergliedert waren die Kampfbünde in *Squadre d'azione* (dt.: Aktionskommandos), ihre Mitglieder nannten sich *Squadristen*.

Im Dienst und bei Aufmärschen traten die *Squadristen* in schwarzen Uniformhemden auf. Eine Symbolik, die ebenfalls in der Arbeiterbewegung fußte. Vor allem im Süden trugen Bergarbeiter wie Anarchisten oft schwarze Hemden. Im Krieg war schwarz die Waffenfarbe der *Arditi* gewesen. Sinnfällig verbanden sich damit die politisch aufgeladenen Traditionen zu einem neuen, faschistischen Sinngehalt.

In Anlehnung an die römische Vergangenheit bezeichneten sich die ›Schwarzhemden‹ selbst als Legionäre und grüßten mit dem *Saluto romano*, dem angeblich antiken *Römischen Gruß*. Auch das faschistische Symbol, dass Rutenbündel der Römischen Lektoren, bezeugte den imperialen Bezug. Das alte Amtssymbol symbolisierte die staatliche Macht. Diese wollte die Faschisten, auf neuer Grundlage, wiederauferstehen lassen.

Parteiabzeichen der ***Partito Nazionale Fascista*** (PNF) ab 1926. Das antike Liktorenbündel war als republikanisches Symbol in der französischen Revolution und den USA verwendet worden. Später wurde es auch von Teilen der sozialistischen Bewegung übernommen. Mussolini machte es zu einem faschistischen Abzeichen.

Aktionen der Faschisten ließen nicht lange auf sich warten. Mitte April 1919 kam es in Mailand zu Streiks und Demonstrationen. Mussolini ließ seine *Fasci* mit brutaler Gewalt gegen die Sozialist_innen vorgehen, die davon völlig überrascht waren. Die Schwarzhemden stürmten linke Treffpunkte und den *Avanti!*, dessen Redaktion in Flammen aufging; es gab Tote und Verletzte. Viele Zeitungen berichteten daraufhin über Mussolini, selbst Minister der Regierung Orlando nahmen Kontakt mit ihm auf. Das brachte der faschistischen Bewegung neuen Zulauf, während die politische Lage in Italien immer instabiler wurde.

Am 23. Juni 1919 trat die Regierung zurück, und Francesco Saverio Nitti, der die liberale Partei *Partito Radicale Italiano* führte, übernahm die Ämter des Ministerpräsidenten und des Innenministers. Das Kabinett Nitti stützt sich auf den liberalen *Partito Popolare Italiano* (PPI) und die Reformsozialisten.

Auf diesem Kabinett lastete die volle Wucht der Abrüstung und Umstrukturierung der italienischen Wirtschaft. Für die rechtsradikalen Kreise war Netti eine Hassfigur, weil er ihres Erachtens die nationalen Interessen verriet.

Fiume

Neben den Faschisten blieb Gabriele D'Annunzio ein Orientierungspunkt der rechtsradikalen Bewegung in Italien. Mussolinis Gesinnungsfreund, der seit dem Krieg als Fliegerheld galt, polemisierte gegen den ›vittoria mutilata‹ (dt.: verstümmelter Sieg) und forderte weitere Gebiete, die angeblich zu Italien gehörten.

Der Regierung unter Francesco Saverio Nitti warf D'Annunzio vor, die nationalen Interessen bei Verhandlungen mit den westlichen Alliierten verraten zu haben. Kurzerhand besetzte der rechtsradikalen Schriftsteller im September 1919 mit einer Truppe von 2.500 ehemaligen *Arditi* sowie Soldaten des italienischen Heeres, die zu dem Präfaschisten desertiert waren, die Adria-Stadt Fiume (heute Rijeka in Kroatien). Dort organisierte D'Annunzio regelmäßig Massenaufmärsche, bevorzugt bei Fackelschein, mit Akteuren, die Dolche in die Höhe hielten, und ergötzte sich an pathetische Reden vom Balkon des Palastes. Der Dichter liebte theatralische Gesten und führte den *Saluto romano* ein, den *Römischen Gruß*, mit gerade ausgestrecktem rechtem Arm, der wenig später bei den Faschisten unter Mussolini Verwendung fand und schließlich als ›Hitlergruß‹ von der NSDAP übernommen werde n sollte.[13]

Fiume erhielt eine Verfassung mit dem Anspruch, die Zukunft der Menschheit zu repräsentieren. Diese Zukunft betraf allerdings nur Italiener_innen. Gegen die andere Hälfte der Bevölkerung, die aus Kroat_innen und anderen Nicht-Italiener_innen bestand, gingen die bewaffneten Einheiten des Dichter-Diktators rigoros vor. Sie sollten assimiliert oder

13 Es ist nicht erwiesen das dieser Gruß tatsächlich im antiken Rom verwendet wurde. Er ist wohl eine Erfindung aus dem 18. oder 19. Jahrhundert. Gabriele D'Annunzio war, was den Gruß betrifft, von den ersten, damals ungemein populären, „Sandalenfilme" über die römische Zeit inspiriert.

Aufmärsche in schwarzen Uniformen mit Totenköpfen auf den Helmen und in die Höhe gestreckten Dolchen. Futuristisches Spektakel in martialischen Posen, die Mussolini von D'Annunzio übernahm.

vertrieben werden, die kroatische Sprache wurde verboten. Ebenso wurden Linke verfolgt. Für D'Annunzios ›Arditismus‹ begeisterten sich viele Gesinnungsfreunden in Italien und unterstützten ihn nach Kräften, darunter auch Mussolini. Aber nach 16 Monaten, im Dezember 1920, drohte die italienische Regierung dem Operettenstaat Fiume mit Waffengewalt und zwang D'Annunzio zur Aufgabe. Nachdem der Möchtegern-Diktator zunächst vollmundig erklärt hatte, an der Spitze seiner Bewaffneten fallen zu wollen, meinte er kurz darauf, dass es sich nicht lohnen würde, für ›dieses‹ Italien zu sterben. Der Abzug vollzog sich kampflos.

Der gescheiterte Despot kehrte nach Italien zurück. Den nun beginnenden Konkurrenzkampf mit Mussolini konnte der alternde 57-jährige Dichter nicht gewinnen; dafür war sein ›Arditismus‹ gegenüber dem Faschismus zu versponnen und realitätsfern. D'Annunzio Anhängerschaft schloss sich zu großen Teilen den Faschisten an. Der Dichter selbst zog sich in seine Villa am Gardasee zurück, wo Mussolini ihm später ein luxuriöses Leben im faschistischen Italien ermöglichte. Bis heute gilt D'Annunzio in Italien vielen als Vorbild und Held.

Anfang vom Ende

Wie groß die Ablehnung gegenüber der Regierung Nitti war, sollten die Parlamentswahlen in Italien am 16. November 1919 zeigen. Zeit auch für Mussolini, der mittlerweile viel Redens um sich gemacht hatte, sich erstmal dem Votum zu stellen.

Mit seinem Gesinnungsfreund und Begründer des Futurismus, Filippo Tommaso Marinetti, führte Mussolini eine Liste bei der Wahl in der Provinz Mailand an und spekulierte auf einen regionalen Erfolg. Marinetti hatte 1918 die *Partito Politico Futurista* gegründet, die nun in der faschistischen Partei aufging. Neben Marinetti machten in den kommenden Jahren eine ganze Reihe Futuristen als faschistische Politiker Karriere. Zunächst war das aber noch Zukunftsmusik, die Faschisten besaßen nur eine kleine Anhängerschaft und trafen auf Ablehnung. So war Regierungschef Nitti ein erklärter Gegner von ›Arditismus‹ und Faschismus. Die ständigen maßlosen Ausfälle des *Popolo d'Italia* gegen Nitti brachten dem Chefredakteur Mussolini kurz vor der Wahl sogar einen Tag Gefängnis ein.

Das Wahlergebnis im Jahr 1919 war für die Rechtsradikalen eine Blamage. Auf die faschistische Liste entfielen lediglich 4.000 Stimmen, sie gewannen kein einziges Mandat.[14] Ganz anders sah das Ergebnis für die PSI aus, die mit 32,3 Prozent (das waren 156 Abgeordnete) ihren größten Wahlerfolg überhaupt feiern konnte.[15]

Die linkssozialistische Bewegung befand sich auf ihrem Höhepunkt, sie war stärkste Kraft im Parlament, wenn sie sich auch nicht an der Regierung beteiligte. Ihr Bezugspunkt bildete die Rätebewegung, sie wollte die proletarische Revolution.

Nitti gelang es erneut mit seiner liberalen *Partito Radicale Italiano*, der katholischen *Partito Popolare Italiano* und der *Partito Socialiste Riformista Italiano* Ministerpräsident zu werden. Die brüchige Koalition des Kabinett Nitti II

14 Vgl. Güterbock, Ferdinand: *Mussolini und der Faschismus*, Wieland-Verlag München 1923, Seite 68f.

15 ›Parlamentswahlen in Italien 1919‹, https://de.wikipedia.org/wiki/Parlamentswahl_in_Italien_1919, (abgerufen 9.1.2023).

hielt aber nur ganze 18 Tage, bis es zerbrach. König Viktor Emanuel III. beauftrage daraufhin den Konservativen Giovanni Giolitti mit der Regierungsbildung. So übernahm Giolitti, mit seinem mittlerweile fünften Kabinett, die Regierungsgeschäfte. Einer Regierungsbildung kaum noch fähig, mit massiven sozialen Unruhen konfrontiert, war der Staatsapparat in die Defensive gedrängt und verhielt sich zurückhaltend. Das beförderte in Teilen des Bürgertums die Angst vor einer bolschewistischen Revolution. Damit unterlag man jedoch einem Irrtum. Auch wenn die PSI durch ihre Organisation und Zeitungen nach außen hin den Ton angab, existierte keine geeinte linksradikale Bewegung mit klarer Stoßrichtung. Vielmehr setzten sich die sozialen Proteste, politisch heterogen zusammen. Syndikalist_innen, Anarchist_innen und Sozialist_innen verschiedener Lager agierten neben- und teilweise gegeneinander. Ständige Streitereien der verschiedenen Strömungen und Fraktionen kennzeichneten den Zustand des linken Lagers. Eine Beteiligung an der Bewegung bedeutete auch noch lange nicht, dass die betreffenden Menschen bereit und in der Lage waren, bewaffnet zu kämpfen. Ohnehin blieben die Linksradikalen in der Minderheit. Wenn das auch aus der Perspektive von Turin und einigen anderen Städten und Regionen anders wirkte. Turin zählte im Jahr 1920 ca. 502.000 Einwohner_innen, während insgesamt knapp 40 Millionen Menschen in Italien lebten[16] – und die waren mehrheitlich nicht links eingestellt. Mit ihren 32,3 Prozent der Stimmen sollte die PSI ihr absolutes Maximum erreicht haben.

Ein Blick auf die Zahlenverhältnisse allein, sagt natürlich nicht alles und Anfang 1920 konnte man durchaus noch an eine siegreiche proletarische Revolution glauben. Zur Weiterführung der revolutionären Initiative wollten die Intellektuellen um Gramsci im Frühjahr einen Generalstreik proklamieren. Doch die Führung der PSI zog nicht mit. Von ihrer Mission überzeugt, setzte die radikale Turiner Fraktion daraufhin eigenständig ein Zeichen und legte die Stadt im April 1920 mit einem zehntägigen regionalen Generalstreik lahm. Um die 200.000 Menschen sollen sich beteiligt haben. In Turin standen alle Räder still – aber der Funke sprang nicht auf

16 ›Demografie Italiens‹, https://de.wikipedia.org/wiki/Demografie_Italiens, (abgerufen 9.1.2023).

andere Landesteile über. Isoliert auf eine Stadt, brach der Ausstand zusammen. Trotz dieser Niederlage legte Gramsci gleich mit einem Neun-Punkte-Programm nach, das er am 8. Mai 1920 veröffentlichte. Unverdrossen forderte der Schriftsteller den raschen Übergang zur Revolution und zielte mit seinem Papier auch auf den 2. Kongress der **KomIntern** vom 19. Juli bis 7. August in Moskau.

Dieser Kongress verabschiedete die ›21 Bedingungen‹, d. h. die Aufnahmebedingungen für Parteien, die Mitglieder der **KomIntern** werden wollten. Von nun an mussten die Mitgliedsparteien ihre Eigenständigkeit erheblich einschränken und wurden zu ›nationalen Sektionen‹ der **KomIntern** . Damit einhergehend wurde auch Lenins Modell des demokratischen Zentralismus auf die Weltorganisation übertragen, d. h. eine Abstimmung war erst dann gültig, wenn sie die Billigung der jeweils höheren Parteiinstanz fand. Ein hierarchisches System, das diktatorische Vollmachten impliziert.

Auch wurde festgelegt, dass der Name der betreffenden Parteien in ›Kommunistische Partei‹ umgeändert werden musste. Damit verbunden war der Ausschluss reformistischer Gruppen und Strömungen.

Was Italien betraf, erhob Giacinto Menotti Serrati dagegen Einwände. Serrati, Mitglied des Präsidiums der **KomIntern** und auf dem Weltkongress in das Exekutivkomitee gewählt, befürchtete eine erhebliche Schwächung der PSI. Lenin hingegen befürwortete den Ausschluss reformistischer Strömungen und bezeichnete Serrati und andere Kritiker als ›Zentristen‹[17]. Wer gegen den Kurs der Bolschewiki bzw. Lenins opponierte, fiel in Ungnade. Gramscis radikales Neun-Punkte-Programm befürwortete Lenin hingegen ausdrücklich. Die Spaltung der PSI, oder vielmehr die Abspaltung einer bolschewistischen Fraktion, war damit eingeleitet. Und das genau zu dem Zeitpunkt, als die Faschisten zum Angriff übergingen und eine geschlossene, möglichst breit aufgestellte Gegenwehr nötig gewesen wäre.

Im September 1920 eskalierte die Lage durch eine neuerliche Streik- und Besetzungswelle. Nun waren auch wichtig Betriebe der Infrastruktur wie

17 ›Zentrist‹ war ein polemisch abwertend gemeinter Begriff der Bolschewiki. Es beschrieb wie ›Linksabweichler‹ oder ›Rechtsabweichler‹ eine Kritik an der vorgegebenen Parteilinie. ›Zentrist‹ war mit ›Reformist‹ vergleichbar, bezeichnete also jemanden, der eine ausgleichende, zentrale Linie vertrat.

Post und Eisenbahn betroffen, und nach bolschewistischem Vorbild wurde die Bewaffnung des Proletariats verkündet. Die Aufstellung bewaffneter Arbeitermilizen forderte die Staatsmacht heraus.

Der Ruf nach einem Durchgreifen und einem Ende der unsicheren Situation wurde bis in liberale Kreise laut. Das Kabinett Giolitti, welches das Kabinett Nitti abgelöst hatte, musste handeln. Als der Einsatz des Militärs drohte, lenkten die Aktivist_innen aufseiten der radikalen und revolutionären Linken ein. Verhandlungen beendeten die Besetzung der meisten Fabriken. Auch konnten weitere Streiks durch Lohnerhöhungen und die Erfüllung sozialer Forderungen beigelegt werden. Dennoch gab es einige radikale Räte, die ihre Betriebe nicht räumen wollten. Aber auch die mussten schließlich, weitgehend isoliert, kapitulieren. Was Antonio Gramsci dazu nutzte, die Führung der PSI anzugreifen, deren reformistische Haltung er für die Situation verantwortlich machte.

Was Serrati befürchtet hatte, trat nun ein. Im November 1920 lehnte eine PSI-Tagung in Imola einen Ausschluss des von der bolschewistischen Fraktion als Reformisten bezeichneten Flügels ab. Dadurch verschärften sich die internen Differenzen. Auf Initiative von Gramsci und anderen intellektuellen Anführern spaltete sich die *Partito Comunista Italiano* (PCI) im Sinne der Bolschewiki am 21. Januar 1921 von der PSI ab. Von nun an gab es eine sozialistische und eine kommunistische Partei.

Brutaler Machtkampf

Zwar gab es bereits seit Anfang 1920 verstärkt Überfälle von Faschisten auf Linksradikale. Aber die Zeit zum großen Gegenschlag war für den Faschistenführer noch nicht gekommen. Bis zum Herbst wartete Mussolini noch ab und baute seine Truppe weiter auf. Teilweise von Industriellen und Großgrundbesitzern finanziert oder mit Automobilen und Waffen unterstützt. Hier und da beteiligten sich die Besitzenden auch selbst an den faschistischen Banden. Doch wäre es falsch, Mussolini und seine Bewegung als ›Handlanger des Kapitals‹ abzutun. Mussolini war mehr als nur willkommener Bewahrer der Kapitalinteressen und der besitzenden Schichten. Das zeigte sein Programm, das sicher vielen Kapitalisten eher missfiel. Denn seine Anziehungskraft erlangte der Faschismus durch seine nationalrevolutionäre Ideologie. Besonders unter der Generation der desillusionierten Soldaten aus dem 1. Weltkrieg, fanden diese Parolen Anklang und ließen den Faschismus zur Massenbewegung werden.

Auf diese Kräfte gestützt wollte Mussolini seine Offensive aus der Defensive beginnen und als Verteidiger für alle nationalgesinnten Bürger_innen und arbeitsfreudigen Arbeiter_innen auftreten. Ende 1920 war seine Truppe stark wie nie, und die Linksradikalen hatten erste Schlappen erlitten. Da kam der Moment. Nicht zentral befohlen, sondern aus der Bewegung heraus, lieferte ein Vorfall in der landwirtschaftlich geprägte Po-Ebene in Norditalien den Ausgangspunkt zum Losschlagen.

Diese Region, insbesondere die ›rote Hauptstadt‹ Bologna, schien fest in sozialistischer Hand, bis Linksradikale Ende 1920 dort einen nationalistischen Kommunalbeamten töteten. Die Empörung über diesen Mord reichte weit bis in bürgerliche Kreise und wurde von *Squadristen* zur moralischen Legitimation für einen Rachefeldzug genutzt. Am 21. November überfielen mehrere Hundert Schwarzhemden die konstituierende Sitzung des neugewählten sozialistischen Gemeinderates von Bologna, neun Menschen starben. Diese Gewalttat markierte den Beginn des faschistischen Squadrismo, bewaffneter ›Strafexpeditionen‹. Militärisch gut organisiert und mit Lastwagen ausgestattet, begannen die Schwarzhemden eine Phase des offenen Terrors. Ständig gab es Überfälle auf linke Aktivist_innen mit etlichen Toten und Verletzten. Oft mussten die Überfallenen Rizinusöl trinken, wurden zusammengeschlagen und nackt an die Straße oder einen öffentlichen Platz gebunden. Die Träger_innen der linken Strukturen wurden so buchstäblich physisch vernichtet.

Eine geeinte antifaschistische Antwort wäre notwendig gewesen. Stattdessen spaltete sich am 21. Januar 1921 die Kommunistische Partei Italiens von der PSI ab. Der Gewalt wie den Parolen der Schwarzhemden, die durch ihr martialisches und gewalttätiges Auftreten noch weiteren Zulauf erfuhren, zeigten sich die linken Strukturen immer weniger gewachsen.

Antonio Gramsci zählte in den 18 Monaten zwischen Januar 1920 und Juni 1921 rund 4.000 *„Männer, Frauen, Kinder und Greise, die unter den Kugeln der öffentlichen Sicherheitsorgane und des Faschismus den Tod auf Straßen und*

Plätzen fanden“[18], wie er im Juli 1921 in der Zeitung *L’Ordine Nuovo* schrieb. Allein im ersten Halbjahr 1921 zerstören die faschistischen Sturmtrupps 25 Volkshäuser, 59 Arbeitskammern, 85 Genossenschaften, zehn Druckereien und sowie sechs Redaktionen von Tageszeitungen.[19]

Hilfesuchend forderten Linke Schutz von den Behörden. Doch staatliche Stellen standen oft passiv, in einigen Fällen aktiv, aufseiten der Faschisten, auch wenn es Razzien, Beschlagnahmen von Waffen und Verhaftungen von Faschisten durch die Polizei gab. Aber diese Maßnahmen blieben, genau wie Apelle von Regierungsstellen, die Gewalt einzustellen, hilflose Gesten.

Schon im Sommer 1921 triumphiert Benito Mussolini *„Es gibt keine ernsthafte bolschewistische Gefahr mehr in Italien. Der Bolschewismus ist so gut wie ausgerottet!“*[20], schrieb er in seinem Blatt *Il popolo d’Italia.*

Leider beförderten auch Gewalttaten aus antifaschistischen Zusammenhängen rechtsradikale Schlagzeilen, wie etwa der anarchistische Bombenanschlag am 23. März 1921 auf das *Diana Theater* in Mailand, das 21 Menschen das Leben kostete und etwa 50 verletzte. Es galt dem Polizeikommissar Giovanni Gasti, der sich aber zum Zeitpunkt des Attentats nicht im Theater aufhielt.

Ab April wurden die militanten Konfrontationen durch Wahlkampfveranstaltungen in den Hintergrund gedrängt. Nach dem endgültigen Abschluss des Friedensvertrages ergaben sich durch die an Italien gefallenen Gebieten neue Wahlbezirke, die parlamentarisch noch nicht vertreten waren. Deshalb wurde am 7. April die Auflösung des Parlaments beschlossen und Neuwahlen auf den 15. Mai festgelegt.

Eine deutliche Änderung der Mehrheitsverhältnisse zeichnete sich ab, und Mussolini erwies sich erneut als gewiefter Politiker, der aus seinen Fehlern lernte. Im Jahr 1919 war er mit einer Wahlliste in Mailand gescheitert, und nach wie vor gab es keine faschistische Partei. Zunächst verständigte sich Mussolini mit D’Annunzio, der schlecht auf die Faschisten zu

18 Zit. in: Renner, Jens: *Im Schlafwagen.* In: *der Freitag*, 30.9.2021, https://www.freitag.de/autoren/jens-renner/im-schlafwagen (abgerufen 11.1.2023).

19 Ebenda.

20 Ebenda.

sprechen war, weil sie keine Revolution entfacht hatten, um sein Fiume-Abenteuer zu unterstützen. Das sich Mussolini ausgerechnet Giovanni Giolitti annähern würde, unter dessen Regierung die Besetzung von Rijeka/Fiume beendet wurde, musste abgeklärt werden.

Denn wesentlich für den Erfolg der Faschisten war ein Bündnis mit konservativen und bürgerlichen Parteien. Es gelang Mussolini, die *Fasci di combattimento* in einen von dem Ministerpräsidenten Giovanni Giolitti geführten, bürgerlichen Wahlblock zu integrieren. Um die Aufnahme faschistischer Kandidaten auf die Listen Giolittis zu erreichen, war der Faschistenführer bereit, den Grenzvertrag von Rapallo zu unterstützen, mit dem Italien seine Ansprüche auf Dalmatien aufgab. Selbst eine Zusammenarbeit mit Parteien, die ihnen inhaltlich fernstanden, wie die *Unione Liberale* (dt.: Liberale Union), war den Faschisten auf einmal möglich. Eine gemeinsame Abwehrfront gegen Sozialisten und Kommunisten wurde propagiert. Geeint über das Ziel oder vielmehr die gemeinsamen Gegner entstanden die *Blocchi Nazionali* (dt.: Nationale Blöcke).

Obwohl Mussolini für das Bündnis sein Programm von 1919 deutlich abschwächte, vertrat er weiterhin ungebrochen aggressiv einige nationale Belange. So forderte er eine, mit Zwangsmaßnahmen durchzusetzende, schnelle und vollständige Übernahme der italienischen Sprache und Kultur in den slawischen und deutschen Distrikten, namentlich in Triest und Bozen.

ELEZIONI POLITICHE - 15 Maggio 1921

Candidati del

Blocco Nazionale

Arpinati Leandro fascista
Baroncini Rag. Gino fascista
Biagi Avv. Bruno combattente
Cangini Avv. Giuseppe liberale-democratico
Carlotti Avv. Ahsvero liberale-democratico
Colliva Avv. Cesare liberale-democratico
Franchi Avv. Guido liberale-democratico
Gattelli Barbato fascista
Grandi Avv. Dino fascista
Levi Ing. Giorgio per i Tecnici
Manaresi Avv. Angelo combattente
Mantovani Ing. Vico agricoltore
Mussolini Prof. Benito fascista
Orlandi Avv. Antonio radicale
Oviglio Avv. Aldo fascista
Pavone Colonn. Giuseppe combattente
Pini Aldo mutilato di guerra
Sitta Prof. Pietro liberale-democratico
Tumedei Dott. Cesare nazionalista
Tumiati Prof. Leopoldo combattente

↑ Kandidatenliste der *Blocchi Nazionali* für die Parlamentswahl am 15. Mai 1921.

Insbesondere die 180.000 Deutschen in Südtirol sollten möglichst schnell assimiliert werden und das Deutschtum verschwinden. In diesem Sinne gingen die Schwarzhemden militant vor. Ein Beispiel gab der Angriff auf einen Trachtenumzug während der Bozner Messe am 24. April 1921. Ein oder zwei Südtiroler wurden getötet, 50 verletzt. Im Wahlkampf profilierte sich Mussolini durch diesen Angriff als wahrhaft großer Nationalist, der den *Blocchi Nazionali* in Mailand anführte. Überhaupt sicherten sich die Kandidaten der Faschisten aussichtsreiche Listenplätze. Nicht ohne Grund trugen die nationalen Blöcke das Symbol der Faschisten, das Fasces.

In radikaler Opposition standen PSI und PCI den *Nationalen Blöcken* gegenüber; genauso wie allen anderen, von ihnen als bürgerlich angesehenen Parteien. Als Bündnispartner im Kampf gegen den Kapitalismus hätten Sozialist_innen und Kommunist_innen nur einander gehabt. Daran war aber nicht zu denken. Ideologisch lagen die beide linken Parteien im Streit und hatten sich frisch gespalten.

In der Wahl verlor die PSI 7,1 Prozent und kam auf 33 Sitze. Selbst wenn man die 15 Abgeordneten der PCI hinzuzählte, lag der Gesamtverlust der Linken bei 18 Mandaten.

Große Gewinner der Wahl waren die bürgerlichen Parteien und die Faschisten. Die *Blocchi Nazionali* erhielten 19,1 Prozent und setzten damit insgesamt 105 Abgeordnete durch, 35 davon waren Faschisten, darunter Benito Mussolini. Außerdem kamen 20 Abgeordnete der *Italian Nationalist Association* ins Parlament.[21] Die INA war die erste, bereits 1910 gegründete, rechtsradikale Partei Italiens, eine Vorreiterin der faschistischen Partei und in vielem ihr Vorbild. Im Unterschied zur Bewegung um Mussolini stand die INA jedoch treu zur Monarchie.

Der erfolgreiche Einzug der Faschisten ins Parlament hatte sie in die Kreise der etablierten Politik aufsteigen lassen. Wenn Mussolini mehr erreichen wollte, musste er nun die zügellose Gewalt der *Fasci di combattimento* beenden und sie in einer Partei zusammenfassen. Bislang hatten die *Fasci* mehr oder weniger auf eigene Faust unter ihren regionalen Führern agiert.

21 „Parlamentswahlen in Italien 1921“. In: https://de.wikipedia.org/wiki/Parlamentswahl_in_Italien_1921 (abgerufen11.1.2023).

Kurzerhand gab Mussolini die Parole aus, den Bürgerkrieg, also die militanten Angriffe, einzustellen. Er ging sogar noch einen Schritt weiter und handelte mit der PSI und den sozialistischen Gewerkschaften einen Friedensvertrag aus, der am 2. August in Kraft trat. Damit spekulierte Mussolini auch darauf, Sozialist_innen auf seine Seite zu ziehen und die Spaltung aufseiten der Linken zu vertiefen. Für Kommunist_innen und andere radikale Linke galt das Friedensabkommen nämlich nicht.

Dem faschistischen Terror stellten sich jedoch neue militante Kräfte entgegen. Vom gemeinsamen Veteranenverband *Associazione Arditi d'Italia* spalteten sich im Sommer 1921 die *Arditi del Popolo* ab und bildeten mit den *Formazioni di difesa proletaria* (dt.: Proletarische Verteidigungsformationen) eine militante antifaschistische Basisorganisierung. Antonio Gramsci und aus dem fernen Moskau Lenin forderten dazu auf, die *Arditi del Popolo* zu unterstützen. Da sie aber politisch keiner Linie eindeutig zuzuordnen waren, kam eine tatsächliche Zusammenarbeit der *Arditi del Popolo* weder mit der sozialistischen noch der kommunistischen Partei zustande.

Es kam zu einigen legendären Auseinandersetzungen, bei denen die *Arditi del Popolo* die Faschisten zurückschlugen. An der Gesamtsituation änderte das aber nichts, die radikale Linke blieben in der Defensive.

↑ Die *Associazione Arditi d'Italia* war der 1919 gegründete Veteranenverband der Arditi. 1920 entstand die, den Faschisten nahe stehende,*Associazione Nazionale Arditi d'Italia*. Im Sommer 1921 spaltete sich die *Arditi del Popolo* als antifaschistische Organisation ab.

Nicht Niederlagen in Straßenkämpfen, sondern das Friedensabkommen mit den Sozialist_innen brachten die faschistische Bewegung und Mussolini in erhebliche Probleme. Denn wichtige Faschistenführer stellten sich gegen das Abkommen, Mussolini legte daraufhin seine Funktion im Zentralkomitee nieder. Drei Monate hielten die Spannungen an, eine Zeit, in der Mussolini unermüdlich für sein Projekt, die faschistische Partei, die Strippen zog. Er würde an die Führung zurückkehren, aber nur, wenn sich ihm die Bewegung als Partei unterstellte. Im November war es soweit. Ein ›Römischer Kongress‹ mit 4.000 Delegierten, die 2.200 *Fasci* mit insgesamt 320.000 Mitgliedern vertraten, kam zur Gründungsveranstaltung zusammen.[22] Den Faschisten hatten sich zu dieser Zeit auch bereits 614 Gewerkschaften mit 64.000 eingeschriebenen Mitgliedern angeschlossen.[23]

Während die radikale Linke uneins und in ideologische Grabenkämpfe zerstritten war, vollzog Mussolini am 9. November 1921 die Gründung der *Partito Nazionale Fascista* (dt.: Nationale Faschistische Partei), kurz PNF, in deren Verlauf er zum ›Duce‹ gekürt wurde.

Über 30.000 Faschisten aus allen Teilen Italiens zogen während des Kongresses in Demonstrationszügen durch Rom. Es kam zu blutigen Zusammenstößen mit Sozialist_innen und Kommunist_innen und in der Folge zu einem Eisenbahnerstreik. Mussolini nahm das zum Anlass, den faschistisch-sozialistischen Friedensvertrag aufzukündigen. Das war auch eine Voraussetzung, um als ›Duce‹ anerkannt zu werden.

Die Bildung der PNF ging zwar auf Kosten des Avantgarde-Charakters der vormals ausschließlich paramilitärisch organisierten Schwarzhemden, doch von nun an vollzog sich der Aufstieg des Faschismus in rasanter Geschwindigkeit. Das lag auch an einem neuen faschistischen Programm, das Mussolini entworfen hatte und aus dem sich aufgrund seiner nationalen Grundsätze viele Berührungspunkte zu anderen Parteien ergaben.

Zu dieser Zeit näherten sich endlich die verfeindeten Flügel aufseiten der radikalen Linken an. Eine Konferenz vom 18. Bis 22. Februar 1922 in Rom besiegelte die *Alleanza del Lavoro* (dt.: Arbeitsbündnis), in der die fünf

22 Güterbock, Ferdinand: *Mussolini und der Faschismus*, München 1923, Seite 91.

23 Ebenda, Seite 99.

wichtigsten linken Gewerkschaftsorganisationen zusammenarbeiteten. Mittlerweile war durch die faschistische ›weiße‹ Gewerkschaftsbewegung der sozialistischen ›roten‹ und der klerikalen ›schwarzen‹ eine mächtige Konkurrenz erwachsen. Mussolini verfolgte den Grundsatz, dass sich das Klasseninteresse des Proletariats dem nationalen Interesse unterzuordnen habe. Streiks in öffentlichen Sektoren waren für ihn unzulässig, und er propagierte, Lohnsenkungen durchzuführen, wenn dies für die Rettung der Produktion notwendig sein sollte. Statt Klassenkampf wollte der Faschismus eine möglichst enge Zusammenarbeit von Unternehmern und Arbeitern erreichen. Zugleich versprach Mussolini den Ausbau der Sozialgesetzgebung. Die ›weißen‹ Gewerkschaften stellten sich als Organisationen dar, die konstruktive, praktisch umsetzbare Forderungen im Einvernehmen mit Unternehmern und Großgrundbesitzern arrangierten.

Besonders bei der Landbevölkerung gewann der Faschismus dadurch enormen Zulauf. Im August 1922 zählten die ›weißen‹ Gewerkschaften bereits 800.000 Mitglieder.

Mit diesem mächtigen Instrument unterliefen die Faschisten die Streiks der linken Gewerkschaften. Immer öfter stellten sie Streikbrecher, und die Macht der ›roten‹ Gewerkschaften schmolz dahin. Ein Symbol wurde der 1. Mai 1922, an dem die sozialistischen Arbeiter_innen an ihrem Kampftag die Arbeit niederlegten. Kurzerhand griffen 20.000 faschistische Eisenbahner ein und sorgten im Land für ordnungsgemäßen Bahnbetrieb.

Einige Streiks wurden von den Faschisten auf diese Art abgewürgt. Dann wollte es die *Alleanza del Lavoro* am 1. August wissen und organisierte einen Generalstreik gegen Faschismus und Kapitalismus. Die Initiative endete im völligen Desaster. Die Faschisten gingen zum Angriff über, hielten nicht nur durch Streikbrecher das öffentliche Leben am Laufen, sondern organisierten zusätzlich blutige Strafexpeditionen. Rathäuser wurden gestürmt, sozialistische Zeitungsredaktionen heimgesucht, Treffpunkte niedergebrannt, bekannte Aktivisten zusammengeschlagen. Linke waren ihres Lebens nicht mehr sicher, die Faschisten siegten durch Gewalt, der Streik brach zusammen. Dass die Faschisten in der Lage waren, einen Generalstreik niederzuschlagen, empfahl sie endgültig als neue Ordnungsmacht. Im Laufe des Jahres 1922 stieg die PNF mit 300.000 Mitgliedern zur größten Partei

Italiens auf, während ganze Städte von Schwarzhemden überfallen und die Verwaltungen abgesetzt wurden. Die staatlichen Stellen standen den Angriffen oft mit wohlwollender Neutralität gegenüber, schließlich lösten sie in ihren Augen endgültig die chaotischen Zustände der *Biennio rosso* ab.

Doch die Faschisten trafen auch auf heftige antifaschistische Gegenwehr. Ein Beispiel gab Anfang August Parma. Hier trafen die Schwarzhemden zum ersten Mal auf bewaffneten Widerstand. Mehrere Tausend Faschisten (Zahlenangaben bewegen sich zwischen 10.000 und 20.000) aus verschiedenen Regionen des Landes wollten unter Führung von Italo Balbo in die Stadt einfallen. Der örtliche Polizeichef erklärte, dass er dagegen machtlos sei. Daraufhin organisierte die lokale Gruppe der *Arditi del Popolo*, die nur etwa 350 Kämpfer umfasst haben soll, den Widerstand. Barrikaden wurden errichtet und versteckte Gewehre verteilt. Die Kämpfer wurden von Hunderten Bürger_innen unterstützt. Parteizugehörigkeit spielte keine Rolle, es ging darum, gemeinsam die Faschisten aufzuhalten. Eine Woche belagerten die ›Schwarzhemden‹ Parma, dann mussten sie erfolglos abziehen. Erst nach diesem Rückzug reagierte die Staatsmacht und verhängte den Belagerungszustand über die Region. Diese Maßnahme richtete sich aber vor allem gegen den antifaschistischen Widerstand: Das Beispiel von Parma sollte keine Nachahmer finden.[24]

Parma war ein Aufblitzen, es zeigte, was möglich gewesen wäre, wenn die radikale Linke sich intensiv um Bündnispartner bemüht hätte.

Die Linksradikalen blieben aber auf ihren antikapitalistischen Revolutionskurs konzentriert und beförderten weitere Spaltungen. Am 1. Oktober 1922 schloss die Mehrheit der PSI, die an einem revolutionären, marxistischen Kurs festhalten wollte, den reformistischen Flügel aus, der daraufhin den *Partito Socialista Unitario* (dt.: Sozialistische einheitliche Partei), kurz PSU, konstituierte. Generalsekretär der neuen Partei wurde der begabte Agitator und Abgeordnete des italienischen Parlaments für die Region Ferrara, Giacomo Matteotti. Außer einer weiteren Schwächung der Linken hatte der Ausschluss der Reformist_innen keinen Effekt.

24 Vgl. Staid, Andrea: *Arditi del popolo. Der erste bewaffnete Widerstand gegen den Faschismus in Italien 1921–1922*, Edition AV Bodenburg 2020, Seite 140.

›Faschismus – Sozialistische Ermittlungen über die Taten der Faschisten in Italien.‹ Broschüre Anfang der 1920er Jahre.

Mussolini polemisierte derweilen vor allem gegen die Schwächen des liberalen Staates und sprach nun offen davon, den alten Staat durch den faschistischen ersetzten zu wollen.

Seine Macht dokumentierte er in den ersten Oktobertagen mit Angriffen auf Bozen und Trient. Man konnte darin gleichzeitig eine Probeübung für den ins Auge gefassten ›Marsch auf Rom‹ sehen.

In den beiden neuen Provinzen überrannten die Schwarzhemden Polizei und Militär, ohne auf großen Widerstand zu stoßen. Die Rathäuser wurden gestürmt und die Verwaltungsspitzen abgesetzt. Die Südtiroler wurden gezwungen, in ihrem deutschen Sprachgebiet die Zweisprachigkeit inklusive italienischer Schulen einzuführen. Italienische Fahnen mussten gehisst und Bilder des italienischen Königs aufgehängt werden. Die Südtiroler Bevölkerung und die italienische Regierung waren gezwungen, die von den Faschisten geschaffte Neuordnung anzuerkennen. Ein klares Beispiel für die Ohnmacht der Regierung.

Nach der Südtiroler Expedition wurden die 300.000 Mann starken Schwarzhemden militärisch gegliedert. Ein Oberkommando des *Squadrismus* mit drei kommandierenden Generalen entstand. Das waren Emilio De Bono, ein im aktiven Dienst des Heeres befindlicher General mit guten Verbindungen zum Königshaus, sowie Cesare Maria De Vecchi und Italo Balbo, beide ehemalige Frontoffiziere und faschistische Abgeordnete. Von nun gab es eine strenge Disziplinarordnung, in der von Uniformvorschriften bis zur Grußformel und Aufmarschformen alles festgelegt war. Außerdem fanden regelmäßige Militärübungen der *Squadristen* statt. Parallel dazu steigerte sich der Terror der Schwarzhemden gegen politische Gegner_innen.

Eine Armee und eine stetig wachsende Bewegung im Rücken, forderte Mussolini Neuwahlen. Anderenfalls drohte er mit einem ›Marsch auf Rom‹ nach dem Vorbild Julius Cäsars. Dieser hatte am 10. Januar im Jahr 49 vor unserer Zeitrechnung mit seinen Truppen den Rubikon überschritten und war in die Hauptstadt des römischen Imperiums einmarschiert.

Ab dem 16. Oktober 1922 beriet sich Mussolini mit führenden Faschisten, die später als *Quadrumvirat* bekannt wurden. Es waren die drei Befehlshaber der Schwarzhemden General Emilio de Bono, Cesare Maria des Vecchi, Italo Balbo und der Parteisekretär Michele Bianchi. Dieses zunächst geheime Gremium organisierte den ›Marsch auf Rom‹.

Das offizielle Startsignal gab ein PNF-Kongress in Neapel am 24. Oktober. Der ›Duce‹ hielt dort eine flammende Rede, in der er den Willen verkündete, dass der Faschismus jetzt Staat werde. Gleich nach seiner Rede verschwand Mussolini, der Kongress wurde am nächsten Tag vorzeitig beendet.

Am 27. und 28. Oktober besetzten faschistische Schlägertrupps in Nordostitalien Rathäuser und Regionalpräfekturen sowie große Polizeidienststellen, außerdem Bahnhöfe und Kasernen. Einige Armeedepots wurden geplündert, Waffen verteilt. In den meisten Fällen konnten Polizei und

↑ Eine Kolonne von Schwarzhemden beim ›Marsch auf Rom‹.

Militär die Versuche, Unruhen anzuzetteln, unterbinden. Es handelte sich aber ohnehin nur um einen Auftakt, eine Konfrontation mit der Armee sollte vermieden werden, weitere Übergriffe auf Städte wurden eingestellt. Das *Quadrumvirat* forderte die Regierung Luigi Factas zum Rücktritt auf, und in drei großen Marschkolonnen bewegten sich die Faschisten auf Rom zu. Zahlenangaben schwanken zwischen 20.000 und 50.000 Mann. Der Ablauf lag in Händen des *Quadrumvirats*, Mussolini hielt sich im Hintergrund.

Der Faschistenführer verfolgte einen Plan und hatte sein Fußvolk nicht einfach blind in Marsch gesetzt. Im Vorfeld des ›Marsch auf Rom‹ gab es eindeutige Signale aus den Wirtschaftsverbänden, von der Armeeführung und sogar vom Papst, sich nicht gegen einen faschistischen Ministerpräsidenten zu stellen. Selbst der italienische König würde sich nicht verweigern können.

Königshaus und Kirche waren von entscheidender Bedeutung, denn in dem 1861 entstandenen Königreich Italien lag die exekutive Macht in Händen des Königs, d. h. der Monarch ernannte die Regierung. Das Parlament wurde allerdings gewählt, wobei das Wahlrecht nur Männer betraf und an die Einkommensgrenze gekoppelt war: Nur 2 Prozent der Bevölkerung waren Wahlberechtigt. Das änderte sich am 25. Mai 1912, ab diesem Zeitpunkt durften Männer ab 21 Jahren wählen, Analphabeten ab 30 Jahre. Auch wenn das nach heutigen Maßstäben weit von demokratischen Standards entfernt blieb, hatte sich das Königreich faktisch bereits vor dem Weltkrieg in eine konstitutionell-parlamentarische Monarchie gewandelt, ähnlich wie Großbritannien.

Der ›Marsch auf Rom‹ war also eine kalkulierte politische Intervention. Einziger Unsicherheitsfaktor blieb der amtierende italienische Ministerpräsident Luigi Facta von der liberalen Partei, der mit der Armee den Einmarsch der Schwarzhemden in Rom verhindern wollte. Doch König Viktor Emanuel III. verweigerte seine Zustimmung zu einem dafür nötigen Notstandsdekret. Zuvor hatte Viktor Emanuel mit dem Oberkommandierenden General, Armando Diaz, Rücksprache gehalten. Der General, der mit den Faschisten sympathisierte, riet von einer militärischen Konfrontation ab. Diaz schob als Begründung vor, das Italien durch den Einsatz des Militärs in einen Bürgerkrieg gestürzt werden könnte. Das machte den Faschisten kampflos den Weg frei. Ministerpräsident Facta, faktisch handlungsunfähig, trat zurück.

Am 29. Oktober bestellte der König Mussolini in den *Quirinale-Palast* in Rom ein. Der Duce reiste mit dem Zug im Schlafwagen von Mailand an und wurde in Rom mit dem Auto vom Bahnhof zum Palast kutschiert. Im Schwarzhemd, aber mit Filzhut und Gamaschen bekleidet, trat er vor den König. Mussolini wollte mit seiner merkwürdigen Kleiderzusammenstellung ebenso revolutionär wie seriös wirken, sah aber unmöglich aus. Als ihm das selbst auffiel, entschuldigte er sich beim König wegen seines Aufzugs und begründete das mit der unverschämten Lüge: *„Ich komme vom Schlachtfeld“*.[25] Nach der Audienz besorgte sich der ›Duce‹ umgehend einen staatsmännischen Anzug.

Am folgenden Tag ernannte ihn der König zum Ministerpräsidenten. Erst nachdem die Regierungsübernahme geregelt war, marschieren die Masse der Schwarzhemden am 31. Oktober in die italienische Hauptstadt ein.

25 Zit. in, Hibbert, Christopher: *Mussolini*, Frankfurt a. M./Bonn, Seite 41.

↑ Mussolini, vom König zum Ministerpräsidenten ernannt, und die faschistischen Führer am 30. Oktober 1922 in Rom. Erste Reihe, von links: Michele Bianchi, Emilio De Bono, Cesare Maria De Vecchi, Benito Mussolini (im Anzug), Italo Balbo.

Eine große Parade wurde abgehalten und danach Büros der linken Parteien zerlegt und einzelne Anhänger_innen verprügelt. Gegen den Machtantritt Mussolinis gab es keine antifaschistischen Widerstandsaktionen.

Der Weg zum Faschismus

Obwohl sich Mussolini mit seinem ›Marsch auf Rom‹ quasi an die Macht putschte, vollzog sich der Machtantritt der Faschismus nicht mit einem abrupten Kulturbruch. Zunächst blieb der ›Duce‹ lediglich Ministerpräsident einer Koalitionsregierung, mit der propagierten Absicht, die Periode der Instabilität ablösen zu wollen. Parlament und Parteien blieben erhalten. Mussolini musste seine Macht Zug um Zug ausbauen und sehr darauf achten, dabei die Unterstützung von Koalitionspartnern, Industrie, Monarchie und Kirche nicht zu verlieren. So blieb Italien auch in der Zeit des Faschismus eine konstitutionelle Monarchie und die bürgerlichen Institutionen blieben ebenfalls formal intakt.

Originalbezeichnung: ›Il re imperatore e il fondatore dell'impero‹ (dt.: Der König Kaiser und der Gründer des Reiches). Obwohl zur Moderne gehörend, zeigte sich der Faschismus pragmatisch und machte die Monarchie zum Komplizen seiner Herrschaft.

Als Regierungschef ließ sich Mussolini von seiner Parlamentsmehrheit zunächst Sondervollmachten geben, die bis zum 31. Dezember 1923 befristet sein sollten. Auch viele Liberale stimmten für Mussolini, nur Sozialist_innen und Kommunist_innen votierten gegen die Vorlage.

Auf der Straße wurden die Übergriffe der Schwarzhemden auf Antifaschist_innen immer massiver. Dennoch konnte in dieser Übergangsphase zum Faschismus, von 1922 bis 1925, noch öffentliche Kritik an Mussolini geübt werden. Nach wie vor existierten alle politischen Parteien und ein Parlament. 1924 brachte die Ermordung des Generalsekretärs der PSU, Giacomo Matteotti, durch Faschisten die Umwandlung der parlamentarischen Demokratie in ein Einparteiensystem sogar noch einmal in Bedrängnis.

Nachdem Mussolini mit dem *Acerbo-Gesetz* das Wahlgesetztes so verändert hatte, dass er den Wahlausgang 1924 zugunsten der faschistischen Partei manipulieren konnte, hatte Matteotti das Gesetz in einer mutigen Rede vor dem Parlament kritisiert und dabei auch Mussolini persönlich angegriffen. Zehn Tage später, am 10. Juni 1924, wurde Matteotti von Schwarzhemden entführt und erstochen.

Gegen die Ermordung des Politikers protestierte ein antifaschistischer Zusammenschluss, quer durch alle Parteien, mit einem gemeinsamen Auszug aus dem Parlament. Diese Abgeordneten nannte sich **Aventinianer**. In Rom hatten die Plebejer mit ihrem Auszug zum Hügel Aventin im Jahr 494 vor unserer Zeitrechnung für ihre Rechte gestritten, und in Anspielung auf dieses historische Geschehen wollten die **Aventinianer** von 1924 nicht mehr an Parlamentssitzungen teilnehmen, bis die demokratischen Rechte durch eine neue Regierung wiederhergestellt waren. Blieb nur die Frage, wer diese neue Regierung durchsetzen und wo sie herkommen sollte. Außerdem misstrauten sich die verschiedenen Parteien der **Aventinianer** derart, dass sie außer ihrem gemeinsamen Parlamentsauszug nichts weiter zustande brachten. Die Protestaktion hatte lediglich den Effekt, dass sich Mussolini nicht einmal mehr mit moralischen Einwürfen vor dem Parlament konfrontiert sah. Er verfügte über die Mehrheit – ob die Opposition ihre Plätze einnahm oder nicht, spielte keine Rolle.

Wirkungsvoller politischer Druck wäre nur durch eine gleichzeitige, große antifaschistische Mobilisierung auf der Straße möglich gewesen, aber die blieb aus. Dafür sorgten u. a. die unvermindert anhaltenden Überfälle der Schwarzhemden, die Antifaschist_innen überall im Land brutal zusammenschlugen, teilweise töteten. Gegen diesen Terror, der staatlich oft gedeckt und meist geduldet wurde, konnten die Linken keine wirkungsvolle militante Gegenwehr mehr entwickeln. Selbst die **Arditi del Popolo** lösten sich 1924 auf.

Zeit zu handeln, dachte sich Giovanni Corvi, ein kommunistischer Zimmermann. Am 12. September passte er den faschistischen Abgeordneten und Vize-Generalsekretär der faschistischen Gewerkschaften, Armando Casalini, in einer Straßenbahn in Rom ab. Mit dem Ruf: *„Rache für Matteotti!“* zückte der Attentäter einen Revolver und feuerte dreimal auf Casalini, der tödlich getroffen vor den Augen seiner Tochter zusammenbrach. In faschistischer Manier wurde der Mord an Casalini politische aufgebauscht; Mussolini nahm persönlich an der Beisetzung teil.

Die Berichterstattung der Presse zu den politischen Hintergründen der Tat stand allerdings im Kontrast zur Beurteilung des Gerichts. Der Attentäter wurde für geisteskrank erklärt. Obwohl bei Verstand, kam Corvi in eine psychiatrische Anstalt und wurde 1937 zu vier Jahren Haft verurteilt, blieb aber nach Verbüßung der Strafe weiter eingesperrt. Im September 1943 entlassen, erfolgte im Mai 1944 eine erneute Internierung. Im Oktober geriet Corvi in die Hände der deutschen Besatzungsmacht, eine später gefundene Sterbeurkunde gibt den 31. Dezember 1944 als Todesdatum an.

Während einige Faschistenführer nach dem Mordanschlag auf Casalini rücksichtslos gegen Antifaschisten losschlagen wollten, lehnte Mussolini dies ab. Am 3. Januar 1925 ließ er die Abgeordnetenkammer zusammenrufen und übernahm in einer Rede die *„politische, moralische und historische Verantwortung"* [26] für den Mord an Matteotti. Die klug gewählten Worte beruhigten die bürgerlichen Kreise und signalisierten, dass Mussolini nicht aus Rache blindwütig agieren würde.

Stattdessen handelte der faschistische Ministerpräsident über Gesetze und Verordnungen. Gleich nach seiner Rede verweigert er den *Aventinianern* die Rückkehr in die Kammer und verstärkte die Pressezensur. Außerdem veränderte Mussolini, mit seiner parlamentarischen Mehrheit und der moralischen Empörung im Rücken, dass Wahlgesetz erneut und schränkte die demokratischen Möglichkeiten weiter ein.

Dagegen regte sich kein Widerstand. Die Linken schafften es nicht, sich gemeinsam gegen den Faschismus zu stellen. Keine antifaschistischen Demonstrationen, kein Streik, nichts erfolgte.

Parteien, Gewerkschaften und andere Organisationen blieben eingeschüchtert und in ihren internen Auseinandersetzungen verstrickt. Statt Massenprotest erfolgten individuelle Attentate, die der Faschistenführer geschickt politisch zu nutzen verstand.

Attentate und Machtergreifung

Ein erster Anschlag auf Mussolinis Leben sollte am 4. November 1925 stattfinden. Auslöser war auch hier der Mord an Giacomo Matteotti, der den ehemaligen sozialistischen Abgeordneten und Freimaurer Tito Zaniboni zu einem militanten Antifaschisten werden ließ. Zaniboni mietete ein Hotel-

26 Zit. in, Bosworth, R. J. B.: *Mussolini*, London 2010, Seite 166.

zimmer mit Blick auf den Palazzo Chigi, von dessen Balkon Mussolini eine Rede halten wollte. Für die Tat organisierte sich Zaniboni ein österreichisches Militärgewehr mit Zielfernrohr. Leider weihte der Attentäter seine Freundin in sein Vorhaben ein, die dies wiederum einem Freund erzählte, der sich als Polizeispitzel verdingte. So wurde Zaniboni einige Stunden vor dem geplanten Anschlag beim Betreten des Hotels festgenommen. In seinem Zimmer fand die Polizei das Gewehr und stellte dazu sein Fluchtauto auf der Straße sicher.

Dieser Anschlagversuch kam Mussolini sehr zupass. Er nahm ihn zum Anlass, die *Partito Socialista Unitario* und ihr Zentralorgan *La Giustizia* zu verbieten. Außerdem konnte ein Gesetz, das sich vor allem gegen die Freimaurer richtete, problemlos durchs Parlament gebracht werden. Zaniboni erhielt eine 30-jährige Haftstrafe, wurde jedoch 1943 freigelassen.

Ein halbes Jahr nach dem Attentatsversuch kam es zum nächsten Anschlag auf Mussolini. Nach seiner Rede vor einem internationalen Chirurgenkongress in Rom am 7. April 1926 zeigte sich der Faschistenführer volksnah und nahm das sprichwörtliche Bad in der Menge. Als der Duce sich dabei gerade zur Seite wendete, krachte plötzlich ein Revolverschuss, dann hatte die Waffe Ladehemmung. Die Attentäterin, Violet Gibson, Tochter des irischen Lordkanzlers, wurde von Umstehenden überwältigt und fast gelyncht, was die Polizei gerade noch verhindern konnte.

Mussolini kam mit einem leichten Streifschuss an der Nase davon. Es reichte ein Pflaster, und er konnte seinen Weg zum Kapitolinischen Hügel fortsetzen.

Bei ihrer Vernehmung sprach die Attentäterin davon, dass sie mit ihrer Tat Gott verherrlichen wollte und dass ein Engel ihre Hand gehalten habe. Gibson wurde als Paranoikerin eingestuft. Auf ein Ersuchen ließ Mussolini die Attentäterin ohne Anklage frei. Dafür dankte ihm die britische Regierung. Die Attentäterin wurde nach England deportiert, wo sie 30 Jahre, bis zu ihrem Tod 1956, in einer psychiatrischen Klinik eingesperrt blieb.

Wieder war Mussolini ungeschoren davongekommen, hatte sich großherzig gezeigt und dazu das Attentat in männlicher Attitüde als Bagatelle abgetan. Das löste eine Welle der Anerkennung und Solidarität aus. Der Duce verstand es offensichtlich, sich in Szene zu setzen.

Bei Gino Lucetti, einem anarchistischen Marmorarbeiter, hatte Mussolini mit dieser Inszenierung keine Chancen. Lucetti, ein ehemaliger Arditi, war bereits während der *Biennio rosso* militanter Antifaschist. Auch später gab er seine Gesinnung nicht auf und verwundete bei einer Schießerei am 26. September 1925 einen Faschisten schwer. Er selbst wurde durch einen Schuss an Hals und Ohr verletzt, konnte aber fliehen. Mit einem Schiff ging es für Lucetti nach Marseille. Dort fasste der Militante den Plan, Mussolini zu ermorden. Unter dem Namen Ermete Giovannini nach Italien zurückgekehrt, kundschaftete der Attentäter den üblichen Weg Mussolinis von seiner Wohnung in der *Villa Torlonia* zu seinem Büro im *Palazzo Chigi* in Rom aus. Nach anarchistischem Vorbild warf Lucetti am 11. September 1926 eine Bombe auf Mussolinis Lancia Lambada, die jedoch vom Verdeck abprallte und auf dem Boden explodierte. Acht Passanten wurden leicht verletzt, Mussolini blieb unversehrt. Ein Jahr später wurde Lucetti zu 30 Jahren Haft verurteilt. Von den Alliierten 1943 befreit, kam er wenig später bei einem deutschen Bombenangriff ums Leben.

Am 31. Oktober 1926 überstand Mussolini ein weiteres Attentat unverletzt. Auf der *Via Rizzoli* in Bologna feuerte der 15-jährige Anarchist Anteo Zamboni auf den Duce, als dieser an einer Parade zur Erinnerung an den Marsch auf Rom teilnahm. Zamboni wurde an Ort und Stelle von den Schwarzhemden ergriffen und gelyncht.

Mit diesem Attentat begründete die faschistische Regierung die Beseitigung der letzten demokratischen Überbleibsel. Am 5. November erfolgte die Auflösung aller verbliebenen Parteien und die vollständige Abschaffung der Pressefreiheit. Die Mandate der *Aventinianer*, die seit dem Mord an Giacomo Matteotti nicht mehr im Parlament erschienen waren, wurden für ungültig erklärt. Ihre führenden Mitglieder gingen fast alle ins Exil.

Doch die Faschisten beseitigten nicht nur das demokratische Parlament. Mit der Wiedereinführung der Todesstrafe am 25. November wurden die *Tribunali Speciali* (Sondergerichte) eingesetzt. Eine neue Repressionswelle gegen Antifaschist_innen begann. In diesem Zusammenhang wurde auch die Polizei umstrukturiert und OVRA (*Organizzazione di Vigilanza e Repressione dell'Antifascismo*, dt.: Organisation zur Überwachung und Bekämpfung des Antifaschismus) geschaffen. Die neue Geheimpolizei ging im Jahr 1927 aus der politischen Polizeiabteilung der Staatspolizei hervor, mit dem mächtigen Polizeichef Arturo Bocchini an der Spitze, der auch als Vize-Duce bezeichnet wurde. In offiziellen Dokumenten fand die OVRA keine Erwähnung, obwohl ihr Tausende von Agent_innen angehörten. Ein Netzwerk von Spitzeln sammelte Informationen und legte ein Archiv, das *Casellario Politico Centrale*, mit persönlichen Profilen von rund 130.000 potenziell subversiven Personen an. Selbst der Vatikan wurde von der OVRA ausgespäht.

Im Jahr 1930 soll die OVRA wöchentlich 20.000 Razzien veranlasst haben. Tausende wurden von den *Tribunali Speciali* abgeurteilt und unter miserablen Bedingungen auf abgelegene Inseln im Mittelmeer verbannt. Viele Antifaschist_innen zogen es vor, Italien zu verlassen. Wer es nicht schaffte, landete in Haft. Ein prominentes Beispiel war der Vorsitzende der kommunistischen Partei Antonio Gramsci. Er blieb, weil er glaubte, dass sich die Faschisten nicht lange an der Macht halten würden. Das entsprach der Einschätzung der bolschewistischen Führung in Moskau. Als sich das als Fehleinschätzung herausstellte, war es bereits zu spät.

Am 8. November 1926 wurde Gramsci verhaftet und ein Jahr später mit einundzwanzig weiteren Kommunisten vor Gericht gestellt. Die Anklage lautete auf konspirative Tätigkeit, Anstiftung zum Bürgerkrieg, Verteidigung von Straftaten und Aufhetzung zum Klassenhass. Dafür bekam der bekannte Kommunist mehr als zwanzig Jahre Knast. Die Haftbedingungen ruinierten Gesundheit und Psyche des Schriftstellers. Am 25. Oktober 1934 bewilligte Mussolini ein Entlassungsgesuch. Gramsci wurde aber erst im August 1935 gestattet, in Rom eine Klinik aufzusuchen. Seine vollständige Begnadigung erhielt der schwer Erkrankte am 21. April 1937. Er verstarb nur sechs Tage später, am 27. April, in der Klinik.

Mussolini setzte sein Regime aber nicht allein mit Gewalt und Repression durch. Ein Schlüssel für die Massenwirksamkeit des Faschismus war sein soziales Programm und der auf seinen Machtantritt folgende Modernisierungsschub. Malariagebiete wurden trockengelegt, die Industrialisierung vorangebracht, neuer Städtebau mit Wohnungen auch für ärmeren Schichten umgesetzt, und nicht zuletzt wurde die Mafia liquidiert. Es gab Arbeit und Perspektive, die Masse der Bevölkerung war durchaus zufriedengestellt.

Auch war der Faschismus zu Beginn nicht antisemitisch, auch wenn es unter den Faschisten Antisemiten gab, wie Roberto Farinacci, der als rechte Hand Mussolini's galt. Mit *La Vita Italiana* (dt.: Italienisches Leben) existierte auch eine antisemitische Zeitung in Italien. Doch das blieben Randerscheinungen, die sich im Programm der Faschisten nicht bemerkbar machten. Juden konnten ganz selbstverständlich Mitglied der faschistischen Partei sein. In einer vollmundigen Parlamentsrede im Juni 1921 wies Mussolini jeglichen Antisemitismus von sich und hob den Heldenmut der italienischen Juden im Kriege besonders hervor.[27] Zunächst spielten Hitlers Rassentheorien für Mussolini keine Rolle. So war die Jüdin Margherita Sarfatti jahrelang mehr als nur eine Geliebte des ›Duce‹.

In ihrer Geburtsstadt Venedig nannte man Margherita Grassini – so ihr Geburtsname – auch die ›Rote Jungfrau‹. Ihr wohlhabender Vater hatte für die Ausbildung seiner 1880 geborenen Tochter keine Kosten gescheut und Privatlehrer engagiert. Hoch gebildet und von sozialistischen Idealen erfasst, flüchtete die Tochter mit 18 Jahren aus ihrem Elternhaus. Sie heiratete den 13 Jahre älteren Rechtsanwalt Cesare Sarfatti, mit dem sie 1902 nach Mailand ging. Dort schrieb sie als Kunstkritikerin und überzeugte Sozialistin für den *Avanti!*. Eigentlich wollte die gemäßigte Reformsozialistin dem radikalen Kurs ihres neuen Redaktionsleiters Mussolini im Dezember 1912 nicht mehr folgen. Statt der geplanten Kündigung entwickelte sich aber eine folgenreiche Affäre.[28] Außereheliche Freuden und freie Liebe waren im sozialistischen Milieu durchaus üblich. Mussolini pflegte gleich diverse, teilweise parallele Liebschaften und prahlte damit gerne. Seien Frau Rachele Guidi, die er 1925 kirchlich heiratete, bewies in dieser Hinsicht viel Toleranz. Aus der Ehe gingen insgesamt fünf Kinder hervor, das erste erblickte bereits 1910 das Licht der Welt.

Margherita Sarfatti war aber nicht nur eine Liebschaft, sondern vielmehr politische Partnerin und Mentorin des ›Duce‹. Die junge Frau arbeitete als Redakteurin der 1914 von Mussolini gegründeten Tageszeitung *Il Popolo*

27 Güterbock, Ferdinand: *Mussolini und der Faschismus*, München, 1923, Seite 63.

28 Lauer, Céline: ›Die jüdische Geliebte des faschistischen Diktators‹. In: WELT, 3.7.2017, https://www.welt.de/kultur/history/article106630086/Die-juedische-Geliebte-des-faschistischen-Diktators.html (abgerufen am 11.1.2023).

↑ Äthiopische Darstellung des antikolonialen Kampfes.
Ohne Kriegserklärung überfiel Italien am 3. Oktober 1935 das Kaiserreich Abessinien (Äthiopien). Gegen die sich zäh verteidigenden Abessinier, setze die überlegene italienische Armee im großen Stil chemische Kampfstoffe ein und führte einen massiven Luftkrieg. Nach der Einnahme der Hauptstadt Addis Abeba am 9. Mai 1936 erklärte Italien den Krieg für beendet, gliederte das Land offiziell in seine Kolonie Italienisch-Ostafrika ein und begann eine faschistische Terrorherrschaft.

d'Italia und übte in vielerlei Hinsicht auf die Entwicklung des Faschismus Einfluss aus.

Sarfatti führte Mussolini in die höheren, gebildeten Kreise ein. Ihr Mailänder Salon war in den 1920er-Jahren ein bekannter Treffpunkt von Intellektuellen und Künstler_innen. Im Jahr 1922 gründete sie gemeinsam mit einem Galeristen und sieben Künstlern die *Gruppo del Novecento*. Die Arbeiten stellten sich in den Zusammenhang der Kunstbewegung *ritorno all'ordine* (dt: Rückkehr zur Ordnung), die nach dem I. Weltkrieg entstand und die alle nicht-gegenständliche, abstrahierende Kunst ablehnte. Stattdessen orientierten sich die *Gruppo del Novecento* an der Formsprache des Spätmittelalters und der Renaissance. Wie die moderne, futuristische Kunst des italienischen Faschismus bestritt auch die *Gruppo del Novecento* bedeutende Ausstellungen und feierte internationale Erfolge.

Die prominente jüdische Faschistin, bald als ›La Donna del Duce‹ bekannt, stellte ihre journalistischen und schriftstellerischen Fähigkeiten vollständig in den Dienst der Bewegung und finanzierte den Marsch auf Rom mit ihrem Privatvermögen.

Nach dem Tod ihres Mannes Cesare 1924 gab sie 1925 in England eine Biografie Mussolinis unter dem Titel *The life of Benito Mussolini* heraus, die im Folgejahr auch in Italien unter dem Titel *Dux* erschien. Das Buch wurde, in zahlreiche Sprachen übersetzt, zum internationalen Bestseller.

Bis in die 1930er Jahre blieb Margherita Sarfatti Mussolinis Geliebte und ging in seiner Villa in Rom ein und aus. Das änderte sich erst in der zweiten Hälfte der 1930er-Jahren, als der Antisemitismus unter nationalsozialistischem Einfluss für den italienischen Faschismus eine größere Rolle zu spielen begann.[29] Als ihr Geliebter im Jahr 1938 Rassengesetze nach Vorbild der Nazis einführte, emigrierte Margherita Sarfatti nach Argentinien.[30]

Letztlich war die Dimension der faschistischen Herrschaft, als sie erstmals in Italien auftrat, nicht auf Anhieb zu erkennen. Sicher war Faschismus eine Diktatur, und die linksradikale Opposition wurde unterdrückt. Doch ähnlich stellte sich die Situation in Ungarn unter dem ›Reichsverweser‹[31] Horthy dar; in Bulgarien ging Ministerpräsident Aleksandar Zankow 1925 mit dem Kriegsrecht gegen die Bolschewisten vor, und in Polen hatte sich

29 Im Juli 1938 wurde im Auftrag Mussolinis das ›Manifest der rassistischen Wissenschaftler‹ veröffentlicht, eine Art Gründungsdokument des staatlichen faschistischen Antisemitismus. Noch im selben Jahr mussten ausländische Juden und Jüdinnen Italien verlassen, am 17. November folgte das Gesetz zum ›Schutz der italienischen Rasse‹.

30 Neun Jahre später kehrte die Ex-Geliebte und Weggefährtin des ›Duce‹ nach Italien zurück, wo sie 1961 verstarb. Was Mussolini und den Faschismus anging, meinte Margherita Sarfatti: *„Ich habe mich geirrt. Was soll's? Ich habe gelebt!"* Zit. in, Lauer, Céline: ›Die jüdische Geliebte des faschistischen Diktators‹. In: *WELT*, 3.7.2017, https://www.welt.de/kultur/history/article106630086/Die-juedische-Geliebte-des-faschistischen-Diktators.html (abgerufen am 11.1.2023).

31 Der Begriff Reichsverweser umschreibt die Regierungsvertretung für einen Monarchen in der Zeit einer Thronvakanz. Horthy verbündete sich im II. Weltkrieg mit Hitler, bis er 1944 abgesetzt wurde. Er starb 1957 in Portugal. Seine sterblichen Überreste wurden 1993 nach Ungarn überführt und dort in einem Mausoleum beigesetzt. Unter der Regierung Viktor Orbán wurde Horthy zu einer nationalen Heldengestalt erhoben.

im Mai 1926 Marschall Piłsudski an die Macht geputscht und unterdrückte mit polizeistaatlichen Mitteln die linke Opposition sowie die ukrainische und weißrussische Bevölkerung.

Wie Mussolini verstanden sich auch diese Staatschefs als explizit antibolschewistisch. Zunächst schien sich der Faschismus also nicht sonderlich von anderen autoritären Herrschaftsregimen in Europa zu unterscheiden – und diese wiederum nicht grundsätzlich von demokratischen Systemen. So sahen es jedenfalls die Bolschewist_innen, die sich selbst mit der Mission der proletarischen Weltrevolution beauftragt sahen und die auch in parlamentarisch verfassten Demokratien Repression erfuhren.

Die liberalen Demokratien konnten sich wiederum mit dem italienischen Regime genauso wie mit denen in Ungarn, Polen und anderswo arrangieren. Eine Koexistenz der demokratisch verfassten westlichen Staaten mit den Bolschewiki, die den bürgerlichen Staat in Schutt und Asche legen wollten und dem Kapitalismus den Weltbürgerkrieg erklärt hatten, war da doch sehr viel schwieriger.

Dem kam entgegen, dass Mussolini seine Herrschaft nicht als Exportschlager verstand. Dem ›Duce‹ ging es der Rhetorik nach ausschließlich um Italien – gleichwohl führte Italien in Afrika einen brutalen Kolonialkrieg und unterjochte die dortigen Bevölkerungen, die teilweise in Konzentrationslagern vegetieren mussten. Aber auch das hob sich nicht vom Vorgehen demokratisch verfasster Staaten in Europa ab, die ebenfalls als Kolonialmächte in Afrika und Asien wüteten.

Vom ›weißen Terror‹ in Italien, Ungarn, Bulgarien und Polen sprachen deshalb allein die kommunistischen Parteien und brachten den Begriff des Antifaschismus auf. Faschismus war damals lediglich eine reaktionäre, konterrevolutionäre Bewegung, eine Variante des Antibolschewismus, um die Weltrevolution zu verhindern, die seit 1917 eine reale Möglichkeit zu sein schien.

↑ KPD-Plakat zur Reichstagswahl am 7.12.1924. Der Fackelträger, der den proletarischen Massen voranleuchtet, symbolisiert den Anspruch der KPD „Vorhut der Arbeiterklasse" zu sein. Entwurf: Rudolf Schlichter, von 1919 bis 1927 Mitglied der KPD.

Deutsche Misere

Welche Hoffnung beseelte die jungen Arbeiter! Seit dem Krieg war es im Deutschen Reich abwärtsgegangen. Zu Anfang, 1914, glaubten noch etliche der Propaganda, doch die Realität öffnete ihnen bald die Augen. Ab 1916 herrschten nur noch Not und Arbeitszwang. Unter den Generälen Ludendorff und Hindenburg waren ganze Industrielandschaften aus dem Boden gestampft worden, dazu gehörte auch das Mitteldeutsche Industrierevier mit den Leunawerken. Hierher waren sie zwangsverpflichtet worden, freie Arbeitswahl gab es nicht. Dafür Zwölf-Stunden-Schichten, Schinderei für die Rüstung bis zum Umfallen und kaum was zu fressen. Wer aufmuckte, landete an der Front. Zum Ende des Krieges waren dann ohnehin die meisten eingezogen, wurden beim Barras geschunden wie Tiere, um dann für eine verlorene Sache auf irgendeinem vergessenen Schlachtfeld krepieren zu müssen. Frauen schufteten für die Männer in den Betrieben. Und es kam die Grippe. Wie viele starben, niemand hat sie gezählt, aber es waren viele, sehr, sehr viele.

Endlich, im November 1918, hatten sie das Pack zum Teufel gejagt, den Kaiser und die übrige Mischpoke abgesetzt. Doch es änderte sich nichts zum Positiven, der Hunger blieb, und es gab keine Arbeit mehr, kein Geld, keine Perspektive. Sie begehrten auf – es kam zu Revolten, die vom Militär niedergeschlagen wurden. Von den Sozialdemokraten, die jetzt regierten, fühlten sie sich verraten. Aber im fernen Russland gaben ihnen die Bolschewiki Hoffnung. Die Befreiung schien möglich, hier und jetzt, her mit dem Leben! Denn was hatten sie vom Kapitalismus zu erwarten? Ein Leben lang malochen in irgendeiner elenden Fabrik, damit die Herren und Damen Kapitalisten in Saus und Braus leben konnten, das sollte alles sein?! Und man musste noch dankbar sein für seine Arbeitsstelle, denn wer seine Arbeit verlor, verlor damit alles.

Allzu viele hatten dieses Schicksal zu tragen, aber es gab eine Hoffnung. Mit einer proletarischen Revolution wie in Russland wollten sie die alte Welt aus den Angeln heben und die klassenlose Gesellschaft errichten. Die meisten von ihnen waren Frontsoldaten gewesen, manch einer hatte seine Knarre nicht abgegeben oder sich eine besorgt.

Entmutigen ließen sie sich nicht. Obwohl im Jahr 1919 alle Versuche, ein Rätedeutschland mit der Waffe durchzusetzen, blutig gescheitert waren, ging der Kampf weiter und würde zum Sieg führen. Es müsste nur endlich mit dem Gelaber Schluss sein, es galt eine rote Armee aufzubauen. Weltrevolution jetzt, lautete ihr Programm. Ein anderes wollten und brauchten sie nicht. Lenin, im fernen Russland, wies den Weg. Man musste nur entschlossen handeln. Deshalb waren sie schließlich in die KPD eingetreten, in die Partei, die konsequent gegen den Kapitalismus und für die proletarische Revolution eintrat. Aber bereits auf dem Zweiten Parteitag vom 20. bis 23. Oktober 1919 – auch ›Heidelberger Parteitag‹ genannt – kam es zum Machtkampf.

Da die KPD zu diesem Zeitpunkt verboten war, musste der Tagungsort mehrmals gewechselt werden. Inhaltlich war die Debatte von der Auseinandersetzung zwischen dem Parteivorsitzenden Paul Levi und dem linkssyndikalistischen Flügel um Otto Rühle gekennzeichnet. Während sich Levi für eine Zusammenarbeit der KPD mit den Gewerkschaften und eine Beteiligung an den Wahlen einsetzte, beharrte Rühle mit seinem Flügel darauf, eine radikale, syndikalistische Organisierung in den Betrieben umzusetzen und Wahlen grundsätzlich zu boykottieren.

In einer harten Konfrontation, in deren Zuge etliche Linksradikale um Otto Rühle aus der KPD ausgeschlossen wurden, setzte sich Paul Levi durch. Dabei ging es auch um die militärische Parallelstruktur der KPD, die Levi auflösen wollte.

Diese militärische Abteilung, kurz *M-Abteilung*, war entstanden, nachdem führende Köpfe, allen voran Karl Liebknecht und Rosa Luxemburg sowie der Parteivorsitzende Leo Jogiches, ermordet worden waren. Anfang 1919 hatte die Partei deshalb damit begonnen, zum Schutz von Parteifunktionären und um die Organisation gegen Spitzel zu sichern diese besondere Abteilung zu bilden. Zur *M-Abteilung* zählte auch die *Kampforganisation*, kurz KO, eine in Zehnergruppen streng konspirativ agierende bewaffnete Truppe. In der KO fanden sich viele Aktivisten des ehemaligen *Roten Soldatenbundes* wieder, der am 15. November 1918 als militärischer Arm des *Spartakusbundes* gegründet worden war und sich im Juni 1919 Aufgrund einer Weisung der KPD aufgelöst hatte.

In der KO hatte sich ein hyperradikales, unkontrollierbares Potential gesammelt, das eine ständige Gefahr für den von Levi beabsichtigten Parteikurs darstellte.

Nachdem die Parteiführung durchsetzen konnte, dass die KPD zukünftig an Wahlen teilnahm und die Mitarbeit in Gewerkschaften möglich war, kehrten die meisten KO-Mitglieder der KPD den Rücken. So konnte die Parteizentrale ohne große Widerstände im Dezember 1919 die Auflösung der Kampforganisation beschließen, die bis Anfang März 1920 dann auch abgewickelt wurde.

Überhaupt verlor die KPD nach dem ›Heidelberger Parteitag‹ mehr als die Hälfte ihrer ungefähr 100.000 Mitglieder nur deshalb, weil sich die KPD in Zukunft auch an Wahlen beteiligen wollte. Es ging also nicht darum, dem bewaffneten Kampf abzuschwören, sondern nur darum, die politischen Möglichkeiten zu erweitern. Dies zeigt deutlich, wie radikal zu dieser Zeit die Stimmung in Teilen des Proletariats war.

Ein drastisches Beispiel lieferte Berlin, wo sich die überwältigende Mehrheit der etwa 12.000 KPD-Mitglieder der linken Opposition anschloss, die aus der Partei ausgeschlossen wurde bzw. ausgetreten war. In der Hauptstadt zählt die KPD Anfang 1920 nur noch 800 Mitglieder. [32]

Gerade waren *Kampforganisation* und *M-Abteilung* der KPD aufgelöst worden, da marschierte die *Marinebrigade Ehrhardt* am 15. März in Berlin ein.

Glücklicherweise benötigte der Widerstand gegen den rechtsradikalen Putsch keine kommunistische Partei. Er ging von der Basis aus, die Bevölkerung wollte weder eine Militärdiktatur noch einen Krieg, sondern eine demokratische Republik.

Viele Linksradikale Aktivist_innen sahen das anders. Als die Militaristen zum Teufel gejagt wurden, glaubten sie, nun auch die proletarische Revolution starten zu können. Nur auf ihre lokalen und regionalen Anführer und Zusammenhänge gestützt, schafften sie eine improvisierte Gegenmacht und feierten im ersten Anlauf erstaunliche Erfolge. In Gotha siegte eine linksradikale *Volksarmee*, über weiten Teilen des Ruhrgebiets erlangen eine

32 Reichhardt, Hans Joachim: *Kapp-Putsch und Generalstreik März 1920 in Berlin, Tage der Torheit, Tage der Not*, Ausstellungskatalog des Landesarchivs Berlin, Berlin 1990, Seite 12.

Rote Ruhrarmee die Kontrolle, in vielen Städten, wie etwa in Cottbus und Leipzig, lieferten sich linksradikale Aufständische schwere Kämpfe mit der Reichswehr, und eine erbitterte Schlacht tobte mit Regierungstruppen über mehrere Tage um Halle. Dann brach der Aufruhr zusammen. Militärisch war eine Revolution nicht zu erzwingen, dafür fehlten die Voraussetzungen. Wenn isoliert doch eine Stadt in die Hände von Linksradikalen geriet, wie in Gotha, konnte sie nicht gehalten werden. Wie sollte die Bevölkerung versorgt werden, wie die Wirtschaft funktionieren? Am Ende kam es zu Verhandlungen, und man versuchte, vor der Waffenabgabe noch günstige Konditionen zu erreichen, wie eine Amnestie für alle Straftaten im Zusammenhang mit dem Putsch.

Die weitaus größte Aufstandsbewegung entwickelte sich im Ruhrgebiet, das am 14. März vom Streik erfasst wurde. Durch die Bestimmungen des *Versailler Vertrages* gestalteten sich die Umstände für die Linksradikalen hier günstiger als im übrigen Reichsgebiet. Unter anderem legten die Bestimmungen fest, dass rechts des Rheins eine 10 km breite neutrale Zone eingerichtet werden muss. Eine Zusatzbestimmung verfügte, die entmilitarisierte Zone auf einen 50 km breiten Streifen auszuweiten. Damit war fast das gesamte Ruhrgebiet frei von Militär.[33]

Bevor deutsches Militär eingesetzt werden konnte, musste erst bei den Siegermächten die Erlaubnis dafür eingeholt werden. Daher beorderte General Watter am 15. März Einheiten an den Rand der entmilitarisierten Zone. Unter anderem sollte die Stadt Wetter vom *Freikorps Lichtschlag* besetzt werden, dass sich zunächst auf die Seite von Kapp und Lüttwitz gestellt hatte. Entsprechend fuhr die Truppe mit schwarz-weiß-roter Fahne im Bahnhof ein und machte keinen Hehl aus ihrer politischen Einstellung. Das führte binnen kürzester Zeit zu einem Gefecht mit bewaffneten Arbeitern, die das Freikorps aus der Stadt vertrieben. Ähnliche Szenen spielten sich auch an anderen Orten ab, sodass bis zum 17. März ein allgemeiner bewaffneter Aufstand im Gange war, in dessen Verlauf das Ruhrgebiet bis zum 23. März unter der Kontrolle revolutionärer Arbeiter stand.

33 Eckpunkte waren im Nordwesten Wesel, im Südwesten Duisburg, im Südosten Hagen und im Nordosten Hamm mit den Städten Oberhausen, Bottrop, Gelsenkirchen, Recklinghausen, Essen, Mühlheim, Bochum, Witten, Dortmund, Unna, Moers.

Ihr nächstes Ziel war die Einnahme der linksrheinischen Festung Wesel, in die sich Reichswehr- und Polizeitruppen zurückgezogen hatten.

Allerdings handelte es sich bei der **Roten Ruhrarmee** nicht um eine Armee im herkömmlichen Sinne. Zum größten Teil bestand sie aus Weltkriegsveteranen, deren Gesamtstärke aus ungefähr 50.000 Kämpfer bestand. Es existieren auch weit höhere Zahlenangaben, die aber in den Bereich der Legenden gehören. Die Struktur untereilte sich in Einheiten aus 70 bis 100 Mann, die von selbst bestimmten Führern befehligt wurden. Die aus der Situation entstandene Organisierung gliederte sich selbständig in Kampfleitungen, die kein gemeinsames Oberkommando bildeten.

Während Arbeitertruppen die Festung Wesel belagern, trat Reichswehrminister Gustav Noske am 22. März zurück, woraufhin freie Gewerkschafter, Sozialdemokraten und DDP am 23. März den Generalstreik beendeten. Die sinnlos gewordenen Kämpfe ebbten ab.

In dieser Situation versuchte der preußische Innenminister Severing, mit den Aufständischen im Ruhrgebiet Verhandlungen aufzunehmen, und es gelang ihm, am 23. März 1920 in Bielefeld eine Konferenz einzuberufen. Am 24. März gingen Unterhändler der Aufständischen auf das Amnestieangebot gegen Waffenabgabe durch Regierungsvertreter ein. Doch viele Vollzugsräte waren nicht über die Gespräche informiert worden oder lehnten sie ab. Auch die **Rote Ruhrarmee** wollte nicht verhandeln, griff stattdessen am 24. März Stadt und Festung Wesel an. Allerdings lief sich der verbissen geführte Angriff auf die Zitadelle schnell fest. Deutlich zeigte sich, dass bei der Rote Ruhrarmee kein Generalstab vorhanden war, der die großen Operationen koordinieren konnte. Ferner machte sich großer Munitionsmangel bemerkbar; es gab keinen Nachschub.

Mittlerweile hatte die Regierung die Gesamtlage politisch wie militärisch im Griff. Ab dem 25. März verhängte die Reichsregierung eine Blockade für Rohstoffe und Lebensmittel über das Ruhrgebiet, und bei Wesel entschieden die Regierungstruppen am 27. März das Gefecht mit einer Offensive für sich.

Schließlich gaben die Alliierten der deutschen Regierung grünes Licht für den Einmarsch der Reichswehr ins Revier. Viele Vollzugsräte gingen daraufhin am 2. April auf ein letztes Ultimatum der Regierung ein und demobilisierten ihre Einheiten. Trotzdem stellten sich letzte Einheiten der bereits stark durch Selbstauflösung geschwächten **Rote Ruhrarmee** den Regierungstruppen entgegen. Bis zum 7. April kam es zu Gefechten. Insgesamt kostete der Ruhraufstand mindestens 2.000 Menschen das Leben.

Danach stand nur noch der Rebellenführer Max Hoelz im Vogtland unter Waffen. Erst am 17. April beendet er den letzten Widerstand gegen die Reichswehr, löste den Rest seiner Truppe in Klingenthal auf und floh über die tschechische Grenze.

Heran an die Massen

Nach dem Ende der Kämpfe im Zusammenhang mit dem Kapp-Putsch warfen ultralinke Aktivisten der KPD eine inkonsequente Haltung im Generalstreik vor. So habe die KPD einer Entwaffnung der **Roten Ruhrarmee** zugestimmt und damit die Revolution verraten. Diese Kritik mündete am 4./5. April 1920 in die Gründung der **Kommunistischen Arbeiterpartei Deutschland** (KAPD). Im Unterschied zur KPD wollte sich die KAPD nicht am Parlamentarismus beteiligen und lehnte jegliche Zusammenarbeit mit Gewerkschaften ab. An die Stelle von Gewerkschaften sollten revolutionäre Betriebsorganisationen treten. In der **Allgemeinen Arbeiterunion Deutschland** (AAUD) schlossen sich solche Organisationen im Februar 1920 zusammen. „*Die Union löst ihre Aufgabe im engen Verein mit der kommunistischen Arbeiter-Partei ... Die Kader im Betrieb werden zur beweglichen Waffe der Partei, der Betrieb wird zum Nährboden der Partei.*“[34]

Das leninistische Organisationsmodell kam für die KAPD nicht in Frage. In dem im Gründungskongress erlassenen Aufruf an das deutsche Proletariat heißt es, die KAPD sei „*keine Partei im überlieferten Sinne*“; das Hauptziel der neuen Organisation sei „*die Befreiung von jeglichem Führertum*“.[35] Die KAPD propagierte die direkte Aktion und den bewaffneten Kampf.

34 *Bericht über den Gründungs-Parteitag der Kommunistischen Arbeiter-Partei Deutschlands am 4. und 5. April 1920 in Berlin.* In: Jahrbuch der Arbeiterbewegung, Bd. 5. Frankfurt/M. 1977, Seite 227f.

35 Zit. in: Bock, Manfred: *Syndikalismus und Linkskommunismus von 1918–1923*, Meisenheim am Glan 1969, Seite 228.

Mit Bombenanschlägen und Banküberfällen setzten Parteimitglieder diese Strategie in den nächsten Monaten in die Tat um. Dieser Aktionismus konnte nicht darüber hinwegtäuschen, dass die KAPD, der kurz nach ihrer Gründung bereits mehr als 40.000 Mitglieder[36] angehörten, in heftige interne Flügelkämpfe verstrickt war.

Doch im Sommer 1920 hatte die KAPD der KPD den Rang abgelaufen und stellte die größte und militanteste linksradikale Organisierung im Deutschen Reich dar. Grund genug für das EKKI (Exekutivkomitee der Kommunistische Internationale), Vertreter von KAPD und der noch bedeutenderen USPD[37] zum Zweiten Weltkongress der **KomIntern** vom 19. Juli bis 7. August 1920 nach Moskau einzuladen. Dies geschah ohne Wissen der KPD, was für Verstimmungen zwischen KPD und Bolschewiki sorgte.

Der Grund für dieses Vorgehen der Moskauer Zentrale war der Zustand der KPD, die gegen ihre Bedeutungslosigkeit ankämpfte. Die Reichstagswahl am 6. Juni 1920 endete für die Kommunist_innen niederschmetternd: Die SPD erhielt 6.104.400 Stimmen, das waren 21,7 Prozent und ergab 113 Abgeordnetensitze, auf die USPD entfielen 5.046.800 Stimmen, was 18,8 Prozent und 81 Sitzen entsprach, die KPD erreichte mit 589.000 Stimmen lediglich 2,1 Prozent und damit 2 Abgeordnetensitze (Paul Levi und Clara Zetkin).[38] Die KPD drohte von der politischen Bildfläche zu verschwinden.

Deshalb griffen die russischen Revolutionär_innen ein, mit dem Ziel, aus KPD, USPD und KAPD eine große Partei entstehen zu lassen. Hinsichtlich der KAPD blieb das ein unmögliches Unterfangen. Otto Rühle, der als Delegierter der KAPD an dem Kongress teilnahm, brach die Gespräche gleich

36 Es existieren unterschiedliche Zahlenangaben. Hans Martin Bock gibt in *Syndikalismus und Linkskommunismus von 1918–1923* für August 1920 eine Zahl von 40.000 Mitgliedern an (Seite 239). Laut Volker Ulrich, *Der ruhelose Rebell*, sollen es im Juli 1920 bereits 81.000 Mitglieder sein (Seite 79).

37 *Unabhängige Sozialdemokratische Partei Deutschland*, ging 1917 aus der Gruppe von SPD-Reichstagsabgeordneten hervor, die gegen die Unterstützung des I. Weltkriegs und die Burgfriedenpolitik der SPD opponierten. Im Dezember 1920 vereinigte sich der linke Flügel USPD (die Mehrheit) mit der KPD. Der kleinere Teil fand 1922 seinen Weg zurück zur SPD. Die USPD existierte als unbedeutende Splitterpartei bis 1931 und löste sich dann in die SAP (Sozialistische Arbeiterpartei) auf.

38 Reichstagswahlen 1919–1933, Gesamtergebnisse: In: *Reichstagswahlen in Deutschland*, https://www.wahlen-in-deutschland.de/wrtw.htm (abgerufen am 20.2.2022).

ab und begab sich umgehend auf den Rückweg nach Deutschland. Allein schon die 21 Aufnahmebedingungen der **KomIntern** waren für ihn unakzeptabel. „Im Konkreten übertragen heißt dies Schema: Oben die Führer, unten die Masse. Oben: Autorität, Bürokratismus, Personenkult, Führerdiktatur, Kommandogewalt. – Unten: Kadavergehorsam, Subordination, Strammstehen. – Ein multipliziertes Bonzentum. Eine KPD-Zentrale der Superlative.“[39]

Den Bolschewiki gelang es aber, die USPD-Delegierten für die Idee einer Vereinigung mit der KPD zu gewinnen. Waren die Parteidelegierten in Moskau auch überzeugt, traf die beabsichtigte Parteifusion bei großen Teilen der USPD auf Ablehnung. Es folgte ein zähes parteiinternes Ringen zwischen Befürwortern und Gegnern. Auf dem außerordentlichen Parteitag in Halle am 12. Oktober 1920 sollte die Kontoverse entschieden werden. Dazu reiste eigens aus Moskau der EKKI-Vorsitzende Grigori Sinowjew an und hielt in deutscher Sprache eine mehrstündige Rede. Schließlich stimmte die Mehrheit der Versammelten für die Annahme der von Lenin aufgestellten „21 Bedingungen“. Das bedeute den Anschluss der USPD an die KPD, im Parteijargon Vereinigung genannt. In der Folge spaltete sich die USPD. Von den etwa 890.000 Mitgliedern traten um die 300.000 des linken Flügels in die KPD ein, deren Mitgliederzahl damit auf 370.000 stieg.[40] Dadurch wurde die KPD zur größten kommunistischen Partei außerhalb der Sowjetunion. Doch hinter den Kulissen „der stärksten der Parteien“, wie sich die KPD in Anlehnung an eine Textstelle aus der Internationale gern selbst nannte, hatten die Bolschewiki mehr und mehr das Sagen.

Die Fusion zur Vereinigte Kommunistische Partei Deutschlands (VKPD, das „V“ entfiel zwei Jahre später) hatte noch einen weiteren, der Öffentlichkeit

39 Otto Rühle: *Moskau und wir. In: Die Aktion*, 10. Jg. (1920), Nr. 37/38. Zit. nach: H.-M. Bock: *Syndikalismus und Linkskommunismus*, Seite 286.

40 Entgegen der KPD-Propaganda tritt nur eine Minderheit der USPD zur KPD über. Während die Mitgliederangabe der USPD in allen Quellen ähnlich ist, gibt es zur Zahl der in die KPD übergetretenen USPDler_innen unterschiedliche Angaben. Die KPD gibt ihre Mitgliederzahl vor der Vereinigung auf ihrem 5. Parteitag am 1. Oktober 1920 offiziell mit 78.715 an. Damit dürfte die VKPD zu Beginn 370.000 Mitglieder gezählt haben, etliche Quellen geben 350.000 Mitglieder an. Siehe Werner T. Angress: Die Kampfzeit der KPD 1921–1923, Seite 105f.

nicht bekannten Aspekt: Mit den „21 Bedingungen“ verpflichtete sich die KPD, einen illegalen Organisationsapparat für die Durchführung systematischer Untergrundarbeit aufzubauen.

Politisch war die Vereinigung zur VKPD ein erfolgreicher Schritt: Im Jahr 1921 befanden sich die Kommunist_innen wieder im Aufwind. Es gab Erfolge bei Landtagswahlen, und auch in den Gewerkschaften gewann die Partei an Boden.

Eine KPD-Hochburg lag im Mitteldeutschen Industrierevier. Mit der Vereinigung vom linken USPD-Flügel mit der KPD zur VKPD waren im Dezember 1920 allein im Bezirk Halle-Merseburg rund 60.000 USPD-Mitglieder zur KPD übergetreten.[41] Das entsprach ungefähr der Mitgliederzahl, welche die KPD reichsweit vor der Vereinigung aufzuweisen hatte. Statt nun die politische Arbeit voranzutreiben, erfolgt im März 1921 die Order der Zentrale, in Mitteldeutschland einen Aufstand auszulösen.

Der Grund war wohl die schwere Krise, in die das revolutionäre Russland geraten war. Aus dem Bürgerkrieg waren die Bolschewiki zwar siegreich hervorgegangen, doch durch die Kriegsfolgen zeichnet sich im Wolgagebiet eine Hungerkatastrophe ab und Epidemien breiteten sich aus. Auch Teile der Bevölkerung, die bislang auf der Seite der Revolution gestanden hatten, begannen gegen die Maßnahmen des Kriegskommunismus zu rebellieren. Es kam zu Hungerunruhen, und selbst die Matrosen von Kronstadt, die „Helden der Oktoberrevolution“, verweigerten die Gefolgschaft.

Um von den innenpolitischen Problemen abzulenken und um den Glauben an die Weltrevolution aufrechtzuerhalten, brauchten die Bolschewiki ein revolutionäres Signal. Eine kommunistische Erhebung in Deutschland sollte, unabhängig von ihrem Erfolg, die Fortführung der Weltrevolution dokumentieren. Die Betreiber einer solchen deutschen Revolutionsidee waren im **Kleinen Büro**, der Führungsebene des EKKI, zu finden. Passend zum Aufstand wurde eine „Offensivstrategie“ entworfen. Nach dieser Strategie war eine kommunistische Partei immer zum Angriff verpflichtet, selbst wenn das in eine absehbare Niederlage führte. Aber dieser Strategie zufolge war am Ende ohnehin ein Sieg unvermeidlich, Niederlagen waren

41 Knatz, Christian: *„Ein Heer im grünen Rock“?*, Dunker & Humblot, Berlin 2000, Seite 27.

nur notwendige Etappen zum Sieg. Vor diesem Hintergrund erhielt die KPD-Führung Anfang März 1921 überraschend Besuch von drei Abgesandten des EKKI. Wortführer der Delegation war der gescheiterte ungarische Revolutionsführer Béla Kun, in Begleitung zweier weiterer Agenten. Kun agitierte heftig für einen baldigen Aufstand in Deutschland. Beim linken Flügel der KPD traf das auf Beifall, Vertreter_innen der Levi-Fraktion sind dagegen von den haarsträubenden Vorträgen Kuns entsetzt und sehen die Bedingungen für eine erfolgreiche Revolution in Deutschland nicht gegeben.

Der neue KPD-Vorsitzende Heinrich Brandler (Paul Levi war mit seiner Fraktion aus Protest gegen die Einmischung der Bolschewiki im Februar zurückgetreten) wollte sich jedoch bewähren und schwenkte auf die „Offensivstrategie“ ein. So mobilisierte die KPD, ebenso KAPD und AAU, zu einem Aufstand in Mitteldeutschland. Max Hoelz, Karl Plättner, Franz Jung und wie die Aktivisten alle hießen, eilten ins Mitteldeutsche Revier. Frauen sollten sich nicht an den Kampfverbänden beteiligten, nach patriarchaler Sicht war das Männersache. Dazu Max Hoelz, ein legendärer Anführer des Aufstandes: *„Bei keiner der Truppen, die unter meiner Leitung kämpften – weder im Vogtlande, noch in Mitteldeutschland – befanden sich Frauen. Als während des mitteldeutschen Aufstandes, nach dem zweiten Gefecht in Eisleben, eine Arbeiter-Samariter-Kolonne auftauchte, die unter der Leitung einer in Männerkleidung auftretenden Hallenser Genossin stand, waren die Rotgardisten von dieser Erscheinung nicht erbaut.“*[42]

Die Revolutionäre waren jung und hatten weder Zeit noch Geduld, auf eine bessere Zukunft zu warten. Noch vor wenigen Jahren waren viele Frontsoldaten für den Kaiser gewesen, nun waren sie Soldaten der Revolution geworden. Was ist Trauma, was ein Weltkrieg – gegen den Traum einer Weltrevolution? Was bedeuten 100 Tote oder 1.000? Das sind Zahlen. Wie viele Opfer darf der Traum der klassenlosen Gesellschaft kosten? Die Aufständischen jedenfalls zahlten einen hohen Preis, setzten ihr Leben ein und verloren es nicht selten. Der Mitteldeutsche Aufstand, von der KPD „März-aktion“ genannt, ging verloren.

42 Hoelz, Max: *Vom ‚Weißen Kreuz‘ zur Roten Fahne*, Malik-Verlag, Berlin 1929, Seite 153.

Die Unruhen, die auf Betreiben der Bolschewiki angezettelt worden waren, führten die KPD in eine schwere Krise. In den Kämpfen fielen 35 Schupos, einer blieb vermisst und 67 verwundete Polizisten wurden gezählt.[43] Dafür waren die Kommunist_innen verantwortlich. Dem entsprechend wendete sich die öffentliche Meinung gegen sie. Der Mitgliederstand der KPD sank von 359.000 zu Beginn der Märzaktion auf 180.443 im Sommer 1921.[44]

Laut Jenaer VKPD-Parteitag im August 1921 kamen 61 Parteimitglieder in den Kämpfen ums Leben. Insgesamt fielen 145 Aufständische, dazu kamen zwei vermisste und eine unbekannte Zahl verwundeter.[45] Hinter diesen Zahlen standen die Einzelschicksale: Familien, die ihre Väter verloren und dadurch mittellos wurden; in den Kämpfen Verwundete, die Invaliden blieben; Inhaftierte und von der Polizei gesuchte, die untertauchen mussten; Streikende, die in ‚schwarze Listen' eingetragen wurden und keine Arbeit mehr fanden.

All das scherte die Bolschewiki wenig. Auf dem III. Weltkongress der *KomIntern* in Moskau im Juni/Juli 1921 setzten Lenin und Trotzki[46] einen neuen Kurs durch. Doch nicht die Niederlage der Kommunist_innen im Mitteldeutschen Aufstand führte zur Änderung der *KomIntern*-Linie, sondern die wirtschaftliche Notlage, in die Russland durch jahrelangen Bürgerkrieg und Krieg gegen Interventionsmächte geraten war. Stabilisierung und Verbesserung der allgemeinen Versorgungslage schien das Gebot der Stunde, und die „Neue Ökonomische Politik" wurde propagiert. Deshalb stand jetzt ein – zumindest vorübergehendes – Nebeneinander der kapitalistischen Staaten und der Sowjetrepublik auf dem Plan.

43 Angress, Werner Thomas: *Die Kampfzeit der KPD 1921–1923*, Düsseldorf 1973, Seite 203.

44 Bericht über die Verhandlung des 8. Parteitages der KPD in Leipzig vom 28. Januar bis 1. Februar 1923; nach Flechtheim; *Die KPD in der Weimarer Republik*, S. 163, sinkt die Zahl der Mitglieder auf 150.000.

45 Angress, Werner Thomas: *Die Kampfzeit der KPD 1921–1923*, Düsseldorf 1973, Seite 202.

46 Leo Trotzki, eigentlich Lew Dawidowitsch Bronstein (geb. 1879, gest. 1940), bedeutender Revolutionär in der Zeit der Oktoberrevolution 1917 in Russland, gilt als Gründer und Organisator der Roten Armee. Er war maßgeblich am Sieg der Bolschewiki in der Zeit des Bürgerkriegs von 1917 bis 1920 über die monarchistischen „weißen" Truppen beteiligt. Er war ein früher Kritiker Stalins und bald als dessen bedeutendster Gegenspieler bekannt.

Auf dem IV. Weltkongress der *KomIntern* im November/Dezember 1922 in Moskau erfolgte unter der Parole „Heran an die Massen“ die offizielle Festlegung der neuen Einheitsfront-Strategie. Fortan sollte nicht der bewaffnete Aufstand im Vordergrund stehen, sondern zunächst Überzeugungsarbeit geleistet werden, um die Massen für die Idee der Weltrevolution zu gewinnen. Die kommunistischen Parteien sollten mit der Basis anderer Arbeiterparteien das Bündnis suchen, ohne mit den Parteien selbst zu koalieren. Mit der „Einheitsfront“ war also nicht eine gleichberechtigte Zusammenarbeit verschiedener Organisationen gemeint, sie zielte auf eine Dominanz durch die Kommunist_innen.

Zur gleichen Zeit kam der Begriff „Antifaschismus“ im Abwehrkampf gegen die Bewegung der *Fasci Italiani di Cobattimento* (Italienische Kampfbünde) auf. Unter ihrem Anführer Benito Mussolini hatten sich die Faschisten im Oktober 1922 mit einem „Marsch auf Rom“ an die Macht geputscht. In Deutschland nannte sich keine Organisation oder Partei faschistisch, dieser Begriff blieb den Italienern vorbehalten. Es war die KPD, die Antifaschismus als undifferenzierten, polemischen Kampfbegriff ins politische Vokabular einführte. Die Kommunist_innen verstanden unter Antifaschismus Antikapitalismus. Aus Sicht der KPD waren alle anderen Parteien insofern faschistisch, als sie den Kapitalismus stützten; das traf für sie auch auf die SPD zu.

Das Friedensdiktat

Nicht im Fokus der *KomIntern*, und somit auch für die KPD nicht von großem Belang, war der unerklärte Krieg, der mit Ende des Weltkrieges an den neu entstehenden deutsch-polnischen Grenzen begann. Für das politische Klima in der Weimarer Republik waren die Ereignisse aber umso einschneidender. Der Versailler Vertrag legte dem Deutschen Reich schwere Reparationsleistungen auf. Besonders in den ersten Jahren der Republik brachten die dadurch verursachten wirtschaftlichen Notlagen den Staat mehrmals an den Rand des wirtschaftlichen und politischen Kollaps. Zudem wurden mit dem Vertrag die deutsche Kriegsschuld anerkannt und alle Gebietsabtretungen akzeptiert. Für die deutsche Regierung gab es nichts zu verhandeln,

↑ Der Versailler-Friedensvertrag, zeitgenössisch als Friedensdiktat bezeichnet, hatte für Deutschland große wirtschaftliche Härten zur Folge. Besonders die Gebietsabtretungen wurden als ungerechte Willkür der Entente empfunden.

man hatte zu unterzeichnen. Die Empörung in Deutschland über das ›Versailler Diktat‹, den ›Gewaltfrieden‹, ging quer durch alle Parteien und die Mehrheit der Bevölkerung. Viele radikale Reden wurden geschwungen und große Demonstrationen im Land organisiert.

Als die verfassungsgebende Nationalversammlung am 12. Mai 1919 zum ersten Mal in Berlin in der *Neuen Aula der Universität* (heute *Alte Bibliothek* der *Humboldt-Uni*) zusammenkam, um über den Friedensvertrag zu sprechen, sagte Reichsministerpräsident[47] Philipp Scheidemann (SPD): *„Welche Hand*

47 Bezeichnung für den Regierungschef bis zur Annahme der Weimarer Verfassung am 31. Juli 1919.

müsste nicht verdorren, die sich und uns diese Fessel legt?“[48] Um nicht unterschreiben zu müssen, trat er kurz darauf zurück.

Doch es gab keine Alternative. Wenn Deutschland sich weigerte einzuwilligen, würde das die militärische Besetzung durch die Entente zur Folge haben. Trotz Waffenstillstands bestand außerdem immer noch die britische Seeblockade. Eine dramatische Zuspitzung der Versorgungslage war abzusehen, wenn die Blockade nicht aufgehoben wurde. Unter diesem Druck votierte die Mehrheit der Nationalversammlung am 22. Juni 1919 für die Annahme des Vertrags.

Zwischen November 1918 und der Ratifizierung des Versailler Friedensvertrag im Juni 1919 versuchen Verbände polnischer Nationalisten durch Handstreich-Aktionen an der Ostgrenze vollendete Tatsachen zu schaffen. Es kommt zu Kämpfen mit deutschen Freiwilligenverbänden. Der weiße Adler ist das polnische Wappentier. Plakat aus dem Jahr 1919.

48 Zit. in.: Iken, Katja: ›Versailler Vertrag. Der Krieg in den Köpfen ging weiter.‹ In: *Spiegel, Geschichte*, 28.8.2019, https://www.spiegel.de/geschichte/versailler-vertrag-1919-historiker-ueber-kriegsschuld-und-kollektives-trauma-a-1273372.html (abgerufen am 15.1.2023).

An den Ostgrenzen entstand jedoch trotz alledem eine instabile Lage, denn einige Provinzen sollten an den im November 1918 neu entstandenen polnischen Staat fallen. Seit 1795 war das Königreich Polen-Litauen zwischen dem russischen Zarenreich, der Habsburger Monarchie und dem Königreich Preußen aufgeteilt gewesen. Lediglich von 1807 bis 1815 existierte mit dem Herzogtum Warschau für kurze Zeit ein polnischer Marionettenstaat von napoleonischen Gnaden.

Es lagen also unterschiedliche historische Grenzziehungen vor, und dementsprechend bestanden, nach mehr als 100 Jahren nichtexistierender Eigenstaatlichkeit, abweichende Vorstellungen über die Größe des zukünftigen Polen. Bevor die Gebietsabtretungen im Einzelnen verhandelt und im Versailler Vertrag festgelegt waren, brachten Einheiten der geheimen polnischen militärischen Organisation **Polska Organizacja Wojskowa**, kurz POW, im Zusammenspiel mit der polnischen **Haller-Armee**[49] am 28. Dezember 1918 die Stadt Posen unter ihre Kontrolle.

Der Zeitpunkt für den Militärcoup war günstig gewählt, denn nach der Novemberrevolution musste sich im Deutschen Reich erst eine neue Regierung etablieren. Weihnachten kam es in Berlin zum ersten bewaffneten Zusammenstoß von Linksradikalen mit der neuen Staatsmacht, am 5. Januar folgte der Januaraufstand, Bremen erklärte sich zur Räterepublik. Die Revolutionswirren beherrschten die Politik.

Aus der Berliner Perspektive wurde das, was sich fern im Osten in der Provinzstadt Posen mit ihren 150.000 Einwohner_innen abspielte, kaum wahrgenommen. Doch es blieb nicht bei der Stadt Posen. Die POW breitete ihre Aktionen auf die gesamte Provinz aus.

49 Die **Haller-Armee**, nach der Uniformfarbe auch **Blaue Armee** genannt, war eine Armee polnischen Freiwilliger aus aller Welt, die 1917 in Frankreich gebildet wurde, an der Westfront kämpfte und 57.300 Mann zu Kriegsende zählte. Mit Friedensschluss kam die **Haller-Armee** ins neugegründete Polen und nahm hier am Polnisch-Sowjetischen, am Polnisch-Ukrainischen Krieg sowie an den Grenzkriegen gegen das Deutsche Reich teil. Auf Seiten der Mittelmächte kämpften die **Polnischen Legionen** gegen Russland. Mitte 1916 zählten die Legionen 25.000 Mann. Sie wurden 1917 aufgelöst, weil sie sich weigerten auf den deutschen Kaiser einen Eid zu schwören. Nach dem Krieg bildete das Offizierskorps das Rückgrat der polnischen Armee. Einer ihrer Gründer, Józef Piłsudski, übernahm 1926 durch einen Putsch seiner Legionsveteranen in Polen die Macht und herrschte bis zu seinem Tod 1935 diktatorisch.

Auf deutscher Seite waren militärische Verbände praktisch nicht vorhanden. Ohnehin hätte das deutsche Heer nicht eingesetzt werden können, weil das sofort die Entente auf den Plan gerufen hätte. In den Ostprovinzen blieb man allein auf Eigeninitiative angewiesen. Spontan bilden sich Selbstschutzverbände und Freikorps, auch einige Heeresverbände reorganisierten sich und lieferten sich über anderthalb Monate Gefechte mit polnischen Einheiten. Erst im Laufe dieses Prozesses wurden die diversen deutschen Verbände unter der operativen Führung der *Obersten Heeresleitung* (OHL) im *Grenzschutz Ost* zusammengefasst.

Als Teil der vorläufigen Reichswehr gliederte sich der *Grenzschutz Ost* in die *Armeeoberkommandos Nord* mit Sitz in Bartenstein/Ostpreußen und *Süd* mit Sitz in Breslau. Das Hauptquartier befand sich ab Februar in der *Kommandostelle Kolberg*. Unter Regie des *Grenzschutz Ost* begann im gesamten Reichsgebiet eine Freiwilligenwerbung.

Nun griff die Entente ein, um die Ausbreitung eines allgemeinen Grenzkriegs auf alle von Polen beanspruchten Provinzen zu unterbinden. Ihre Vertreter erzwangen im Februar 1919 ein Abkommen, mit dem die Kämpfe beendet und die polnische Machtübernahme in der Provinz Posen anerkannt wurden. Das hieß, die zunächst beabsichtigte Volksabstimmung fand nicht statt. Auf deutscher Seite empörte man sich gegen diese als ungerecht empfundene Maßnahme, aber musste sie akzeptieren. Trotz des Abkommens flackerten die Grenzkonflikte mit Polen immer wieder auf, und das nicht nur an der zukünftigen Grenze zu Deutschland. Die polnischen Nationalisten trachten danach, die Grenzen auch in Richtung Osten zu verschieben. Um den historischen Grenzverlauf von 1772 wiederherzustellen, marschierten polnische Truppen in Litauen, Weißrussland und in der Ukraine ein. Von 1918 bis 1919 kam es zum Polnisch-Ukrainischen Krieg, gefolgt vom Polnisch-Sowjetischen Krieg 1919 bis 1921.

Das revolutionäre Russland war also, wie das Deutsche Reich, seit der Etablierung des polnischen Staates mit dem Versuch polnischer Landnahme konfrontiert.

Einen massiven Angriff polnischer Truppen, mit dem Ziel einer Grenzverschiebung, schlugen die Bolschewiki 1919 zurück und marschierten auf Warschau. Vor der polnischen Hauptstadt kam es im August 1920 zur entscheidenden Schlacht, welche die Polen unter Józef Piłsudski für sich entschieden. Lenin verzichtete nach der Niederlage der *Roten Armee* auf eine Fortführung des Kriegs, sodass sich die polnische Ostgrenze bis zu 300 Kilometer über jene Linie hinausschob, die ursprünglich als Demarkationslinie zwischen Polen und Russland vorgesehen gewesen war.

Das Deutsche Reich hatte Gebiete an Polen ohne Krieg abzutreten. Mit Ratifizierung des Versailler Vertrages im Juli 1919 mussten alle deutschen Soldaten und Beamte samt Familien die an Polen fallenden Regionen umgehend verlassen. Polnisch wurde mit sofortiger Wirkung alleinige Amts- und Schulsprache. In der Folge wanderten viele Deutsche aus diesen Gebieten ab. Für die Betroffenen ging es also um viel, wenn ihre Region Teil des polnischen Staates wurde. Klassenkampfparolen bzw. das Rechts- und Linksschema, halfen bei dieser Konfrontation nicht weiter.

Der Sturm auf den Annaberg

Da Polen auf einen Zugang zum Meer bestand, wurde das Deutsche Reich mit dem Versailler Vertrag gezwungen, einen großen Teil Westpreußens an den polnischen Staat abzutreten. Der 80 bis 100 Kilometer breite ›polnische Korridor‹ trennte nun Ostpreußen vom Deutschen Reich.

Anders verhielt es sich mit Oberschlesien, wo sich Deutschlands zweitgrößtes Schwerindustriezentrum nach dem Ruhrgebiet befand. Hier sollte eine Volksabstimmung darüber entscheiden, ob das Gebiet deutsch blieb oder zum neuen polnischen Staat gehören würde. Darauf wollte die POW aber nicht warten und initiierte im August 1919 einen Aufstand, der binnen zehn Tagen vom *Grenzschutz Ost* niedergeschlagen wurde. Unter seinem Oberkommando waren die Freikorps *Aulock* und *Paulsen* sowie die *Marinebrigade Ehrhardt* in Oberschlesien im Einsatz. Die Freikorps hatten sich zwar selbst organisiert, handelten dann aber im Regierungsauftrag.

Mit der alten Herrlichkeit des Militärs sollte es nach Willen der Siegermächte aber ein Ende haben. Im Zuge der Abrüstung des Kaiserheeres wurde die OHL am 3. Juli 1919 endgültig abgewickelt, im September folgte das *Oberkommando Kolberg*. Im März 1920 endete die Geschichte der Freikorps, die aufgrund des Versailler-Vertrages allesamt aufgelöst werden mussten.

Doch in neu gegründeten Wehrverbänden, Sportvereinen und ähnlichen Organisationen versuchten die Freikorps, ihre Strukturen fortzuführen. Deshalb waren sie im Bedarfsfall schnell wieder zu reaktivieren. Dieser Fall trat schon sehr bald in Oberschlesien ein.

Bis Januar 1920 mussten alle deutschen Verbände das Abstimmungsgebiet in Schlesien verlassen, da mit dem 1. Februar eine interalliierte Kommission bis zur Volksabstimmung die Gewalt übernahm. An der Spitze dieser Kommission stand der französische General Henri Le Rond, dem 12.000 französische, 4.000 englische und 2.000 italienische Soldaten unterstanden. Die Kommission war befugt, eigene Gesetze zu erlassen und zu verkünden. Oberschlesien war damit faktisch vom Deutschen Reich getrennt.

Hauptzweck der französisch dominierten Kommission war die Durchführung der Volksabstimmung. Damit verbunden war eine klare Unterstützung der polnischen Seite.

Nicht zuletzt durch das französische Verhalten ermuntert, ging die POW in der Nacht zum 20. August 1920 in Oberschlesien erneut in die Offensive, um vor der Volksabstimmung die Kontrolle zu übernehmen. Mittlerweile hatte sich aber die *Spezialpolizei des Oberschlesischen Selbstschutz*, kurz SP, gegründet. Der paramilitärische Geheimdienst rekrutiere sich hauptsächlich aus ehemaligen Freikorpsangehörigen der *3. Marine-Brigade von Loewenfeld.* Es kam zu einem ›dunklen‹, heute würde man sagen schmutzigen Krieg. Deutsche und Polen agierten konspirativ mit gezielten Anschlägen und Morden. Der eigentliche Aufstand war bis zum 25. August niedergeschlagen, doch die gegenseitigen Geheimdienstoperationen gingen weiter.

Der Termin der Volksabstimmung in Oberschlesien musste wegen des Aufstands auf den 20. März 1921 verlegt werden. Bis dahin kosteten Terror und Gegenterror ca. 3.000 Menschen das Leben.

Bei der Abstimmung votieren 60 Prozent der Bevölkerung für einen Verbleib im Deutschen Reich, 40 Prozent für Polen. Das beeindruckte die Pariser Botschafterkonferenz aber nicht, die Teile Oberschlesiens, vor allem des Industriereviers, trotzdem Polen angliederte. Den polnischen Nationalisten reichte dieses Zugeständnis aber wiederum bei weitem nicht aus. Verstärkt durch Freiwillige aus dem ganzen Land, ging die POW in der Nacht zum 3. Mai, dem polnischen Nationalfeiertag[50], zum dritten Mal zum Angriff über. Zunächst marschierten 40.000 Soldaten der POW in Oberschlesien ein, deren Zahl sich binnen weniger Tage auf 60.000 erhöhte. Ganz Oberschlesien inklusive des weithin bekannten Annabergs, stand unter Kontrolle der POW. Der Inselberg, aus den Überresten eines erloschenen Vulkans, erhebt sich 410 Meter aus der Landschaft. Auf seiner Spitze, oberhalb des Ortes Sankt Annaberg (heute Góra Świętej Anny), befand bzw. befindet sich die Klosterkirche Sankt Anna. Im 16. Jahrhundert wurde die Anlage mit einem Kalvarienberg, bestehend aus drei großen und 30 kleineren Kapellen, erweitert. Das machte die Höhe zu einem wichtigen katholischen Wallfahrtsort und unter dem Namen ›der heilige Berg Oberschlesiens‹ zu einem Begriff.

Die französischen Einheiten unternahmen nichts gegen die polnische Besetzung, teilweise kommandierten sogar französische Offiziere polnische Bataillone. Während die Engländer ebenfalls mit den Polen sympathisierten, stellte sich das italienische Kontingent auf die Seite der Deutschen und hatte Tote und Verwundete zu beklagen.

Die *Spezialpolizei des Oberschlesischen Selbstschutz* war im April 1921 aufgelöst worden. Da der Einsatz von Reichswehr durch die Siegermächte verboten blieb, ging der deutsche Widerstand im ersten Moment wieder nur von Ortswehren und lokalen Selbstschutzeinheiten aus. In den folgenden Tagen stießen mehr und mehr Freiwillige hinzu. Aus diesen Verbänden bildete sich der *Selbstschutz Oberschlesien*, kurz SSOS. Seine Zentrale in Breslau koordinierte die militärische Aufstellung und Ausrüstung der Einheiten und hielt die Verbindung mit der Reichswehr und den politischen Stellen. Der SSOS adressierte ein Hilfegesuch an alle Wehrverbände im Reich.

Frankreich protestierte daraufhin gegen die Bildung und den Einsatz von Freikorps. Woraufhin die deutsche Regierung antwortete, dass sie Freikorps nicht dulde, jedoch keinen Einfluss auf den Selbstschutz der oberschlesischen Bevölkerung nehmen könne. Zur Bekräftigung erlies die Reichsregierung am 19. Mai einen Aufruf gegen die Aufstellung von Freikorps, der

50 Am 3. Mai 1791 wurde die polnische Verfassung, als erste in Europa und als die zweite weltweit, verabschiedet. Die Verfassung war nur kurze Zeit gültig, da Polen schrittweise 1792, 1793 und final 1795 geteilt wurde und seine Eigenstaatlichkeit verlor.

↑ Gelb-weiße Armbinde des ***Selbstschutz Oberschlesien***, SSOS. Aufgrund des inoffiziellen Charakters mit den umgedrehten schlesischen Farben, Gold-Silber statt Silber-Gold.

am 24. Mai durch eine Verordnung des Reichpräsidenten ergänzt wurde, der die Bildung bewaffneter Verbände unter Strafe stellte. Eine offizielle Unterstützung durch Behörden gab es nicht, die Wehrverbände mobilisierten sich eigenständig. Im Gegenteil, für deutsches Militär war Oberschlesien gesperrtes Gebiet. Junge Männer, die im Zug nach Schlesien reisten, wurden in Sachsen und Thüringen kontrolliert, teilweise aufgehalten. Man fuhr einzeln oder in kleinen Gruppen und in Zivil. Uniformen sollten ohnehin nicht getragen werden, um nicht den Eindruck zu erwecken, dass die Reichswehr eingesetzt würde. Stattdessen wurden an die Freiwilligen lediglich gelb-weiße Armbinden [51] mit dem Aufdruck SSOS verteilt.

Es gab keine Aufrufe von kommunistischer oder sozialdemokratischer Seite gegen die Mobilisierung. Schwierigkeiten wurden den Freikorps vor allem durch die staatlichen Maßnahmen bereitet – es gab aber auch stille Duldung der Aktivitäten. Waffen und Material wären sonst kaum zu den Freiwilligen gelangt.

51 Die Farben Schlesiens sind Silber und Gold, während die Flagge Oberschlesiens Gold und Blau zeigt.

Erstaunlich schnell mobilisierten die Freikorps ihre Mitglieder. Es waren alle Regionen und Namen vertreten: etwa das schlesische **Freikorps Heydebreck**[52] oder das **Freikorps Oberland** aus Bayern, selbst aus Tirol traten Freiwillige an. Auch Leutnant Albert Leo Schlageter war unter denjenigen, die den Annaberg stürmen wollten. Schlageter, der bereits im Baltikum gekämpft hatte, sollte 1923 im Ruhrkampf ein tragisches Ende finden und zu einer rechtsradikalen Symbolfigur werden.

Um die Siegermächte nicht zum Eingreifen zu veranlassen, versuchten Verbindungsleute der Reichswehr die Freikorps dazu zu bewegen, es bei einer Abwehr weiterer polnischer Vorstöße zu belassen. Die Frontlinie sollte gesichert werden, mehr nicht. Weiteres würden Verhandlungen ergeben. Ein Gegenangriff oder gar Sturm des Annabergs, lag aus politischer Rücksichtnahme nicht in der Absicht der Reichswehr. Das wiederum

52 Peter von Heydebreck war Hauptmann beim 2. Schlesischen Jäger-Bataillon 6. Bereits zu Beginn des Weltkrieges 1914 verlor Heydebreck seinen linken Arm, kehrte aber 1916 an die Front zurück. Als Monarchist, Nationalist und traumatisierter Kriegsveteran war ihm die Novemberrevolution 1918 und die Republik ein Greul. Zurück in seiner Garnison in Oels, wurde das Jäger-Bataillon 6 aufgelöst und gleichzeitig durch Freiwillige als **Freiwilligenkorps Schlesien** im Zusammenhang mit dem **Grenzschutz Ost** wieder aufgestellt. Unter der Führung von Heydebreck entstand das Schlesische Jäger-Bataillon 6 als erstes **Freikorps Heydebreck**. Als mobile Radfahrtruppe war es von Januar 1919 bis zu seiner Auflösung am 31. Dezember 1920 im Grenzschutz bei Posen eingesetzt.
Nach der Auflösung hielt Heydebreck das Gros seiner Truppe zusammen und organisierte Arbeitsplätze bei Fuhrunternehmen in der Niederlausitz. Deshalb konnte er 1921 schnell das Freikorps **Selbstschutz-Bataillon von Heydebreck** als Teil des **Selbstschutz Oberschlesien** aufstellen. Am Sturm auf den Annaberg hatte das Freikorps entscheidenden Anteil. Peter von Heydebreck wurde als „Held vom Annaberg" populär. Nach der Auflösung des Freikorps organisierte Heydebreck die **Jägerschar Selbstschutz-Bataillon von Heydebreck**, eine 50 Mann zählende, konspirativ in Oberschlesien agierende Truppe. 1923 wurde der Freikorpsführer verhaftet und seine Jägerschar zerschlagen.
Zunächst in der **Deutschvölkischen Freiheitspartei**, ging Heydebreck in die SA. Nach der Wiederzulassung der NSDAP 1925 gründete der Rechtsradikale im selben Jahr in Oberschlesien die **SA-Gruppe Schlesien** und war an der Organisation des **Partei-Gaues Oberschlesien der** NSDAP beteiligt. Als Vertrauter von SA-Führer Ernst Röhm gehörte Heyderbeck dem Stab der obersten SA-Führung an. Nach 1933 wurde er zum SA-**Obergruppenführer** ernannt, dem höchsten Rang in der SA, der dem eines Generals entsprach. Wegen seiner Beteiligung am Annaberg-Sturm nannte sich die oberschlesische Ortschaft Kandrzin 1934 in Heydebreck um. Wenig später, am 30. Juni, wurde Heydebreck im Zusammenhang mit dem Röhm-Putsch mit anderen hohen SA-Führern verhaftet und am Abend desselben Tages im Gefängnis München-Stadelheim von der SS erschossen.

interessierte Hauptmann Joseph Römer, genannt Beppo Römer,[53] Angehöriger des *Freikorps Oberland*, nicht. Der Stabschef des *Freikorps Oberland* erarbeitete einen Angriffsplan, um die strategisch wichtige Position einzunehmen. Ein leichtes Unterfangen stellte diese Offensivoperation nicht dar, denn der Annaberg überragt weithin die Landschaft. Polnische Truppen in Stärke von mehreren tausend Mann und einer Batterie mittlerer Geschütze, einer Fliegerstaffel und einem Panzerzug standen zur Verteidigung der 30 km langen Frontlinie um den Berg bereit.

Ob ein Angriff gelingen würde, war nicht sicher, und die Zentralleitung des SSOS wollte sich zunächst nicht gegen die Regierungspolitik stellen, lies sich dann aber davon überzeugen, dass der Sturm gelingen könnte.

Um 0:30 Uhr des 21. Mai 1921 eröffneten 16 Geschütze und Minenwerfer der Freikorps ihr Feuer auf die polnischen Stellungen, gegen 2:30 Uhr des begann der Sturm des *Freikorps Oberland* mit 900 Soldaten um die polnischen Linien am Annaberg zu durchbrechen. Ort und Kloster waren gegen Mittag eingenommen, wobei 20 Angehörige von *Oberland* fielen und 120 verwundet wurden.

Erheblich höhere Verluste erleidend, ging der Rückzug der Polen in eine wilde Flucht über. Die Freikorps machten große Geländegewinne. Nach sechs Tagen, am 27. Mai war die Operation beendet.

Bis in den Juni hinein setzten sich die, teilweise sehr verlustreichen, Kämpfe fort, wobei die Freikorps immer weiter in Richtung oberschlesisches Industriegebiet vorrückten. Als sich ein endgültiger deutscher Sieg abzeichnete, veranlasste der französische General Le Rond, dass sich französische und englische Truppen zwischen die Frontlinie schoben. Damit endeten die Kämpfe, und die Diplomaten verhandelten. Polen bekam am Ende mehr Gebiet zugeschlagen als die Volksabstimmung ergeben hatte. Ab 1922 verlief die Staatsgrenze an der *Sforza-Linie*, die an den polnisch/französischen Interessen orientiert war und auf den italienischen Botschafter

53 Römer hat seine Beteiligung an *Oberland* und den Sturm auf den Annaberg später bedauert. Als Nationalbolschewist wurde er Anhänger der KPD und nach 1933 Anführer einer antifaschistischen Widerstandsgruppe. 1942 von der Gestapo verhaftet wurde Beppo Römer 1944 vom Volksgerichtshof zum Tode verurteilt und am 25. September im Zuchthaus Brandenburg mit dem Fallbeil enthauptet.

Carlo Sforza in Paris zurückging. Der größte Teil Oberschlesiens mit dem Annaberg blieb jedoch beim Deutschen Reich.

Ein blutig erzwungenes Resultat. Auf deutscher Seite waren allein bei der Niederschlagung des dritten polnischen Aufstandes 500 Soldaten gefallen, auf polnischer Seite gab es 2.000 Gefallene zu beklagen.

Regierung, Reichswehrführung und vor allem die Entente versetzten die militärischen Erfolge des SSOS in helle Aufregung. Am 5. Juli mussten SSOS und die Freiwilligen Verbände aufgelöst und die Waffen der Inter-Alliierten-Kontrollkommission ausgehändigt werden.

Doch politisch fand die Einnahme des Annabergs ein großes Echo. Der erfolgreiche Sturm wurde als ein Schlag gegen den Versailler Vertrag gewertet. Es gab offensichtlich Möglichkeiten, sich gegen die ungerechten Reparationsleistungen durchzusetzen.

In diesem Zusammenhang traten Freikorps und Rechtsradikale nicht als Schlächter des Proletariats in Erscheinung, sondern als Retter des Vaterlands. Die Verquickung zwischen Freikorps und Teilen des Staatsapparates sowie die weitreichende Sympathie für die Rechtsradikalen in der Bevölkerung der Weimarer Republik fand vor allem in den Nachkriegskämpfen im Osten eine ihrer Ursachen.

Der Sieg am Annaberg hob nicht zuletzt das Selbstvertrauen der Freikorpsleute. Außer dem parlamentarischen Weg gab es auch die außerparlamentarische Bewegung, die sich nun in Wehrverbänden organisierte und glaubte sich mit Gewalt durchsetzen zu können. Mussolini in Italien machte vor, wie das ging.

Im Gegensatz dazu verblasste die hartnäckige Diplomatie, mit der die Bedingungen des Versailler Vertrages Zug um Zug gemildert werden konnten. Die Republik wurde als Gehilfe der Entente angesehen, in deren Dienst sie ›Erfüllungspolitik‹ betrieb. In Krisenphasen, wie während der Hyperinflation von 1923, fand dieser Populismus zusätzlichen Nährboden.

Rückgrat der rechtsradikalen Bewegung waren fortan die Wehrverbände, die Nachfolgeorganisationen der aufgelösten Freikorps. So wurde aus dem *Freikorps Oberland* der *Bund Oberland e. V.* Sein Vorsitzender, der Tierarzt Friedrich Weber, trieb im Spätsommer 1923 den Zusammenschluss von *Oberland* mit SA und *Reichskriegsflagge* zu einer ›Kampfgemeinschaft‹ voran.

↑ *Freikorps Oberland* marschiert vor Adolf Hitler am 4. November 1923 anlässlich der Grundsteinlegung des Kriegerdenkmals am Armeemuseum München. Vier Tage später putschen sie gemeinsam.

Dieses Bündnis bildete die Grundlage für den Hitler-Putsch vom 8./9. November 1923 in München. Weber war mit dem Bund Oberland führend an dem Putsch beteiligt und später einer der Angeklagten beim Hochverratsprozess gegen Hitler.

Es bleibt festzuhalten, dass der Sturm des Annabergs für die Entwicklung des Rechtsradikalismus im Deutschen Reich von großer Bedeutung war und es keine Antwort von Links auf diesen Grenzkrieg gab. Er fiel quasi nicht in Betracht. Für die Kommunist_innen ging es um die Weltrevolution. Was spielte da ein Grenzkonflikt imperialistischer Staaten für eine Rolle?

Sturmkompanie Koppe

Am Angriff auf den Annaberg war auch die *Sturmkompanie Koppe* beteiligt, eine elitäre Truppe, die als Abzeichen das Wikingerschiff der *Brigade Ehrhardt* führte .

Gleich nach Beginn des dritten polnischen Aufstands hatte der ehemalige Leutnant zur See, Freiherr Eberhard von Zedlitz-Neukirch, in Breslau mit der Aufstellung einer Selbstschutzkompanie begonnen. Von Zedlitz-Neukirch war Angehöriger der **Sturmkompanie** der **Brigade Ehrhardt** gewesen. Die Elitetruppe stand unter dem Kommando von Kapitänleutnant Manfred von Killinger, der auch als Stellvertreter des Freikorpsführers Hermann Ehrhardt fungierte. Bei der Niederschlagung der Münchner Räterepublik 1919 und dem Kapp-Putsch in Berlin 1920 zeigte die **Sturmkompanie**, was sie unter einem Eliteverband verstand: Als der Putsch in Berlin am 18. März gescheitert war und abziehendes Militär vor dem alten Schöneberger Rathaus von einer Menschenmenge bedrängt wurde, ließ Manfred von Killinger in die Menge schießen. Insgesamt kamen bei diesen Auseinandersetzungen sieben Menschen ums Leben: neben einem Offizier des **Schutzregiment Groß-Berlin**, das mit der Marinebrigade putschte, zwei Frauen und sechs Männer, die gegen die Rechtsradikalen demonstrierten. Ca. 30 Personen wurden zum Teil schwer verletzt.[54]

↑ Ärmelschild der *Marinebrigade Ehrhardt.*

Im September kam dann das Ende für die **Marinebrigade Ehrhardt**. Auf dem **Truppenplatz Munsterlager** zusammengezogen, stand die Demobilisierung an. Fieberhaft suchten Brigadeangehörige nach einer Möglichkeit, ihren Zusammenhalt zu wahren. Am Vorabend der Auflösung, dem 12. September, entstand die konspirative Vereinigung **Bund ehemaliger Ehrhardt Offiziere** (B.e.E.O.). In einem ähnlichen Zusammenschluss bildete die Sturmkompanie die **Vereinigung ehemaliger Sturmsoldaten**. Die Truppe sollte als geheimer

54 Zit. in: Berliner Geschichtswerkstatt (Hg.): **Die Rote Insel. Berlin-Schöneberg**, Heimatchronist Feige, Berlin 1987, Seite 100.

Kampfverband erhalten bleiben. Als Abzeichen entwarf man eine Kaiserkrone mit einem rundgebogenen Hakenkreuz im Hintergrund.

Für die Masse der 6.000 Freikorpssoldaten wurde der legale und öffentlich auftretende *Verein ehemaliger Angehöriger der 2. und 3. Marinebrigade* gegründet. Dieser sollte sich dem *Verband national gesinnter Soldaten* (V.n.S.) anschließen.

Nach einem letzten Apell begann die endgültige Abwicklung der Brigade. In dieser Phase tauchte Ehrhardt, der sich den Behörden stellen sollte, unter. Den Putschisten erwartete ein Verfahren wegen Hochverrats. Ausgestattet mit falschen Papieren und ohne seinen charakteristischen Bart, türmte der Hochverräter mit dem D-Zug von Hannover nach München. Dort herrschte seit Ende des Kapp-Putsches die rechtsnationale Regierung Kahr. Gestützt auf die Einwohnerwehr und die *Bayrische Volkspartei* betrieb Gustav von Kahr eine Sonderstellung Bayerns, das er als Ordnungszelle gegen linke und antinationale Umtriebe im Reich ansah.

Dass Bayerns Hauptstadt aber zum Fluchtpunkt für gesuchte Rechtsradikale geworden war, lag vor allem an dem Polizeipräsidenten Ernst Pöhner, der nach der Niederschlagung der Münchner Räterepublik am 3. Mai 1919 ins Amt berufen worden war. Seit 1920 persönlich mit Adolf Hitler bekannt, gewährte der Polizeipräsident gesuchten Rechtsradikalen Unterschlupf und stattete sie im Bedarfsfall sogar mit falschen Papieren aus.

Der konspirative organisatorische Aufbau der Ehrhardt-Truppe gestaltete sich aber schwieriger als gedacht. Es erwies sich als problematisch, die Mitglieder der geheimen, über ganz Deutschland verteilten Ortsgruppen des B.e.E.O. organisatorisch zusammenzufassen. Gemeinsame Übungen kamen nicht mehr infrage, dafür waren die Mitglieder zu weit zerstreut. Außerdem waren viele in ihre bürgerlichen Berufe zurückgekehrt oder als Offiziere in die Reichswehr und vor allem die neue Reichsmarine übernommen worden. Lediglich mittels geheimer Mitteilungsblätter konnte die Struktur aufrechterhalten werden. Dafür gab es zwei Zentralen, eine für Norddeutschland in Wilhelmshaven und die andere für Süddeutschland in München.

Gedeckt durch die Behörden konnten die Rechtsradikalen in Bayern fast offen agieren. Größere Gruppen von ehemaligen Brigademitgliedern waren in Arbeitsgemeinschaften zusammengefasst die, teilweise unterstützt durch das Reichsamt für Arbeitsvermittlung, offiziell in der Holzverwertung arbeiteten. Das betraf in Bayern etwa 300 ehemalige Brigadeangehörige.[55]

Ehrhardt selbst konnte bei all dem nur eine Nebenrolle spielen. Der B.e.E.O. war ohne ihn gegründet worden und hatte ihn lediglich zum Ehrenvorsitzenden ernannt.

Es mangelte der Geheimorganisation an einer zentralen, straffen Führung. Auch blieben die Arbeitsgemeinschaften ohne Anbindung an einen offiziellen militärischen Verband eine unbefriedigende Notlösung. Der Zusammenhalt bröckelte, immer mehr Männer kehrten der Organisation den Rücken, der Plan eines geheimen Wehrverbandes stand vor dem Scheitern. Dem konnte auch Kapitänleutnant von Killing, der Anfang des Jahres 1921 der Münchner Zentrale der B.e.E.O. beitrat, um sich verstärkt der Erfassung ehemaliger Brigadeangehöriger zu widmen, kaum entgegensteuern.

Da brach am 3. Mai der dritte und bislang größte polnische Aufstand in Oberschlesien los. Mit einem Schlag wurden Wehrverbände benötigt, und die schickten ihre Mitglieder auch sofort, als Reisende getarnt, in das für deutsches Militär gesperrte Gebiet, um die Reihen des **Oberschlesischen Selbstschutzes** von General Hofer aufzufüllen. Daraus ergab sich auch für die **Marinebrigade Ehrhardt** die Gelegenheit, sich wieder als Kampftruppe zu sammeln.

Gleich nachdem die Vorbereitungen zur Aufstellung der Selbstschutzkompanie in Breslau eingeleitet waren, übernahm der Medizinstudent Ulrich Koppe das Kommando. Um die staatliche Überwachung und die polnische Spionage zu unterlaufen, ging Koppe bereits am 9. Mai, mit lediglich 15 Mann, ins Kampfgebiet. Als Sammelpunkt für die Brigade war von der Münchner Zentrale die oberschlesische Ortschaft Chorulla angegeben, wo sich Ehrhardt-Leute und Breslauer Studenten anschlossen. Schließlich erreichte die Truppe eine Stärke von 170 Mann, davon 40 Offiziere.

Die **Sturmkompanie Koppe** agierte selbstständig. Beim Sturm auf den Annaberg am 23. Mai unterstellte sie sich dem **Detachement Graf Strachwitz** nur

55 Krüger, Gabriele: *Die Brigade Ehrhard*, Leibnitz-Verlag, Hamburg 1971, Seite 74.

als ›fliegender‹ Verband, um danach andere Brennpunkte der Kämpfe aufzusuchen. Ein Garant dafür war Manfred von Killinger, der kurz vor dem Angriff auf den Annaberg in Oberschlesien eintraf und das Kommando der Sturmkompanie übernahm.

Nach dem Ende des Aufstandes befürchtete man in Deutschland einen vierten polnischen Versuch, sich Oberschlesien militärisch anzueignen. Deshalb blieben die Kontakte zwischen Reichswehr und Wehrverbänden bestehen. Nach einigen Verhandlungen kam es zwischen Unterhändlern der Reichswehr und Killinger im August zu einer Vereinbarung. Killinger sollte aus der *Marinebrigade Ehrhardt* das *Regiment Süd* in einer Stärke von 1.000 Mann für den Grenzschutz aufbauen. Für Ausrüstung und Unterhalt stellte ihm das Auswärtige Amt 300.000 Mark zur Verfügung.[56]

So begründete der Einsatz in Oberschlesien den weiteren Ausbau des verdeckt agierenden Wehrverbandes. Zu den Veteranen traten neue Freiwillige, und die verdeckte Unterstützung durch staatliche Stellen verstärkte sich noch. Die Münchner Zentrale wurde als *Bayrische Holzverwertungsgesellschaft* getarnt und übernahm, in vier Abteilungen untergliedert, die Koordination.

Was die staatlichen Stellen aber geflissentlich übersahen, war, dass sich die Ehrhardt-Organisation nicht politisch integrieren ließ. Ihre Zeitung *Der Wikinger* agitierte offen gegen die Weimarer Verfassung, dem „*Produkt der Novemberrevolution. ... Dieses System wird und muß an sich selbst zugrunde gehen. Es gilt, für diesen entscheidenden Augenblick alle nationalen, aufbauenden Elemente in Bereitschaft zu halten, damit nicht die Zukunft Deutschlands wieder von einer radikalisierten, unwissenden Masse in den Händen jüdischer und demagogischer Führer bestimmt wird.*“[57]

Ehrhardt selbst wurde auch immer noch als Hochverräter gesucht. Mit falscher Identität agierte er unter dem Namen ›Consul Eichmann‹.[58]

56 Krüger, Gabriele: *Die Brigade Ehrhard*, Hamburg 1971, Seite 77.

57 Zit. in: Ebenda, Seite 78.

58 Freska, Friedrich (Hg.): *Kapitän Ehrhardt*, Berlin 1924, Seite 214.

Organisation Consul

Seit der Gründung der Weimarer Republik war es zu Morden an Linksradikalen gekommen, oft mit Duldung oder gedeckt durch staatliche Stellen. Die Namen Rosa Luxemburg und Karl Liebknecht sind in diesem Zusammenhang bis heute in Erinnerung. Im Jahr 1921 änderten sich die Ziele. Erstmals trat eine rechtsradikale Organisation in Erscheinung, die politischen Terror strategisch einsetzte und Mordanschläge auf staatliche Repräsentanten ausführte.

Es war die Ehrhardt-Organisation, die bis Sommer 1921 ein reichsweites Netz von Gruppen und Stützpunkten gebildet hatte. Zunächst ohne einen Namen, entstand die Bezeichnung *Organisation C.* (O. C.) erst im Nachhinein. Wobei dem C. keine tiefere Bedeutung zukam, es hob auf damals übliche Abkürzungen wie *Orgesch* oder O. E. für *Organisation Escherich*[59] ab. Da Ehrhardt aber zu diesem Zeitpunkt für seinen Decknamen die Anrede Consul verwendete, machten seine Anhänger daraus Organisation Consul. Das klang geheimnisvoll und wurde allgemein als Chiffre angenommen.

Bald entstand das Bild einer straff geführten Geheimorganisation, bei näherer Betrachtung offenbarte sich dagegen ein widersprüchliches Bild.

Das lag u. a. daran, dass Ehrhardt, bedingt durch die Strafverfolgung gegen ihn, für die Leitung keine große Rolle spielen konnte. Ehrhardt gab vor allem seinen Namen und sorgte damit für organisatorische Unterstützung. Naturgemäß fordert ein Geheimverband von seinen Mitgliedern ohnehin ein hohes Maß an Selbstständigkeit, dazu kam in diesem Fall die verschwommene Zielsetzung, die nur am Feindbild Republik orientiert war. Das führte zu dem Paradoxon, dass für die *Organisation C.* zwar ein fester Dienstplan mit genauer Besoldung bestand und alle Mitglieder zum Gehorsam den Vorgesetzten gegenüber verpflichtet waren, Abteilungs- und

59 Am 9. Mai 1920 schlossen sich alle Einwohnerwehren Deutschlands unter Forstrat Georg Escherich in Regensburg zur *Organisation Escherich* zusammen. Der preußische Innenminister Severing (SPD) setzte am 1. November ein Verbot der *Orgesch* in Preußen durch. Auf alliierten Druck verfügte die Reichsregierung am 24. Juni 1921, dass die *Orgesch*, und damit auch der bayrische Landesverband, im gesamten Reichsgebiet aufgelöst werden müsse. Zu diesem Zeitpunkt zählte der Landesverband der Einwohnerwehren Bayerns 361.000 Mann.

Bezirksleiter jedoch nach Ehrgeiz und Ausrichtung weitgehend in Eigenregie agierten. Dabei flossen der Ehrhardt-Organisation reichlich Finanzmittel zu. Außer der erwähnten staatlichen Unterstützung gingen Spenden von Industriellen, Großgrundbesitzern und aus dem Bürgertum ein. Der Name Ehrhardt suggerierte schneidiges Durchgreifen gegen Linke und Liberale sowie Schutz vor einem bolschewistischen Umsturz.

Politisch sah sich die Organisation C. denn auch als Gesinnungsgemeinschaft, ideologisch zwischen Monarchie und völkischer Gesinnung stehend. Ein entsprechendes Programm unter dem Titel „***Deutschlands Zukunft – Aufgaben und Ziele***“ erschien im Sommer 1921. Darin hieß es: „***Unser Kampf richtet sich gegen die Totengräber des nationalen Gedankens, gegen Demokratie, Sozialdemokratie und Judentum.***“[60]

Die rechtsradikalen Verschwörer meinten nun, man müsse das Land mit Anschlägen ins Chaos stürzen. Seit dem Kapp-Putsch war ihnen klar, dass sie die Reichswehr auf ihre Seite ziehen mussten, wenn ein Umsturz gelingen sollte. Es galt also, die Linken aus der Reserve zu locken und zum Aufstand zu provozieren, um einen Bürgerkrieg zu entfachen. Wenn die Linken zuerst zuschlügen, würde die Reichswehr die Wehrverbände, allen voran die Marinebrigade, zur Hilfe rufen. Gemeinsam würde man erst die linke Rebellion niederwerfen und dann das demokratische System stürzen. ›Provokationstheorie‹ wurde diese Idee genannt.

Ein Anhänger dieser Theorie war Manfred von Killinger, der in München die militärische Abteilung in der Organisation C. übernommen hatte und wohl daran dachte, mit einer Reihe von Attentaten die gewünschten chaotischen Verhältnisse zu schaffen.

Als erste Opfer der O. C. gilt der USPD-Fraktionsvorsitzende im bayrischen Landtag, Karl Gareis. Er wurde am Abend des 9. Juni 1921 auf dem Heimweg vor seiner Haustür von einem Unbekannten erschossen. Die Mordtat konnte nicht zweifelsfrei aufgeklärt werden, und großes Aufsehen blieb ihr verwehrt.

So erteilte Killinger dem 26-jährigen Heinrich Schulz und dem 25-jährigen Heinrich Tillensee den Auftrag, den im März zurückgetretenen

60 Zit. in: Krüger, Gabriele: *Die Brigade Ehrhard*, Hamburg 1971, Seite 84.

↑ Propagandapostkarte aus dem Jahr 1919 zur ›Dolchstoßlegende‹. Sie zeigt Philipp Scheidemann, der mit einem Dolch die hart ringenden deutschen Fronttruppen hinterrücks meuchelt. Hinter ihm, im feinen Anzug mit Zigarre und dickem Bauch, Matthias Erzberger. Dahinter, auf Geldsäcken sitzend und Geld zählend, feiste Kapitalisten. Ganz im Hintergrund eine irre demonstrierende Menge.

Reichsfinanzminister Matthias Erzberger (Zentrumspartei) zu ermorden. Beide Attentäter waren ehemalige Offiziere – Tillessen bei der Kaiserlichen Marine, Schulz beim Heer – und Mitglieder der Marinebrigade gewesen.

Ihr Opfer, Erzberger, war bei den Rechtsradikalen eine verhasste Person. Er hatte als erster der vierköpfigen deutschen Delegation am frühen Morgen des 11. November 1918 den Waffenstillstand von Compiégne und damit die deutsche Kapitulation unterzeichnet. Daraufhin endeten die Kampfhandlungen um 11 Uhr französischer Zeit.

Aus dem Dunstkreis der Obersten Heeresleitung und rechter Kreise begann mit dem Eingeständnis der Niederlage und der Einstellung der Kämpfe die Polemik gegen die ›Novemberverbrecher‹. Es hieß, Heer und Marine seien nicht auf dem Felde besiegt, sondern von inneren Feinden im Vaterland verraten worden. Mit einem „Dolchstoß“ sei die kämpfende Truppe hinterrücks gemeuchelt worden. Linksradikale und Juden, aber auch SPD,

Zentrumspartei und DDP, alle Vertreter der Weimarer Regierungskoalition, trügen dafür die Verantwortung. Die *Dolchstoßlegende* wurde zum einenden Narrativ der deutschen Rechtsradikalen in der Weimarer Republik.

Bereits im Januar 1920 hatte ein ehemaliger Fähnrich zweimal auf Matthias Erzberger geschossen. Der Politiker hatte Glück, eine Kugel war an einem Metallgegenstand in seiner Jacke abgeprallt, die andere hatte ihn nur leicht an der Schulter gestreift.

Schulz und Tillensee wollten auf keinen Fall scheitern und reisten Erzberger wochenlang hinterher. Am 26. August 1921 folgten sie Erzberger, der mit seinem Parteifreund Carl Dietz einen Spaziergang bei Bad Griesbach im Schwarzwald unternahm. Tillensee gab mehrere Schüsse auf Erzberger ab, der angeschossen eine Böschung hinunterrutschte, um sich in Sicherheit zu bringen. Doch die Attentäter liefen hinterher und feuerten dem Wehrlosen aus kurzer Distanz zwei Kugeln in den Kopf. Auch Carl Dietz wurde bei dem Attentat schwer verletzt.

Zwar konnten die Attentäter schnell identifiziert werden, doch gelang ihnen die Flucht nach Ungarn, das die Gesuchten nicht auslieferte.

Die Bluttat löste einige Betroffenheit und Empörung aus, aber nicht den erhofften Bürgerkrieg. Dafür brachte das Attentat eine andere gravierende Veränderung mit sich. Die Reichsregierung verhängte am 29. August die Republik-Schutzverordnung, eine Ausnahmeverordnung, die sich gegen antirepublikanische Versammlungen, Druckerzeugnisse und Vereinigungen richtete. Die bayrische Regierung weigerte sich, diese Verordnung von Reichspräsidenten Ebert zu übernehmen, weil Berlin damit direkt auf die Politik Bayerns einwirken konnte. Kahrs Widerstand blieb erfolglos. Im Gegenteil setzte die Reichsregierung darüber hinaus am 11. September die von den Siegermächten geforderte Entwaffnung der bayerischen Einwohnerwehren durch. Unter Protest trat von Kahr daraufhin am 12. September zurück und kehrte auf seinen früheren Posten als Regierungspräsident von Oberbayern zurück.

Währenddessen fühlte sich Killinger im Schutz der bayrischen Polizei sicher. Es gab keine direkten Spuren, die vom Attentat auf Erzberger zur O. C. führten. Deshalb glaubte man, sich in Sicherheit wiegen zu können und unterschätzte die badischen Ermittlungsbehörden. Am 12. September überraschte eine Razzia der badischen Polizei die Münchner O.-C.-Zentrale. Die **Bayerische Holzverwertungsgesellschaft** wurde hochgenommen, Killinger verhaftet, umfangreiches Beweismaterial sichergestellt, und die der Öffentlichkeit bis dahin noch nicht bekannte O. C. wurde ein großes Thema in der Presse.

Spontan kam es zu großen antifaschistischen Demonstrationen, und die O. C. war bereits in ihrer Aufbauphase gelähmt. Ehrhardt, gegen den ebenfalls ein Haftbefehl existierte, konnte gerade noch untertauchen.

Damit waren die O.-C.-Strukturen verloren. Als Nachfolge- und Auffangorganisationen wurden im März 1922 in München der **Wiking-Bund** und der **Neudeutsche Bund** gegründet.

Killinger blieb neun Monate in Untersuchungshaft, bis er wegen Beihilfe zum Mord vor Gericht stand. Der Prozess vor den Schwurgericht Offenburg endete am 13. Juni 1922 mit einem Freispruch aus Mangel an Beweisen.

Kurz zuvor, am 4. Juni 1922, kam es zu einem Attentat auf den Oberbürgermeister von Kassel, Philipp Scheidemann (SPD). Der prominente Politiker hatte am 9. November 1918 aus einem Fenster am Reichstag die Republik verkündet, dann der Revolutionsregierung als Volksbeauftragter angehört, und er war vom 13. Februar bis 20. Juni 1919 Reichsministerpräsident gewesen. Er galt den Rechtsradikalen als ein hauptverantwortlicher ›Novemberverbrecher‹.

Drei junge Männer machten sich für den Mordanschlag bereit. Der 22-jährige ehemalige Kriegsfreiwillige und spätere Angehörige der Sturmkompanie Hans Hustert und der 29-jährige Karl Oehlschläger, ebenfalls ehemaliges Mitglied der Marinebrigade. Der dritte Attentäter konnte entkommen. Vermutlich handelte es sich um den 23-jährigen Erwin Kern, einen ehemaligen Marineoffizier, der ebenfalls in Oberschlesien in der Sturmkompanie Koppe gekämpft hatte und neben Ernst von Salomon in Frankfurt am Main für eine örtliche O.-C.-Gruppe aktiv war.

Das Attentat sollte mit einer in München hergestellte Blausäurespritze durchgeführt werden. Bei einem Spaziergang im Park Wilhelmshöhe spritzen die Attentäter Scheidemann die Säure ins Gesicht. Scheidemann reagierte schnell und konnte die Angreifer mit einer Waffe in die Flucht schlagen, bevor er ohnmächtig wurde. Durch glückliche Umstände überlebte er das Attentat unbeschadet. Erst nach dem Scheidemann-Attentat wurde die *Organisation Consul* mittels Republikschutzgesetz am 21. Juli 1922 offiziell verboten. Husterer und Oehlschläger konnten Anfang August in Oberschlesien gefasst werden und wurden am 6. Dezember 1922 zu jeweils zehn Jahren Zuchthaus verurteilt.

Der Rathenau Mord

Obschon die O. C. verboten war und sich führende Mitglieder in Haft oder auf der Flucht befanden, blieb die Struktur weiterhin aktionsfähig. Eine Gruppe von vier jungen Männern aus diesem Kreis führte eine weitere Mordtat aus.

Zu dieser Gruppe gehörten der bereits erwähnte Erwin Kern sowie der 26-jährige Hermann Fischer, ein ehemaliger Leutnant, dann Angehöriger der Marinebrigade, der schließlich in führender Position für den O. C. in Sachsen tätig war.

Erstmals machten Fischer und Kern im Januar 1922 von sich reden, als sie, mit logistischer Unterstützung aus dem Frankfurter Kreis der O. C., den wegen Kriegsverbrechens in Leipzig verurteilten Oberleutnant Ludwig Dithmar aus dem Gefängnis Naumburg/Saale befreiten.

Auch gehörten Fischer und Kern dem *Deutsch Völkischen Schutz und Trutzbund* an, dessen Verbindungen ebenfalls in das geplante Attentat einbezogen wurden.

Zum Kreis der Attentäter zählten noch der 19-jährige Ernst von Salomon, der trotz seiner Jugend bereits mit deutschen Freikorps im Baltikum gekämpft hatte und Mitglied der Marinebrigade wie der O. C. gewesen war. Des Weiteren der 20-jährige Student Ernst-Werner Techow, ebenfalls ehemaliges Mitglied der Marinebrigade und des O. C. in Berlin.

Ziel des geplanten Anschlags sollte Außenminister Walther Rathenau werden, eine vielseitige Persönlichkeit, gleichzeitig Industrieller, Intellektueller, Angehöriger der wirtschaftlichen Elite und Politiker. Im I. Weltkrieg rettete Rathenau als Leiter der von ihm angeregten *Kriegsrohstoffabteilung* im preußischen Kriegsministerium die Rüstungsindustrie des Kaiserreichs vor dem Zusammenbruch. Zudem war er für eine rücksichtslose

↑ Das Titelbild der italienischen ***Illustrazione del Popolo*** zeigt in fantasievoller Dramatik die Ermordung Walther Rathenaus 1922. Tatsächlich feuerte Erwin Kern mit einer Maschinenpistole, Hermann Fischer schleuderte danach eine Handgranate in Rathenaus Autos – beim Attentat kamen also weder Pistolen zum Einsatz, noch wurde der Chauffeur verletzt.

Kriegführung eingetreten, hatte London bombardieren und belgische Zivilisten zur Zwangsarbeit nach Deutschland deportieren lassen wollen. Er hatte sich 1918 gegen den Waffenstillstand ausgesprochen und den Krieg stattdessen solange fortführen wollen, bis für Deutschland eine bessere Verhandlungsposition entstand. Rathenau zählte damit nicht zum Kreis der ›Novemberverbrecher‹. Gleichwohl war er als Jude antisemitischen Ressentiments ausgesetzt.

Nach dem Weltkrieg gehörte Rathenow zu den Mitbegründern der ***Deutschen Demokratischen Partei*** (DDP) und machte als Wirtschaftsfachmann und Politiker weiter Karriere. Mit seinem weltmännischen Verhandlungsgeschick machte er sich bald einen Namen, stand für ausgleichende Entspannungspolitik und war ein Repräsentant der neuen Demokratie. Deshalb wurde Rathenau am 31. Januar 1922 zum Außenminister im Kabinett Wirth II, unter Reichskanzler Joseph Wirth (Zentrumspartei), ernannt.

Wohnung und Umfeld des Außenministers kundschafteten Fischer und Kern seit Mitte Juni aus.

Seit dem 16. Juni hatten sie sich mit Ernst von Salomon in einer Berliner Pension einquartiert. Am 18. Juni stieß Ernst Techow hinzu. Zwischenzeitlich organisierte Salomon ein Auto, das Techow aus Sachsen abholte. Einen Tag vor dem Attentat fuhren Kern, Fischer und Techow damit zum Büro des *Deutsch Völkischen Schutz und Trutzbund* in Schwerin. Hier erhielten sie eine Maschinenpistole.

Am Samstag, den 24. Juni 1922, ließ sich Rathenau gegen 10:45 Uhr von seiner Wohnung in der Königsallee, im Villenviertel Grunewald, im offenen Wagen in Richtung Auswärtiges Amt chauffieren. Auf Polizeischutz hatte der Minister an diesem Morgen verzichtet.

In einer Seitenstraße warteten die Attentäter. Techow am Steuer setzte sich mit seinem Fahrzeug hinter Rathenau und überholt in einer Rechtskurve. Als sich die Fahrzeuge auf gleicher Höhe befanden, feuerte Kern mit der Maschinenpistole, Fischer schleuderte eine Handgranate hinterher. Später ergab die Obduktion, dass fünf der neun abgefeuerten Schüsse Rathenau trafen. Der Chauffeur und eine zufällig herbeigeeilte Krankenschwester konnten nichts mehr tun, der Außenminister erlag nach wenigen Minuten seinen schweren Verletzungen. Von den Attentätern, die in ihrem Auto geflüchtet waren, fehlte zunächst jede Spur.

Als die Nachricht vom Mord den auch am Wochenende tagenden Reichstag erreichte, führte das zu Tumulten. Abgeordnete der rechtsradikalen *Deutschnationalen Volkspartei* (DNVP) wurden körperlich angegriffen. Parlamentspräsident Paul Löbe musste die Sitzung abbrechen.

Das Reichskabinett beriet noch am Samstag eine *Verordnung zum Schutz der Republik*, die harte Maßnahmen gegen rechtsradikale Gruppen vorsah. Wirth brauchte für die entsprechende Gesetzesvorlage auch die Unterstützung von USPD und weiteren Parteien. Bei der Debatte im Reichstag kam es zu Zwischenrufen und Rededuellen mit der DNVP-Fraktion. Emotional aufgewühlt wies Reichskanzler Wirth am Ende seiner Rede auf die DNVP und sagte: *„Da steht der Feind, der sein Gift in die Wunden eines Volkes träufelt. – Da steht der Feind – und darüber ist kein Zweifel: dieser Feind steht rechts!“*[61]

61 Kellerhoff, Sven Felix: ›Rathenau-Mord 1922 „Kein Zweifel: Dieser Feind steht rechts!“‹. In: Welt, 19.6.2019, https://www.welt.de/geschichte/article195538979/Rathenau-Mord-1922-Kein-Zweifel-Dieser-Feind-steht-rechts.html (abgerufen 13.2.2023).

Massendemonstration in Berlin gegen den Rathenau-Mord. Das Plakat „Hoch die Rote Republik“ stammte von John Heartfield, „Platz dem Arbeiter“ von George Grosz. Die Agitation dokumentiert, das die KPD unter Antifaschismus den Kampf für den Kommunismus verstand.

Während man sich im Reichstag verbale Auseinandersetzungen lieferte, hielten sich Kern und Fischer noch drei Tage in Berlin auf. Sie warteten auf die Reaktionen, die der Anschlag verursachen würde, und erwarteten Unruhen. Doch ihre Mordtat löste ein für sie unerwartetes politisches Erdbeben aus. Überall im Reich gingen Hunderttausende auf die Straßen, demonstrieren gegen den rechten Terror und für die Republik. Rechtsradikale konnten sich nicht mehr auf die Straße trauen. Allein an der Trauerkundgebung für Rathenau am 27. Juni in Berlin nahmen mehr als eine Million Menschen teil. Eine Einheitsfront der Arbeiterparteien rief einen Generalstreik aus. Vom Mittag des 27. Juni bis zum Morgen des 28. Juni standen alle Räder still. Eine solche Massenmobilisierung hatte es zuletzt gegen den Kapp-Putsch gegeben.

Am 28. Juni wurde auch der erste Fahndungsaufruf der Kriminalpolizei veröffentlicht. Die drei Täter waren darauf mit Fahndungsfotos und exakter Beschreibung abgelichtet. Nur einen Tag später konnte Techow, der sich nach Thüringen abgesetzt hatte, festgenommen werden.

Erwin Kern und Hermann Fischer flüchten zunächst nach Rostock, dann nach Warnemünde, von wo aus sie ein Helfer in einem Segelboot nach Dänemark übersetzten wollte. Doch das schlechte Wetter machte ihnen einen Strich durch die Rechnung.

Nach einer abenteuerlichen Flucht quer durch Deutschland gelangten die beiden Attentäter am 13. Juli zur Burg Saaleck. Der politisch sympathisierende Pächter brachte sie im als Wohnturm genutzten Ostturm unter. Doch Licht in der Nacht verriet die Flüchtigen, auf die ein Kopfgeld von einer Million Mark ausgesetzt war. Sie wurden erkannt und am 17. Juli von der Polizei gestellt. Es folgte ein Feuergefecht. In der Presse war anschließend zu lesen „*Nach bisher noch unbestätigten Meldungen soll der Mörder Kern bereits am Montagnachmittag, als er sich am Fenster des Turmes sehen ließ, während die Burg bereits umstellt war, von den Polizeibeamten verwundet worden sein. Fischer hat dann den Kern durch einen Kopfschuss getötet und darauf Selbstmord verübt.*“[62]

Hans Werner Techow wurde zu 15 Jahre Haft verurteilt, 11 weitere Mitverschwörer erhielten ebenfalls teilweise langjährige Haftstrafen.

Der *Deutschvölkische Schutz- und Trutzbund* wurde auf Grundlage des Republikschutzgesetzes in allen Ländern des Deutschen Reiches bis auf Bayern, Württemberg, Anhalt und Mecklenburg-Strelitz, verboten.

Der rechtsradikale Terrorismus der O. C. war gescheitert. Statt eines Bürgerkriegs oder zumindest einer Schwächung des demokratischen Systems war das Gegenteil eingetreten. In großen, spontanen Manifestationen hatte sich die Bevölkerung hinter die Republik gestellt, Rechtsradikale und ihre Parteien und Organisationen waren kurzzeitig in die Defensive gedrängt.

Erheblich geschwächt ging die Ehrhardt-Organisation aus der Konfrontation hervor. Sie hatte sich als Elitetruppe verstanden, die lenkend in den rechtsradikalen Organisationen, vor allem den Wehrverbänden, wirken wollte.

Was mit den zwei elitären Geheimorganisationen leidlich begann, hatte bei der Masse der 6.000 Freikorpssoldaten von vornherein keinen großen Erfolg. Mit der Auflösung der Brigade entstand zwar der *Verein ehemaliger Angehöriger der 2. und 3. Marinebrigade*, der sich dem *Verband national gesinnter Soldaten* (V.n.S.) anschließen sollte, doch blieb dieser Kameradschaftsverband weitgehend wirkungslos.

Ein über die Brigade hinausgehender vaterländischer Verband sollte

62 *Volksstimme* (Magdeburg), 20.7.1922, Zit. in: ›Naumburg an der Saale 1918 bis 1945‹, https://www.naumburg-geschichte.de/geschichte/moerder.htm (abgerufen 13.2.2023).

Am Grab von Kern und Fischer in Saaleck wurde 1933 ein Gedenkstein aufgestellt. In der NS-Zeit zu Helden verklärt, kam es hier für die beiden Attentäter immer wieder zu größeren Feierlichkeiten. Nachdem der Stein auch für die Neonazis-Szene Bedeutung bekam, wurde er im Jahr 2000 aufgrund des Engagements der örtlichen Pfarrerin mit Hilfe der Bundeswehr beseitigt.

nicht entstehen. Man dachte vielmehr daran, im V.n.S., der verschiedene Freikorps- und Wehrverbände umfasste, mitzuarbeiten, um aus ihnen im Fall von Unruhen Mitstreiter rekrutieren zu können. Doch der Versuch, den V.n.S. durch Ehrhardt-Offiziere zu unterwandern, führte zu erheblichen Konflikten und scheiterte. Im Sommer 1922 traten die Ehrhardt-Anhänger traten in den am 10. Juni 1922 gegründeten *Nationalverband deutscher Soldaten* über. Zwischen *Nationalverband* und V.n.S. herrschte von da an eine persönlich begründete Feindschaft. Das sollte sich auf den Hitlerputsch im Jahr 1923 auswirken.

Denn nicht der Terrorismus der Jahre 1921/1922 brachte die größte Herausforderung für die gerade entstehende Demokratie, sondern die sich entwickelnden Hyperinflation. Begleitet von nicht gekannten sozialen Verwerfungen, stürzte das kapitalistische System 1923 in eine systembedrohende Krise.

Deutscher Oktober

Allgemein herrschte bei der **KomIntern** die Meinung vor, dass die Weltrevolution im Deutschen Reich ihren Fortgang nehmen würde. In Deutschland existierte die größte kommunistische Partei außerhalb Russlands bzw. der UdSSR[63] und die Gesellschaft wurde von schweren politischen und sozialen Spannungen erschüttert. Vor diesem Hintergrund waren der KPD einige Wahlerfolge gelungen. Bei den Landtagswahlen im September 1921 in Thüringen hatten die Kommunist_innen sechs Sitze erhalten, neun gingen an die USPD und 13 an die SPD. Die linken Parteien verfügten damit über 28 Abgeordnete, gegenüber 26 der liberalen und rechten Parteien. Es war zu einer Tolerierung einer SPD/USPD-Minderheitsregierung durch die KPD gekommen, die aufgrund der seit dem III. Weltkongress der **KomIntern** im Juni/Juli 1921 maßgeblichen ›Einheitsfront-Strategie‹ keine Koalition einging. Ähnlich verhielt es sich ein Jahr später im Freistaat Sachsen, der seit 1918 von einer sozialistischen Koalition regiert wurde. Bei den Wahlen im November 1922 errangen die Kommunist_innen 10 Sitze im Landtag. Aber auch in Sachsen beteiligte sich die KPD nicht an der Regierung, sondern ließ eine SPD/USPD-Koalition zu.

Wenige Monate später trieb die Krise in Deutschland ihrem Höhepunkt entgegen. Am 11. Januar 1923 marschierten französische und belgische Truppen im Ruhrgebiet ein. Die Besetzung brachte die Weimarer Republik an den Rand des Zusammenbruchs. Denn zu diesem Zeitpunkt bestritt das Ruhrgebiet 80 Prozent der deutschen Kohleförderung und gut die Hälfte der Eisen- und Stahlproduktion. Der Kurs der Reichsmark begann an den internationalen Devisenmärkten stark zu fallen, das Deutsche Reich schien die Zahlungsfähigkeit zu verlieren. In ihrer Verzweiflung rief die Reichsregierung zum passiven Widerstand im Ruhrgebiet auf, was aber nichts an der Situation zu verändern vermochte. Rechtsradikale begannen mit Sabotageaktionen, in den besetzten Gebieten, zum aktiven Widerstand überzugehen.

63 Die UdSSR wurde am 30. Dezember 1922 durch die Bolschewiki gegründet und am 21. Dezember 1991 aufgelöst.

In der KPD wie der **KomIntern** existierten zu dieser Zeit zwei unterschiedliche Strömungen. Auf der einen Seite stand Karl Radek[64], der einen nationalbolschewistischen Kurs verfolgen wollte. D. h. die Rechtsradikalen, von ihm als Patrioten angesprochen, sollten für den gemeinsamen Kampf an der Seite der Sowjetunion gegen die Westmächte gewonnen werden. Diese Idee war bereits unmittelbar nach dem Ende des I. Weltkrieges von Fritz Wolffheim und Heinrich Laufenberg ins Leben gerufen worden. Beide gehörten der KPD seit 1919 nicht mehr an, doch Radek war von dieser Idee begeistert. Als er sie 1920 Lenin unterbreitete, lehnte der Revolutionsführer sie als unsinnig ab.

1923 kam Radek jedoch wieder auf diesen Gedanken zurück. Nach dem Tode von Leo Schlageter, der im ›Ruhrkampf‹ aktive Sabotage betrieben hatte und deshalb von den Franzosen verurteilt und erschossen wurde, kam es zur ›Schlageter-Rede‹. Am 26. Juni 1923 veröffentlichte die ***Rote Fahne*** den Text unter der Überschrift ***„Leo Schlageter, der Wanderer ins Nichts“*** auf der Titelseite. Radek würdigte Schlageter als mutigen Soldaten der Konterrevolution und stellte die Frage auf, mit wem die Völkischen kämpfen wollten. Er beantwortete das mit einem Bündnisangebot an die Rechtsradikalen. Nun rief die KPD Diskussionszirkel ins Leben, in denen Kommunisten und Nationalisten zusammentrafen, in Parteizeitungen erschienen Artikel, in denen den politischen Gegnern breiter Raum zur Darstellung ihrer Positionen eingeräumt wurde und es kam zu gemeinsamen Veranstaltungen. In der **KomIntern**, wie in der KPD, gab es aber auch Kräfte die eine Zusammenarbeit mit den Rechtsradikalen ablehnten.

Diese Widersprüchlichkeit erklärte sich aus der Einheitsfrontpolitik der KPD. Ihr oberstes Ziel blieb die Unterstützung der Massen zu gewinnen. Deshalb verfolgten die Kommunist_innen gleichzeitig mehrere

64 Karl Radek (eigentlich Karol Sobelsohn, 1885–1939), seit seiner Jugend politisch aktiv, emigrierte 1907 aus Russland nach Deutschland und trat dort in die SPD ein. Dank seiner guten Kontakte wurde Radek später Deutschlandbeauftragter der **KomIntern**. Von 1920 bis 1924 war er Mitglied des Zentralkomitees der KPdSU, zählte zur Opposition um Trotzki, 1927 aus der Partei ausgeschlossen und nach Sibirien verbannt. Nachdem er sich der stalinistischen Linie unterworfen hatte, war Radek ab 1929 als Journalist und Kulturfunktionär tätig. 1937 im zweiten Moskauer Schauprozess zu zehn Jahren Lagerhaft verurteilt. Angeblich von Mithäftlingen erschlagen.

taktische Vorstöße. Der Schlageter-Kurs war nur einer dieser Varianten, nicht das allein ausschlaggebende Mittel. Als Seitenlinie der Einheitsfrontpolitik, mit der Bevölkerungsschichten von der KPD gewonnen werden sollten die von ihr ansonsten nicht erreicht wurden, fand sie Akzeptanz in der gesamten Partei. Parallel zum Schlageter-Kurs mobilisierte die KPD am 29. Juli 1923 zu einem reichsweiten Antifaschistentag. Aufgrund eines Gerüchtes über einen anstehenden rechtsradikalen Putsch gab die Parteiführung Alarm und stellte die KPD auf Bürgerkrieg ein. Mit dem reichsweiten Antifaschistentag sollte Flagge und Stärke gezeigt werden, gleichzeitig war dies auch ein Votum gegen den Schlageter-Kurs. Die nationalbolschewistische Linie hielt sich allerdings noch bis September 1923.[65]

Während dieser Monate entstand eine Hyperinflation, der deutsche Staat drohte zusammenzubrechen. Es kam zu Hungerkrawallen und eine riesige Streikwelle entwickelte sich, unter deren Druck die Regierung des parteilosen Reichskanzlers Cuno im August 1923 zurücktrat. Aufgrund dieser Situation glaubten die Bolschewiki in Russland, die Zeit der Revolution in Deutschland sei gekommen.

Am 23. August 1923 traf sich das Politbüro der Kommunistischen Partei Russlands zu einer geheimen Sitzung. Alle wichtigen Funktionäre sprachen sich für einen bewaffneten Aufstand in Deutschland aus. Lenin, der seit Mai 1922 mehrere Schlaganfälle erlitten hatte, spielte bei dieser Entscheidung keine Rolle mehr.

Der Plan der Bolschewiki sah vor, dass die KPD in ihren Hochburgen Sachsen und Thüringen unverzüglich Koalitionsregierungen mit der SPD eingehen sollte, um Zugriff auf die Länderpolizeien zu erhalten und die militärische Organisation der KPD, die *Proletarischen Hundertschaften*, zu bewaffnen.

Seit der Ermordung Walter Rathenaus 1922 betrieb die KPD verstärkt die Aufstellung Roter oder *Proletarischer Hundertschaften*[66]. Als Begründung diente die zunehmende Bedrohung durch rechtsradikale Verbände. Tatsächlich ging es der KPD darum, bewaffnete Kader aufzubauen, um selbst

65 Vgl. Angress, Werner T.: *Die Kampfzeit der KPD 1921-1923*, Düsseldorf 1973, Seite 348 f.

66 Jede der *KomIntern* angeschlossene Partei war verpflichtet, bewaffnete Kader aufzubauen.

Plakat zum reichsweiten Antifaschistentag 1923.

die Regierung stürzen zu können. Deshalb waren diese Hundertschaften am 12. Mai 1923 in Preußen verboten worden, andere Länder schlossen sich dem Verbot an. Nur in Thüringen und Sachsen blieben die Hundertschaften legal.

Da sich die sozialdemokratischen Ministerpräsidenten in Sachsen und Thüringen seit Langem um eine Koalition mit den Kommunist_innen bemühten, konnten die Verhandlungen zügig abgeschlossen werden – was im Übrigen ein Beleg dafür ist, dass eine Zusammenarbeit zwischen SPD und KPD sehr wohl möglich gewesen wäre.

↑ Propagandaschrift zur Bildung *Proletarischer Hundertschaften* der KPD. Offiziell herausgegeben vom *Reichsausschuß der Deutschen Betriebsräte,* Berlin, Mai 1923.

Am 12. Oktober 1923 übernahm die KPD das Finanz- und das Wirtschaftsministerium in Sachsen unter Ministerpräsident Erich Zeigner (SPD). Am 16. Oktober 1923 trat die KPD in die thüringische Landesregierung unter August Frölich (SPD) ein. Gleichzeitig stellte die *KomIntern* große Geldmengen und Militärberater zur Verfügung.[67] Doch gewarnt durch ihre Geheimdienste und die Propaganda der KPD, reagierte die Reichsregierung auf den drohenden kommunistischen Aufstand, indem sie die Reichsexekution[68] gegen Sachsen und Thüringen verkündete. Die Länderregierungen wurden abgesetzt und am 21. Oktober 1923 marschierte die Reichswehr in Sachsen ein. Damit war der Aufstandsplan durchkreuzt, die Revolution wurde abgeblasen. Nur in Hamburg griffen KPD-Aktivisten am 23. Oktober 1923 zu den Waffen.[69] Bereits nach 24 Stunden wurde diese isolierte Aktion von überlegenen Polizeikräften niedergeschlagen. Sie ging als ›Hamburger Aufstand‹ in die Geschichte ein. Der Einmarsch der Reichswehr am 6. November 1923 in Thüringen vollendete die Reichsexekution.

Ordnungszelle Bayern

Unmittelbar nach den Zwangsmaßnahmen gegen Sachsen und Thüringen strebte eine bedrohliche Entwicklung in Bayern ihrem Höhepunkt entgegen. Am 13. August 1923 hatte Gustav Stresemann (DVP) mit einer großen Koalition von SPD/Zentrum/DDP/DVP das Amt des Reichskanzlers übernommen. Stresemann verkündete am 26. September 1923 den Abbruch des passiven Widerstandes an der Ruhr, der 137 Menschen das Leben gekostet hatte. Dagegen lief die bayerische Regierung Sturm. Im Freistaat verfolgte man eine Politik, die sich als Gemengelage aus separatistischen,

67 Bayerlein, Bernhard H. et al. (Hrsg.): *Deutscher Oktober 1923. Ein Revolutionsplan und sein Scheitern*. Aufbau Verlag Berlin, 2003, Seite 26.

68 Die Reichsexekution war in der Weimarer Republik eine verfassungsrechtlich geregelte Maßnahme gegen einzelne Gliedstaaten zur Durchsetzung der staatlichen Einheit, analog zum heutigen Bundeszwang nach Art. 37 des Grundgesetzes.

69 Ob der bewaffnete Aufstand in Hamburg aufgrund mangelhafter Kommunikation oder auf Betreiben von Linksradikalen unter dem späteren Parteiführer Ernst Thälmann ausgelöst wurde, ist mit letzter Sicherheit nicht mehr festzustellen. Es sprechen jedoch deutliche Indizien dafür, dass ein Machtkampf in der *KomIntern*-Führung ausschlaggebend war.

↑ Bewaffneter Aufmarsch der SA am 1. Mai 1923 auf dem Oberwiesenfeld in München.

rechtskonservativen bis rechtsradikalen Einstellungen beschreiben lässt. Die von Sozialdemokraten und Liberalen dominierte Reichsregierung lehnte man ab. In der Aufgabe des Ruhrkampfes sahen die Regierungsvertreter in München einen weiteren politischen Verrat aus Berlin, der vor allem auch bayerische Interessen betraf. Denn zum damals zweitgrößten Reichsland gehörte die Pfalz[70], die aufgrund des Versailler Vertrages von französischen Truppen besetzt war. Mit dem Ziel, die Pfalz von Bayern abzutrennen, initiierten die Franzosen dort wie in anderen Regionen, die unter ihrer Kontrolle standen, eine Separatistenbewegung.

In München wollte man daher die Entscheidung aus Berlin nicht hinnehmen. Am 26. September 1923 wurde Gustav von Kahr zum Generalstaatskommissar mit diktatorischen Vollmachten ernannt. Neben von Kahr bildeten der Landeskommandeur der Reichswehr, Otto von Lossow, und der Kommandeur der bayerischen Landespolizei, Hans von Seißer, die Spitze der republikfeindlichen Regierung. Kahr verhängte sogleich den Ausnahmezustand und verbot eine sozialdemokratische Zeitung. Die ***Ordnungszelle Bayern*** wurde verkündet und paramilitärische Kampfverbände an der Grenze zum ›roten Thüringen‹ versammelt. Der Freistaat wandelte sich binnen kurzer Zeit zum Aufmarschplatz rechtsradikaler Kräfte. Darunter auch Adolf Hitler mit seiner NSDAP bzw. SA. Bis dato waren die Nazis nur in Süddeutschland von Bedeutung. Allerdings verfügten sie über gute

70 Bis 1946 gehörte die Pfalz zu Bayern. Am 30. August 1946 wurde in der französischen Besatzungszone das neue Land Rheinland-Pfalz geschaffen.

Kontakte zu diversen einschlägigen Wehrverbänden. In Bayern existierten drei militärisch schlagkräftige Organisationen, die **Sturmabteilung** (SA) der NSDAP unter Hermann Göring, der **Bund Reichskriegsflagge**, deren Gründer und eigentlicher Chef das NSDAP-Mitglied Ernst Röhm[71] war, und der **Bund Oberland**, hervorgegangen aus dem gleichnamigen Freikorps.

Bereits am 1. und 2. September 1923 veranstalteten die drei Organisationen einen ›Deutschen Tag‹ in Nürnberg mit 100.000 Beteiligten. Bei dieser Veranstaltung schlossen sich die Verbände zum **Deutschen Kampfbund** zusammen. Treibende Kraft dieser Vereinigung war General Ludendorff, die politische Leitung übernahm am 25. September 1923 Adolf Hitler. Zu dieser Zeit sah sich Hitler noch nicht als Führer der Bewegung, sondern bezeichnete sich als ›Trommler‹. Als kommender Staatsführer war der ehemalige General Ludendorff vorgesehen, der bei Rechtsradikalen und Konservativen aller Schattierungen hohes Ansehen genoss. Ludendorff hatte von 1916 bis 1918 als ›stiller Diktator‹ mittels der Obersten Heeresleitung das Kaiserreich gelenkt. Doch der Weltkriegsgeneral war kein Politstratege. Bayerische Reichswehr, Landespolizei und Kampfbund stellten zusammen eine ansehnliche Streitmacht dar. Allein würden diesen Truppen aber nicht ausreichen, um es mit der Reichswehr aufzunehmen.

71 Ernst Röhm (geb. 1878, gest. 1934), Offizier der bayrischen Armee, im I. Weltkrieg, nach dreimaliger Verwundung im Generalstab tätig. 1919 im Freikorps Epp, Persönliche Bekanntschaft mit Hitler, Eintritt in die DAP (**Deutsche Arbeiterpartei** – Vorgänger der NSDAP), Leiter des Waffenreferats der Reichswehr in Bayern, Verantwortlich für die Auflösung der Einwohnerwehren. Röhm hatte Zugriff auf etliche Waffenlager und war maßgeblich am Nazi-Putsch vom 9. November 1923 beteiligt. Ging 1928 als Militärinstrukteur nach Bolivien. 1931 bat ihn Hitler zurückzukehren.

Seißer und Lossow wussten das, ihnen schwebte eine rechte Diktatur vor, die sich auf die Reichswehr stützte, und nicht auf Hitler und Ludendorff. Geheimverhandlungen mit Kontaktmännern norddeutscher Reichswehrkreise waren angeknüpft, solange ließ das Signal zum ›Marsch auf Berlin‹ auf sich warten.

Mit dem 18. Oktober 1923 schien die Lage zu eskalieren. Der *Völkische Beobachter*, das Sprachrohr der NSDAP, verunglimpfte den Reichskanzler Friedrich Ebert und den Chef der Heeresleitung, Hans von Seeckt. Umgehend forderte Reichswehrminister Otto Geßler das Verbot des *Völkischen Beobachters*. Das verweigerte der Kommandeur der bayerischen Reichswehrdivision, Otto von Lossow. Wegen Befehlsverweigerung folgte die Amtsenthebung von Lossows.

Im Gegenzug wurde die bayerische Division auf Bayern vereidigt und der Regierung von Kahr unterstellt. Damit war der offene Bruch mit der Reichsregierung vollzogen.

Dennoch begann die Entschlossenheit zum ›Marsch auf Berlin‹ zu bröckeln. Hans von Seeckt, auf den die bayrischen Verschwörer einige Hoffnung setzten, zeigte keinerlei Ambitionen, sich gegen die Regierung zu stellen. Dazu nahm die Reichsexekution gegen Sachsen und Thüringen den Rechtsradikalen in München den Wind aus den Segeln. Für Hitler war klar, es musste bald gehandelt werden!

Debakel vor der Feldherrnhalle

Für den Abend des 8. November 1923 hatte die bayerische Regierung zu einer Versammlung in den Bürgerbräukeller aufgerufen. Der Versammlungssaal war mit 3.000 Menschen überfüllt.

Etwa 30 Minuten nach Veranstaltungsbeginn stürmte Hitler mit Hermann Göring und bewaffneten SA-Männern in den Saal. Als Hitler ans Rednerpult trat, feuerte er einen Pistolenschuss in die Decke, um sich Aufmerksamkeit zu verschaffen und verkündete die ›nationale Revolution‹.

Während Göring eine Rede hielt, fand in einem Nebenraum eine Unterredung statt. Zugegen waren Hitler, der schnell herbeigeholte Ludendorff, Lossow, Kahr, Seißer und der Polizeipräsident von München Ernst Pöhner.

Über den Verlauf des Gesprächs existieren unterschiedliche Versionen. Während sich die Vertreter der bayrischen Landesregierung laut Hitler und Co bereitwillig dem Staatsstreich anschlossen, behaupteten diese später, Hitler hätte sie mit der Pistole bedroht und gezwungen mitzumachen. Zurück im Saal rief das bayrische Triumvirat jedenfalls dazu auf, den Putsch zu unterstützen und entsprechende Plakate und Flugblätter gingen in Druck. Die drei Vertreter der bayrischen Staatsgewalt wurden dann, nachdem sie Ludendorff ihr Ehrenwort gegeben hatten, nichts gegen den Putsch zu unternehmen, entlassen. Dennoch blieben sie indifferent, da sie die politischen und militärischen Kräfteverhältnisse kannten.

↑ Das 1933 errichtete Denkmal für den gescheiterten Putsch vom 9. November an der Feldherrnhalle in München.

Reichspräsident Ebert übertrug am 8. November 1923 nach § 48[72] der Weimarer Verfassung die *„Exekutivgewalt zur Sicherung des Reiches gegen innere Unruhen“* auf General von Seeckt. Gerade von von Seeckt hatten sich Kahr, Seißer und Lossow erhofft, dass er sich auf ihre Seite schlagen würde. Stattdessen trat das Gegenteil ein. Bayerische Polizei und Heereseinheiten unterstellten sich dem Oberfehl von Seeckts, der keine Anstalten machte, einen Putsch zu unterstützen.

Der stellvertretende Ministerpräsident in Bayern, Franz Matt, setzte sich gleichzeitig mit einem Rumpfkabinett nach Regensburg ab, um von dort aus die legitime Staatsgewalt zu sichern. Nachdem schließlich klar war, dass das Hitler'sche Unternehmen scheitern würde, widerrief Gustav von Kahr am 9. November um 2.55 Uhr seine Unterstützung.

72 Notverordnung der Weimarer Verfassung, in der Ausnahmezustand, Reichsexekution usw. geregelt waren.

Mehr noch: NSDAP, *Bund Oberland* und *Reichskriegsflagge* wurden für aufgelöst erklärt und Seißer ließ die Innenstadt von der Polizei gegen die anrückenden Putschisten abriegeln, Haftbefehle wurden erlassen.

Am Freitagmorgen des 9. November 1923 stand München dennoch im Zeichen des Aufstands. Plakate und Redner auf den Straßen kündeten vom Sieg der ›nationalen Revolution‹, linke Stadträte wurden als Geiseln in den Bürgerbräukeller gesperrt, vom Rathaus hing eine riesige schwarz-weiß-rote Fahne. Doch Verbände von Reichswehr und Landespolizei brachten die Stadt schnell unter ihre Kontrolle.

Währenddessen formierte sich gegen 11.30 Uhr vor dem Bürgerbräu eine Demonstration, in der vorderen Reihe gingen Hitler und Ludendorff. Mit einem Marsch zum Regierungssitz wollten sie die Macht übernehmen.

An der Ludwigsbrücke stieß der Zug auf Landespolizei und forderte diese dazu auf, den Weg freizugeben und sich einzureihen. Von der Situation überfordert, ließen sich die Polizisten entwaffnen und unangefochten marschierten die Putschisten in gehobener Stimmung weiter.

Inzwischen auf fast 2.000 Mann[73] angewachsen, zogen die Demonstration singend und untergehakt Richtung Stadtmitte. In der Residenzstraße bei der Feldherrnhalle, kurz vor dem Odeonsplatz, stellte sich erneut Landespolizei in den Weg. Nördlich vom Odeonsplatz lag das Wehrkreiskommando, wo sich die *Reichskriegsflagge* unter Ernst Röhm verbarrikadiert hatte, dort war es zu einem Schusswechsel gekommen.

Deshalb hatte der Kommandant der Landespolizei strikten Befehl, das Heraustreten der Demonstration auf den Odeonsplatz unter allen Umständen

73 Tatsächlich ist nur eine Frau, Eleonore Baur, genannt ›Schwester Pia‹, in diesem Zusammenhang bekannt. Seit 1920 Mitglied der NSDAP, nahm sie als Sanitäterin an den Kämpfen des Freikorps Oberland in Schlesien teil und wurde beim Sturm auf den Annaberg in Schlesien am 21. Mai 1921 schwer verwundet. Nach dem gescheiterten Putsch von 1923 hielt sie sich zehn Jahre lang von der Politik fern. 1934 wurde Eleonore Baur von Heinrich Himmler als Fürsorgeschwester in der Reichsführung der SS angestellt. Die Hauptspruchkammer München verurteilte Eleonore Baur am 26. August 1949 zur Einweisung in ein Arbeitslager auf die Dauer von zehn Jahren – das war die schärfste im Entnazifizierungsgesetz vorgesehene Sühnemaßnahme. Eleonore Baur wurde aber bereits am 23. Juni 1950 aus gesundheitlichen Gründen entlassen und starb am 18. Mai 1981, im Alter von 95 Jahren. Im *Münchner Merkur* erschien eine Todesanzeige der *Kameradschaft Freikorps Oberland/Bund Oberland* mit dem Spruch „Ihre Ehre hieß Treue – Ihr Leben galt Deutschland“ und dem Hinweis auf die von ihr erworbenen „Orden und Ehrenzeichen“.

zu verhindern. Als sich die Putschisten näherten, ließ der Polizeiführer die Gewehre anlegen. In dieser gespannten Situation fiel gegen 12.45 Uhr aus ungeklärten Umständen ein Schuss. Es folgte der Feuerbefehl. Tote, Verletzte, Tumult. Einzelne Putschisten erwiderten das Feuer. Nach wenigen Minuten war die Schießerei vorbei und die Rechtsradikalen auf der Flucht.

Vierzehn Putschisten und vier tote Polizisten blieben auf dem Pflaster zurück. Damit war der Hitlerputsch gescheitert. Später wurde diese Niederlage von den Nazis mystisch verklärt und für ihre Zwecke propagandistisch genutzt.[74] General von Seeckt behielt zunächst die Exekutivgewalt und verhängte am 23. November 1923 ein Verbot gegen KPD, NSDAP und DVFP (*Deutsch-Völkische Freiheitspartei*).

Das Reichsbanner

Unter dem Eindruck des abgewürgten Revolutionsvorhabens der KPD Ende Oktober, des Hamburger Aufstands und des gescheiterten Hitlerputsches vom 9. November 1923 reifte in sozialdemokratischen Kreisen die Idee, eine eigene, verlässliche Kaderreserve für Reichswehr und Polizei aufzubauen. Das führte am 22. Februar 1924 in Magdeburg zur Gründung des *Reichsbanner Schwarz-Rot-Gold – Bund deutscher Kriegsteilnehmer und Republikaner*. Die Mitglieder rekrutierten sich aus SPD, Zentrumspartei, Deutscher Demokratischer Partei und den Gewerkschaften. ›Extremisten‹ waren von der Mitgliedschaft ausgeschlossen. Vorsitzender der Bundes wurde Otto Hörsing, der als Oberpräsident der preußischen Provinz Sachsen[75] die politische Verantwortung für die Niederschlagung des Mitteldeutschen Aufstandes

74 Die insgesamt 16 Rechtsradikalen, die bei diesem Unternehmen starben, galten als ›Blutzeugen‹ der Bewegung. Die Fahne, die in den ersten Reihen mitgetragen worden war und Blutspritzer von den Erschossenen abbekommen hatte, wurde als ›Blutfahne‹ zur wichtigsten Reliquie der NS-Bewegung, mit der Hitler alle Standarten und Fahnen persönliche ›weihte‹. Neben einer großen Bronzetafel an der Feldherrnhalle wurden zwei ›Tempel‹ mit den Bronzesärgen der gefallenen Nazis errichtet. Am 9. November 1933, dem zehnten Jahrestag des gescheiterten Putsches, stiftete Hitler für die Teilnehmer den sogenannte ›Blutorden‹, der als höchste NS-Auszeichnung galt. Zudem wurde der 9. November zum Feiertag und der Marsch jedes Jahr als sogenannter ›Befreiungsmarsch‹ wiederholt.

75 Entspricht heute in etwa dem Land Sachsen-Anhalt mit dem nördlichen Thüringen.

im März 1921 getragen hatte. Mit dem *Reichsbanner* zog die SPD-Führung einen weiteren Trennungsstrich zur KPD und versuchte die Öffnung zur politischen Mitte. Letzteres funktionierte nicht so wie gedacht, denn trotz aller Bemühungen kamen bis zu 90 Prozent der *Reichsbanner*-Mitglieder aus der SPD.

↑ Ein Plakat der ›Weimarer Koalition‹ zur Reichstagswahl am 7. Dezember 1924. Die Abbildung zeigt drei uniformierte Angehörige des *Reichsbanners*.

Bereits ein Jahr nach seiner Gründung war die Vereinigung mit einer Million Mitglieder[76] der größte Wehrverband der Weimarer Republik. Allerdings trat er stets defensiv und im Einvernehmen mit der Polizei in Erscheinung. Für ausgewählte Einheiten fungierten Polizisten sogar als Ausbilder. Dabei ging es um taktische Schulung und Selbstverteidigung, eine Ausbildung an der Waffe fand nicht statt.

Im Großen und Ganzen blieb es bei propagandistischen Veranstaltungen, die mittels Uniformen und Fahnen ein militärisches Gepräge erhielten. Überlegungen, den republikanischen Wehrverband als Polizeireserve einzusetzen, wurden nicht umgesetzt. Bei der adligen Offizierskaste der Reichswehr traf das *Reichsbanner* auf klare Abneigung. In altem Standesdünkel wollte man unter sich bleiben und hatte politische Vorurteile. Im Gegensatz dazu standen bei der Polizei die Türen offen.

Ende der 1920er-Jahre behaupteten führende sozialdemokratische Politiker, dass in Preußen 65 Prozent der Polizeibeamten Mitglied der SPD bzw. des *Reichsbanners* seien.

76 Auf der ersten Gründungsfeier im Februar 1925 gab der Bundesvorsitzende Otto Hörsing eine Mitgliederzahl von drei Millionen an. Demgegenüber legen seriöse Berechnungen eine Zahl von einer Million Mitglieder nahe.

Lehren der deutschen Ereignisse

Unter Beteiligung einer deutschen Delegation fand am 11. Januar 1924 in Moskau eine Konferenz des Präsidium des EKKI statt, um die Niederlage im Oktober 1923 in Deutschland zu erörtern. In einer mehrtägigen Debatte wurden die Gründe für das Scheitern allein bei der deutschen Parteiführung gesucht. Am Ende setzt sich eine Linie durch, die eine verstärkten Einheitsfrontpolitik vorsah. Am 21. Januar 1924 legte eine Kommission eine Resolution mit dem Titel *„Lehren der deutschen Ereignisse"* vor, die einstimmig angenommen wurde.

Nachdem die KPD am 1. März 1924 wieder zugelassen worden war[77], änderte die Partei ihren Kurs entsprechend den Vorgaben aus Moskau. Anfang April 1924 wurde Ruth Fischer auf dem IX. Parteitag der KPD in Frankfurt/Main zur neuen Parteivorsitzenden gewählt und die *„Einheitsfront von unten"* zum neuen Programm.

Der Beschluss des Parteitages in dieser Frage lautete: *„Ständige Aktivitäten in der Schaffung von Einheitsfrontorganen (Betriebsausschüssen, Hundertschaften, Kontrollausschüssen, Räten), auch wenn die Kommunist_innen zunächst in ihnen noch um die Führung ringen müssen. Dabei geschickte und schnelle Verdrängung etwaiger gegnerischer Funktionäre"*.[78]

In diesem Zusammenhang erging auch die Weisung, in andere Organisationen einzudringen und sie im Sinne der KPD-Politik zu beeinflussen. Ferner sollten die *Proletarischen Hundertschaften* – trotz des weiterhin bestehenden Verbots – aufrechterhalten und die KPD organisatorisch gestrafft werden. Außerdem mussten von nun an alle Parteifunktionäre, die aus den Bezirksorganisationen herausgewählt wurden, vom nächsthöheren Gremium bestätigt werden.

Diese Praxis führte den Gedanken einer innerparteilichen Demokratie ad absurdum. Doch das war nur der Auftakt. Mit dem Tod Lenins im Januar 1924 begannen die Machtkämpfe um seine Nachfolge. Stalin gewann mehr

77 General von Seeckt trat am 28. Februar 1924 von seinen Machtbefugnissen zurück.

78 Bericht über die Verhandlungen des IX. Parteitages der KPD (7. - 10. April 1924), Berlin. 1924, Seite 387.

und mehr an Einfluss und in der KPD setzte eine von Moskau angeordnete rigorose Reorganisierung nach bolschewistischen Leitlinien ein.

Blutsonntag

Offensichtlich gab es bei großen Teilen der Veteranen des I. Weltkriegs ein Bedürfnis nach militärähnlichen Kampfbünden. Der propagandistische Vorsprung, den die rechten Verbände durch Aufmärsche von *Stahlhelm*[79], *Wehrwolf*[80] und anderen Formationen gegenüber der KPD erreicht hatten, wurde indes immer größer. Mit dem Reichsbanner organisierte nun die SPD genau das Potenzial, das die Kommunist_innen für sich gewinnen wollten.

Schon längst verlangten Stimmen der Parteibasis nach einem öffentlichen militanten Auftreten, außerdem blieb der bewaffnete Aufstand zur Erringung der Macht das erklärte Ziel der KPD. Doch *„der Beschluß des Parteitages von Frankfurt am Main im März 1924, weiterhin Proletarische Hundertschaften zu bilden, blieb auf dem Papier. Zahlreiche Mitglieder Proletarischer Hundertschaften in verschiedenen Teilen Deutschlands kamen zwar weiterhin zwanglos zusammen, aber da sie keine konkreten Aufgaben hatten, wurde daraus eine Vereinsmeierei.“*[81] Demzufolge lag die Gründung eines kommunistischen Kampfbundes, als erste Einheitsfrontorganisation, auf der Hand.

Letztlich fehlte nur noch ein entsprechender Anlass. Der fand sich mit dem 11. Mai 1924, für den der *Stahlhelm* einen ›Deutschen Tag‹ in Halle

79 *Stahlhelm – Bund der Frontsoldaten*, am 13. November 1918 von monarchistischen Offizieren gegründet, Anfang der 1920er-Jahre einer der bedeutendsten militaristischen Verbände mit Beziehungen zur Reichswehr. Bis 1933 zählte er mehr als 500.000 Mitglieder, 1934 in NSDFB *Stahlhelm* (*Nationalsozialistischer deutscher Frontkämpferbund*) umbenannt und großteils in die SA überführt, 1935 endgültige Auflösung in NS-Organisationen.

80 *Wehrwolf – Bund deutscher Männer und Frontkrieger*, 1923 als Reaktion auf den Einmarsch französischer Truppen ins Rheinland in Halle/Saale gegründet. Da zu diesem Zeitpunkt in den *Stahlhelm* nur ehemalige Frontsoldaten eintreten konnten, war der *Wehrwolf* von vornherein auch für jüngere Jahrgänge geschaffen. Der Name lehnt sich an eine bekannte Erzählung des Heidedichters Hermann Löns aus dem Jahre 1910 an. Am 25. August 1933 erfolgte die Überführung der 30.000 Mitglieder des *Wehrwolf* in die SA.

81 Retzlaw, Karl: *Spartakus. Aufstieg und Niedergang. Erinnerungen eines Parteiarbeiters*, Frankfurt/Main 1974, Seite 299.

Arbeiter!

Verhindert mit allen Mitteln, daß die weißen Banditen am Sonntag die Stadt Halle erreichen!

↑ Aufruf der KPD zur Verhinderung des ›Deutschen Tages‹ in Halle, am 11. Mai 1923.

angekündigt hatte. Dieser Aufzug, der anlässlich der Wiederherstellung des durch einen Sprengstoffanschlag beschädigten Kaiser-Wilhelm-Denkmals[82] geplant war, wurde von der gesamten Linken als Provokation aufgefasst. Denn seit Ende 1923 galt im Deutschen Reich ein generelles Demonstrationsverbot, das auch 1.-Mai-Umzüge der Gewerkschaften einschloss. Doch Staatssekretär Dr. Meister hatte den Aufmarsch der Rechtsverbände in Halle im Alleingang gegen den preußischen Innenminister Carl Severin durchgesetzt.

Für den ›Deutschen Tag‹ war viel politische Prominenz der Rechten angekündigt: der ›Seeteufel‹ und Kriegsheld Graf Luckner, der Weltkriegsgeneral Erich Ludendorff, Prinz Oskar von Preußen sowie die Führer von *Stahlhelm* und *Wehrwolf*. Außerdem bekannten sich der Oberbürgermeister

82 Das Kaiser-Wilhelm-Denkmal in Halle war 1901 in der Nähe des Justizgebäudes, am heutigen Hansering, aufgestellt worden. Es war eine große Denkmalanlage aus Steinaufbauten mit Bronzefiguren, eine stellte den General Moltke dar. Am Silvesterabend 1922 explodierte eine Ladung Dynamit am Denkmal und zerstörte den Sockel. Die Moltke-Statue stürzte kopfüber in ein vorgelagertes Wasserbassin. 1924 wiederhergestellt, wurde die Anlage 1947 vollständig abgetragen.

sowie Stadtratsmitglieder zum Festakt. Die nationale Presse in Halle jubelte. Gegen die rechte Feierlichkeit rief die KPD seit dem 1. Mai 1924 zu einem – natürlich verbotenen – ›Arbeitertag‹ am 11. Mai in Halle auf und mobilisierte dazu ihre militanten Kader von weit außerhalb. Bereits am 10. Mai, einem Samstag, zogen aus Berlin und anderen Städten angereiste Gruppen durch Halle. Da nicht alle Auswärtigen Quartiere in der Stadt fanden, mussten etliche in den umliegenden Orten unterkommen.

Am nächsten Morgen fanden die kommunistischen Demonstranten die Zugänge der Stadt für sich verwehrt, während die Schutzpolizei, kurz Schupo, die Mitglieder der völkischen Verbände passieren ließ. Als eine Gruppe von 500 Kommunist_innen am Böllberg, drei Kilometer vom Stadtzentrum entfernt, die Saale passieren wollte, kam es zum Handgemenge mit der Polizei. Demonstranten rissen Polizisten Pistolen aus den Händen, Schüsse fielen. Es entwickelte sich ein Feuergefecht, das acht Tote und 16 Schwerverletzte forderte. Hinzu kamen eine nicht bekannte Zahl von Leichtverletzten und Hunderte Festnahmen. In Halle selbst wurden die Teilnehmer der kommunistischen Gegendemonstration von starken Polizeikräften im Volkspark festgehalten.

Der Rote Frontkämpferbund

Noch am 11. Mai 1924 tagte der Zentralausschuss der KPD und verkündete: *„Es gilt, den großen Erfolg des Arbeitertages in Halle propagandistisch auszunutzen."*[83] Unter der Parole: ›Arbeiter, schlagt die Faschisten, wo ihr sie trefft!‹ wurde zu einer offensiven Kampagne aufgerufen und die Parteiführung rief eine Sitzung in Berlin ein, um die Gründung eines kommunistischen Wehrverbandes zu beraten.

Der Ablauf dieser Versammlung zeigte einiges über den inneren Zustand der KPD. Anwesend waren der Leiter des M-Apparates[84], Karl Gröhl (Kampfname: Karl Retzlaw) mit seinem Mitarbeiter Wolfgang von Wiskow,

83 *Die Rote Fahne* Nr. 51, 14. Mai 1924.

84 M(ilitärapparat) der KPD, der verdeckt operierte. Vgl.: *Der Nachrichtendienst der KPD 1919–1937*, Autorenkollektiv (Hg), Leitung Bernd Kaufmann, Berlin 1993.

↑ Ernst Thälmann mit geballter Faust. Reichstreffen des RFB am Pfingstwochenende 4. – 7. Juni 1927 in Berlin.

ferner Ernst Schneller und Ernst Thälmann in Begleitung zweier sowjetischer Offiziere.

Gleich zu Beginn des Treffens verkündete Ernst Thälmann, dass seine beiden Begleiter erfahrene Militärs seien, die den Aufbau einer neuen Organisation unterstützten. Der Name sollte *Roter Frontkämpferbund* (RFB) sein, der von Aktivisten der *Proletarischen Hundertschaften* in Halle geprägt worden war. *„Um das Selbstbewußtsein der Mitglieder zu erhöhen, soll der Bund (...) uniformiert auftreten; Windjacken, Sturmmützen und Koppel sollen getragen werden und Musikzüge sollen allen Aufmärschen voran marschieren. Thälmann betonte, daß die Gründung des Bundes eine vom Zentralkomitee beschlossene Sache sei und daß jetzt nur über technische Fragen und über die Besetzung der leitenden Funktionen gesprochen werden sollte.“* [85]

85 Retzlaw, Karl: *Spartakus. Aufstieg und Niedergang. Erinnerungen eines Parteiarbeiters*, Frankfurt/Main 1974, Seite 299 f.

Doch die Vertreter des M-Apparates hielten nichts von der Idee einer kommunistischen Kopie der rechten Kampfbünde. Sie argumentierten: *„Revolutionäre dürfen sich nicht uniformieren, sie müssen alles vermeiden, was nach Nachahmung des Militarismus aussehen könnte. Jedes militärähnliche Brimborium mit Kriegervereinsgeschmack müsse vermieden werden.“*[86]

↑ Der Gruß des RFB, die gehobene rechte Faust mit dem Ballen nach außen, verbunden mit der Formel ›Rot Front‹ gehören noch heute zur linken Ikonografie. Veranstaltungsnadel aus Messingblech.

Bei der Abstimmung votierten die beiden Vertreter des M-Apparates gegen die Gründung des RFB und wurden daraufhin umgehend aus der Parteiarbeit entlassen.

Den Kommunist_innen war klar, dass eine neuer, reichsweiter Kampfbund unter ihrer Führung von den staatlichen Behörden als Neuauflage der **Proletarischen Hundertschaften** angesehen werden würde. Um einem Verbot des RFB zu vermeiden, musste die neue Organisation formal eigenständig sein und es sollte auf eine zentrale Gründungsveranstaltung verzichtet werden. Stattdessen begann die KPD in der Provinz mit der Etablierung des RFB. Die erste Ortsgruppe des **Roten Frontkämpferbundes** entstand im Zuge einer proletarischen Sonnenwendfeier

86 Retzlaw, Karl: *Spartakus. Aufstieg und Niedergang. Erinnerungen eines Parteiarbeiters*, Frankfurt/Main 1974, Seite 300.

des KPD-Unterbezirkes Hildburghausen vom 5. zum 6. Juli 1924 in Thüringen.[87] In den kommenden Wochen setzte eine wahre Welle von Ortsgruppen-Gründungen ein. Allerdings blieben die Vorgaben für den RFB sehr vage. Die Vorstellungen, was unter dieser Organisation zu verstehen sei, differierten von Gruppe zu Gruppe.

Teile der KPD-Basis hatten Einwände gegen eine in Uniformen und nach militärischem Reglement auftretende Vereinigung, war doch gerade die kommunistische Partei aus der antimilitaristischen Bewegung gegen den I. Weltkrieg hervorgegangen. Viele Parteimitglieder waren selbst Soldaten gewesen und hatten den ›Kommiss‹ hassen gelernt. Im Gegensatz dazu existierte die Auffassung, dass in Deutschland in unmittelbarer Zukunft eine Revolution bevorstehe und der RFB die kommende Revolutionsarmee sein würde.

Die unterschiedlichen Meinungen, mangelnde organisatorische Vorbereitung und die Unfähigkeit örtlicher Führungsgremien bewirkten nach wenigen Monaten den Zerfall des *Roten Frontkämpferbundes*. Ein allgemeiner Mitgliederverlust setzte ein, viele Ortsgruppen lösten sich auf

Deshalb wurde auf der ersten Reichskonferenz des RFB am 1. Februar 1925 in Berlin die bisherige Bundesleitung abgesetzt und Ernst Thälmann einstimmig zum neuen Vorsitzenden gewählt. Im September 1925 übernahm er auch den Vorsitz der KPD. Als Proletarier war er den Machthabern in Moskau genehm, außerdem führte er jeden ideologischen Schwenk der Bolschewiki kritiklos aus. Damit war die Transformation der KPD in eine stalinistische Partei eingeleitet.

Die neue Bundesleitung gab innerhalb kurzer Zeit verbindliche Richtlinien für den *Roten Frontkämpferbund* heraus, auf deren Grundlage der systematische Organisationsaufbau begann. So wurden neben dem eigentlichen RFB zwei Unterorganisationen gebildet, die *Rote Marine* und die Jugendorganisation *Roter Jungsturm* (RJ).

Doch auch damit konnte ein grundsätzliches Problem des RFB nicht beseitigt werden: die fortwährende Fluktuation seiner Mitglieder. Insgesamt

87 Nach Fritsch, W., *Der Kampf des RFB ... in Thüringen*, Seite 61, – nach dem Bericht der Gauleitung bereits am 28. Juni 1924, Seite 34.

waren wohl zu keinem Zeitpunkt mehr als 80.000 Personen[88] im RFB organisiert. Den Kriegsveteranen, die meist nur untere Dienstränge bekleidet hatten und aus der Arbeiterschaft stammten, ging es um die Praxis. Im Mittelpunkt standen eindrucksvolle Aufmärsche und handfeste Auseinandersetzungen. Das dokumentierte sich auch in der Mitgliedschaft. Die Bundesführung legte auf der 5. Reichskonferenz einen Bericht vor, in dem sie stolz bilanzierte, dass 98 Prozent der Mitglieder ›proletarischer Herkunft‹ seien und nur 1 Prozent eine Mittel- oder höhere Schule besucht hätten.

Patriarchale Verlegenheitslösung

Bei der Gründung des RFB war völlig offengeblieben, welche Rolle Frauen in der Organisation zugedacht war. Kameradinnen waren von Anfang an dabei und wurden in einigen Orten sogar auf Funktionärsposten gewählt. Andererseits gab es Widerstände gegen weibliche Mitglieder im *Roten Frontkämpferbund*. In eine Wehrorganisation gehörten nach den Vorstellungen vieler ehemaliger Soldaten nur Männer. Auf der 1. Reichskonferenz des RFB stand deshalb die Bildung einer weiblichen Frontkämpferorganisation auf der Tagesordnung. Mit dem Hinweis, dass die von Kerenski während der russischen Revolution ins Leben gerufenen Frauenbataillone viel mehr geleistet hätten, als man von ihnen erwartet hatte, wurden die Schaffung von Frauenabteilungen im RFB beschlossen. Außerdem sollten sich die Bezirksleitungen bis zur 2. Reichskonferenz weiter mit diesem Thema befassen.

Zwischenzeitlich liefen von einigen Bezirken Anträge ein, wonach Frauen an den Ausmärschen und Veranstaltungen des RFB nicht mehr teilnehmen sollten. Es hieß, sie seien den Anstrengungen nicht gewachsen. Die Bundesleitung schlug daraufhin die organisatorische Loslösung der Frauenabteilungen und die Gründung einer separaten Organisation vor. Schließlich beschloss die Reichskonferenz, die bestehenden ›Frauen- und Mädchenabteilungen‹ vom RFB loszulösen. Als Begründung wurde ins Feld geführt,

88 Vgl. Schuster, Kurt G. P.: *Der Rote Frontkämpferbund 1924–1929*, Düsseldorf 1975, Anhang, Mitgliederstärke und soziale Zusammensetzung des RFB, Seite 239f.

↑ Übergabe eines Ehrenbanners der revolutionären Frauenorganisation der UdSSR an die Berliner Organisation des *Roten Frauen- und Mädchenbundes*, 1926.

dass der politische Gegner mit dem **Luisenbund**[89] ebenfalls eine entsprechende Frauenorganisation hätte.

Richtlinien für die Arbeit der neuen Frauenorganisation blieben aber zunächst aus. Deshalb erarbeitete die Kameradin Grünert, die sich zuvor für den Verbleib der Frauen im RFB stark gemacht hatte, einen eigenen Vorschlag. Die **Frauenliga** sollte den Kampf für soziale Verbesserungen wie Mutterschutz, Kinderhilfe, Schulpflege usw. führen, für die Abschaffung der Paragraphen 218 und 219 eintreten, Aufklärung über die Ursachen und den Klassencharakter des Krieges betreiben und mit allen Mitteln weitere imperialistische Kriege verhindern. All dies sollte in enger Verbindung mit

89 **Bund Königin Luise**, kurz **Luisenbund**, war ein 1923 gegründeter nationalistisch/monarchistischer Frauenverband. Benannt nach der Königin Luise von Preußen (1776–1810) war der **Luisenbund** die Frauenorganisation des **Stahlhelm – Bund der Frontsoldaten** und stand der DNVP (**Deutschnationalen Volkspartei**) nahe. Unterstützt wurde der **Luisenbund** auch vom Haus Hohenzollern. Die Frauenorganisation hatte nach eigenen Angaben 200.000 Mitglieder und war damit der größte Frauenzusammenschluss in der Weimarer Republik. 1934 löste sich der **Luisenbund** im Zuge der Gleichschaltung in der NS-Frauenschaft auf.

dem RFB geschehen. Von der Zentrale des RFB wurde dieser Vorstoß als *„eine Anmaßung“*[90] abgekanzelt, würde sich doch die Frauenorganisation mit dieser Ausrichtung in Konkurrenz zur KPD stellen. Selbstverständlich sollte die Partei die Organisation zur *„Durchkämpfung der Frauen besonders interessierenden Fragen“*[91] bleiben!

Zur Rolle der Frauen in der KPD äußerte Barbette Gross, die Lebenspartnerin Willi Münzenbergs: *„Die KP war im Grunde ein Männerbund. Frauen hatten nicht viel zu sagen, obwohl einige von ihnen wie Ruth Fischer, Helene Hoernle, Hertha Sturm oder Rosi Wolfstein, es in den Anfangsjahren der Weimarer Republik zu leitenden Funktionen brachten. Nur Clara Zetkin genoß, als eine Art Monument aus heroischen Zeiten, eine Sonderstellung.“*[92]

Am 29. November 1925 rief das *„provisorische Komitee des Roten Frauenbundes“* zu einer Reichskonferenz nach Berlin, um Satzung und Richtlinien zum Aufbau des RFMB endgültig zu beschließen. Statt konkreten Forderungen der Frauenbewegung findet sich im Programm nur der bekannte,

↑ Mitgliedsabzeichen des RFB, das an der Schirmmütze, wie eine Kokarde getragen wurde.

↑ Brosche der RFMB aus Messingblech, auch als Koppelschloss Auflage genutzt, Durchmesser 4,4 cm.

90 Zit. in: Schuster, Kurt G. P.: *Der Rote Frontkämpferbund 1924–1929*, Düsseldorf 1975, S. 118

91 Ebenda

92 Gross, Barbette: *Willi Münzenberg – Eine politische Biographie*, Schriftenreihe der Vierteljahrshefte für Zeitgeschichte, Nummer 14/15, Deutsche Verlags-Anstalt Stuttgart, 1967, Seite 44.

verschwommene Sermon. Unter § 3 „*Zweck des Bundes*“ heißt es: „*Erziehung der proletarischen Frauen und Mädchen Deutschlands im proletarischen Klassenkampf, zur Sammlung gegen kapitalistische Ausbeutung und Unterdrückung sowie (...) Abwehr imperialistischer Kriege.*“[93]

Erste Vorsitzende des RFMB wurde Clara Zetkin, die diesen Posten aber nur pro forma innehatte. Tatsächlich führte die 2. Vorsitzende Helene Overlach[94] die Organisation. Zur ersten offiziellen Konferenz des RFMB im November 1926 in Berlin reiste extra eine Genossin aus der Sowjetunion an, die Grüße und eine Fahne überbrachte.

Der Bund hatte zu diesem Zeitpunkt ca. 25.000 Mitglieder.[95] Damit war der RFMB ein sehr kleiner Verband, von dem nur wenige Aktivitäten ausgingen. 1927 konzentrierten sich die Meldungen über Tätigkeiten des Bundes hauptsächlich auf Berlin, Leipzig und Dresden.

Die zweite Reichskonferenz des RFMB am 10. Februar 1928 in Berlin war der *Roten Fahne* nur eine 42-Zeilen-Meldung wert.

Der Kongress beschloss, dass 14- bis 18-jährige weibliche Mitglieder in ›Mädelsgruppen‹ zusammengefasst werden sollten.

Der RFMB blieb letztlich eine patriarchale Verlegenheitslösung, von dem keine Impulse ausgingen und der nur im Schatten der Männerorganisation existierte. Der *Rote Frontkämpferbund* hingegen erwarb sich bald mittels Schlägereien Respekt und einen legendären Ruf.

93 Zit. in: Schuster, Kurt G. P.: *Der Rote Frontkämpferbund 1924–1929*, Düsseldorf 1975, S. 119

94 Helene Overlach (geb. 1894, gest. 1983), war Tochter eines Arztes, seit 1919 Mitglied des *Kommunistischen Jugendverbandes* (KJVD), seit 1920 Mitglied der KPD Ortsgruppe Hamburg-Wasserkante. Ab 1921 war sie Funktionärin und hauptamtlich für die KPD tätig, zunächst als Stenotypistin, dann als Redakteurin. 1925 zweite Vorsitzende des RFMB, 1927 und 1929 ins Zentralkomitee der KPD berufen. 1927 bis 1931 Leitung der Frauenabteilung im ZK der KPD. Ab 1928 KPD-Abgeordnete im Reichstag, 1929 Aufnahme ins Politbüro. Von Herbst 1931 bis Mitte 1932 politische Schulung in Moskau. Ab Juli 1933 illegale Arbeit für die *Rote Hilfe* im Ruhrgebiet, Verhaftung im Dezember 1933. Nach dreijähriger Haftstrafe wegen ›Vorbereitung zum Hochverrat‹ in ›Schutzhaft‹ genommen, KZ Moringen und Lichtenburg, 1938 entlassen. Im August 1944 erneute Verhaftung, überstellt ins KZ Ravensbrück. Nach der Befreiung bis 1946 in Schweden, dann Rückkehr in die Sowjetische Besatzungszone. In der DDR in der Berufsschulausbildung tätig, 1950 zur Professorin berufen. Nach ihrem Tod auf dem Friedhof der Sozialisten in Berlin Friedrichsfelde bestattet.

95 Schuster, Kurt G. P.: *Der Rote Frontkämpferbund 1924–1929*, Düsseldorf 1975, Seite 121.

Die Grußformel des RFB, ›Rot Front‹, und sein Abzeichen, die erhobene rechte Faust mit dem Ballen nach außen nach einem Entwurf von John Heartfield[96], wurden zur internationalen kommunistischen Symbolik. Eines seiner vorrangigen Ziele aber, Mitglieder aus dem *Reichsbanner* abzuwerben, blieb erfolglos.

Die Sozialfaschismusthese

Insgesamt wirkte die Politik der KPD gegen die SPD kontraproduktiv und verhalf eher den rechten Kräften zu Erfolgen, als dass sie die Linken stärkte. Ein Beispiel gaben die Reichspräsidentenwahlen 1925.

Nach dem überraschenden Tod Friedrich Eberts, am 28. Februar 1925, musste ein neuer Präsident gewählt werden. In dieser Zeit noch durch eine allgemeine Wahl und nicht wie in der heutigen Bundesrepublik durch Abstimmung im Parlament. Zum ersten Wahlgang, am 29. März 1925, trat eine Vielzahl von Kandidaten an, von denen keiner die nötige absolute Mehrheit erreichte. Für den zweiten Wahlgang am 26. April war nur die relative Mehrheit notwendig und die Parteien einigten sich auf gemeinsame Spitzenkandidaten. Rechtsradikale und Konservative bildeten den *Reichsblock* und stellten Generalfeldmarschall a. D. Paul von Hindenburg auf, während sich die republikanischen Parteien DDP/Zentrum/SPD mit dem *Volksblock* auf Wilhelm Marx (Zentrum) einigten. Die KPD nominierte, wie bereits beim ersten Wahlgang, Ernst Thälmann, der keine Aussicht auf die Präsidentschaft hatte.

96 Eigentlich Helmut Herzfeld (geb. 1891, gest. 1968), erstes Kind des Schriftstellers Franz Held (eigentlich Herzfeld). Lehre als Buchhändler, Studium der Kunstgewerbeschule in München, ab 1912 Werbegrafiker in München, Beginn eines Studiums auf der Kunst- und Gewerbeschule Berlin/Charlottenburg. 1914 zum Militär eingezogen, 1915 aufgrund einer simulierten Nervenkrankheit entlassen. Gründete mit George Grosz, Raoul Hausmann und anderen Künstler_innen den Berliner DADA. Vor allem bekannt durch seine Fotomontagen. Trat am Gründungstag der KPD, 31. Dezember 1918, in die Partei ein. In den 1920/30 Jahren Propagandist der KPD, fester Mitarbeiter der AIZ (*Arbeiter Illustrierten Zeitung*), für die er regelmäßig Titelblätter entwarf. 1933 Exil in der Tschechoslowakei, wo er seine politisch/künstlerische Arbeit fortsetzte. Ende 1938 Flucht nach England. 1950 Rückkehr in die DDR. Heartfield blieb sein Leben lang überzeugter Kommunist, wurde jedoch nicht in die SED aufgenommen.

Sehr knapp, mit gerade mal drei Prozentpunkten Vorsprung, konnte Paul von Hindenburg[97] (48,3 Prozent der Stimmen) Wilhelm Marx schlagen. Thälmann erreichte lediglich 6,4 Prozent,[98] also genau die Prozentpunkte, die Marx zum Sieg fehlten.

Die sektiererische Politik der Kommunist_innen und insbesondere ihre Frontstellung gegenüber der Sozialdemokratie war keine spezifisch deutsche Angelegenheit. 1924 hatte Grigori Sinowjew die These vom ›Sozialfaschismus‹ erdacht, nach der die Sozialdemokratie lediglich eine Variante des Faschismus darstellte. Dass die Sozialfaschismusthese dann zur ideologischen Richtschnur der Kommunist_innen wurde, hatte jedoch damit zu tun das sich Josef Stalin 1927 endgültig als unumschränkter Alleinherrscher in der Sowjetunion durchsetzte.

In Bezug auf Deutschland hatte der Diktator aufgrund eines geheimen Militärabkommens ein besonderes Interesse. Die Reichswehr half (bis

97 Paul Ludwig Hans Anton von Beneckendorff und von Hindenburg (geb. 1847, gest. 1934), entstammte einem preußischen Adelsgeschlecht und beschritt als Sohn eines preußischen Offiziers die militärische Laufbahn. 1859 Kadettenanstalten, 1866 nahm er als Leutnant an der Schlacht von Königgrätz/Böhmen teil, in welcher die Preußen die Österreicher entscheidend schlugen. Ebenso Teilnahme am Deutsch-Französischen Krieg 1870/71. Hindenburg repräsentierte sein Garderegiment, bei der Kaiserproklamation im Spiegelsaal von Versailles. 1873 Besuch der Kriegsakademie in Berlin, 1877 wurde er zum Großen Generalstab versetzt. 1911 im Dienstrang eines Generalleutnants in den Ruhestand verabschiedet, zog sich als Pensionär nach Hannover zurück.
Mit Beginn des I. Weltkrieges am 22. August 1914 reaktiviert, Oberbefehlshaber der 8. Armee in Ostpreußen mit Generalmajor Erich Ludendorff als Stabschef. Vier Tage später kam es vom 26. bis 30. August 1914 zur entscheidenden Schlacht mit den russischen Angriffsarmeen. Das strategische Geschick Ludendorffs brachte den deutschen Sieg. Doch Oberbefehlshaber Hindenburg galt als der Schlachtenlenker und setzte sich dafür ein, dem Geschehen den Namen ›Schlacht von Tannenberg‹ zu geben, mit der er den Mythos um seine Person aufbaute. Ab 1. November 1914 Oberbefehlshaber Ost, Beförderung zum Generalfeldmarschall. 29. August 1916 Ernennung zum Chef des Generalstabs des Feldheeres. 1916–1918 übte die von ihm geführte Oberste Heeresleitung (OHL) quasi diktatorische Regierungsgewalt aus. Am 25. Juni 1919 trat er als Chef des Generalstabes des Heeres zurück, um erneut seinen Ruhestand in Hannover anzutreten. 1925 baten die rechten Parteien den bereits 77-jährigen parteilosen Hindenburg sich für die Wahl zum Reichspräsidenten zur Verfügung zu stellen. Nach kurzem Zögern sagte er zu. Siehe dazu: Paul Lindenberg/Walter Bloem (Hrsg.): *Hindenburg-Denkmal für das deutsche Volk*. Vaterländischer Verlag C. A. Weller/Berlin, ohne Jahr (nach 1934).

98 Zahlen nach Statistisches Reichsamt (Hg.): *Statistisches Jahrbuch für das Deutsche Reich* 1926, Berlin 1926, Seite 450 f.

↑ ›Der Retter‹, Werbung für Hindenburg zur Reichspräsidentenwahl 1925.

1933!), die *Rote Armee* aufzubauen, im Gegenzug konnten sich deutsche Soldaten auf russischem Gebiet an Waffen ausbilden, die ihnen der Versailler Vertrag in Deutschland verbot. Dieses Geheimabkommen wurde durch die SPD gefährdet, denn diese vertrat einen kritischen Kurs gegenüber der Sowjetunion und strebte eine Annäherung an Frankreich an.

Bei der Betrachtung der Faktoren, welche KPD und SPD zu erbitterten Gegnern machte, darf nicht übersehen werden, dass nicht nur vordergründig politische Thesen die beiden Parteien trennte. In den Revolutionskämpfen zwischen 1918 und 1921 im Deutschen Reich war die SPD zusammen mit Freikorps und Polizei gegen die Revolutionäre vorgegangen. Tausende Tote, Verwundete und Verhaftete gingen auf das Konto der SPD, deren Politiker_innen auch in den folgenden Jahren maßgeblich an Repressionsmaßnahmen gegen die KPD beteiligt blieben. Der Hass vieler Kommunist_innen auf die Sozialdemokraten basierte also durchaus auf konkreten Erfahrungen.

Darüber hinaus trennte der soziale Status KPD- von SPD-Mitgliedern. Während sich in der KPD mit ihrer aggressiven Propaganda vor allem Arbeitslose und Verarmte wiederfanden, war die SPD die Partei der besser situierten und qualifizierten Industriearbeiterschaft.

So stellten das ›Bonzentum‹ der SPD und ihr vermeintlicher ›Verrat‹ an der Sache der Revolution für die KPD-Basis die wesentlichen Trennungslinien zur Sozialdemokratie dar. Die Sozialfaschismusthese hingegen blieb ein eher umstrittenes Konstrukt, was auch daran lag, dass Konfrontationen mit den Nazis zunahmen.

Hitler kehrt zurück

Am 25. Februar 1925 wurde die NSDAP wieder zugelassen. Einen Tag später veröffentlichte Adolf Hitler im *Völkischen Beobachter* die neuen Richtlinien seiner Partei, was auch die Neubildung der SA einschloss. Die NSDAP wurde zur ›Führerpartei‹ und damit vollständig auf die Person Hitlers ausgerichtet. Das zeigte sich u. a. in der Gründung der SS als besonderer Schutzgarde für den ›Führer‹ im November 1925.

Bis 1927 konnten die NSDAP die Zahl ihrer Mitglieder von 25.000 auf 72.000 fast verdreifachen. Trotzdem blieb sie eine unbedeutende Splitterpartei, deren ›Führer‹ vor allem durch hemdsärmelige Reden in Wirtshäusern Anhänger_innen um sich scharte, ohne dass eine politische Gefahr von ihr auszugehen schien.

In dieser Zeit hatten Auftritte der Hitlerpartei für Außenstehende oft eine lächerliche Note. An der Spitze der NSDAP stand ein Staatenloser, der nicht gewählt werden konnte, um den seine Anhänger_innen aber einen umso peinlicher wirkenden Personenkult entwickelten. Mit der SA gab eine kleine ›Parteiarmee‹, militärisch straff organisiert, mit selbst erfundenen Rangabzeichen und Befehlsstrukturen. Ihre gleichsam auffällige wie exotisch wirkende sandbraune Uniformierung ging auf die ehemaligen Kolonialtruppen zurück und führte zur Bezeichnung ›Braunhemden‹. Eine Analogie zu den ›Schwarzhemden‹ Mussolinis. Ab und an verlieh der ›Führer‹ seiner Truppe auch Standarten nach italienischer Vorlage. Ähnlich verhielt es sich mit dem 1926 parteiintern eingeführten Gruß ›Heil Hitler‹ mit ausgestrecktem rechten Arm, den Hitler von seinem Vorbild Benito Mussolini übernahm.

Eine Orientierung auf den italienischen Faschismus gab es sonst bei keiner rechtsradikalen Strömung im Deutschen Reich. Das politische Ziel der

Nazis war ein Regime nach dem Vorbild Mussolinis, auch wenn sie für sich selbst den Begriff Faschisten nicht verwendeten. Die Ähnlichkeiten waren jedoch deutlich. Wie die italienischen Faschisten kokettierten die Nazis mit linken Symbolen und Inhalten. Sie nannten sich Sozialisten und Hitler adaptierte ausdrücklich die rote Fahne der marxistischen Arbeiterbewegung. Um zu irritieren und zu provozieren platzierte er das einprägsame Hakenkreuz auf das rote Tuch. Erstmals war das Hakenkreuz einer breiten Öffentlichkeit durch den ›Kapp-Putsch‹ im März 1920 bekannt geworden. Soldaten der *Marinebrigade Ehrhardt* hatten es sich bei ihrem Einmarsch in Berlin auf ihre Stahlhelme gemalt. Das uralte Runenzeichen verband politische Botschaft mit mystischer Heilsversprechung, es galt als völkisch/revolutionär. Hitler setzte es schwarz im weißen Kreis auf eine rote Fahne und nutzte damit die alten Reichsfarben schwarz-weiß-rot. Graphisch vermischte sich Traditionelles mit Revolutionärem.

Ähnlich vermengte Hitler in der von ihm entworfenen nationalsozialistischen Weltanschauung ideologische Versatzstücke derart, dass damit links stehende Nationalrevolutionäre genauso angesprochen wurden wie Nationalkonservative. Niedergelegt war dies im 25-Punkte-Programm der NSDAP von 1920, an dem nie ein Wort geändert wurde.[99]

Seit Hitlers Haftzeit kursierte zusätzlich sein Buch *Mein Kampf*. Dies waren, abgesehen von Rosenbergs *Mythos des 20. Jahrhunderts*, die wesentlichen inhaltlichen Grundlagen der NSDAP. Tatsächlich existierte keine einheitliche nationalsozialistische Ideologie, sondern ein Sammelsurium unterschiedlicher Anschauungen.

Die Entwicklung zu einer allgemeingültigen Ausrichtung setzte erst nach 1933 ein. Zu den wesentlichen Ideen der nationalsozialistischen Gedankenwelt zählt der Begriff der ›Volksgemeinschaft‹, welcher die Unterschiede zwischen Arbeitern, Bürgern und Industriellen aufhebt. Damit konnte die NSDAP zur ersten wirklichen ›Volkspartei‹ werden, waren doch die Parteien

99 Der erste Satz des 25 Punkte Programms lautet: „*Das Programm der Deutschen Arbeiterpartei ist ein Zeit-Programm. Die Führer lehnen es ab, nach Erreichung der im Programm aufgestellten Ziele neue aufzustellen, nur zu dem Zweck, um durch künstlich gesteigerte Unzufriedenheit der Massen das Fortbestehen der Partei zu ermöglichen*“. Feder, Gottfried: *Das Programm der N.S.D.A.P. und seine weltanschaulichen Grundgedanken*, München 1933, Seite 17.

↑ Ihren ersten Parteitag nach der Wiederzulassung führte die NSDAP 1926 in Weimar durch. Ideologisches Bindeglied aller faschistischen Gruppen war der Antimarxismus.

der damaligen Zeit bis dato streng nach sozialen Schichten in Arbeiter- und in Bürgerparteien aufgeteilt. Zudem trafen die Nazis mit dieser Begrifflichkeit den Nerv der Zeit, denn erst mit dem Ersten Weltkrieg hatte sich Begriff des ›Volkes‹ in Deutschland durchgesetzt. So modern die Nationalsozialisten in vielen Dingen waren, bedienten sie sich in anderen Bereichen uralter Mythen und Vorurteile. Ihr Rassismus und vor allem ihr ungezügelter Antisemitismus waren beispiellos.

Mit ihren Hetzreden verschreckten Hitler, Julius Streicher und andere Agitatoren regelmäßig das bürgerliche Lager. Ähnlich verhielt es sich mit dem gescheiterten Putsch vom 9. November 1923. Verhalf den Nazis ihr Debakel vor der Feldherrnhalle in einschlägigen Kreisen zu einem revolutionären Nimbus, machte es sie in etablierten Kreisen unmöglich. Wer wollte schon mit erfolglosen Putschisten paktieren? Doch Hitlers Plan sah gar nicht vor, sich als parlamentarische Kraft in das demokratische System einzufügen, er wollte ein anderes Regime. Sein großes Vorbild war Mussolini, doch schien die Errichtung einer ähnlichen Diktatur in

Deutschland vermessen. Ende der 1920er-Jahre verfügte Hitler lediglich über einen kleinen – wenn auch sehr gut funktionierenden – Parteiapparat, der im Kern aus altgedienten Soldaten bestand.

Alles in allem schien es so, als ob die Nazis als Kuriosität in die deutsche Parteiengeschichte eingehen würden. Bei den Wahlen zum 4. Reichstag am 20. Mai 1928 erhielt die NSDAP ganze 2,6 Prozent der Stimmen. Um nicht völlig unterzugehen, erging an die Parteigliederungen die Weisung, die Propaganda gegen die Juden zurückzunehmen. Stattdessen setzte die NSDAP verstärkt auf außenpolitische Themen und den Kampf um die Straße, also die Konfrontation mit den Linken.

Sozialdemokratie als Hauptfeind

Nach ihrem VI. Weltkongress vom 17. Juli bis 1. September 1928, der gänzlich unter dem Einfluss Stalins stand, verschärfte die *KomIntern* ihren Kurs gegen den Sozialfaschismus. Die Sozialdemokratie wurde zum Hauptfeind der kommunistischen Weltbewegung erklärt und eine aktive Politik zu deren Destabilisierung verkündet. Fortan war es kommunistischen Parteien untersagt, Bündnisse mit sozialdemokratischen Parteien und Organisationen einzugehen. Dieses Dogma betraf also keinesfalls nur die KPD, sondern weltweit alle Parteien der *KomIntern*. Es galt ohne Abstriche bis 1935. Gleich nach dem Kongress begann eine systematische Fraktionsarbeit der KPD im *Allgemeinen Deutschen Gewerkschaftsbund* (ADGB). Am 14. März 1929 beschloss das ZK der KPD, die aus der Gewerkschaft ausgeschlossenen KPD-Mitglieder zu registrieren, und alle im ADGB verbliebenen Parteimitglieder gingen zur prinzipiellen Opposition über. Damit war die Keimzelle der *Revolutionären Gewerkschafts-Opposition* (RGO) geschaffen.

Währenddessen kam es auf den Straßen in immer größerem Maße zu gewalttätigen Auseinandersetzungen zwischen Nazis und ihren Gegnern, in erster Linie Kommunist_innen.

Bereits Ende 1928 war die Situation eskaliert, als bei Zusammenstößen in Berlin vier Menschen starben. Der sozialdemokratische Polizeipräsident Zörgiebel hatte daraufhin ein allgemeines Demonstrationsverbot erlassen, das Anfang 1929 auf das gesamte Land Preußen ausgeweitet wurde. Speziell für den **Roten Frontkämpferbund** ergab sich daraus eine sehr ungünstige Situation, denn je länger das Verbot währte, umso mehr aktionistisch orientierte Mitglieder kehrten ihm den Rücken. Allein schon deshalb brannte der RFB darauf, wieder praktisch in Erscheinung zu treten.

↑ Mitgliedsabzeichen der RGO.

Am 1. Mai 1929 war es endlich soweit. Trotz des Verbots rief die KPD in Berlin zu Kundgebungen auf. In den kommunistischen Hochburgen Wedding und Neukölln kam es zur Konfrontation mit der Staatsmacht. Die Polizei ging äußerst brutal gegen die Demonstrierenden vor, 33 Personen wurden getötet und viele verletzt. Es war der blutigste Maifeiertag in der deutschen Geschichte.

Im Zuge der einsetzenden Repression wurde der RFB und seine Unterorganisationen **Rote Marine** und **Rote Jungfront** vom preußischen Innenminister am 3. Mai 1929 verboten.

Der organisatorisch eigenständige RFMB blieb legal. An der ohnehin bedeutungslosen Frauenorganisation hatte die KPD aber kein weiteres Interesse. Auf dem 3. Reichskongress am 17. August 1929 in Erfurt rief Helene Overlach dazu auf, dass der RFMB *„die Bildung der proletarischen und antifaschistischen Jungen Garden unterstützen und die Arbeiterinnen auffordern sollte, diesen legalen Nachfolgeorganisationen beizutreten"*.[100] Im folgenden Jahr wurde Helene Overlach bei einer Demonstration schwer verletzt und ging anschließend für ein Jahr zur Schulung in die Sowjetunion. Damit hörte der RFMB auf zu bestehen, verbliebene Aktivistinnen traten in den **Kampfbund gegen den Faschismus** ein. Der ›Blutmai‹ lieferte der KPD eine wesentliche Argumentation für die Sozialfaschismusthese, die Aktivitäten gegen die

100 Zit. in Schuster, Kurt G. P.: *Der Rote Frontkämpferbund 1924–1929*, Düsseldorf 1975, Seite 122.

↑ *Arbeiter Illustrierte Zeitung* (AIZ) Nr. 18, 1932.

SPD nahmen zu. Ab 1930 wurden die RGO als ›Rote Klassengewerkschaft‹ propagiert und Übertrittskampagnen initiiert. Allerdings war der Erfolg nur gering: die drei großen roten Verbände organisierten in den Bereichen Metall, Bergbau und Bau nie mehr als 1 Prozent der Beschäftigten, mehr als die Hälfte der RGO-Mitglieder war zudem arbeitslos.

Dazu verlor die KPD durch die Austritte ihrer Mitglieder ihren letzen Einfluss in den Gewerkschaften.

Analog gestaltete sich die Entwicklung im Arbeitersport. Traditionell existierte seit 1893 der ***Arbeiter-Turn- und Sportbund*** (ATSB). Von ihm spalteten sich 1930 die Kommunist_innen ab und bildeten die ***Kampfgemeinschaft für Rote Sporteinheit*** (kurz **Rotsport**). In jedem Bereich, vom Freidenkerverband bis zum Kulturverein fraktionierten sich nun die Kommunist_innen.

Im Zusammenhang mit diesen verstärkten Einheitsfrontaktivitäten entstand am 28. September 1930 mit dem ***Kampfbund gegen den Faschismus*** (KgF) eine neue Wehrorganisation. Im Gegensatz zu seinem Vorläufer, dem RFB, waren im KgF Frauen und Männer gemeinsam aktiv. Auch trat dieser neue Zusammenschluss weit weniger militaristisch in Erscheinung. Dennoch konnte der KgF bei Weitem nicht an die Wirkung des RFB anknüpfen. Letztlich bestanden die Einheitsfront-Organisationen der KPD im Wesentlichen aus ihren eigenen Mitgliedern und wirkten einer tatsächlichen Einheit entgegen.

Aufstieg einer Partei

Nachdem sich die allgemeine Lage in den Jahren 1924–1928 zu stabilisieren schien, brach 1929 mit Macht die Weltwirtschaftskrise über das Deutsche Reich herein. Während es 1927 etwa eine Million Erwerbslose gab, kletterte ihre Zahl bis Februar 1930 auf 3,5 Millionen, Ende 1930 waren es 5 Millionen.

Die Regierung konnte diese Situation finanziell kaum bewältigen. Sie kürzte die öffentlichen Gehälter um 25 Prozent. Die Arbeitslosenunterstützung, die überhaupt erst im Oktober 1927 eingeführt worden war, wurde lediglich sechs Wochen bezahlt, danach gab es nur noch öffentliche Suppenküchen.

Im Februar 1932 erreichte die Entwicklung mit 6.120.000 Arbeitslosen – das entsprach 16,3 Prozent der Bevölkerung – ihren Höhepunkt. Dazu kam noch die Masse der schlecht bezahlten Kurzarbeiter sowie die knapp vor dem Ruin stehenden Selbständigen. Vor diesem Hintergrund vollzog sich in nur anderthalb Jahren, zwischen Frühjahr 1929 und den Reichstagswahlen im September 1930, der Aufstieg der NSDAP zu einer Massenbewegung. Das Rückgrat für diese erstaunliche Entwicklung bildete der äußerst effiziente Parteiapparat und Mitglieder, die sich im Sinne der Partei hingebungsvoll einsetzten.

Die These, dass die NSDAP vor allem ein Instrument der Großindustrie und der ›Hochfinanz‹ gewesen sei, wie es auf der weithin bekannten Fotomontage *„Der Sinn des Hitlergrußes: Millionen stehen hinter mir“* von John Heartfield kolportiert wird, lässt sich bei näherer Betrachtung nicht halten. Großindustrielle förderten lieber die DVP oder die DNVP – die Nazis waren ihnen zu proletarisch und zu links, allein das ›sozialistisch‹ im Namen schreckte ab. Natürlich gab es einige Ausnahmen wie Emil Kirdorf oder Fritz Thyssen und nicht zu vergessen Henry Ford, der zwar Amerikaner war, aber als glühender Antisemit ein Förderer der Hitlerbewegung seit ihren Anfängen.

Der Großteil der Finanzen der NSDAP wurde jedoch durch Zuwendungen der mittelständischen Industrie, die recht hohen Mitgliedsbeiträge und die ebenfalls hohen Eintrittsgelder bei Auftritten von Hitler und anderer Nazi-Prominenz aufgebracht.

Für den Aufschwung der NSDAP sorgte vor allem das Volksbegehren gegen den ›Young-Plan‹ im Sommer 1929. Am 9. Juli 1929 formierten sich in Berlin rechtsradikale Kräfte im Reichsausschuss gegen den Young-Plan.

Dieser Plan beinhaltete die Einigung der Regierung Müller[101] mit den Siegermächten des I. Weltkrieges über die endgültige Höhe der Reparationszahlungen. Die rechten Parteien wollten hingegen eine – unrealistische – Gesamtrevision des Versailler Vertrages erreichen. Energisch brachte sich

101 Regierung Müller (28. Juni 1928 bis 27. März 1930), zweite Regierung in Weimarer Republik auf Grundlage einer Großen Koalition aus SPD, DDP, Zentrum, BVP und DVP. Hermann Müller gehörte der SPD an.

Franz Seldte[102], der Bundesführer des **Stahlhelm**, mit seiner Organisation in den Reichsausschuss ein. Seldte ermöglichte es auch, dass sich zum ersten Mal die Nazis neben dem **Stahlhelm**, der DNVP und anderen relevanten Rechtsparteien als gleichberechtigter Partner in einer reichsweiten Kampagne profilieren konnten.

Mit Hilfe der viel gelesenen Zeitungen des deutschnationalen Großverlegers Alfred Hugenberg gelang es dem rechtsradikalen Bündnis, das Volksbegehren durchzusetzen, welches vom 16. bis 29. Oktober 1929 stattfinden sollte.

Kurz vor diesem Termin verbot die Regierung Braun den rheinischen **Stahlhelm**.[103] Zwar wurde das Verbot nach einigen Monaten wieder aufgehoben, Otto Braun blieb aber für den Stahlhelm einer der meist gehassten Politiker. Doch trotz großer Anstrengungen scheiterte das Volksbegehren. Am 12. März 1930 ratifizierte der Reichstag mit 270 zu 192 Stimmen den Young-Plan. Es zeichnete sich jedoch ab, das die NSDAP aus dem gescheiterten Volksentscheid als politische Siegerin hervorgegangen war. Denn genau zu dem Zeitpunkt, als die Nationalsozialisten mit Unterstützung der Hugenberg-Zeitungen die ***„ökonomische Versklavung des Vaterlandes durch das Ausland“*** anprangerten, schlugen die Auswirkungen der Weltwirtschaftskrise auf das Deutsche Reich voll durch.

Besonders in großen Teilen der Landbevölkerung verfing die Agitation der NSDAP. In Schleswig-Holstein erprobten die Nazis eine Taktik, mit der sie bald das Deutsche Reich überrollen sollten: Sie konzentrierten alle ihre Kräfte auf eine Region, bis sie sich dort als dominierende Kraft durchgesetzt hatten.

---

102 Franz Seldte (geb. 1882, gest. 1947), Sohn eines Fabrikanten in Magdeburg, als Reserveoffizier im I. Weltkrieg, 1916. schwer verwundet, Verlust eines Armes. Danach Frontberichterstatter. Gründete am 25. Dezember 1918 in Magdeburg den **Stahlhelm – Bund der Frontsoldaten** und trat der DVP bei. April 1933 Eintritt in die NSDAP, der **Stahlhelm** wurde in die SA eingegliedert, Seldte zum Reichsarbeitsminister ernannt.

103 Das Verbot betraf nicht die gesamte Organisation, sondern lediglich die Rheinprovinz und die Provinz Westfalen. Als Grund galt eine groß angelegte Wehrsportübung, also eine Art Manöver, das am 21./22. September 1929 bei Langenberg stattgefunden hatte. Siehe dazu: ***Der Stahlhelm, Erinnerungen und Bilder***, hrsg. im Auftrag der Bundesführung des **Stahlhelm**, Stahlhelm-Verlag Berlin 1932, Seite 82.

Der Einfluss der Nazis stieg kontinuierlich. Bei den Landtagswahlen im Oktober 1929 in Baden erreichte die NSDAP 7 Prozent der Stimmen, im Dezember des gleichen Jahres bei den Landtagswahlen in Thüringen 11,3 Prozent und am 22. Juni 1930 in Sachsen 14,4 Prozent. Damit hatten die Nazis im Industrieland Sachsen die KPD überrundet und waren hinter der SPD zur zweitstärksten Partei geworden.

Die Zahl der NSDAP-Ortsgruppen erhöhte sich zwischen Februar und August 1930 von 70 auf 200, während der Mitgliederstand bis September auf 130.000 gestiegen war.

Von besonderer Bedeutung war der Wahlerfolg vom Dezember 1930 in Thüringen. Die NSDAP war im ›grünen Herzen Deutschlands‹ zur drittstärksten Kraft – noch vor der KPD (10,7 Prozent) – geworden und bildete im Januar 1931 mit DNVP, LVP (*Landvolk Partei*), DVP und WP (*Wirtschaftspartei*)[104] eine Koalitionsregierung. Es war die erste Regierungsbeteiligung der NSDAP, mit der sich die Nazis als seriöse politische Kraft profilieren konnten.

Hitler schickte seinen ›besten Mann‹, Wilhelm Frick, der das Innen- und Volksbildungsministerium übernahm. Frick ging sofort daran, den Polizeiapparat umzubilden, entließ Kommunist_innen aus dem Staatsdienst und verbot Zeitungen von KPD und SPD und Demonstrationen der KPD.

Der ›Zar von Preußen‹ und ungeliebte Wahrheiten

Der Siegeszug der NSDAP gab zu Diskussionen innerhalb der KPD Anlass und führte, nicht zuletzt auf Anordnung Stalins, zu einem nationalistischen Kurswechsel.[105] Das manifestierte sich im „*Programm zur nationalen und sozialen Befreiung des deutschen Volkes*" vom 24. August 1930. Darin heißt es „*Wir werden den räuberischen Versailler ›Friedensvertrag‹ und den Youngplan, die Deutschland knechten, zerreißen, werden alle internationalen Schulden und*

104 *Wirtschaftspartei – Partei des deutschen Mittelstandes*, 1920 gegründet, nationalkonservativ, 1933 aufgelöst, viele Mitglieder wechselten zur NSDAP.

105 Nationalismus wurde in der damaligen Zeit anders verstanden und bewertet als heute. Im bekannten KPD-Lied ›Roter Wedding‹ das nach dem Blutmai 1929 entstand, lautet eine Textzeile in der Originalfassung von Ernst Busch: „*Und schlug auch der Feind unsre Besten tot, Der Wedding kommt wieder; Berlin bleibt rot, Damit Deutschland den Deutschen gehört. Roter Wedding grüßt euch, Genossen,*". Die Parole „*Deutschland den Deutschen!*" wurde erst in der Bundesrepublik von Rechtsradikalen übernommen.

↑ Beim Volksbegehren gegen den Young-Plan kam es zu einer Aktionseinheit der Rechtsradikalen. Die Abbildung zeigen SA und ***Stahlhelm*** bei der gemeinsamen Agitation.

Reparationszahlungen, die den Werktätigen Deutschlands durch die Kapitalisten auferlegt sind, annullieren.

Wir Kommunisten werden uns für das volle Selbstbestimmungsrecht aller Nationen einsetzen und im Einvernehmen mit den revolutionären Arbeitern Frankreichs, Englands, Polens, Italiens, der Tschechoslowakei usw. denjenigen deutschen Gebieten, die den Wunsch danach äußern werden, die Möglichkeit des Anschlusses an Sowjetdeutschland sichern.“ [106]

Ihre nationalen Programmpunkte brachte der KPD kaum Vorteile, stattdessen wurden die Nazis immer stärker. Trotzdem blieb die SPD der Hauptfeind der KPD. Beim Kampf gegen die Sozialdemokraten machte die Kommunist_innen 1931 sogar mit *Stahlhelm*, Nationalsozialisten und anderen Rechtsradikalen gemeinsame Sache. Die Order dazu kam freilich aus Moskau, wo man im Volksentscheid zur Auflösung des preußischen Landtags eine Chance sah, die deutsche Sozialdemokratie zu schwächen.

Das größte Reichsland wurde, mit kurzen Unterbrechungen, von 1920 bis 1932 vom SPD-Ministerpräsidenten, Otto Braun, geführt, der sich auf

106 *Die Rote Fahne*, Nr. 197, 24. August 1930.

Klebezettel der KPD, 1930.

dabei auf die Parteien der Weimarer Koalition – Zentrumspartei und DDP – stützte. Der Dauerministerpräsident, auch ›Zar von Preußen‹ genannt, betrieb eine aktive Politik gegen republikfeindliche Organisationen und wollte den Freistaat zum *„demokratischen Bollwerk“* machen. Der preußische Staatsschutz arbeitete zielorientiert gegen radikale Staatsfeinde, insbesondere bekämpfte er die Nazi-Bewegung, aber auch die KPD. 1930 stellte die KPD gemeinsam mit der rechtskonservativ/völkischen DNVP einen Misstrauensantrag gegen Braun. Diese denkwürdige Kooperation sollte ein Jahr später bei Weitem überboten werden.

Durch die überragenden Stimmengewinne der NSDAP bei den Reichstagswahlen am 14. September 1930 beflügelt, wollte der Stahlhelmführer Franz Seldte mit allen Rechtsparteien zum entscheidenden Schlag gegen die preußische Regierung ausholen.

Auf dem Frontsoldatentag in Koblenz, am 5. Oktober 1930, wetterte Seldte vor 140.000 Versammelten gegen die ›marxistische‹ preußische Regierung und kündigte ein Volksbegehren zur Auflösung des preußischen Landtags an. Unterstützt von DNVP, DVP und verschiedenen kleineren Parteien wurde das Begehren am 4. März 1931 zugelassen. Noch gerade rechtzeitig vor Ablauf der Eintragungsfrist rief auch die NSDAP zum Volksbegehren auf.

Propagandakarte des *Stahlhelm* zum Volksbegehren der rechtsradikalen Parteien gegen die preußische Regierung, 1931.

Das Begehren erreichte eine am 21. April 1931 eine knappe Mehrheit, sodass für den 9. August der Volksentscheid angesetzt werden musste. Da die Wahlbeteiligung beim Volksbegehren gering geblieben war, blickten die demokratischen Parteien dem Ausgang des Unterfangens gelassen entgegen. Das änderte sich, als die KPD auf Weisung der **KomIntern** bzw. Stalins am 22. Juli ihre Unterstützung des Volksentscheids ankündigte. Tatsächlich fanden sich nun Kommunist_innen mit Nazis und anderen Rechtsradikalen in einer politischen Initiative gegen die SPD. Dieses fatale politische Zeichen fand später in der kommunistischen Geschichtsschreibung nur ungern Erwähnung.

Die preußische Regierung wandte sich daraufhin mit einer Erklärung an die Öffentlichkeit in der sie dazu aufforderte, dass all diejenigen, die ein ›Sowjet-Preußen‹ oder ein ›faschistisches Preußen‹ und damit den

Bürgerkrieg wollten, mit ›Ja‹ stimmen, wer dagegen für den sozialen und demokratischen Ausbau des Freistaates Preußen sei, sich dem Volksentscheid fernhalten sollten. Der Volksentscheid scheiterte schließlich an zu geringer Teilnahme.

Machtprobe in Braunschweig

Der politische Durchbruch der Nationalsozialisten war mit den Reichstagswahlen am 14. September 1930 erfolgt. Nach einem Wahlkampf, der Maßstäbe setzte, erhielt die NSDAP 18,3 Prozent der Stimmen. Das Machte die NS-Partei mit einem Schlag zur zweitstärksten Kraft im Reichstag. Ein historisch bislang einmaliger, kometenhafter Aufstieg, denn 1928 hatten gerade einmal 810.000 Menschen die NSDAP gewählt, 1930 waren es 6,4 Millionen!

Die Zahl der Mandate stieg von 12 auf 107. Mit einem Mal waren die Nazis zur Massenbewegung geworden und erschienen als neue, unverbrauchte Kraft, die sich jetzt ohne Kompromisse durchsetzen wollte. Um diesen Anspruch gegenüber der politischen Linken wie Rechten darzustellen, brauchte es noch eines Fanals, eine Art Durchbruchsschlacht musste her.

Dafür bot sich ein Ort an: Braunschweig. Zur Zeit der Weimarer Republik war Braunschweig ein Freistaat, dessen Territorium sich wie ein großer Flickenteppich über den Harz, von Blankenburg im heutigen Sachsen-Anhalt bis Holzminden im heutigen Niedersachsen ausdehnte und zu dem auch Bad Harzburg gehörte. In Braunschweig konnte man auf eine revolutionäre Geschichte zurückblicken. Bereits am 8. November 1918, einen Tag bevor die Revolution Berlin erreichte, war der Herzog von Braunschweig zur Abdankung gezwungen und 1919 eine Räterepublik proklamiert worden.

Ende der 1920er-Jahre dokumentierte sich diese Geschichte in einer starken KPD, die vor allem in der Stadt Braunschweig existierte. Dem gegenüber stand ein rechtsgerichtetes Bürger- und Bauerntum, was zum frühen Aufstieg der NSDAP beitrug.

Bei den Braunschweiger Landtagswahlen im September 1930 erhielten die Nazis 22,2 Prozent der Stimmen. Es kam zu einer Koalitionsregierung von *Bürgerlicher Einheitsliste* (BEL) und NSDAP. Letztere erhielt das

Innenministerium. Damit war Braunschweig nach Thüringen das zweite Land mit einem Minister aus der nationalsozialistischen Partei. Weshalb sich der Freistaat auch nicht dem Verbot des ›Braunhemdes‹ anschloss, das 1930 in Bayern und Preußen verhängt worden war.

Am 22. Februar 1931 riefen die Nationalsozialisten zu einer Demonstration durch die Braunschweiger Arbeiterviertel auf. Die KPD mobilisierte dagegen einen ›Kampfaufmarsch‹ und sprengte den Fackelzug der SA. Als sich die braunen Trupps zurückzogen, setzten ihnen Antifaschist_innen in einer Spontandemonstration mit 1.000 Aktivist_innen nach. Dieser Erfolg wurde von der KPD gleich für eine Aktion im Sinne der Einheitsfrontpolitik genutzt: Ernst Thälmann verkündete auf einer Großkundgebung am 27. Februar 1931 in Braunschweig ein Volksbegehren für einen Volksentscheid zur Auflösung des Landtages. Damit wollte die KPD die Initiative übernehmen, die SPD-Führung als tatenlos bloßstellen und die sozialdemokratische Basis für sich gewinnen. Allerdings war abzusehen, dass die KPD allein einen Volksentscheid nicht gewinnen konnte. SPD und Braunschweiger Landesregierung unter dem Nazi Anton Franzen glaubten sogar, dass die KPD bereits mit ihrem Volksbegehren scheitern würde. Doch die Kommunist_innen bekamen die nötigen Stimmen für das Begehren zusammen. Demgegenüber erlitten die Nazis eine Schlappe. Am 1. April 1931 wurde der thüringische NSDAP-Staatsminister Wilhelm Frick aus der dortigen Landesregierung ausgeschlossen. Damit waren die Rechtsradikalen nur noch in Braunschweig an einer Regierung beteiligt. Nur hier blieb ihnen die Möglichkeit, ihre uniformierten Aufmärsche legal anzumelden und bei Bedarf von der Polizei durchsetzen zu lassen. Zwar musste der nationalsozialistische Minister Franzen, der Begünstigung eines Parteigenossen überführt, seinen Posten aufgeben. An seine Stelle trat jedoch am 15. September 1931 der skrupellose Dietrich Klagges.

Zunächst schien aber weithin die KPD in Braunschweig das Heft in der Hand zu halten. Der Volksentscheid wurde auf den 15. November 1931 terminiert. Diesen Erfolg im Rücken, konzentrierten die Kommunist_innen ihre Kräfte auf den Freistaat und glaubten, hier einen politischen Sieg über die Nazis und die Sozialdemokratie gleichermaßen erringen zu können.

Harzburger Front und Marsch der 100.000

Während aufseiten der Linken von einer Einheit keine Rede sein konnte, rief die ›Nationale Opposition‹, bestehend aus DNVP, **Stahlhelm**, **Reichslandbund**, **Alldeutschem Verband** und NSDAP, am 11. Oktober 1931 zu einer Großveranstaltung in Bad Harzburg auf. Es wurde die **Harzburger Front** ausgerufen, mit dem Ziel, durch ein gemeinsames Misstrauensvotum den Sturz von Reichskanzler Heinrich Brüning (Zentrum) zu erwirken und Neuwahlen zu erzwingen. Zugleich war es ein Versuch der nationalkonservativen Kräfte, die NSDAP in ein gemeinsames Bündnis zu integrieren. Daran hatte Hitler aber kein Interesse. Auffällig demonstrierten er und Goebbels Distanz zur Veranstaltung in Bad Harzburg. So erschien Hitler erst sehr spät, nahm nicht am gemeinsamen Essen teil, hielt eine bereits kurz vorher schon einmal gehaltene Rede und verließ nach dem Vorbeimarsch der SA die Tribüne, noch bevor der **Stahlhelm** vorübergezogen war.

Um die **Harzburger Front** zu überflügeln und ihren alleinigen Führungsanspruch zu manifestieren, mobilisierten die Nationalsozialisten reichsweit für ein eigenes Großereignis. Wenige Tage nach dem Treffen im Harz sollte am 17. und 18. Oktober 1931 in Braunschweig **der Marsch der 100.000** stattfinden.

An der ***Harzburger Front***, beteiligten sich die Nazis nur widerwillig. Feldgottesdienst im Kalten Tal bei Bad Harzburg. Bildmitte vorn: der oberste SA-Chef Ernst Röhm. Neben ihm, mit schwarzer Mütze, sein Untergebener, der SS-Führer Heinrich Himmler.

Der propagandistische Titel zielte auf das ›100.000-Mann-Heer‹, das Deutschland nach dem Versailler Vertrag als Armee erlaubt geblieben war. Die gesamte SA mit angegliederten Verbänden trat zum größten paramilitärischen Aufmarsch in der Geschichte der Weimarer Republik an. Eine Machtdemonstration die für internationales Aufsehen sorgte.

Der Marsch der 100.000 war keine Demonstration, sondern die Heerschau einer schlagkräftigen Miliz, uniformiert und in militärische Marschkolonnen gegliedert. Zeitgenössische Quellen nennen 104.000 Teilnehmer. Wenn man bedenkt, dass die Stadt Braunschweig zu dieser Zeit 150.000 Einwohner_innen zählte, kann man sich die Dimensionen dieses Spektakels für die Stadt vorstellen. Von vornherein war klar, dass es den Nazis bei der Kundgebung auch darum gehen würde, sich für die Niederlage vom Februar zu revanchieren.

Während sich militante Aktivist_innen linker Gruppen auf Auseinandersetzungen einstellten, versuchte die KPD, im Sinne ihrer Arbeiter-Einheitsfrontstrategie, politische Gegenmaßnahmen zu ergreifen. *„In Verbindung damit wurde eine ideologische Initiative gegen die Nazipartei durchgeführt. Mit Flugblättern und durch gemalte Losungen wurden die Nazianhänger aufgerufen, den Kampf um die Freiheit des Volkes in den Reihen der KPD zu führen.“*[107]

Kein Nazi folgte diesen Aufrufen. Nach einem ersten großen Aufmarsch am 17. Oktober 1931 provozierten SA-Kolonnen gezielt in Arbeitervierteln, die als KPD-Hochburgen bekannt waren.

Praktischerweise hatte Braunschweigs NSDAP-Innenminister Klagges im Vorfeld Zettel verteilen lassen, in denen die ›roten‹ Viertel aufgelistet waren, angeblich, um die SA vor diesen gefährlichen Stadtteilen zu warnen. Genau in diese Viertel marschierten die SA-Kolonnen, Nazi-Lieder singend, ein. Sie trafen auf den gemeinsamen, antifaschistischen Widerstand von KPD- wie SPD-Mitgliedern und Unorganisierten. Pflaster wurde aufgerissen und Straßen mit Barrikaden versperrt. Es kam zu bürgerkriegsähnlichen Zusammenstößen, in deren Verlauf Totschläger, Messer und Pistolen zum Einsatz kamen.

107 *Roter Vormarsch im Bezirk Niedersachsen. Bezirksparteitag/Dez. 1932*, als Manuskript gedruckt, Hannover 1932, Seite 13.

Aufmarsch von 100.000 SA-Männern in Braunschweig, 1931.

Der parteilose Arbeiter Heinrich Fischer wurde von einem SA-Mann durch einen Stich ins Herz getötet, der in KPD-Publikationen als ›Genosse‹ bezeichnete Arbeiter Engelke erlitt einen Bauchschuss, an dem er wenig später verstarb. Darüber hinaus gab es 61 Schwerverletzte. Die Polizei sah all dem tatenlos zu.

Am folgenden Sonntag, dem 18. Oktober 1931, traten die Nazi-Massen auf dem etwas außerhalb gelegenen Franz'schen Feld an. Mit großem Pathos verkündete Hitler, dass er zum letzten Mal vor der ›Machtergreifung‹ einige Fahnen und Standarten ›weihe‹ [108]. Abschließend fand vor dem Braunschweiger Schloss ein sechsstündiger Vorbeimarsch von SA- und SS-Verbänden statt. Am Abend hielt Hitler eine Rede, in der die *Harzburger Front* mit keinem Wort Erwähnung fand.

Der Marsch der 100.000 gehörte zu den entscheidenden Erfolgen der Nationalsozialisten auf ihrem Weg zur Macht. Hitler spendierte allen Teilnehmern deshalb ein Abzeichen, das später als offizieller Orden galt. Dass das Misstrauensvotum der *Harzburger Front* gegen die Regierung Brüning am 16. November 1931 erfolglos blieb, erscheint demgegenüber im historischen Rückblick als nebensächliche Episode. Erwähnenswert bleibt

108 Dazu berührte Hitler die betreffende Standarte oder Fahne mit dem Fahnentuch der ›Blutfahne‹ vom missglückten Putschversuch aus dem Jahre 1923.

allerdings, dass sich dem Votum neben der DVP auch die KPD anschloss. Es scheiterte jedoch an den fehlenden Stimmen der SPD.

In diesem Zusammenhang veröffentlichte der *Vorwärts* im November 1931 eine Polemik zur Taktik der KPD. *„Natürlich hat die Rote Fahne das Recht, die sozialdemokratischen Arbeiter zum Eintritt in ihre Partei aufzufordern. Aber sie hat nicht das Recht, ihnen vorzuschwindeln, sie könnten in die ›antifaschistische Einheitsfront‹ der KPD eintreten und dabei Sozialdemokraten bleiben. Indem sie sich dem Kommando der kommunistischen Parteiführung unterstellen, werden sie Soldaten einer Armee, die nicht im Faschismus, sondern in der Sozialdemokratie den Hauptfeind sieht. (...) Die KPD kann tun, was ihr beliebt. Wenn sie in Übereinstimmung mit der Harzburger Front in der Sozialdemokratie den Hauptfeind sieht, so mag sie das ruhig sagen und dementsprechend handeln. (...) Nur freilich werden wir der KPD und ihren Organen nicht gestatten, die Klarheit ihrer Stellungnahmen durch Spielereien mit den Worten ›Faschismus‹ und ›Einheitsfront‹ wieder zu verdunkeln.“* [109]

Mit ihrer Sozialfaschismusthese isolierte sich die KPD. Ein Bündnis mit der zum politischen Hauptfeind erklärten SPD blieb ausgeschlossen und ein Bündnis mit den rechtsradikalen Parteien, auch wenn die Kommunist_innen gelegentlich mit ihnen paktierten, im antifaschistischen Kampf selbsterklärend unmöglich.

Eine absurde Situation, die sich verheerend auf den Antifaschismus auswirkte. Absehbar scheiterte die KPD mit ihrem Volksentscheid für die Landtagsauflösung am 15. November in Braunschweig. Die rechte Koalitionsregierung unter dem Nazi Dietrich Klagges triumphierte, und die KPD gab der SPD die Schuld.

Die Eiserne Front

Als Reaktion auf die *Harzburger Front* wurde von *Reichsbanner*, SPD, *Allgemeinem Deutschen Gewerkschaftsbund* (ADGB), *Allgemeinem Angestelltenbund* (Afa-Bund) und *Arbeiter Turn- und Sportbund* (ATSB) am 16. Dezember 1931 die *Eiserne Front* formiert. Ihr Symbol waren drei von rechts oben nach links

109 Wer ist der Hauptfeind? Eine Frage an alle Arbeiter. Artikel des Vorwärts, Zentralorgan der SPD, vom 18. November 1931, vollständig dokumentiert in Brandt, Peter/Schulze-Marmeling, Ulrich (Hrsg.): *Antifaschismus. Ein Lesebuch*, Berlin 1985, Seite 120.

Wahlplakat 1932, die drei Pfeile der Eisernen Front richteten sich gegen Reaktion, Faschismus und Kommunismus. Während die SPD den Weg des demokratischen Reformismus beschritt, wollte die KPD ein Sowjetdeutschland. Diese Positionen waren unvereinbar.

unten weisende Pfeile die für SPD, Reichsbanner und ADGB standen. Die Pfeile zerschmetterten jeweils eine Krone, ein Hakenkreuz und Hammer und Sichel. Die Eiserne Front verstand sich somit auch als antikommunistische Organisation. Eine Mitgliedschaft im eigentlichen Sinne gab es nicht. Vielmehr stellte sie den Versuch dar, eine Bewegung von republiktreuen Kräften zu initiieren. Heute würde man sie wohl als konzertierte Aktion demokratischer Organisationen gegen den Extremismus bezeichnen.

Während der ersten Monate ihrer Existenz wurde die **Eiserne Front** mittels Großveranstaltungen populär gemacht. Es gab sogenannte ›Rüstwochen‹, in denen sich Aktivisten in ›Eiserne Bücher‹ eintragen konnten. Gewerkschafter bildeten **Hammerschaften**, um im Ernstfall Streiks zu organisieren oder militant agieren zu können. In ihrer Propaganda erschien die **Eiserne Front** als entschiedene Kraft zum Schutze der Republik, tatsächlich konzentrierten sich ihre Aktivitäten auf öffentlichkeitswirksame Selbstdarstellungen. Unterdessen gewannen die Nazis immer mehr an Boden.

Schließlich wollte Hitler am 10. April 1932 bei der Wahl zum Reichspräsidenten antreten. Noch aber war Hitler staatenlos.

Die deutsche Staatsbürgerschaft beschaffte ihm die Braunschweiger Regierung, indem sie ihn am 25. Februar 1932 zum Regierungsrat in Berlin ernannte – ein Posten, den Hitler nie antrat.

Die Wahl zum Reichspräsidenten entschied jedoch Paul von Hindenburg für sich. Hindenburg Kandidatur richtete sich ausdrücklich gegen Hitler und wurde deshalb von der SPD unterstützt. Der greise Generalfeldmarschall schmähte zu dieser

↑ Anstecknadel für Mitglieder der ***Hammerschaften*** in der Eisernen Front.

↑ Bei der Reichspräsidentenwahl 1932 unterstützte die SPD die Kandidatur Hindenburgs, der damit Stimmung machte, einen Machtantritt Hitlers verhindern zu wollen.

Zeit Hitler noch als ›Böhmischen Gefreiten‹. Allerdings war Hindenburg bereits 84 Jahre alt. Er wollte daher sein Amt nicht sieben weitere Jahre ausüben, sondern die politischen Geschicke in ihm genehme Bahnen lenken und dann abtreten. Anfang 1932 gehörte zu den erklärten Zielen des alten Generalfeldmarschalls, eine Beteiligung der Nazis an der Regierungsmacht zu verhindern.

Saalschlacht

Als Reichspräsident hatte sich Hitler nicht durchsetzen können, doch eilten die Nazis von Wahlsieg zu Wahlsieg. Einen regelrechten Durchbruch erreichten sie mit der Preußischen Landtagswahl am 24. April 1932. Von 1,8 Prozent im Jahr 1928 stieg ihr Stimmenanteil auf 36,3 Prozent. Statt sechs Mandatsträgern saßen mit einem Schlag 162 NSDAP-Abgeordnete im Landtag – bei insgesamt 423 Sitzen. Die SPD war um fast acht Prozent auf 21,1 Prozent bzw. 94 Sitze abgesackt. Von diesen Verlusten konnte die KPD aber nicht profitieren und legte nur um einen Prozentpunkt auf 12,8 Prozent zu und war nun mit 57 Abgeordneten vertreten.[110]

Abgesehen vom katholischen *Zentrum* mit 15,3 Prozent, das entsprach 67 Sitzen, und der DNVP mit 6,9 Prozent bzw. 31 Sitzen, spielten die übrigen Parteien keine Rolle mehr.

Das hieß, mit den neuen Mehrheitsverhältnissen würde die Präsidentschaft im Landtag an die NSDAP fallen. Es stand also ein politischer Umbruch ins Haus, als sich einen Monat nach der Wahl die Parlamentarier_innen zum zweiten Sitzungstag im Gebäude des heutigen Berliner Abgeordnetenhauses versammelten. Man schrieb den 26. Mai 1932. Die NSDAP hatte Hanns Kerrl als Landtagspräsidenten nominiert und war sich der Unterstützung der DNVP sicher. Zusätzlich signalisierte die Zentrumpartei ihre Bereitschaft, den NSDAP-Kandidaten zu wählen. Kerrl war ein Mann des Bürgertums, Weltkriegsteilnahme als Leutnant, dann Justizbeamter und seit 1923 in der Nazipartei. Kein Haudegen, sondern gläubiger

110 Wahlen in Deutschland, Weimarer Republik 1918 – 33, Landtagswahlen Freistaat Preußen, https://www.wahlen-in-deutschland.de/wlPreussen.htm (abgerufen 9.12.2022)

Christ, wenngleich Protestant, war Kerrl deshalb als Landtagspräsident für das Zentrum akzeptabel. Mit dem Atheismus der SPD hatte der Katholismus immer seine Schwierigkeiten.

Rein rechnerisch wäre ein NSDAP Landtagspräsident zu verhindern gewesen. Zentrum und KPD hätten nur den SPD Kandidaten Ernst Wittmaack unterstützen müssen.

Daran war jedoch nicht zu denken. In ihrem revolutionären Kampf nominierten die Kommunist_innen prinzipiell eigene Kandidat_innen. In diesem Fall ihren Abgeordneten Wilhelm Kasper. Eine Zusammenarbeit mit der ›sozialfaschistischen‹ SPD blieb ausgeschlossen und kam mit den anderen Parteien ebenfalls nicht infrage.

Eine verfahrene Situation, denn so oder so würde der neue Landtag nicht handlungsfähig sein, denn NSDAP und KPD verfügten über eine Sperrmajorität, d. h. ohne eine Koalition mit einer von beiden Parteien war keine Regierungsbildung möglich. An eine solche Koalition dachten aber weder Kommunist_innen noch Nazis. Schachmatt für den Parlamentarismus. Aktionsunfähig würde die Vorgängerregierung unter Otto Braun (SPD) geschäftsführend im Amt bleiben.

Trotzdem hegte die SPD noch die Hoffnung, wenigstens die Katholiken davon überzeugen zu können, nicht für den Nazi zu stimmen. Von den sich demokratisch verstehenden Parteien würde die NSDAP dann isoliert werden.

Bei der Wahl des Landtagspräsidenten ging es also vor allem um ein symbolisches Zeichen, und es lag am Zentrum, es zu setzen – und dies setzte es für die Nazis! Das Zentrum würde Hanns Kerrl wählen. Mit der konstituierenden Landtagssitzung stand der politische Offenbarungseid des Parlaments auf der Tagesordnung.

Die Eröffnung stand dem Alterspräsidenten zu. Karl Litzmann von der NSDAP, ein 82-jähriger Weltkriegsgeneral, trat hinter das Rednerpult.

Bevor der Nazi ein Wort sprechen konnte, brachten die KPD-Abgeordneten ein dreifaches „*Nieder*“ auf ihn aus. Die KPD'ler spielten damit auf das beim Militär übliche dreifache „*Hurra*“ an. Doch Litzmann, den scharfen Ton der Kasernenhöfe gewohnt und seit 1914, aufgrund einer gewonnenen Schlacht an der Ostfront, als ›Der Löwe von Brzeziny‹ bezeichnet, ließ sich nicht so leicht aus der Fassung bringen. Zwischenrufe ignorierend, schmetterte er seine Rede in den Saal.

Nach der Eröffnung brachte der Abgeordnete Kasper für die KPD einen Antrag ein. Das Staatsministerium solle die Reichsregierung auffordern, den Abrüstungsvorschlägen der Sowjetunion bei der Genfer-Abrüstungskonferenz zuzustimmen und das Deutsche Reich solle den Austritt aus dem Völkerbund vollziehen. Der Antrag, der keine Chance auf Annahme hatte, wurde auf die Tagesordnung der folgenden Landtagssitzung am 1. Juni gesetzt.

Dann folgte die Wahl des Landtagspräsidenten. Von 409 abgegebenen, gültigen Stimmen entfielen 262 Stimmen auf Hanns Kerrl, 92 Stimmen auf Ernst Wittmaack, und Kasper wurde von den 55 anwesenden Kommunisten gewählt.[111]

Nach Bekanntgabe der Ergebnisse kam es zu Beifallstürmen bei den Nationalsozialisten; Kerrl nahm die Wahl an.

Das wesentliche politische Ergebnis des Tages stand damit fest, anschließend ging es nur noch darum, die Anzahl und Mitgliederzahl der Ausschüsse festzulegen und dringende Anträge zur Erledigung in die Ausschüsse zu überweisen. Was das betraf, war vieles bereits im Vorfeld im Ältestenrat ausgemacht und kein großer Konfliktstoff zu vermuten.

Erst am Ende des Sitzungstages, gegen 18 Uhr, durchkreuzte der Nazi-Abgeordnete Roland Freisler[112] den bis dahin ruhigen Ablauf. Der Rechtsanwalt stellte einen Antrag zur Geschäftsordnung. Eine Nachprüfung der Rechtspflege in Preußen solle erfolgen, da die Justiz nach Meinung Freislers gegen die nationalsozialistische Bewegung ausgerichtet sei.

111 *Coburger Zeitung*, 26. Mai 1932 (Nr. 121). Online-Quelle: http://daten.digitale-sammlungen.de/~db/bsb00001170/images/index.html (abgerufen 9.12.2022)

112 Roland Freisler, Jahrgang 1893, war als Kriegsfreiwilliger 1915 in russische Kriegsgefangenschaft geraten und in einem Offizierslager interniert. Er gehörte bald zur Lagerleitung, trat den Bolschewiki bei und blieb bis 1920 in Russland als Kommissar für Nahrungsmittelverteilung. Zurück in Deutschland, studierte er Jura, verteidigte Nazis vor Gericht und trat 1925 in die NSDAP ein. Er war zudem Mitglied der SA. Am 20. August 1942 wurde Freisler von Adolf Hitler zum Präsidenten des Volkgerichtshofs ernannt und als ›Blutrichter‹ berüchtigt. Zwischen 1942 bis 1945 verhängte allein der von Freisler geführte Erste Senat des Volkgerichtshofs 2.600 Todesurteile. Freisler kam am 3. Februar 1945 bei einem US-amerikanischen Bombenangriff in Berlin ums Leben.

Den Antrag kurz vor Sitzungsschluss zu stellen, begründet Freisler mit dessen Dringlichkeit – und setzte damit die nächste Provokation ins Werk. Gerade habe ihn ein Telegramm erreicht, dass die Staatsanwaltschaft gegen die Angeklagten im Prozess um den ›Blutsonntag von Hückeswagen‹ wegen Totschlags Freiheitsstrafen zwischen sieben bis neun Jahren fordere. Hohe Haftstrafen drohten, obwohl die Angeklagten in Notwehr gehandelt hätten. Mit „*Unerhört*"- und „*Pfui*"-Rufen unterstütze die Nazi-Fraktion die Ausführung.

Am 13. März, dem Tag der Reichspräsidentenwahl, war es in Hückeswagen, einer Kleinstadt ca. 40 Kilometer entfernt von Köln, zu stundenlangen Straßenschlachten zwischen Kommunist_innen und der SA gekommen.[113] Drei Kommunisten waren von SA-Männern erschossen worden.[114]

Freisler bezeichnete den Antrag der Staatsanwaltschaft als ungeheuerlich und ließ sich weiter gegen die Justiz aus. Er bezichtigte die Staatsanwaltschaft generell der Rechtsbeugung und führte das Zitat von Albert Grzesinski an, der seit 1930 an der Spitze der Berliner Polizei stand. Am 23. Februar 1932 hatte der Berliner Polizeipräsident öffentlich verlautbart, man solle Hitler „*mit der Hundepeitsche aus Deutschland heraustreiben*".[115]

Einige Nazi-Abgeordnete sprangen auf und riefen zu den Sozialdemokraten: „*Wo ist der Hundepeitschenpräsident?*".[116] Grzesinski war SPD-Abgeordneter dieses Landtags. Die Sozialdemokraten antworteten ihrerseits mit deftigen Zwischenrufen. Mittels energischer Ordnungsrufe gelang es Vizepräsident Josef Baumhoff (Zentrum), der die Redeleitung hatte, zunächst eine weitere Eskalation zu unterbinden, wenn auch nach der polemischen Hetzrede von Freisler die Stimmung im Saal emotional kochte.

113 Mintert, David Magnus: *Das Frühe Konzentrationslager Kemna und das sozialistische Milieu im Bergischen Land*, Dissertation, Bochum 2007, S. 102, https://hss-opus.ub.ruhr-uni-bochum.de/opus4/frontdoor/deliver/index/docId/3061/file/diss.pdf

114 In Gedenken an die drei getöteten Kommunisten Bruno Blumberg (32), Johann Fries (42) und Wilhelm „Willi" Mondré (38) wurden zum 90. Jahrestag, am 13. März 2022, in Hückeswagen vor der ehemaligen Post, Petersstraße 19, Stolpersteine verlegt.

115 *Kulturstiftung der deutschen Vertriebenen*, Biografie, https://kulturstiftung.org/biographien/grzesinski-albert-2 (abgerufen 9.12.2022).

116 *Coburger Zeitung*, 26. Mai 1932 (Nr. 121). Online-Quelle: http://daten.digitale-sammlungen.de/~db/bsb00001170/images/index.html (abgerufen 9.12.2022).

Dann antwortete der SPD-Abgeordnete Ernst Heilmann auf Freisler. Seine Rede musste der Sozialdemokrat mehrmals unterbrechen, weil ihn die Nazi-Fraktion niedergebrüllte. Alle Versuche, einen sachlichen Ton anzuschlagen, scheiterten. Heilmann machte darauf aufmerksam, dass der Bruder des sozialdemokratischen Abgeordneten Phillip Fries aus Köln unter den drei Toten von Hückeswagen sei. Deshalb hätte er sich mehr Zurückhaltung von Freisler gewünscht. Genau das war aber nicht das Ziel der Nazis, die mit lautem Gelächter die Situation weiter eskalierten.

Nach Heilmann sprach der Nazi-Abgeordnete Wilhelm Kube, der Freisler in puncto wüste Anschuldigungen noch in den Schatten stellte. *„Neunzig Prozent aller preußischen Staatsanwälte verdienten wegen Rechtsbeugung selbst auf die Anklagebank gesetzt zu werden“,*[117] rief Kube in den Saal.

Bis dahin ließ sich die Stimmung im preußischen Landtag als emotional aufgewühlt, aber noch leidlich im Rahmen beschreiben. Nun aber erhielt der KPD-Abgeordnete Wilhelm Pieck das Wort. Pieck erklärte, dass die Kommunist_innen viel härter von der Justiz verfolgt und bestraft würden als die Nazis und stieg dann voll auf die Provokation der Nazis ein. *„Ihre Partei hat den ständigen Mord an revolutionären Arbeitern in Deutschland eingeführt. In euren Reihen sitzen Arbeitermörder!“,*[118] behauptete der KPD-Abgeordnete in Richtung der braunen Parlamentarier. Sofort sprangen einige von ihnen auf und drängten in Richtung Pieck. Genauso schnell bauten sich die KPD-Abgeordneten schützend vor der Rednertribüne auf. Nazis und Kommunisten standen sich Aug in Aug gegenüber und schrien sich wild an. Einige Nazis versuchten, die Treppe zur Rednertribüne hinaufzustürmen. Als der Nazi Paul Hinkler die oberste Stufe erreichte, krachte die Faust des KPD-Abgeordneten Fritz Fränken in dessen Gesicht.[119] Im selben Augenblick landete ein Tintenfass aus Richtung des Präsidiums in den Bankreihen der brauen Parlamentarier. Das wirkte wie ein Signal. Die gesamte NSDAP-Fraktion

117 *Volksstimme*, 26. Mai 1932, (Nr. 122), ›Sie prügeln Deutschland kaputt‹, http://library.fes.de/magdeburg/pdf/1932/1932-122.pdf (abgerufen 9.12.2022).

118 *Die Rote Fahne*, 26. Mai 1932, ›Die Vorgänge im Landtag‹, Faksimile abgedruckt in: Zur Geschichte der kommunistischen Partei Deutschlands, Berlin, 1954, S.318

119 *Volksstimme*, 26. Mai 1932, (Nr. 122), ›Sie prügeln Deutschland kaputt‹, http://library.fes.de/magdeburg/pdf/1932/1932-122.pdf (abgerufen 9.12.2022).

Plakat zur Reichstagswahl am 31. Juli 1932.
Als spontane Reaktion auf die Saalschlacht im Preußischen Landtag rief das ZK der KPD die ***Antifaschistische Aktion*** aus. Trotz diese ad hoc Entscheidung blieb die KPD bei ihrer Parteilinie, der seit 1921 gültigen Einheitsfrontstrategie. Auf den ersten Entwürfen des Logos wurde das auch so benannt.

stürmte über ihre Parlamentsbänke. Pultschubladen und -deckel, sogar schwere Ledersessel von der Ministerestrade flogen durch die Luft, die Lampen am Stenografentisch wurden zerschlagen, und Möbelstücke dienten reichlich als Schlagwerkzeuge. Drei schwer- und etliche Leichtverletzte forderte die Saalschlacht, der Sitzungssaal glich einem Trümmerfeld. An Zahl dreifach überlegen, entschieden die Nazis die Auseinandersetzung für sich und stimmten, nachdem alle anderen Parlamentarier_innen aus dem Raum vertrieben waren, *„Die Fahne hoch“* an; teilweise von Zuschauer_innen auf der Tribüne unterstützt. Daraufhin drohte die Schlägerei unter dem Publikum auf dem Tribünengeschoss und in der Wandelhalle ihre Fortsetzung zu finden. Schnell einschreitende Sicherheitskräfte konnten das gerade noch rechtzeitig unterbinden.

Wenige Minuten später kam der KPD-Abgeordnete Walter Krämer[120] mit verbundenem Kopf in den Saal zurück, um an seinem Platz nach Unterlagen zu sehen. Das Blut lief ihm durch einen frischen Notverband über das Gesicht. Ein paar Nazis, die sich noch im Saal aufhielten, rief er zu: *„Zwanzig für einen, ihr Hunde! Das sollt ihr noch bezahlen!"*[121] Diese nicht gerade intellektuelle Äußerung wurde von der rechtsnationalen *Coburger Zeitung* veröffentlicht.

Offensichtlich vom Nazi-Angriff geschockt, trat sofort das ZK der KPD zusammen. Noch am selben Tag titelte die *Rote Fahne „Feiger Überfall der Nazis im Landtag auf Kommunisten. Antifaschistische Aktion! Aufruf des Zentralkomitees der KPD an die deutsche Arbeiterklasse!"*[122]

In den nächsten Wochen fanden überall im Reich Bezirkskongresse der *Antifaschistischen Aktion* statt. Dies traf sich mit Entwicklungen an der Basis, wo KPD, SPD und andere Linke von den Nazis quasi in eine Front geprügelt wurden. KPD-Mitglieder, die zum großen Teil arbeitslos waren, organisierten mit *Häuserschutzstaffeln* [123] antifaschistische Selbsthilfe, an der sich Betroffene unterschiedslos beteiligten. Allerdings geht auch in diesem Fall die Annahme fehl, dass sich in der KPD der Druck der Basis durchgesetzt habe. Im Jahr 1932 war die KPD eine durch und durch stalinistische Partei, demokratische Einflussnahme der Basis auf die Parteiführung war ausgeschlossen. Bemerkenswert bleibt jedoch, dass es sich bei der *Antifaschistischen Aktion* offensichtlich um eine Eigeninitiative der KPD handelte. Wie spontan die KPD in dieser Situation reagierte, zeigte sich daran, dass bei

120 Walter Krämer, Jahrgang 1892, gehörte zu den ersten kommunistischen Funktionären, die im Zusammenhang mit dem Reichstagsbrand in den frühen Morgenstunden des 28. Februar 1933 verhaftet wurden. Im KZ-Buchenwald bildete er sich in Eigeninitiative medizinisch aus. Dadurch konnte er vielen Häftlingen helfen und ihr Leben retten. Am 6. November 1941 wurde Walter Krämer zusammen mit seinem Mithäftling, dem KPD-Funktionär Karl Peix, im KZ-Außenlager Hahndorf bei Goslar von der SS ermordet.

121 *Coburger Zeitung*, 26. Mai 1932 (Nr. 121). Online-Quelle: http://daten.digitale-sammlungen.de/~db/bsb00001170/images/index.html (abgerufen 9.12.2022).

122 *Die Rote Fahne* vom 26. Mai 1932, Faksimile abgedruckt in: *Zur Geschichte der kommunistischen Partei Deutschlands*, Berlin, 1954, S. 318.

123 Häuserschutzstaffeln waren ursprünglich zum Schutz der Mieter vor behördlichen Maßnahmen wie Zwangsräumungen gegründet worden. Ab 1930 wurden Häuserschutzstaffeln, zumindest in Berlin, wesentlich für den antifaschistischen Kampf.

↑ *Reichseinheitskongress* der *Antifaschistischen Aktion* am 10. Juli 1932 in Berlin.

der Proklamation der ***Antifaschistischen Aktion*** noch kein Emblem vorhanden war. Das Symbol kam nicht von der ***KomIntern*** und wurde auch nicht international verwand. Es musste, ideologisch passend, nachgeliefert werden. So entstanden die zwei roten Fahnen, symbolisch für KPD und SPD, die (etwas schlaff) im Wind von links wehten. Gemeint war natürlich nur die SPD-Basis, nicht die Partei als solche. Die Umrandung bildete ein Rettungsring, auf dem ursprünglich ›Einheitsfront Aktion‹ stand, was dann in ›Antifaschistische Aktion‹ geändert wurde. Bis mindestens Oktober waren beide Versionen parallel in Gebrauch. Der Entwurf stammte von den Grafikern Max Keilson und Max Gebhart, die Mitglieder im ***Bund revolutionärer bildender Künstler Deutschlands*** (BRBKD) [124] waren. Zum ersten Mal wurde das Aktionszeichen am 15. Juni 1932 in der ***Roten Fahne*** veröffentlicht. Fortan fanden sich die Doppelfahnen auf jeder KPD-Publikation.

124 ***Assoziation revolutionärer bildender Künstler Deutschlands*** (ARBKD), kurz Asso, im März 1928 gegründeter Zusammenschluss kommunistischer Künstler. 1931 in ***Bund revolutionärer bildender Künstler Deutschlands*** (BRBKD) umbenannt, 1933 verboten.

Was schwungvoll erschien, war jedoch alter Wein in neuen Schläuchen. Bereits seit 1921 verfolgte die KPD die Einheitsfrontstrategie, und die SPD galt gleichwohl weiterhin als politischer Hauptfeind. Im Kampf gegen den „*Sozialfaschismus*" wurden keine Konzessionen gemacht. Auch die stets wiederholte Forderung, keine Einheitsfront von oben, sondern eine breite Massenbewegung organisieren zu wollen, entsprach voll und ganz dieser Linie. Der Einfluss der SPD-Parteiführung sollte ausgeschaltet werden.

Offensichtlich handelte es sich bei der *Antifaschistischen Aktion* um die kommunistische Gegengründung zur *Eisernen Front*. Dies lässt sich unschwer mit den Proklamationen und Papiere der *Antifaschistischen Aktion* belegen. Erwähnenswert ist hier die Broschüre *Ernst Thälmanns Antwort auf 21 Fragen von SPD-Arbeitern*, die in einer Massenauflage von der KPD verbreitet wurde und eine Art Grundlagenpapier für die *Antifaschistische Aktion* darstellte.

Der Legende nach trafen sich am 8. Juli 1932 im Karl-Liebknecht-Haus in Berlin zwanzig Sozialdemokraten mit Ernst Thälmann zum Gespräch. Wenig später erschien das Frage-und-Antwort-Spiel in der genannten Broschüre. Inhaltlich besteht die Veröffentlichung aus einer Aneinanderreihung von Phrasen, nach einer konkreten Antwort auf auch nur eine einzige Frage sucht man vergebens. Als Beispiel sei hier Thälmanns Erwiderung darauf, ob die *Antifaschistische Aktion* etwa ein ›kommunistischer Parteiladen‹ sei, wiedergegeben:

„*Sie ist ein überparteiliches Sammelbecken für alle zum rücksichtslosen Kampf gegen den Faschismus gewillten Arbeiter. Sie ist keine Organisation, sondern eine Massenbewegung. Sie ist der Strom, in den all die kämpferischen Kräfte einmünden, die wirklich den Kampf, den Massenangriff gegen die jetzige Regierung, welche die unmittelbare Aufrichtung der faschistischen Diktatur betreiben, durchführen wollen. Die Führung der besonderen Einheitsausschüsse, die in den Betrieben, in den Straßen, an den Stempelstellen usw. gebildet werden, muß selbstverständlich in den Händen der kampfgewillten Arbeiter selbst liegen.*" [125] Indes konnten „*kampfgewillte Arbeiter*" nur solche sein, die sich mit den Prinzipien der *Antifaschistischen*

125 Ernst Thälmanns ›Antwort auf 21 Fragen von SPD-Arbeitern‹.
Zit. in: *Kampf dem Faschismus. Thälmann 1929-1933*, Leipzig Jena Berlin, 1986, Seite 263.

Preis 5 Pfennig

August 1932 / Nr. 3

ANTIFASCHISTISCHE Aktion

Kampfblatt der Werktätigen gegen Hunger, Faschismus und Krieg

187 Arbeiter getötet!

Durch Nazis ermordet, vom 1. Januar bis 4. August 1932 .... 111 Arbeiter

Davon vom 1. Juni (Regierungsantritt von Papen) bis zur Wahl .... 61 Arbeiter

Nach der Wahl ...... 6 Arbeiter

Durch die Polizei erschossen .... 76 Arbeiter

Davon vom 1. Juni bis zur Wahl .... 52 Arbeiter

Nach der Wahl ..... 3 Arbeiter

Unsterbliche Opfer!

Im Sturmschritt voran!

Verstärkt den Kampf in Betrieb und Stempelstelle — Unser neuer Vorstoß: Betriebskampfwoche vom 14. bis 21. August

Der Sieg der Antifaschistischen Aktion

„Der unaufhaltsame Vormarsch der KPD., die trotz des maßlosen Terrors der Bourgeoisie als einzige siegreiche Partei aus den Reichstagswahlen vom 31. Juli hervorgegangen ist, ist der untrügliche Beweis für die Kampfentschlossenheit des deutschen Proletariats, für den festen Willen der werktätigen Millionenmassen, das Joch der faschistischen Diktatur und den Terror der braunen Mordpest nicht zu dulden, sondern in den Reihen der Antifaschistischen Aktion die unüberwindliche rote Einheitsfront zu schmieden."

So stellt das Zentralkomitee der Kommunistischen Partei in einem Aufruf am 1. August über das Wahlergebnis fest. Ueber 5 Millionen Proletarier haben durch Stimmenabgabe für die Kommunistische Partei ein Bekenntnis zum außerparlamentarischen Kampf, zum Widerstand gegen Lohn- und Unterstützungsabbau, zum wehrhaften Massenkampf gegen Nazimordterror, zum politischen Massenstreik gegen Papen-Reaktion und Notverordnungspolitik abgelegt.

Dieses Massenbekenntnis der 5 Millionen wird unterstrichen durch die Tatsache, daß in allen Bezirken Deutschlands die werktätigen Massen

vom Bekenntnis zur Tat

geschritten sind. Zahlreiche Streiks gegen Lohnabbau und Naziterror, Massenprotest auf den Stempelstellen, gemeinsamer Widerstand der Arbeiter ohne Unterschied der Organisationszugehörigkeit gegen die Nazimordbanditen, Verhinderung von Exmittierungen und von Zwangsversteigerungen — das ist die Antifaschistische Aktion! Diese kämpfenden Massen mußten am 31. Juli siegen und haben gesiegt!

Der Wahlsieg der Kommunistischen Partei hat eine noch stärkere, kaum mehr zu überbietende Hetze seitens der Gegner der Arbeiterklasse hervorgerufen. Die Nazipresse fordert offen zu neuen Mordtaten auf. Die Papen-Regierung beratschlagt, welche neuen Unterdrückungsmaßnahmen gegen die Kommunistische Partei und die revolutionären Arbeiterorganisationen angewandt werden können. Aber die werktätigen Massen lassen sich durch keine Hetze, durch keine Verbote von ihrem Widerstand gegen alle arbeiter- und bauernfeindlichen Maßnahmen abhalten. Mit Recht erklärt das Zentralkomitee der Kommunistischen Partei in seinem Aufruf:

„Wir sind entschlossen, an der Spitze der Millionen der klassenbewußten Arbeiterschaft und aller Werktätigen, die zum Kampf gegen das kapitalistische System unter proletarischer Führung bereit sind, den Kampf

für die Entwaffnung der Konterrevolution,
für die Auflösung der SA. und SS.,
für die Schließung der SA.-Kasernen,
für die Säuberung der Betriebe von faschistischen Mordbanditen,
für die Freiheit der Arbeiterklasse und die Sicherung der Arbeiterorganisationen gegen alle Anschläge des Faschismus durchzuführen."

In diesen Tagen gehen die Unternehmer dazu über, einen neuen Raub an den Hungerlöhnen vorzunehmen. In den meisten Industriegruppen und Branchen aller deutschen Bezirke wurden von den Unternehmern die Tarife gekündigt. In fast allen Betrieben wurden durch die Werksleitungen Vorstöße gegen die bisherigen Löhne und Akkorde vorgenommen. Hier muß die Antifaschistische Aktion, der gemeinsame Widerstand aller Arbeiter einsetzen. Es darf keinen Betrieb geben, der nicht in der

Betriebskampfwoche der Antifaschistischen Aktion vom 14. bis 21. August

zu den Angriffen der Unternehmer Stellung nimmt und entscheidende Kampfbeschlüsse faßt. Es darf keinen Betrieb geben, der nach dieser Woche ohne

festorganisierten Massenselbstschutz

ist. Es darf keinen Betrieb geben, in dem nicht die Belegschaft durch einen Einheitsausschuß geführt wird, dem Kollegen der verschiedensten Organisationen angehören, die das Vertrauen der gesamten Belegschaft besitzen.

Dieser Vorstoß in den Betrieben, diese Organisierung des Kampfes gegen die Lohnraubabsichten der Unternehmer sind die entscheidenden Aufgaben der Antifaschistischen Aktion nach dem 31. Juli.

↑ Zeitung der *Antifaschistischen Aktion*, August 1932

Aktion, welche die der KPD waren, identifizierten. Schließlich führte die Kampagne am 10. Juli 1932 zu einem ›Reichseinheitskongress‹ in der Berliner Philharmonie. Nach KPD Angaben waren 1.500 gewählte Delegierte anwesend, davon 132 Mitglieder der SPD, des *Reichsbanners* und anderen Organisationen sowie 954 Parteilose.[126]

Inwieweit diese Zahlen, insbesondere die der SPD-Mitglieder, der Realität entsprachen, lässt sich schwer verifizieren, wie vieles, was mit der *Antifaschistischen Aktion* zu tun hat. Denn es gab keine Mitgliedsausweise – die *Antifaschistische Aktion* entstand aus der praktischen Beteiligung. Der Kongress beschloss ein *„Kampfgelöbnis der Antifaschistischen Aktion"* und ein Manifest.

↑ Aufruf zum roten Massenselbstschutz.

Dieses Manifest hat die gleiche Diktion wie die Thälmann-Broschüre. Zum Sinn der *Antifaschistischen Aktion* ist zu lesen: *„Die Antifaschistische Aktion will nicht dulden, daß über Deutschland die faschistische Diktatur errichtet wird, daß die Klassenorganisationen des Proletariats zertrümmert und verboten, daß alle Rechte der Arbeiterklasse mit Füßen getreten, daß die Sozialversicherungen und alle Errungenschaften der Arbeiterbewegung ausgerottet werden.*

Die Antifaschistische Aktion organisiert in breitester Einheitsfront den geschlossenen roten Massenselbstschutz der Arbeiter, Erwerbslosen und Werktätigen in ganz Deutschland. Die Antifaschistische Aktion will den Massenkampf aller klassenbewussten Arbeiter, aller antifaschistischen Freiheitskämpfer für die vernichtende

126 *Die Rote Fahne*, 12. Juli 1932, *Manifest der Antifaschistischen Aktion*, Faksimile, abgedruckt in: *Zur Geschichte der kommunistischen Partei Deutschlands*, Berlin 1954, S. 322.

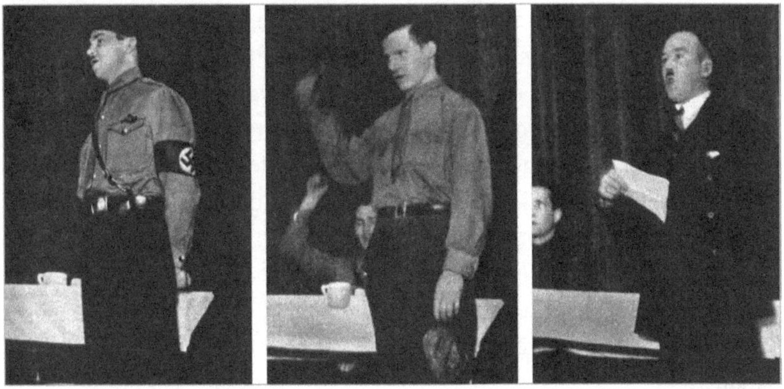

↑ Noch zu den Reichstags- bzw. Landtagswahlen in Preußen im März 1933, setzte die KPD auf die ***Arbeiter-Einheitsfront***. Originale Bildunterschrift: „In Remscheid fand die niederrheinische Bezirkstagung des ***Kampfbundes gegen den Faschismus*** statt. Die Diskussion gab der einmütigen Überzeugung Ausdruck, daß der Kampf gegen den Faschismus in hervorragendem Maße in den Betrieben und von den Betrieben ausgeführt werden muß. Die Tatsache, daß etwa die Hälfte der Delegierten Betriebsarbeiter waren, beweist, daß auf diesem Weg marschiert wird. Ein Vertreter der SA-Delegation (links) bekannte sich zum Sozialismus. Ein Reichsbannerdelegierter (Mitte) ruft zum Kampf in der Roten Einheitsfront auf. Der gewählte Führer der streikenden Belegschaft der Kammergarnspinnerei Düsseldorf (rechts) bringt die Grüße der kämpfenden Kollegen. – Einheitsfront in Betrieb und Stempelstelle! Einheitsfront unter den roten Fahnen des Klassenkampfes! Rote Einheitsfront gegen Diktatur und Terror der Faschisten! Wer dafür ist, der reihe sich ein! Gegen Reaktion – für Arbeit, Brot und Freiheit am 5. März die Liste der Kommunisten!"
Arbeiter Illustrierte Zeitung, Nr. 10, 5.3.1933, Faksimile, abgedruckt in: Willam, Heinz, *Geschichte der Arbeiter-Illustrierten Zeitung*. 1921–1938, Berlin 1975, S.227.

Niederlage des Hitlerfaschismus, für die Zurückeroberung von Millionen von den Nationalsozialisten betrogenen Werktätigen." [127]

Der hier genannte *Rote Massenselbstschutz* war analog zu den *Hammerschaften der Eisernen Front* ausgerufen worden und blieb ein Propagandagebilde.

Isoliert vertrat die KPD weiterhin ihre Sozialfaschismusthese und betrieb aktive Politik gegen die SPD. Verständlicherweise untersagte die SPD-Leitung ihren Mitgliedern die Teilnahme an der *Antifaschistischen Aktion*.

127 *Was will die Antifaschistische Aktion?*, Broschüre 1932, Zit. in: *Kampf dem Faschismus. Thälmann 1929–1933*, Leipzig Jena Berlin 1986, Seite 263.

Gemeinsame sozialdemokratisch-kommunistische Einheitsaktionen blieben daher auf lokale oder betriebliche Einzelaktionen beschränkt.

Problematisch an der *Antifaschistischen Aktion* war zudem, dass die KPD im Zuge ihrer Einheitsfrontpolitik sowohl die Parteibasis der SPD als auch der NSDAP [128] zu gewinnen trachtete. Es kam zu demonstrativen Auftritten und Redebeiträgen von Mitgliedern der SPD und des *Reichsbanners*, ab und zu sah man auch SA-Leute bei der *Antifaschistischen Aktion* auf dem Podium, die ihre Zusammenarbeit erklärten. Insbesondere in der SA, in deren Reihen viele Arbeiter zu finden waren, erhoffte sich die KPD, revolutionäres Potenzial gewinnen zu können. Bis auf Einzelfälle erwies sich das als Fehlkalkulation.

Nationale Konzentration

Mit der *Antifaschistischen Aktion* wollte die KPD nicht nur eine von ihr dominierte, parteiübergreifende Sammlungsbewegung schaffen, sondern sie zielte auch konkret auf die Reichstagswahl am 31. Juli 1932. Das Kampfgelöbnis der *Antifaschistischen Aktion* vom 10. Juli wurde von vornherein als flammender Wahlaufruf verfasst und als Plakat verbreitet. Kurz vor dieser Wahl trat ein Ereignis ein, das für die Machtauslieferung an die Nationalsozialisten von entscheidender Bedeutung sein sollte. Ort der Handlung war Preußen, der Hauptakteur hieß Franz von Papen. Von Papen gehörte zum äußersten rechten Flügel der Zentrumspartei und war von 1921 bis 1928 und dann wieder ab 1930 Abgeordneter dieser Partei im preußischen Landtag. Unentwegt und vergeblich kämpfte von Papen in dieser Zeit gegen Ministerpräsidenten Otto Braun und die ›atheistische‹ SPD.

128 Die Strategie der KPD, Nazis auf ihre Seite zu ziehen, hatte beispielsweise beim Reichswehrleutnant Richard Scheringer (geb. 1904, gest. 1986) Erfolg. Scheringer trat als Offiziersanwärter 1924 in die Reichswehr ein und gründete dort eine illegale nationalsozialistische Zelle. Deshalb wurde er am 4. Oktober 1930 in Ulm vor Gericht gestellt. Als Zeuge trat auch Hitler auf, der die Angeklagten aber nicht entlastete, sondern den strikten Legalitätskurs seiner Partei betonte. Die drei Angeklagten wurden zu jeweils eineinhalb Jahren Festungshaft verurteilt. In der Haft kam Scheringer mit Kommunisten in Kontakt und wechselte die Seiten. Siehe hierzu: Richard Scheringer, *Das große Los. Unter Soldaten, Bauern und Rebellen*, Aufbau-Verlag, Berlin 1961, Autobiografie.

Mit den Landtagswahlen vom 24. April 1932 zeichnete sich für von Papen endlich die Möglichkeit ab, Braun zu entmachten und damit die Vorherrschaft der SPD im wichtigsten Land des Reiches zu beenden.

Rein rechnerisch ergab sich eine Mehrheit für eine Mitte-Rechts-Regierung aus DNVP, Zentrum und NSDAP. Doch die NSDAP ging Bündnisse nur dann ein, wenn sie diese dominieren konnte. Deshalb kam keine neue Regierung zustande und die alte blieb, gemäß Artikel 49 der Landesverfassung, geschäftsführend im Amt.

Mit seinem Ansinnen, eine politisch rechts stehende Regierung in Preußen durchzusetzen, stand von Papen nicht allein. Preußen bedeckte mit seinen 300.000 qm Fläche 2/3 des Deutschen Reiches und seine 39 Millionen Einwohnern stellten 3/5 der Staatsbevölkerung. Die Einwohnerzahl Preußens kam fast an jene von Frankreich oder England heran.

Sowohl in der landwirtschaftlichen als auch der industriellen Produktion führend in Deutschland, wäre Preußen auch allein ein bedeutender Staat im europäischen Rahmen gewesen. Die Wirtschaftskraft Berlins, der Hauptstadt des Freistaates Preußen, entsprach ungefähr jener Belgiens. Deshalb entstand bei der politischen Rechten die Parole *„Wer Preußen hat, der hat Deutschland"*.

Im Fall Preußen ging es also um weit mehr als um eine persönliche Rechnung von Papens, es ging darum, das politische Kräfteverhältnis durch einen Rechtsruck nachhaltig zu verändern. Der Kopf, der das einfädelte, war der von Kurt von Schleicher. Dieser nahm eine Schlüsselposition im Reichswehrministerium ein und war ein Vertrauter von Paul von Hindenburg.

Von Schleicher sah im Einfluss der SPD das größte Hemmnis für die Aufrüstung, er meinte, bei den Sozialdemokraten seien nur *„wehrfeindliche Giftmänner"* am Werk. Deshalb hatte der General im Frühjahr 1930 den Sturz der Regierung Müller (SPD), die auf einer großen Koalition beruhte, betrieben und wirkte nun für das Präsidialkabinett unter Brüning (Zentrum), das ohne parlamentarische Mehrheit agierte. Diese Regierungskonstruktion beruhte auf der Notverordnung, dem § 48 der Weimarer Verfassung und damit auf der Autorität des Reichspräsidenten.

Brünings Präsidialkabinett, das im März 1930 ins Leben gerufen worden war, sollte nur eine kurze Übergangsepisode darstellen. Von Schleicher hatte geglaubt, dass sich nach den Neuwahlen am 14. September eine Regierung unter Brüning auf eine starke rechtskonservative Mehrheit stützen könnte. Doch der Plan war nicht aufgegangen. Wahlgewinner war die NSDAP, Brüning musste sich auf eine Tolerierung durch die SPD einlassen.

Daraufhin entwickelte von Schleicher einen neuen Plan. Er wollte die neue Massenpartei mit in die Regierungsverantwortung nehmen. Ferner plante er die SA und andere Wehrverbände in einer staatlichen Dachorganisation zusammenzufassen, um damit einen raschen personellen Aufbau der Reichswehr betreiben zu können. Diesbezüglich nahm er Gespräche mit dem Stabschef der SA, Ernst Röhm, auf, die sich erübrigten, nachdem das Kabinett Brüning am 13. April 1932 ein generelles SA-Verbot verfügte. Allerdings wurde von Schleicher damit ein Verhandlungstrumpf in die Hand gespielt, mit dem er sein Hauptziel, den Einfluss der SPD auf die Regierung auszuschalten, schnell erreichen sollte. Am 28. April 1932 begann er Geheimverhandlungen mit Adolf Hitler. Der Naziführer sagte von Schleicher zu, eine neue Regierung parlamentarisch zu tolerieren, wenn im Gegenzug das SA-Verbot fallen würde.

Mit der Zusage Hitlers im Rücken, intrigierte von Schleicher bei Hindenburg gegen Brüning. Der Reichspräsident ließ den Präsidialkanzler schließlich fallen. Als Nachfolger hatte von Schleicher den Rechtsaußen der Zentrumspartei, Franz von Papen, ausersehen. In diesem Zusammenhang nahm von Schleicher seinen Abschied beim Militär und trat als parteiloser Reichswehrminister selbst ins Kabinett von Papen ein. Eigentlich war nicht von Papen, sondern von Schleicher der starke Mann dieser Regierung[129], die vom 1. Juni bis zum 3. Dezember 1932 ihr Amt ausübte.

Die Regierung Papen setzte sich überwiegend aus parteilosen Fachministern adliger Abstammung zusammen und wurde daher auch als *„Kabinett der Barone“* bekannt. Neben diesen fanden sich nur Deutschnationale der DNVP auf Ministerposten, weshalb von Papen schleunigst aus

129 Hindenburg hielt Papen als Reichskanzler für nicht besonders geeignet. Schleicher gegenüber äußerte er, dass Papen kein Kopf sei. Schleicher soll daraufhin erwidert haben: *„Das soll er ja auch nicht sein. Aber er ist ein Hut.“*

der Zentrumspartei austrat, um dem Parteiausschluss zuvor zu kommen. Politisch stand er längst auf der äußersten Rechten, wollte am liebsten alle Parteien verbieten und mittels Reichswehr regieren. Zunächst war er aber, was das Regieren anging, auf die Tolerierung der NSDAP angewiesen. Zum Dank dafür hob von Papen am 16. Juli 1932 das SA-Verbot auf.

An diesen Vorgängen lässt sich ein strategisches Vorgehen der politischen Rechten über die Parteigrenzen hinweg festmachen. Das wundert, wenn man sich anschaut, wie zersplittert sich die rechte Parteien- und Organisationslandschaft darstellte. So beruhte dieser Prozess, für den zwischenzeitlich der Begriff der ›nationalen Konzentration‹ entstand, auch nicht auf einem lange vorausgedachten oder diskutierten Kurs, sondern entwickelte sich aus den konkreten Bedingungen. Das einigende Moment war die Floskel vom ›Kampf gegen den Marxismus‹, ferner die Wiederaufrüstung und die Wiederherstellung der Weltgeltung des Deutschen Reiches. Wenn auch unklar war, wer und welche Partei sich letztlich in diesem Kampf durchsetzen würde, musste der NSDAP seit ihrem Wahlsieg im September 1930 eine wichtige Rolle zukommen. Es sollte von Papen sein, der den Nazis den Weg zur Macht ebnete.

Sein Kabinett war die erste ausgesprochenen Rechtsregierung im Deutschen Reich und trat an, wie der Reichskanzler formulierte, um den *„Kampf gegen den preußischen Sozialismus“*[130] zu führen. Denn die wesentliche Gefahr sei die *„Bolschewisierung des deutschen Volkes“*. Es gelte, den Bolschewismus *„rücksichtslos zu unterdrücken“* und *„auszutilgen“*[131].

Reichskanzler von Papen plante, sich mittels einer Notverordnung zum Reichskommissar von Preußen ernennen zu lassen und die geschäftsmäßige Landesregierung ihres Amtes zu entheben. Ähnlich wie bei der Reichsexekution von 1923 gegen Sachsen und Thüringen sollte dazu die Reichswehr eingesetzt werden. Reichspräsident Hindenburg stellte bei diesem Unterfangen kein Hindernis dar. Denn neben politisch divergierenden Vorstellungen nahm Hindenburg Ministerpräsidenten Otto Braun das

130 Zit. in Bay, Jürgen: *Der Preußenkonflikt 1932/33*, Diss. jur., Erlangen – Nürnberg 1965, Seite 187.

131 Papen, Franz von: *Papen's Appell an das deutsche Gewissen. Reden zur nationalen Revolution.* Oldenburg i. O. 1933, Seite 61 und 71.

vorübergehende Verbot des *Stahlhelm*, dessen Ehrenvorsitzender der alte Generalfeldmarschall war, persönlich übel.

Am 14. Juli unterzeichnete Reichspräsident Hindenburg eine undatierte Notverordnung. Nun brauchte es nur noch eines Vorfalls, mit dem sich belegen ließe, dass die ›Ruhe und Ordnung‹ in Preußen gefährdet war, um den Einsatz der Reichswehr gegen die geschäftsrührende Regierung zu legitimieren.

Der bot sich bereits einen Tag nach Aufhebung des SA-Verbotes am 17. Juli 1932 in Hamburg. In der Hansestadt war ein großer Aufmarsch von SA- und SS-Stürmen aus ganz Schleswig-Holstein genehmigt worden. Die Nazi-Demonstration sollte ausgerechnet durch den als linker Arbeiterbezirk bekannten Stadtteil Altona führen, der zum Freistaat Preußen gehörte.

Gegen 15 Uhr formierten sich 7.000 SA und SS-Männer und erreichten gegen 16:30 Uhr die Altstadt. Wenig später flogen Gegenstände in die Nazi-Kolonnen. Die SA machte einen Ausfall und es kam sofort zur militanten Konfrontation. Ab diesem Moment war die Polizei nicht mehr Herr der Lage.

Selbst nach der Heranführung von weiteren Einsatzeinheiten bekamen die Ordnungshüter die Situation nicht unter Kontrolle. Schließlich wurden die Nazis von den Antifaschist_innen zurückgeschlagen. Als sich die

15. Jahrgang · Nr. 164 — Einzelpreis 10 Pf.

Hamburger Volkszeitung

Organ der KPD für die Werktätigen Groß-Hamburgs

Montag, 18. Juli 1932

Blutsonntag in Altona!

Die braune Mordpest wütet unter dem Schutz der Eggerstedt-Polizei – 12 Tote und weit über 50 Schwerverletzte die Folgen des SA-Terrors und der Polizeischießerei – Die Zusammenstöße durch Feuerüberfall der SA herbeigeführt – Roter Massenselbstschutz verteidigt die Freiheit der Arbeiterviertel – Eggerstedt-Polizei schießt mit Maschinengewehren und Karabinern, mit Tränengas und unter Einsatz von Panzerwagen die Straße frei für die Mord-SA – „Hamburger Echo“ und Eiserne-Front-Führung wollten das rote Altona den Nazis überlassen – SPD- und Reichsbannerarbeiter kämpften trotzdem im roten Massenselbstschutz – Beispiellose Verbotshetze gegen KPD!

Beschließt Proteststreiks!

So sah das „Hamburger Echo“ am Sonnabend aus:

Hamburger Echo

braunen Kolonnen neu formieren wollten, fielen Schüsse und zwei SA-Männer brachen tödlich getroffen zusammen.

Nun drängten die Nazis zurück zum Bahnhof und forderten verstärkten Polizeischutz. Ab 17:30 Uhr ging die Polizei rigoros gegen die Antifaschist_innen vor und eröffnete das Feuer auf vermeintliche Dachschützen.

Gleichzeitig kam es zu Hausdurchsuchungen, 90 Personen wurden verhaftet. Zwei erschossene SA-Männer und 16 Antifaschist_innen, die durch Polizeikugeln ihr Leben verloren, das war die Bilanz des 17. Juli 1932, der als ›Altonaer Blutsonntag‹ in die Geschichte einging.[132]

Preußenschlag

Am Mittwochmorgen, dem 20. Juli 1932, ließ von Papen die preußischen Regierungsvertreter in die Reichskanzlei bitten und eröffnete ihnen die Notverordnung, da durch die Geschehnisse in Hamburg *„die öffentliche Sicherheit und Ordnung in Preußen nicht mehr gewährleistet erscheint"*. Ministerpräsident Braun ließ sich krankheitsbedingt entschuldigen, Innenminister Severing führte das Wort und protestierte mit seinen Kollegen gegen die Amtsenthebung. Das war alles. Wenig später ließ sich Severing vom neu ernannten Polizeipräsidenten und zwei Polizisten einfach aus seinem Dienstzimmer bitten.

Franz von Papen war nun Reichskanzler und Reichskommissar für Preußen. Die preußischen Angelegenheiten legte er in die Hände des Essener Oberbürgermeisters Franz Bracht[133], den Papen zu seinem Stellvertreter und Kommissar für das preußische Innenministerium ernannte. In einer weiteren Verordnung vom gleichen Tage verhängte Hindenburg den Ausnahmezustand über Berlin und die preußische Provinz Brandenburg.

132 In einem Schauprozess im Mai/Juni1933 liessen die Nazis vier Antifaschisten, August Lütgens, Walter Möller, Karl Wolff und Bruno Tesch, zum Tode verurteilen. Auf dem Hof des Gerichts, heute das Amtsgericht Altona, wurden die Urteile am 1. August 1933 mit dem Handbeil vollstreckt. Weitere 12 Angeklagte erhielten teilweise langjährige Haftstrafen. Für das Buch, *Das Beil von Wandsbek*, von Arnold Zweig, bilden diese Ereignisse den Hintergrund.

133 Franz Bracht war zunächst Mitglied der Zentrumspartei, verließ die Partei Anfang der 1930er-Jahre und blieb parteilos.

Die vollziehende Gewalt erhielt Reichswehrminister Kurt von Schleicher, der mit der Durchführung den für Berlin und Brandenburg zuständigen Reichswehrkommandeur, Generalleutnant Gerd von Rundstedt[134] beauftragte und ihm die Befehlsgewalt über die preußische Polizei übertrug.

Umgehend besetzten Reichswehreinheiten das preußische Innenministerium, das Berliner Polizeipräsidium und die Zentrale der Schutzpolizei.

Der sozialdemokratische Polizeipräsident von Berlin und der Kommandeur der Schutzpolizei wurden verhaftet. Erst nachdem sie ihren Rücktritt erklärt und sich mittels Unterschrift verpflichtet hatten, keine weiteren Amtshandlungen vorzunehmen, wurden sie am nächsten Tag entlassen.

Widerstand gegen den ›Preußenschlag‹ blieb aus. Obwohl vielerorts Aktivisten der *Eisernen Front* und des *Reichsbanners* auf ein Zeichen der Parteizentrale warteten, um einen Generalstreik wie gegen den Kapp-Putsch 1920 zu initiieren. Doch die sozialdemokratische Parteiführung glaubte nicht an den Erfolg. Der SPD-Vorsitzende Otto Wels schrieb dazu in seinen Aufzeichnungen: *„Kommunisten und Nationalsozialisten ständen gegen uns. Die Staatsmacht, d. h. die Reichswehr desgleichen. Ebenso die Beamtenschaft und das Bürgertum in weitesten Kreisen.“*[135] So ließ sich die preußische Regierung sang- und klanglos absetzen, während sich die Führung von SPD, ADGB (dem damals weltweit größten Gewerkschaftsverband) und *Reichsbanner* darauf einigten, nicht zu Streiks und Demonstrationen aufzurufen. Lediglich die Sicherung der Reichstagswahl am 31. Juli sollte gewährleistet werden. Dass Beamte es vorziehen, ihren Werdegang nicht zu gefährden und stattdessen bei vollen Pensionsansprüchen ihren Rücktritt einreichen, ist im kleinbürgerlichen Denkschema erklärlich.

Dass sich hingegen die SPD einfach entmachten ließ, wundert. Oder bewahrheitete sich hier nur, was KPD und andere den Sozialdemokraten seit Langem vorwarfen? Dass nämlich die Großveranstaltungen von

134 Gerd von Rundstedt, (geb. 1875, gest. 1953), 1890 Eintritt in eine Kadettenanstalt, blieb Zeit seines Lebens Militär. In der Wehrmacht stieg er zum Generalfeldmarschall auf. Seit Mai 1945 in britischer Gefangenschaft und wegen Massenmordes in der Sowjetunion als Kriegsverbrecher angeklagt. Vor der Verurteilung aus Gesundheitsgründen 1949 aus der Haft entlassen.

135 Zit. in, Schulze, Hagen: *Anpassung oder Widerstand?* Frankfurt/Main 1975, Seite 8.

↑ Verordnung des Wehrkreises III gegen etwaige Streiks zur Wiedereinsetzung der am 20. Juli 1932 gestürzten preußischen Regierung; sinnigerweise auf NS-Wahlpropaganda an einer Litfasssäule angebracht.

Reichsbanner und *Eiserner Front* nur peinliche Kraftmeierei darstellten? Die Antwort findet sich im Legalismus der SPD, deren Politik ausschließlich im gesetzlichen Rahmen der bürgerlichen Rechtsordnung stattfand.

Zwar reichte die preußische Regierung eine Verfassungsklage beim Staatsgerichtshof des Reichsgerichts gegen ihre Absetzung ein, jedoch beurteilte das Gericht am 25. Oktober 1932 die Maßnahmen des Reichskommissars Papen als gerechtfertigt.

Trotzdem behalte die Regierung Braun ihre staatsrechtliche Stellung. Im Resultat bedeutete dies, dass sich die Braun-Regierung einmal wöchentlich zu ihrer Kabinettssitzung traf, während die tatsächliche Macht bei der ›Kommissar Regierung‹ unter Franz Bracht lag. Verbunden mit dem Preußenschlag war die Entmachtung der preußischen Polizei, dem mit über 90.000 Beamten zweitgrößten Herrschaftsinstrument der Weimarer Republik. Von nun an standen die preußischen Ordnungshüter mit der

Reichswehr unter einheitlicher Befehlsgewalt des Reichspräsidenten, eine bis dahin noch nicht gekannte Machtkonzentration. Flankiert wurde diese Maßnahme durch die Umstrukturierung des preußischen Polizeiapparates und die Zurückdrängung des sozialdemokratischen Einflusses. Außerdem wurde das in Preußen seit 1930 bestehende Verbot, Mitglieder der NSDAP in den öffentlichen Dienst einzustellen, aufgehoben.

Wirklich verhängnisvoll blieb aber, dass sich dem zielbewussten Handeln der politische Rechten kein Widerstand entgegenstellte. Dies sollte in den nur elf Tage später stattfindenden Reichstagswahlen seinen Niederschlag finden.

Wahlergebnisse

Der Wahlkampf für die Juliwahl 1932 gilt als der gewalttätigste in der deutschen Geschichte. Insbesondere zwischen KPD- und NSDAP-Anhänger_innen kam es zu massiven Auseinandersetzungen bis hin zu Schießereien. In der ersten Junihälfte 1932 starben dabei drei Menschen, nach der Aufhebung des SA-Verbots am 16. Juni weitere siebzehn. Bis zum Wahltag am 31. Juli waren insgesamt 86 Tote zu beklagen, 38 davon Anhänger der NSDAP, 30 gehörten der KPD an.

Die Wahlbeteiligung zum 6. Reichstag war mit 84,1 Prozent die höchste bei einer Wahl in der Weimarer Republik überhaupt. Am Ende wurde die NSDAP mit 37,3 Prozent (und einem Stimmenzuwachs von 19 Prozent!) die mit Abstand stärkste Partei im Reichstag, allerdings hatte sie die absolute Mehrheit verfehlt. SPD (21,6 Prozent) und KPD (14,3 Prozent) blieben in ihren Stimmen zusammengenommen relativ konstant. Die Position des Kabinetts von Papen war damit weiter geschwächt und Hitler nach seinem Wahlerfolg nicht mehr gewillt, eine Minderheitenregierung zu stützen, er wollte die Macht.

Nach der Konferenz von Lausanne im Juni/Juli 1932, mit der ein Schlussstrich unter den Versailler-Vertrag gezogen werden sollte, provozierten Deutschnationale und Nationalsozialisten einen Eklat und Hitler kündigte die Tolerierung der Papen-Regierung auf. Bereits am 6. November 1932 kam es zu Neuwahlen.

Als spektakulärstes Ereignis dieses Wahlkampfes sollte der BVG-Streik vom 3. bis 7. November 1932 in Erinnerung bleiben, bei dem es erneut zum Zusammenwirken von Kommunisten und Nationalsozialisten kam. Bereits seit September organisierte die KPD Streiks gegen von Papen, der ausschließlich über Notverordnungen regierte, was mit einem radikalen Lohn- und Sozialabbau einherging. Die KPD bezeichnete das als ›Faschisierungpolitik‹. Teilweise gelang es, Erfolge zu erzielen, was auf der 3. Reichskonferenz der KPD am 18. Oktober 1932 zu der völlig abwegigen Einschätzung führte, dass die Kommunist_innen unmittelbar vor der Eroberung der politischen Macht stünden, während die SPD weiterhin die *„soziale Hauptstütze der Bourgeoisie“* sei. Die Streikwelle, bis Dezember immerhin 1.100 Streiks, sollte die Kampfentschlossenheit der Arbeiterschaft mobilisieren und die *Antifaschistische Aktion* in die Betriebe tragen.

Seit 1931 hatte es mehrere Lohnsenkungen bei der BVG gegeben. Als eine erneute Kürzung um 14 bis 23 Pfennige pro Stunde anstand, erreichten die Verhandlungsführer der Gewerkschaften, dass der Stundenlohn nur um 2 Pfennig gedrückt wurde. Damit sollte ein Streik verhindert werden. Die RGO organisierte daraufhin eine eigene Urabstimmung, bei der sich nach ihren Angaben 78 Prozent der Belegschaft für eine Arbeitsniederlegung aussprachen.

Es wurde eine Streikleitung aus RGO, Unorganisierten, einigen Sozialdemokraten und der *Nationalsozialistischen Betriebszellen Organisation* (NSBO) gebildet. Mit der Absicht, sie auf die Seite der KPD zu ziehen, sollten ausdrücklich auch Nazis im Zuge der ›Einheitsfrontpolitik‹ in die Streikkomitees aufgenommen werden.

Ähnlich kalkulierte Joseph Goebbels, der hoffte, mit einer Beteiligung am Streik Wählerstimmen aus der Arbeiterschaft zu gewinnen. Hauptakteur des Streiks waren aber zweifellos die Kommunist_innen, die auch die Repression am härtesten traf.

Der Streik eskalierte binnen kürzester Frist. Zunächst gelang es am 3. November den öffentlichen Nahverkehr lahmzulegen. Woraufhin die Gewerkschaften ihren Mitgliedern unverhohlen mit fristloser Kündigung drohten, falls sie die Arbeit nicht wieder aufnehmen sollten. In der Nacht zum 4. November kam es zu zahlreichen Verhaftungen, einen Tag später erschoss

↑ Der BVG-Streik im November 1932, bei dem NSDAP und KPD zusammen agierten, wurde unter Verantwortung von Joseph Goebbels (NSDAP) und Walter Ulbricht (KPD) geführt. Das Foto zeigt Ulbricht (stehend) und Goebbels (vorn links sitzend) bei einer Veranstaltung der NSDAP im Januar 1930, Saalbau Berlin-Friedrichshain.

die Polizei bei einer Kundgebung drei Demonstranten und verletzte acht schwer. Mit den Reichstagswahlen am 6. November endeten erst einmal taktische Spielchen wie der BVG-Streik. Offiziell wurde die Arbeitsaufnahme am 7. November beschlossen. Die Wahlen endeten mit Stimmenverlusten von 4,2 Prozent für die NSDAP, die somit nur noch auf 33,1 Prozent kam. Besonders in Berlin verloren die Nazis Wählerstimmen im bürgerlichen Lager.

Es wäre vermessen, die Verluste der NSDAP auf eine erfolgreiche antifaschistische Politik der KPD zurückzuführen. Vielmehr war die Wahlbeteiligung von 84,1 Prozent auf 80,6 Prozent gesunken.[136] Das lag zum einem ganz profan an einsetzender Wahlmüdigkeit, die vor allem die Nazis traf.

136 In Zahlen waren 1,4 Millionen Stimmberechtigte weniger zur Wahl gegangen.

Zum anderen fielen viele Wähler von der NSDAP wieder ab, weil diese zwar mit bombastischen Sprüchen auftrat, aber kaum konkrete politische Veränderungen bewirkte. Mittelständische und bürgerliche Wähler zeigten sich zudem verunsichert durch den revolutionären Habitus der Nazis.

Auch die SPD verlor Mandate, während die KPD vom Polarisierungsprozess profitierte und vor allem Wähler der SPD für sich gewann.

In der Summe blieb der Stimmenanteil beider Parteien der alten Arbeiterbewegung (mit der USPD waren es ursprünglich drei Parteien) konstant, er lag in der Zeit von den 1920er-Jahren bis 1932 immer zwischen 33 und 40 Prozent.

Stimmenanteil SPD/USPD/KPD bei den Reichstagswahlen 1920–1932

- 6. Juni 1920, KPD 2,1 %, USPD 17,9 %, SPD 21,6 % – zusammen: 41,6 %
- 4. Mai 1924, KPD 12,6 %, USPD 0,8 %, SPD 20,5 % – zusammen: 33,9 %
- 7. Dez. 1924, KPD 9,0 %, USPD 0,3 %, SPD 26,0 % – zusammen: 35,3 %
- 20. Mai 1928 KPD 10,6 %, USPD 0,1 %, SPD 29,8 % – zusammen: 40,5 %
- 14. Sept. 1930, KPD 13,1 %, USPD 0,03 %, SPD 24,5 % – zus.: 37,6 %
- 31. Juli 1932, KPD 14,6 %, SPD 21,6 % – zusammen: 36,2 %
- 6. Nov. 1932, KPD 16,9 %, SPD 20,4 % – zusammen: 37,3 %[137]

In diesen Ergebnissen offenbart sich eine große Schwäche der traditionellen Arbeiterparteien: Beamte, Selbständige und andere nicht zur Arbeiterklasse zählende Schichten konnten bei ihnen keine politische Heimat finden. SPD und KPD blieben über all die Jahre bei ihrer auf den Marxismus gestützten Ideologie, in deren Folge sie Klientelpolitik betrieben. Mehr noch, insbesondere die KPD stand dem ›Kleinbürgertum‹ misstrauisch gegenüber und sah in ihm einen potenziellen Verräter an der Sache des Klassenkampfes.

137 *Reichstagswahlen 1919-1933 – Gesamtergebnisse*, https://www.wahlen-in-deutschland.de/wrtwRwv.htm (abgerufen am 15.2.2023).

1933–1945

Bereit sein ist alles!

Die Reichstagswahlen vom 6. November 1932 hatten nichts an der Situation im Parlament geändert. Nach wie vor verfügte von Papen über keine Mehrheit und bot Hitler deshalb die Vizekanzlerschaft an. Hitler war aber zu einer Koalition nur bereit, wenn er sie selbst führen würde. Daraufhin reichte von Papen seinen Rücktritt ein.

Um überhaupt eine Regierung zustande kommen zu lassen, musste Reichspräsident von Hindenburg wieder ein Präsidialkabinett installieren. Hindenburg wollte erneut von Papen als Regierungschef einsetzen, doch es gelang von Schleicher, von Papen auszubooten. Ab diesem Zeitpunkt herrschte bittere Feindschaft zwischen den beiden ehemaligen politischen Weggefährten.

Von Schleicher, am 3. Dezember 1932 zum Reichskanzler ernannt, versuchte mit einem Querfrontkonzept die Unterstützung der Gewerkschaften wie auch der nationalen Kreise zu erreichen. In diesem Zusammenhang bot von Schleicher dem zweitmächtigsten Mann der NSDAP, Gregor Strasser[138], die Vizekanzlerschaft an. Er hoffte, dadurch die angeschlagene NSDAP spalten und für sich nutzen zu können. Doch Strasser lehnte ab. Damit befand sich von Schleicher in einer denkbar ungünstigen Situation, denn er wurde von rechts wie links mit Argwohn betrachtet. Insbesondere von der rechtspolitischen Fraktion, die eine Regierungsbildung mit Hitler anstrebte. Doch diese taktischen Winkelzüge fanden kaum noch

138 Gregor Strasser, Jahrgang 1892, Sohn eines bayerischen Staatsbeamten, Kriegsfreiwilliger im I. Weltkrieg. 1919 im *Freikorps Epp* an der Zerschlagung der Münchner Räterepublik beteiligt. Im selben Jahr führte Strasser das *Sturmbataillon Niederbayern*. 1921 stieß Strasser mit seinem Wehrverband zur NSDAP und beteiligt sich am Hitlerputsch 1923. Ein Jahr später errang er ein Reichstagsmandat das er bis Dezember 1932 behielt. Mit seinem Bruder Otto verfolgte Gregor Strasser – anfangs gemeinsam mit Joseph Goebbels – einen antikapitalistischen, sozialrevolutionären Kurs der NSDAP. Nach Hitlers Sieg, am 30. Januar 1933, zog sich Strasser ins Privatleben zurück. Im Zusammenhang mit dem ›Röhm-Putsch‹ wurde Gregor Strasser am 30. Juni 1934 von der SS ermordet.

öffentliches Interesse. Es war halt wieder ein neuer Reichskanzler ernannt worden, der über keine Mehrheit im Reichstag verfügte. Mit Brünning, Papen, Schleicher waren es 1932 drei solcher Kanzler gewesen. Der Parlamentarismus führte sich mit einer Wahl nach der anderen und dem folgenden Kanzlerkarussell selbst ad absurdum.

Hitler schien seit der Wahlschlappe der NSDAP aus dem Spiel zu sein und verschwand zunächst aus dem Rampenlicht, seine Partei hatte allem Anschein nach ihren Zenit überschritten. Doch hinter den Kulissen intrigierte Franz von Papen bei Hindenburg gegen seinen neuen Intimfeind von Schleicher.

Der Reichspräsident war aber mittlerweile selbst soweit gekommen, dass er sich mit der Idee eines Reichskanzlers Hitler anfreunden konnte. Auf Betreiben der ›Hitlerfraktion‹ kam es am 4. Januar 1933 zu einem Geheimtreffen in der Villa des Kölner Bankiers Baron von Schröder.

Anwesend waren u. a. Franz von Papen, Hitler und einflussreiche Kreise der rheinisch-westfälischen Industrie-Gruppe um den *Stahlhelm*. Erst als die Presse Wind davon bekam, erfuhr von Schleicher von den Machenschaften gegen seine Regierung. Letztlich musste – der zudem erkrankte – von Schleicher einsehen, dass er isoliert und seine Position nicht zu halten war. Am 28. Januar 1933 erklärte Kurt von Schleicher seinen Rücktritt.

Am 30. Januar 1933 kam es zum Regierungswechsel, Adolf Hitler wurde als Reichskanzler vereidigt und Reichspräsident Hindenburg beauftragte ihn mit der Bildung einer ›Koalitionsregierung des Nationalen Zusammenschlusses‹.

Im Kabinett Hitler gab es nur zwei Ministerposten für die NSDAP: Wilhelm Frick wurde Reichsinnenminister und Hermann Göring Minister ohne Geschäftsbereich, dafür aber neuer Chef der preußischen Polizei. Die Deutschnationalen glaubten, die Nazis unter Kontrolle zu haben. Franz von Papen meinte Hitler *„in zwei Monaten (so) in die Ecke gedrückt (zu haben), daß er quietscht“*.[139] Obwohl ein Reichskanzler namens Adolf Hitler seit Längerem im Bereich des Möglichen lag, überraschte und entsetzte diese plötzlich

139 Zit. In: *„Machtergreifung“ Berlin 1933*, Verlag Albrecht Hentrich, Berlin, 2. Auflage 1984, Seite 13.

eintretende Wende viele Zeitgenossen. Einzig die SPD blieb bei ihrer legalistischen Vorgehensweise. Im *Vorwärts* vom 31. Januar 1933 wurde ein Aufruf veröffentlicht, der dafür agitierte *„Ruhe zu bewahren, den Kampf auf dem Boden der Verfassung zu führen"*.

Ganz anders reagierte die KPD auf den Machtantritt der NSDAP. Vor der Sitzung des SPD-Parteivorstandes in Berlin, am 5. Februar 1933, an dem Vertreter des ADGB teilnahmen, rief Wieland Herzfelde bei einem Vorstandsmitglied an.[140] Herzfelde, der Bruder von John Heartfield, war Geschäftsführer des Malik-Verlags[141]. Herzfelde forderte im Namen der KPD erneut dazu auf, über eine ›Einheitsfront‹ zu verhandeln und zu einem gemeinsamen Streik gegen Hitlers Kanzlerschaft aufzurufen. Das Ansinnen wurde von SPD und ADGB abgelehnt. Ein Streik kam nicht infrage: *„Wenn ein Generalstreik käme, wär ja an Wahlen nicht zu denken. Wenn die Lawine ins Rollen käme, müßten wir versuchen, sie in unsere Bahnen zu leiten."*[142] An die Eiserne Front gab die SPD die Parole aus *„Bereit sein ist alles!"*

Deshalb rief die KPD allein zum Generalstreik auf. Ein hoffnungsloses Unterfangen, denn Ende 1932 stand nur noch jedes neunte KPD-Mitglied in Arbeit.[143] Die KPD war die Partei der Arbeitslosen. Außerdem lag die letzte Streikwelle gegen die *„faschistische Notverordnungspolitik der Papenregierung"* erst wenige Wochen zurück und hatte viel Energie gekostet.

Es ließ sich kaum jemand unter ähnlichen Parolen nun schon wieder zu einem Arbeitskampf bewegen.

140 *„Machtergreifung" Berlin 1933, Stätten der Geschichte Berlins*, Band 2, Edition Albert Hentrich im Rembrandt Verlag Berlin, 2. Auflage 1984, Seite 95.

141 Der Malik-Verlag war 1916 gegründet worden und zählte zu den wichtigsten linken Verlagen in der Weimarer Republik. Im Hintergrund spielte die KPD eine entscheidende Rolle, 1933 verboten, Herzfelde konnte ins Exil flüchten. Der Verlag existierte offiziell bis 1947.

142 Sitzung des Parteivorstandes mit Vertretern des ADGB am 5.2.1933, in: Hagen Schulze, Dok. Nr.7, Seite 161.

143 Vgl. *1933 – Wege zur Diktatur*, Ausstellungskatalog, Staatliche Kunsthalle Berlin, Berlin, 1. Auflage 1983, Seite 96.

Zeitfenster von drei Wochen

Am 1. Februar 1933 löste Hitler den Reichstag auf. Er hoffte, bei den auf den 5. März 1933 terminierten Reichstagswahl einen triumphalen Erfolg zu feiern. Um dem nachzuhelfen, nutzten die braunen Machthaber die ihnen erteilten staatlichen Befugnisse ungehemmt aus.

Das Karl-Liebknecht-Haus in Berlin, Zentrale der KPD, wurde am 2. Februar von einem Großaufgebot der Polizei durchsucht. Am 4. Februar wurde die ›Verordnung des Reichspräsidenten zum Schutze des Deutschen Volkes‹, die unter der von-Papen-Regierung entstanden war, in Kraft gesetzt und damit die Presse- und Versammlungsfreiheit weitgehend eingeschränkt.

Kaum im Amt, entließ Göring 22 der 32 Polizeipräsidenten und besetzte deren Positionen mit Nationalsozialisten. Durch Reorganisation des Sonderdezernats der politischen Polizei gründete er das Preußische Geheime Polizeiamt (Gestapa). Aufgrund zweier Erlasse (vom 11. und 22. Februar) wurden in Preußen 40.000 SA und Stahlhelmer zu Hilfspolizisten ernannt.

↑ Schutzpolizist und SS-Hilfspolizist, Berlin 5. März 1933.

Am 17. Februar forderte Göring Polizisten und Hilfspolizisten dazu auf, bei politischen Gegnern ohne Zögern von der Schusswaffe Gebrauch zu machen. Wenig später, am 23. Februar, wurde das Karl-Liebknecht-Haus nach einer nochmaligen Durchsuchung von der Polizei geschlossen, das öffentliche Auftreten der KPD meist durch Demonstrationsverbote unterbunden. Vielerorts kam es zu Übergriffen auf Antifaschist_innen.

Doch es blieben willkürliche, unkoordinierte Aktionen, noch hatten die Nazis den Staatsapparat nicht fest im Griff. Ein Verbot der KPD oder anderer Organisationen hätte den legalen Rahmen überspannt, das trauten sich die braunen Machthaber offensichtlich nicht.

Hitler hätte in diesem Zeitfenster von drei Wochen durch entschlossenes Handeln abgesetzt werden können, doch außer ein paar großen Demonstrationen und den erfolglosen Bemühungen der KPD, einen Generalstreik zu organisieren, geschah nichts.

Der Reichstagsbrand

Aus der historischen Distanz sind politische Abläufe oft leicht zu bewerten und entscheidende Vorgänge treten wie selbstverständlich zutage. In der Situation selbst sah das ganz anders aus.

Ende Februar 1933 schien der Reichstagswahl am 5. März wesentliche Bedeutung zuzukommen. Zwar hatten die Nazis alle rechtsstaatlichen Terrormaßnahmen gegen die antifaschistischen Kräfte ausgeschöpft, dennoch konnte Hitler immer noch abgewählt werden.

Auch die Nationalsozialisten wussten nicht genau, wie es weitergehen sollte. Nach einem Wahlsieg würden sie wahrscheinlich mit Notverordnungen und Gesetzesänderungen auf eine Diktatur hinarbeiten. Wie und ob das klappen würde, blieb offen.

Da brannte am Abend des 27. Februar 1933 der Reichstag. Für die Nazis schien das wie eine Fügung, denn dieses Ereignis legte Hitler alle Machtmittel samt moralischer Empörung in die Hand, um seine ›Machtergreifung‹ zu inszenieren. Am Ort selbst wurde der 24-jährige Maurer Marinus van der Lubbe aus Leiden in Holland verhaftet. Lubbe, ein Rätekommunist, gab unumwunden zu, den Reichstag allein angezündet zu haben. Jedoch wollte ihm niemand glauben, schon gar nicht die Nazis, die den Reichstagsbrand kurzerhand als Fanal zum Aufruhr und Bürgerkrieg von kommunistischer Seite interpretierten.

Noch in der Brandnacht ordnete Hermann Göring das Verbot der kommunistischen Presse an. Außerdem wurden sämtliche Parteibüros geschlossen und mehrere Tausend KPD-Funktionäre in ›Schutzhaft‹ genommen, darunter fast die gesamte Reichstagsfraktion. Da van der Lubbe angeblich auch Kontakte zur SPD hatte, wurden auch die sozialdemokratische Presse

↑ Eines der vielen Bücher und Broschüren, mit denen die Nazis nach dem Reichstagsbrand versuchten, das Märchen vom vereitelten kommunistischen Umsturzversuch zu verbreiten. Herausgegeben vom Gesamtverband deutscher antikommunistischer Vereinigungen.

↑ Der ausgebrannte Plenarsaal im Reichstagsgebäude. Marinus an der Lubbe, der im Prozess aussagte, dass er mit dem Brand einen Aufstand gegen Hitler auslösen wollte, legte an mehreren Stellen im Gebäude Feuer. Es kam zu einer Rauchgasexplosion, die den Plenarsaal vollständig zerstörte.

und ihre Wahlplakate für 14 Tage verboten. Bereits am 28. Februar 1933 erließ der Reichspräsident die ›Verordnung zum Schutz von Volk und Staat‹, auch als ›Reichstagsbrandverordnung‹ bekannt. Die Polizei und ihre Hilfsorgane (namentlich die SA) konnte nun Verhaftungen ohne die Nennung von Gründen vornehmen. Die Unversehrtheit von Wohnung und Eigentum war nicht mehr gewährleistet, das Post- und Fernmeldegeheimnis war aufgehoben, ebenso die Meinungs-, Presse- und Vereinsfreiheit. Betroffene besaßen keinen Rechtsschutz.

Für die Nazis kam es jetzt darauf an, ihre Legende vom geplanten kommunistischen Aufstand durch Hintermänner und weitere Tatbeteiligte zu

↑ Willi Münzenberg um 1930.

belegen. Schnell wurden der KPD-Fraktionsvorsitzende Ernst Torgler[144] und drei bulgarische Kommunisten, von denen Georgi Dimitroff eine herausragende Rolle beim Reichstagsbrandprozess spielen sollte, als Drahtzieher des Anschlags verdächtigt. Obwohl die Nationalsozialisten große Anstrengungen unternahmen, gelang es ihnen nicht, einen Komplott darzustellen.[145]

Dass sich das Märchen von der kommunistischen Verschwörung nicht halten ließ, lag auch an der Propagandatätigkeit, die im Ausland entwickelt wurde.

144 Ernst Torgler, (geb. 1883, gest. 1963), entkam nach dem Reichstagsbrand zunächst seiner Verhaftung. Gegen den Willen der KPD-Führung stellte sich Torgler kurze Zeit später, um so die Behauptung, er sei am Brand beteiligt gewesen, zu entkräften. Nach seinem Freispruch blieb er noch bis 1935 in Haft. 1949 Wiedereintritt in die SPD, der er bereits 1910 bis 1916 angehört hatte.

145 Trotz eines großen Propagandafeldzugs, erpressten Falschaussagen von KZ-Häftlingen und Druck auf das Gericht war es den Faschisten unmöglich ihr Verschwörungskonstrukt zu behaupten. Dimitroff und seine Begleiter konfrontierten die Anklage bzw. das Gericht am Ende der Verhandlung mit einem Hieb- und Stichfesten Alibi. Außer Marinus von der Lubbe mussten alle Angeklagten freigesprochen werden. Van der Lubbe wurde am 10. Januar 1934 mit einer Guillotine geköpft.

Eine herausragende Rolle spielte dabei der *KomIntern*-Funktionär Willi Münzenberg.[146] Der Propagandachef der KPD war den Nazi-Häschern knapp entronnen und hatte von der Moskauer Leitung den Auftrag erhalten, in Paris ein Zentrum der kommunistischen Agitation gegen das NS-Regime aufzubauen. Vorrangigste Aufgabe Münzenbergs war es, den Reichstagsbrand als Tat der Nazis darzustellen. Er erarbeitete das *Braunbuch* zu *Reichstagsbrand und Hitlerterror*, das am 1. August 1933 in Paris erschien und direkt auf den Reichstagsbrandprozess in Leipzig zielte, der im September 1933 begann. Das *Braunbuch* gehört zur ersten Exilliteratur des antifaschistischen Widerstandes, welches den Nazi-Terror dokumentiert.

Außerdem entzog das *Braunbuch* der Propagandalüge der Nazis vom

146 Willi Münzenberg, (geb. 1889, gest. 1940), war der herausragende Propagandist der KPD in der Weimarer Republik. Ohne Berufsabschluss schlug sich der junge Münzenberg als Gelegenheitsarbeiter durch, landete 1910 in die Schweiz und wurde Mitglied im *Sozialistischen Jugendverband*, ab 1912 Redakteur der Monatszeitschrift *Die freie Jugend*. Während des I. Weltkrieg leitete er das Internationale Jugendsekretariat in Bern und lernte Lenin kennen. Nach den Züricher November Krawallen (15. – 17.11.1918, vier Tote) wurde Münzenberg verhaftet und Ende Januar 1918 abgeschoben. In Deutschland lernte er Clara Zetkin, Rosa Luxemburg und Karl Liebknecht kennen. Als Mitglied des Spartakusbundes nahm Münzenberg an der Gründung der KPD Silvester 1919 in Berlin teil. Im Januar 1919 an revolutionären Unruhen in Stuttgart beteiligt, dann Wechsel nach Berlin. Im November 1919 fand in der unter Belagerungszustand befindlichen Reichshauptstadt eine illegale Konferenz kommunistischer Jugendgruppen statt, mit der die *Kommunistischen Jugendinternationale* (KJI) gegründet wurde. Münzenberg galt als ein wesentlicher Initiator und wurde Vorsitzender der KJI. Im Juli 1921 verlegte der Leiter der *KomIntern*, Sinowjew, den Sitz der KJI nach Moskau und berief Münzenberg von seinem Posten ab. Daraufhin baute der begabte Organisator im Auftrag Lenins ab August 1921 die IAH (*Internationale Arbeiterhilfe*) auf, um damit eine Hungersnot in der Sowjetunion zu lindern. Münzenberg organisierte den Druck und Vertrieb verschiedener Zeitungen, sowie sowjetische Plakat- und Kunstausstellungen in Berlin, sammelte Geld und Sachleistungen und half, tausenden Sowjetbürger_innen das Leben zu retten.
Schließlich wurde der *Neue Deutsche Verlag*, 1924 von Münzenberg gegründet, Ausgangspunkt für das zweitgrößte Medienunternehmen der Weimarer Republik, dem neben Zeitungen und Verlagen auch der Prometheus Film und die Fimkartell Weltfilm GmbH angehörten. Münzenberg ermöglichte, dass der Film ›Panzerkreuzer Potemkin‹ seinen internationalen Siegeszug antrat und 1932 der Film ›Kuhle Wampe‹ entstand. Publikationen wie die *Arbeiter Illustrierte Zeitung* (AIZ), eine der auflagenstärksten Illustrierten der Weimarer Republik, begründeten den Ruf des ›Münzenberg-Konzern‹. Siehe dazu: Rolf Surmann, *Die Münzenberg-Legende, – Zur Publizistik der revolutionären deutschen Arbeiterbewegung 1921–1933*, Prometh Verlag Köln, 1982.
Ab 1924 war Münzenberg Reichstagsabgeordneter der KPD, ab 1927 im ZK der Partei.

geplanten kommunistischen Aufstand den Boden. Bekannt geblieben ist es aber vor allem deshalb, weil es die Legende vom Nazi-Anschlag auf den Reichstag verbreitete. In einer Auflage von mehreren Millionen Exemplaren erschienen und in 17 Sprachen übersetzt, schrieb es ein KPD-Dogma fest, das selbst auf die ›bürgerliche‹ Geschichtsauffassung abfärbte.

Für die KPD war die Machtauslieferung an die NSDAP ein abgekartetes Spiel des Großkapitals, gezielt und strategisch geplant ins Werk gesetzt. Allein schon deshalb konnte und durfte der Reichstagsbrand nicht die wirre Tat eines Einzelnen sein. So wurde den Nazis eine ausgefeilte Planung unterstellt und versucht, diese zu belegen. Genau das ist die Schwäche des *Braunbuchs*. Denn die dort als Beweise ausgeführten Konstruktionen gelten mittlerweile als widerlegt.

Van der Lubbe hatte stets beteuert, den Brand allein gelegt zu haben, was weitgehend ignoriert wurde. Daraufhin veröffentlichten einige seiner Genossen das *Rotbuch*, quasi als Gegenbuch zum *Braunbuch*. Das *Rotbuch* wurde aber kaum bekannt und erst 50 Jahre nach seinem Erscheinen, 1983, ins Deutsche übersetzt und in der Bundesrepublik veröffentlicht[147]. Zumindest kann man ihm entnehmen, dass van der Lubbe sich einer Strömung zurechnete, die spektakuläre Fanale wie den Reichstagsbrand als politische Intervention zur Aufrüttelung der Massen verstanden.

Der Tag von Potsdam

Die Wahlbeteiligung bei der Wahl im März 1933 stieg auf 88,74 Prozent. Erwartungsgemäß ging die NSDAP mit 43,9 Prozent als Sieger aus dieser Wahl hervor, verfehlte aber die angestrebte absolute Mehrheit deutlich. Die Nazis blieben auf die Koalition mit den Deutschnationalen angewiesen, die unter dem Namen *Kampffront Schwarz-Weiß-Rot* angetreten waren und 8 Prozent der Wählerstimmen auf sich vereinigen konnten. Diese Regierungsmehrheit reichte aber bei Weitem nicht aus, das

147 Soer, Josh van (Hg.): *Das Rotbuch. Marinus van der Lubbe und der Reichstagsbrand*, Edition Nautilus, Hamburg 2013.

Erst der Schulterschluss zwischen Nationalkonservativen und Nationalsozialisten ermöglichte den Faschismus in Deutschland. Der Tag von Potsdam besiegelte dieses Bündnis am 21. März 1933, Plakat 1933.

Ermächtigungsgesetz[148], eine von Hitler angestrebte Verfassungsänderung, durchzusetzen. Dazu brauchte es eine Zweidrittelmehrheit, die nur mit der Zustimmung der Zentrumspartei und weiterer kleiner Splittergruppen zu erreichen war. Für die SPD hatten 18,2 Prozent der Wähler gestimmt und die KPD war trotz Illegalisierung mit immerhin 12,3 Prozent die dritt-

148 Durch das Ermächtigungsgesetz konnten Gesetze direkt von der Reichsregierung erlassen werden und brauchten nicht mehr verfassungskonform sein oder die Grundrechte wahren. Ebenso konnte die Regierung eigenmächtig Verträge mit dem Ausland abschließen. Die Gültigkeit des Ermächtigungsgesetzes war auf vier Jahre angelegt. Darauf bezog sich Hitlers Propagandaparole *„Gebt mir vier Jahre Zeit und ihr werdet Deutschland nicht wiedererkennen"*.

stärkste Kraft im Parlament, allerdings nur theoretisch. Wenn nicht bereits in Haft, befanden sich die kommunistischen Reichstagsabgeordneten auf der Flucht. Am 8. März annullierte Hitler die KPD-Mandate, von der SPD gab es kein Wort des Protestes gegen dieses Vorgehen.

Da das Reichstagsgebäude bzw. der Plenarsaal durch den Brand zerstört worden war, entschloss sich die neue Führung kurzfristig zu einer besonderen Propagandashow. Das Zusammentreten des neuen Parlaments am 21. März 1933 sollte im 45 km entfernten Potsdam bombastisch inszeniert werden. Am Jahrestag des ersten Reichstages des ›Zweiten Reiches‹ (21. März 1871) sollte ein großartiger Staatsakt am Begräbnisort Friedrichs des Großen in der Garnisonkirche in Potsdam stattfinden. Der Tag wurde als ›Tag der nationalen Erhebung‹ tituliert und ging dann doch unpathetischer als ›Tag von Potsdam‹ in die Geschichte ein. Mit Ausnahme der SPD-Abgeordneten (und natürlich der Kommunist_innen) waren sämtliche Reichstagsfraktionen anwesend. SA, SS, *Stahlhelm*, Reichswehr und Polizei marschierten in martialischen Kolonnen durch die Stadt. Ein technisches Novum war die Live-Übertragung der Veranstaltung im Radio.

Sinnfällig kam es zum Handschlag zwischen Hitler und Hindenburg vor der Garnisonkirche. Das Bündnis von nationaler Tradition mit der nationalsozialistischen Bewegung war besiegelt, der Faschismus in Deutschland hatte gesiegt.

Die Abstimmung über das Ermächtigungsgesetz am 24. März 1933 war nun nur noch Formsache. Da die KPD ausgeschaltet war, blieb nur die SPD, die gegen das Gesetz votierte. Alle anderen Parteien schwenkten auf den von Hitler vorgegebenen Kurs ein.

Doch immer noch blieb die SPD bei ihrem Weg der ›legalen‹ Opposition. So wurde zwar das Ermächtigungsgesetz von der SPD-Reichstagsfraktion abgelehnt, gleichzeitig brachte Otto Wels aber eine Übereinstimmung mit Hitler in der *„außenpolitischen Forderung deutscher Gleichberechtigung“* [149] zum Ausdruck. Am 30. März trat Wels sogar aus der *Exekutive der Sozialistischen*

149 Rede von Otto Wels am 23. März 1933 vor der Abstimmung über das Ermächtigungsgesetz. Im Wortlaut *„Meine Damen und Herren! Der außenpolitischen Forderung deutscher Gleichberechtigung, die der Herr Reichskanzler erhoben hat, stimmen wir Sozialdemokraten um so nachdrücklicher zu, als wir sie bereits von jeher grundsätzlich verfochten haben. (...)“*

↑ Nicht mehr Klassenkampf sondern Volksgemeinschaft. Gesamte Betriebsbelegschaften traten an zum Aufmarsch auf das Tempelhofer Feld. Bildinschrift: »1. Mai 1933. Fest der nationalen Arbeit. Anwesend 410 Personen. Firma Karl Hermann Leibfried.«

Arbeiterinternationale mit der Begründung aus, dass sie fälschlich von Terror in Deutschland spreche, die Einheitsfront billige und die NS-Herrschaft als ›faschistische Gewaltherrschaft‹ charakterisiere. Wels hoffte, damit die Wiederzulassung der seit Anfang März verbotenen sozialdemokratischen Zeitungen zu ermöglichen.

Anfang April 1933 rechnete die Jugendorganisation der SPD, die SAJ, mit ihrem baldigen Verbot, sodass Vorbereitungen getroffen wurden, sie in die Illegalität zu überführen. Die Parteiführung verlangte unterdessen die Einstellung der Maßnahmen und entzog der Berliner Jugendorganisation, als sie den Forderungen nicht nachkam, jegliche materielle Unterstützung. Ähnlich der SPD verhielt sich der ADGB. Bereits im Februar 1933 erklärte der Gewerkschaftsbund seine Neutralität gegenüber den NS-Machthabern. Besonders drastisch zeigte sich der gewerkschaftliche Unterwerfungskurs am 1. Mai 1933. Adolf Hitler deklarierte den symbolträchtigen Kampftag der Arbeiterbewegung zum ›Tag der nationalen Arbeit‹ um und machte ihn zum Feiertag.

Zu diesem Anlass gab es Kundgebungen und eine zentrale Massenveranstaltung auf dem Tempelhofer Feld in Berlin. In der Reichshauptstadt strömten bis zu 1,5 Millionen Menschen zur Maifeier, deren Höhepunkt eine Rede Adolf Hitlers war. Seinen Legalitätskurs befolgend, rief auch der ADGB zu den Maiveranstaltungen 1933 auf und Gewerkschafter marschierten hinter Hakenkreuzfahnen. Doch alle Anbiederungsversuche nutzten nichts, am 2. Mai 1933 besetzten SA-Trupps die Gewerkschaftshäuser, -banken usw. Das Gewerkschaftsvermögen wurde beschlagnahmt, einige missliebige Funktionäre verhaftet. An die übrigen Angestellten erging die Aufforderung, unter NSBO-Kommissaren loyal weiterzuarbeiten. Es gab keinen Widerstand der Gewerkschaften!

Unter dem Eindruck des Gewerkschaftsverbotes entsandte die SPD Otto Wels[150] ins damals französisch besetzte Saarland, wo am 4. Mai 1933 der Exilvorstand der SPD seine Arbeit aufnahm. Die Exilorganisation nannte sich *Sopade* (auch *SoPaDe* oder *SOPADE*), mit ihr sollte schrittweise die Umstellung auf illegale Arbeit erfolgen. Als historische Vorlage für ein Verbot galt die Zeit der Sozialistengesetze unter Bismarck. Zwölf Jahre, von 1878 bis 1890, hatten die Sozialisten im Verborgenen agieren müssen und waren letztlich gestärkt aus dieser Periode hervorgegangen. Dass sich die Nazis zwölf Jahre an der Regierung halten könnten, glaubten die Sozialdemokraten nicht.

Während eine Exilorganisation die Illegalität vorbereitete, hielt der Restvorstand in Berlin um Paul Löbe unbeirrt am Legalismus fest. Selbst als am 10. Mai 1933 alle Parteihäuser, Zeitungen und das gesamte Vermögen von SPD und *Reichsbanner* beschlagnahmt wurden, änderte sich die Haltung Löbes nicht. Ihren Höhepunkt erfuhr diese Entwicklung, als der Reichstag

150 Im August 1933 erkannten die Nazis Otto Wels die deutsche Staatsbürgerschaft ab. Er starb 1939 in Paris.

eine ›Friedensresolution‹ Adolf Hitlers[151] verabschieden sollte. Die Mehrheit des am 16. Mai 1933 in Saarbrücken tagenden SPD-Vorstands votierte dafür, dass die Reichstagsabgeordneten der Reichstagssitzung fernbleiben sollten und schickten zwei Vertreter[152] mit dieser Aufforderung nach Berlin. Doch der Beschluss aus Saarbrücken stieß in Berlin auf Ablehnung. Stattdessen wollte die Löbe-Fraktion an der Sitzung teilnehmen und eine eigene Erklärung abgeben. Unmittelbar vor der Abstimmung drohte NS-Reichsinnenminister Wilhelm Frick den Sozialdemokraten mit Repression, sollten sie Hitlers Resolution ablehnen. Das zeigte Wirkung, von den 120 SPD-Abgeordneten waren am 17. Mai 1933 noch 65 im Reichstag anwesend, 48 von ihnen stimmten für die Annahme. Damit sanktionierte die SPD-Fraktion die internationale Glaubwürdigkeit des faschistischen Regimes.

Nun kam es zum Bruch mit dem Exilvorstand der SPD. Die Inland-SPD unter Löbe ging sogar soweit, am 19. Mai 1933 einen eigenen ›judenfreien‹ Vorstand unter der Bezeichnung Direktorium zu wählen![153] Alle Anpassungsversuche des Löbe-Vorstands in Berlin nutzten nichts, am 22. Juni 1933 wurde die SPD verboten.[154] Der Parteivorstand ging an seinem Behar-

151 Um einer drohenden Isolation entgegenzuwirken, waren Hitlers außenpolitische Schritte in den ersten Jahren seiner Machtausübung stets von Friedensbeteuerungen begleitet. Bilaterale Verträge sollten darüber hinaus Vertrauen schaffen. Am 5. Mai 1933 verlängerten die Nazis einen Friedensvertrag mit der Sowjetunion, welchen das Deutsche Reich am 24. April 1926 abgeschlossen und auf fünf Jahre angelegt hatte. Am 20. Juli 1933 unterzeichneten deutsche Regierungsvertreter mit dem Vatikan das *Reichskonkordat*. Mit ihm sicherten die NS-Machthaber der katholischen Kirche in Deutschland Autonomie und ungehinderte Verbreitung ihrer Schriften zu, garantierten die Freiheit des Bekenntnisses und seine öffentliche Ausübung, ferner stellten sie das Eigentum der katholischen Kirche unter Schutz. Im Gegenzug schloss das Konkordat katholische Geistliche und Ordensleute von der Mitgliedschaft und Tätigkeit in politischen Parteien aus. Im Januar 1934 wurde ein deutsch-polnischer Nichtangriffspakt geschlossen und die Presse angewiesen, nicht mehr über die deutsche Minderheit in Polen zu berichten.

152 Friedrich Stampfer und Hans Vogel.

153 Niemann, Heinz: *Geschichte der deutschen Sozialdemokratie 1914–1945*, Verlag am Park, Berlin 2008, Seite 529.

154 Paul Löbe, (geb. 1875, gest. 1967) war von Juni bis Ende Dezember 1933 in verschiedenen Haftanstalten des NS-Regimes interniert. Nach seiner Haftentlassung arbeitete er in einem wissenschaftlichen Verlag. Auf Anweisung Hitlers wurde Löbe für seine Zeit als Reichstagspräsidenten eine Rente von 600 RM gewährt, die bis 1945 fristgerecht gezahlt wurde. Nach 1945 war Löbe maßgeblich am Wiederaufbau der SPD beteiligt.

ren auf Legalität zugrunde, die meisten Parteimitglieder passten sich dem NS-Regime an, eine illegale Reichsleitung der SPD in Deutschland kam nicht zustande. Was blieb, war die *SoPaDe*, die ihren Sitz noch 1933 nach Prag verlegte. Von dort bzw. über das Karlsbader Generalsekretariat organisierten die Sozialdemokraten Grenzkommissariate, die mit einzelnen Regionen im Deutschen Reich Verbindungen aufbauten und Agitationsmaterial ins Land schmuggelten.

Mit dem System der Grenzkommissariate gelang es der Exilführung, mit fast allen Regionen in Deutschland Kontakt zu halten. Die von der *Sopade* angeleiteten Gruppen fanden sich in lockeren Diskussionsrunden zusammen, bildeten unauffällige Lesezirkel, Lieder- oder Sportvereine. Auf spektakuläre Widerstandsaktionen wurde verzichteten. Mitglieder wie Parteileitung schätzten die Konsequenzen nüchtern ein, außerdem erwartete man den baldigen Zusammenbruch des Dritten Reiches. Kader und Persönlichkeiten würde für die Zeit danach gebraucht.

Die *Sopade* versuchte aber nicht nur, in das Deutsche Reich hineinzuwirken, sondern erhielt sehr genaue Stimmungsberichte aus dem Land, die ab April 1934 unter dem Titel ›Deutschlandberichte‹ international publiziert wurden.[155]

Grundsätzlich erhob die *Sopade* den Anspruch, die Treuhänderin der Gesamtpartei zu sein. Es wurde eine Linie verfolgt, die jegliche Kooperation mit der KPD ablehnte. Andere Positionen wurden ausgegrenzt oder ignoriert. Allein der *Sopade*-Vorsitzende Otto Wels war ein Garant dafür, dass Bündnisse mit Kommunist_innen auf keinen Fall infrage kamen.

Nur bombastische Parolen

Im Gegensatz zur SPD hatte die KPD, als Sektion der *KomIntern*, einen Teil ihrer Arbeit von jeher illegal organisiert und einen sogenannten M-Apparat

155 Es wurde jedoch zunehmend gefährlicher mit Kurierfahrten einen direkten Austausch aufrecht zu erhalten, sodass dies immer seltener praktiziert wurde und 1936 endgütig abgebrochen werden musste. Die *Deutschlandberichte der Sozialdemokratischen Partei Deutschlands (Sopade)*, im Auftrag des Exilvorstandes der SPD, erschienen aber weiterhin. Bis März 1939 in Prag, ab Mai 1939 in Paris.

↑ Anstecknadel der KPD für den 1. Mai 1933.

(M für Militär) aufgebaut.[156] Eine parallele Struktur von geheimdienstlich geschulten Kämpfer_innen zu entwickeln, ist jedoch etwas ganz anderes, als einen kompletten Parteiapparat auf konspirative Arbeit umzustellen. Dennoch bleibt es verwunderlich, wie wenig sich die KPD auf eine solche Situation vorbereitet zeigte. Schließlich behauptete sie ab 1930 (Kabinette Brüning, Papen, Schleicher), dass der Faschismus bereits an der Macht sei. Offensichtlich nahm die KPD die drohende Illegalität auf die leichte Schulter. Auch ihr galten die Sozialistengesetze aus der Kaiserzeit unter Bismarck als historisches Beispiel, zudem war die KPD bereits von Ende 1923 bis Anfang 1924 verboten gewesen.

In der Erwartung einer ähnlichen Situation wurden ab 1932 Parteieintritte von der KPD verschleiert. Ferner gab es Überlegungen, wie im Falle eines Falles eine ›zweite Reihe‹ von Aktivist_innen die Parteiarbeit übernehmen könnte. Das blieb im Wesentlichen alles um die Organisation auf den Untergrundkampf einzustellen.

Erst als ab dem 30. Januar 1933 brutale Verfolgungsmaßnahmen gegen die Kommunist_innen einsetzten, beschloss das ZK am 7. Februar 1933 in einer geheimen Konferenz im Sporthaus Ziegenhals bei Berlin, die Partei

156 Die 21 Bedingungen der Aufnahme in die Kommunistische Internationale, angenommen vom II. Weltkongress der Kommunistischen Internationale 1920. Bedingung Nr. 3 lautet „*Fast in allen Ländern Europas und Amerikas tritt der Klassenkampf in der Phase des Bürgerkrieges ein. Unter derartigen Verhältnissen können die Kommunisten kein Vertrauen zu der bürgerlichen Legalität haben. Sie sind verpflichtet, überall einen parallelen Organisationsapparat zu schaffen, der im entscheidenden Moment der Partei behilflich sein wird, ihre Pflicht gegenüber der Revolution zu erfüllen. In allen Ländern, wo die Kommunisten infolge des Belagerungszustandes und der Ausnahmegesetze nicht die Möglichkeit haben, ihre gesamte Arbeit legal zu führen, ist die Kombinierung der legalen mit der illegalen Tätigkeit unbedingt notwendig.*“
Der deutsche Kommunismus, Dokumente 1915–1945, Herausgegeben und kommentiert von Hermann Weber, Studien-Bibliothek, Kiepenheuer & Witsch Köln, 3. Auflage 1973, Seite 202f.

in die Illegalität zu überführen. Konsequenzen aus diesem Beschluss ließen allerdings auf sich warten. Ganz im Gegenteil versuchte die KPD, den Wahlkampf für den 5. März wie gewohnt mit Flugblättern, Plakaten und Massenversammlungen zu führen.

Die letzte legale Wahlkundgebung der Berliner KPD fand am 23. Februar 1933 im 10.000 Menschen fassenden Sportpalast statt.[157]

Vier Tage später brannte der Reichstag und es gelang den Nazis, fast alle führenden Funktionäre der KPD auf einen Schlag zu verhaften. Oftmals wurden sie in ihren Wohnungen überrascht, selbst Ernst Thälmann wurde am 3. März gefasst. Wobei es – trotz all des Nazi-Terrors – nach der Verhaftung von Thälmann zu Reibereien zwischen John Schehr[158], Hermann Schubert[159] und Walter Ulbricht um die Nachfolge kam. In den folgenden Wochen wurden auch die Funktionsträger der mittleren und unteren Ebene von SA und Polizei gejagt. Wer fliehen konnte, tat dies Hals über Kopf, auf eigene Faust.

157 Der 1909 bis 1910 in Berlin/Schöneberg erbaute Sportpalast war zunächst für Veranstaltungen wie dem Sechs-Tage-Rennen gedacht, entwickelte sich aber in der Zeit der Weimarer Republik zum Ort für politische Großkundgebungen. Vor allen die Nazis nutzten die damals größten Räumlichkeiten in der Stadt für ihre Inszenierungen. In die Geschichte ging die ›Sportpalastrede‹ von Joseph Goebbels vom 18. Februar 1943 ein. Kurz nach der deutschen Niederlage in Stalingrad rief der Propagandaminister, unter dem Applaus der Versammelten, den ›totalen Krieg‹ aus. Das Gebäude wurde 1973 abgerissen.

158 John Schehr, Jahrgang 1896, aus Altona/Hamburg. Schlosserlehre, seit 1912 SPD-Mitglied, früher Weggefährte von Ernst Thälmann. 1917 Übertritt zur USPD, seit 1919 KPD-Mitglied. 1932 Mitglied des preußischen Landtags, 1933 Reichstagsabgeordneter. Schehr wurde nach der Verhaftung von Thälmann von der *KomIntern* zum Parteivorsitzenden ernannt. Bereits am 13. November 1933 selbst verhaftet und im KZ Columbiahaus in Berlin schwer gefoltert. Unter anderem wurde ihm ein Auge ausgeschlagen. Trotzdem gelang es den Nazi-Schergen nicht, John Schehr zu einer Aussage zu bringen. Mit drei weiteren Kommunisten wurde Schehr am Kilometerberg, an der Stadtgrenze zu Potsdam, in der Nacht zum 2. Februar 1934 ›auf der Flucht erschossen‹.
Nach dem Tode von John Schehr wurde dessen Stellvertreter Wilhelm Pieck mit dem Parteivorsitz beauftragt und ein Jahr später offiziell für die Dauer der Haft von Ernst Thälmann zum Vorsitzenden gewählt.

159 Hermann Schubert, geboren 1886 in Lengefeld/Erzgebirge. Bergmann und Metallarbeiter, vor dem I. Weltkrieg Eintritt in die SPD, 1917 Übertritt zur USPD, seit 1920 KPD. Wechselvolle Parteikarriere, ab 1932 im Politbüro der KPD. 1934 ging Schubert mit der Führung der Exil-KPD in die Sowjetunion. Im Zuge der stalinistischen Säuberungen im Mai 1937 verhaftet, im März 1938 zum Tode verurteilt und exekutiert.

Die Überführung der Parteiarbeit in die Illegalität sowie ein Generalstreik und Massenaktionen gegen die Nationalsozialisten erwiesen sich als Propagandafantasien. Bombastische Parolen, das war alles, was die Kommunist_innen der Machtübertragung entgegenzusetzen vermochten. Sie waren nicht einmal in der Lage, ihre Führung zu schützen, was sich für die KPD besonders fatal auswirkte, da sie eine vollständig zentralistische Organisation war. Parteisekretäre wurden nicht gewählt, sondern eingesetzt und bestimmten, was zu tun war.

Trotz des offenkundigen Scheiterns ihrer Politik hielt die KPD an der von Moskau vorgegebenen Generallinie fest. Denn noch besaß der Kommunismus eine große Anhängerschaft, was die 4,8 Millionen Stimmen am 5. März 1933 gezeigt hatten. Dies führte die KPD-Führung zu dem falschen Schluss, das Massenwiderstand gegen den Machtantritt Hitlers möglich sei. Es folgten Aufrufe zu Demonstrationen und öffentlichen Aktionen, was weitere Verhaftungen zur Folge hatte.

Die Schuld daran, dass der Partei der Erfolg versagt blieb, wurde auf die Basis abgewälzt. In der Entschließung des ZK der KPD ›Zur Lage und den nächsten Aufgaben‹ vom Mai 1933 heißt es. *„Das Zentralkomitee weist mit Genugtuung auf die Feststellung des EKKI hin, daß die Politik der KPD unter Führung des Genossen Thälmann bis zum 30. Januar richtig war und daß das EKKI die Maßnahmen der Partei seit dem 30. Januar als Fortführung der richtigen Generallinie unserer Partei feststellt. (...) Die entscheidende Schwäche unserer Parteiarbeit, in der die ungenügend fortgeschrittene Bolschewisierung unserer Partei zum Ausdruck kommt, liegt darin, daß die richtigen Beschlüsse der Führung der Partei, die Betriebe zum wirklichen politischen Zentrum der Parteiarbeit, zur Basis der Einheitsfrontpolitik zu machen, nur ungenügend in die Praxis umgesetzt wurden (...) Die völlige Ausschaltung der Sozialfaschisten aus dem Staatsapparat, die brutale Unterdrückung auch der sozialfaschistischen Organisationen und ihrer Presse ändert nichts an der Tatsache, daß sie nach wie vor die soziale Hauptstütze der Kapitaldiktatur darstellen. (...)“*[160]

Wenige Tage später wurde die ›Hauptstütze der Kapitaldiktatur‹, die SPD, von den Nazis verboten und zerschlagen.

160 Zit. in: *Der deutsche Kommunismus, Dokumente 1915–1945*, Herausgegeben und kommentiert von Hermann Weber, Studien-Bibliothek, Kiepenheuer & Witsch Köln, 3. Auflage 1973, Seite 342 f.

Im Übrigen hatte auch die KPD mit dem Zerfall ihrer Strukturen zu kämpfen. Ehemalige Genoss_innen wechselten die Seite, stellten sich als Spitzel zur Verfügung oder resignierten. Vor allem betraf dies die ideologisch nicht gefestigten Mitglieder, die teilweise nur kurze Zeit in der Partei waren.

Von den 1933 eingeschriebenen 360.000 (nach anderen Angaben 330.000) KPD-Mitgliedern[161] blieben nach Kriminalisierung und ersten Verfolgungen noch ca. ein Drittel für die Partei ansprechbar.

Das Banner des Antifaschismus

Bis Sommer 1933 gelang es der KPD ein weitverzweigtes Netz von illegalen Widerstandsgruppen aufzubauen, die nach Bezirken unterteilt waren und eine zentrale Leitung besaßen. Denn selbst in der Illegalität verzichteten die Kommunist_innen nicht darauf, ihre Mitglieder bürokratisch und hierarchisch zu leiten.

Dies geschah vor allem durch die Kassierung von Mitgliedsbeiträgen, für die Beitragsmarken hergestellt und verkauft wurden. Anfangs wurden die Belege teilweise noch in die Mitgliedsbücher eingeklebt, es gab sogar Sondermarken. Später wurden die Marken nach dem Verkauf verbrannt. Im Bericht des Hannoverschen Polizeipräsidenten vom 30. Juni 1933 heißt es *„Wie bereits im Lagebericht vom 1.6.1933 angeführt, werden von der Partei und den Unterorganisationen wieder regelmäßig Beitragsgelder kassiert. Im Monat Juni konnte der Vertrieb 6 verschiedener Beitragsmarken festgestellt werden, vertrieben wurden: Marken mit dem Aufdruck: ›Dem Faschismus Tod, dem Werktätigen Brot‹, Solidaritäts- und Kampfbeitrag 10 Pfg (rot). Parteibeitragsmarken mit dem Wertaufdruck 10 Pfg. (rot). Parteibeitragsmarken für Frauen mit dem Wertaufdruck 10 Pfg. (grün).“* [162]

Die Beobachtung des Kassierapparates bildete sowohl für die Polizei wie

161 1933 – *Wege zur Diktatur*, Ausstellung im Rahmen der Projekte des Berliner Kulturrats, Staatliche Kunsthalle Berlin, 1983, Seite 245.

162 Veröffentlichungen der historischen Kommission für Niedersachsen und Bremen, Niedersachsen 1933–1945, Band 1, *Gestapo Hannover meldet … Polizei- und Regierungsberichte für das mittlere und südliche Niedersachsen zwischen 1933 und 1937*. Bearbeitet und eingeleitet von Klaus Mlynek, Verlag August Lax Hildesheim, 1986. Bericht des hannoverschen Polizeipräsidenten an den Regierungspräsidenten über den Stand der kommunistischen Bewegung vom 30. Juni 1933, Seite 58.

für die KPD eine laufende Kontrolle über die Aktivitäten und den Zusammenhalt der Mitglieder. Wobei sich die illegale Tätigkeit der KPD darauf konzentrierte, Flugblätter und Zeitungen zu verbreiten und/oder herzustellen. Neben Ausgaben von *Die Rote Fahne* und ähnlichen Parteiblättern, die im Ausland gedruckt und in das Deutsche Reich geschmuggelt wurden, gaben die illegalen Parteigliederungen auch Eigendrucke heraus. Für die Herstellung wurden Matrizendrucker genutzt, mit denen sich allerdings nur wenig mehr als hundert Kopien herstellen ließen. Das Drucken war äußerst gefährlich, da die Polizei den Erwerb von Abzugsmaschinen und Matrizen kontrollierte, teilweise auch verbot. Ein offenes Verteilen des Agitationsmaterials war nicht möglich, und wer es der Polizei nicht meldete, machte sich strafbar. So dokumentierten die Druckschriften oder das nächtliche Pinseln von Parolen vor allem die Existenz der illegalen KPD, hatten darüber hinaus aber kaum Wirkung. Die illegalen KPD-Aktivist_innen kämpften trotzdem einen heroischen Kampf. Ständig von Verhaftungen durch die Gestapo bedroht, versuchten sie, das Banner des Antifaschismus aufrecht zu halten und zahlten dafür einen hohen Preis. Allein 1933/34 wurden 60.000 Kommunist_innen verhaftet.[163]

Ein paar Zahlen mögen den Opfergang der Kommunist_innen belegen. In Leipzig wurden von den bis 1933 eingeschriebenen 4.000 KPD-Mitgliedern in der NS-Zeit 2.280 ins Zuchthaus oder KZ geworfen, in Chemnitz 1.600 von 4.000, in Dresden 1.500 von 4.000.[164] Die Zahl der Kommunist_innen, die bis Kriegsende im Kampf gegen den Faschismus fielen, wird auf 20.000 – 30.000 beziffert. Es gibt keinen Grund, an der moralischen Aufrichtigkeit auch nur eines dieser Toten zu zweifeln.

163 Die Zahl von 60.000 verhafteten Kommunist_innen wurde erstmals von Wilhelm Pieck auf dem XIII. Plenum des EKKI im Dezember 1933 genannt. Sie gilt als bewiesen und findet sich auch in renommierten Veröffentlichungen der BRD. Beispiel: *Verfolgung und Widerstand unter dem Nationalsozialismus in Baden. Die Lageberichte der Gestapo und des Generalstaatsanwalts Karlsruhe 1933–1945*. (Veröffentlichungen des Stadtarchivs Mannheim Nr. 3). Bearbeitet von Jörg Schadt, Herausgegeben vom Stadtarchiv Mannheim, Verlag W. Kohlhammer Stuttgart, 1976.

164 *Der deutsche Kommunismus, Dokumente 1915–1945*, Herausgegeben und kommentiert von Hermann Weber, Studien-Bibliothek, Kiepenheuer&Witsch Köln, Dritte Auflage 1973, Seite 321.

Marxistische Zwischentöne

In der Zeit der Weimarer Republik waren viele kleinere Splittergruppen und Parteien entstanden die politische eigene Wege gingen. Am bedeutendsten war die am 4. Oktober 1931 in Berlin als linke SPD Abspaltung gegründete SAPD (*Sozialistische Arbeiterpartei Deutschland* – kurz SAP genannt), die eine Verbindung zwischen KPD und SPD darstellen wollte und für eine tatsächliche Einheitsfront eintrat.[165] Dies wurde aber von den Bürokraten und Ideologen der großen Parteien verhindert.

Deshalb arbeitete die SAP letztlich mit unbedeutenden Splitterparteien, vor allem der KPO (*Kommunistische Partei Opposition* – ca. 3.000 bis 4.000 Mitglieder)[166] und dem **Leninbund** (im Jahr seiner Entstehung 1928 ca. 6.000 Mitglieder – 1930 noch etwa 1.000, dann Spaltung),[167] zusammen. Beides waren Organisationen von KPD-Dissidenten.

Ferner gab es den *Roten Stoßtrupp*, der wie die SAP aus einer linken Strömung der SPD hervorgegangen war und eine Einheitsfront wollte. Allerdings schien dem *Roten Stoßtrupp* die Einheit nur jenseits der großen Parteien erreichbar. Daher stand die Organisation mit Partei-Dissidenten und den diversen Splittergruppen in Kontakt.

Im November 1933 kam die Gestapo der Gruppe auf die Spur, 240 Mitglieder wurden verhaftet, die Struktur zerschlagen.[168] Ähnlich vom Namen,

165 1931 zählte die SAP 31.000 Mitglieder, Ende 1933 nach dem Verbot blieben 13.000 und mehr als 100 im Exil (Exilvorstand befand sich in Paris). Nach harten Schlägen der Repression verblieben ab 1938 nur noch kleine Zirkel von ca. 1000 Aktivist_innen illegal in Deutschland. Prominentestes Mitglied der SAP war der spätere SPD-Parteivorsitzende und Bundeskanzler Willy Brandt. Unter seinem Geburtsnamen Herbert Frahm leitete er das Exilbüro der SAP in Oslo. Siehe dazu: Jörg Bremer: *Die Sozialistische Arbeiterpartei Deutschlands (SAP). Untergrund und Exil 1933–1945*. Frankfurt am Main-New York, Campus Verlag 1978 und Willy Brandt, *Mein Weg nach Berlin*, Autobiographie, Verlag Kindler, München 1960.

166 Bergmann, Theodor: *Gegen den Strom. Die Geschichte der KPD (Opposition)*. 2. revidierte und erweiterte Neuauflage. VSA-Verlag, Hamburg 2001.

167 Zimmermann, Rüdiger: *Der Leninbund. Linke Kommunisten in der Weimarer Republik*. Droste Düsseldorf 1978.

168 Egginger, Dennis: *Der Rote Stoßtrupp*. In: Coppi, Hans/Heinz, Stefan (Hrsg.): *Der vergessene Widerstand der Arbeiter. Gewerkschafter, Kommunisten, Sozialdemokraten, Trotzkisten, Anarchisten und Zwangsarbeiter*. Dietz, Berlin, 2012.

aber keineswegs in der inhaltlichen Ausrichtung waren *Die Roten Kämpfer*, ein 1931/32 geheim gegründeter Zusammenschluss von ca. 400 Aktivist_innen, die sich in der rätekommunistisch/syndikalistischen Tradition der KAPD sahen. Dank ihrer von vornherein streng konspirativen Arbeitsweise blieben sie von der Gestapo zunächst unentdeckt.[169]

Zu erwähnen ist auch noch der ISK (*Internationale Sozialistische Kampfbund*) um den Göttinger Philosophen Leonard Nelson. Der Akademiker konnte weder in der KPD noch in der SPD eine politische Heimat finden. Er war antiklerikal wie antimarxistisch eingestellt, vertrat einen undemokratischen Sozialismus sowie einen strikten Tierschutz und Vegetarismus.

Auch der ISK agitierte für eine echte Einheitsfront von SPD und KPD und konnte, auf illegale Arbeit frühzeitig eingestellt, seinen Kampf nach Hitlers Machtantritt fortsetzen.[170] All diese antifaschistischen Splittergruppen[171] bildeten eine Minderheit in der Minderheit und gruppierten sich meist um eine oder wenige Führungspersönlichkeiten. Neben Organisationen, die einen völlig eigenen Weg gehen wollten, existierten auch solche, die innerhalb oder zumindest im direkten Umfeld der *SoPaDe* versuchten, den Kurs der Sozialdemokraten nach links zu beeinflussen.

Zu nennen ist da die SAJ (*Sozialistische Arbeiter-Jugend*), die als Jugendorganisation der SPD galt, aber recht eigenständig auftrat. In Berlin bildete die

169 1936 gelang es der Gestapo, den *Roten Kämpfern* auf die Spur zu kommen. 1937 wurde der Zusammenhang zerschlagen. Siehe dazu: Olaf Ihlau, *Die Roten Kämpfer. Ein Beitrag zur Geschichte der Arbeiterbewegung in der Weimarer Republik und im Dritten Reich*. Lizenzausgabe des Verlag Anton Hain KG, Meisenheim/Glan 1969, Buchhandlung und Verlag POLITLADEN, Erlangen, 1971.

170 Erst mit einer Verhaftungswelle 1938 konnte dem ISK durch die Gestapo ein Ende bereitet werden. Siehe dazu: Sabine Lemke-Müller: *Ethik des Widerstands. Der Kampf des Internationalen Sozialistischen Kampfbundes (ISK) gegen den Nationalsozialismus. Quellen und Texte zum Widerstand aus der Arbeiterbewegung 1933–1945*, Verlag J. H. W. Dietz Nachf., Bonn 1996.

171 Zu erwähnen wäre hier noch die IKD (*Internationale Kommunisten Deutschlands*), eine trotzkistische Strömung, die in der KPD bis Oktober 1933 wirkte und sich dann entschied, die Partei zu verlassen. Die wenig mehr als 600 Mitglieder konnte die Gestapo 1936 aufdecken. Einige Exilanten nahmen an der Gründung der Vierten (auch trotzkistisch genannten) Internationale 1938 in Paris teil. Siehe dazu: Wolfgang Alles: *Zur Politik und Geschichte der deutschen Trotzkisten ab 1930*; ISP-Verlag Frankfurt (Main), 1987 und Oskar Hippe: *... und unser Fahn' ist rot. Erinnerungen an sechzig Jahre in der Arbeiterbewegung*. Junius-Verlag Hamburg, 1979.

SAJ, gegen den ausdrücklichen Willen des sozialdemokratischen Parteivorstandes, sofort nach dem 30. Januar 1933 illegale Kader und baute bis Mai 1933 in Prag eine eigene Auslandsvertretung auf.[172]

Bereits im Herbst 1932 hatten sich 250 Mitglieder von SPD, *Reichsbanner* und SAJ im Großraum Hannover mit einem Lehrgang auf die Illegalität vorbereitet. Diese Antifaschist_innen lehnten den Anpassungskurs der SPD ab und bildeten 1933 die *Sozialistische Front* (SF). Mit rund 1.000 Aktivist_innen entstand, unabhängig von der SPD-Führung, die größte regionale Widerstandsorganisation. Ihr Ziel war, „*(...) die gesamte Arbeiterschaft in einer sozialistischen Einheitsfront zu einen und im Interesse des Sozialismus und der Arbeiterbewegung mit Gewalt die nationalsozialistischen Regierung zu stürzen*".[173]

1929 fanden sich einige linksradikale Intellektuelle um die beiden Brüder Walter und Ernst Loewenheim zusammen, die, von Lenins Agitationsschrift *Was tun?* inspiriert, eine konspirative Kadervernetzung namens *Leninistische Organisation* (ORG oder LO) ins Leben riefen. Ziel war, eine neue revolutionäre Partei zu schaffen. Die Aktivist_innen setzten sich aus Mitgliedern von KPD, SPD, KPO, SAP und SAJ zusammen. Anfang 1933 sollen der Kaderstruktur rund 100 Personen angehört haben. Auf den Machtantritt der Nationalsozialisten zeigte sich diese ohnehin konspirativ angelegte Organisation gut vorbereitet. Allerdings betrieb die Gruppe vor allem interne Schulungsarbeit und war darauf bedacht ihr Organisationsnetz auszubauen. Es ging nicht um Außenpropaganda oder politische Intervention.

Das traf sich mit der Strategie der *Sopade*, der auch einige ORG-Kader angehörten, außerdem unterhielt die ORG in Prag ein eigenes Auslandsbüro. Dort wurde die programmatische Kampfschrift ›Neu Beginnen‹ verfasst, nach der sich die Organisation umbenannte. *Neu Beginnen* rief zur Einigung aller antifaschistischen Kräfte auch gegen den Willen von SPD und KPD auf. Das Dritte Reich sollte zerschlagen und durch weitgehende Enteignungen

172 Vgl. Eppe, Heinrich/Hermann, Ulrich: *Sozialistische Jugend im 20. Jahrhundert – Studien zur Entwicklung und politischen Praxis der Arbeiterjugendbewegung in Deutschland*, Juventa Verlag Weinheim-München 2008.

173 1936 kam es zu Massenverhaftungen, 230 Mitgliedern der SF wurde der Prozess gemacht, viele wegen Hochverrats verurteilt. Die SF bestand ab diesem Zeitpunkt nicht mehr. Siehe dazu: Gerda Zorn, *Widerstand in Hannover – Gegen Reaktion und Faschismus 1920–1946*, Röderberg-Verlag Frankfurt am Main, 1977, Seite 115 f.

und Verstaatlichungen ein sozialistischer Neuanfang versucht werden.[174] Innerhalb der *Sopade* bildeten die *Revolutionäre Sozialisten Deutschlands* (RSD) ab 1933 eine einflussreiche Oppositionsgruppe. Frühzeitig hatten sich die RS auf die Illegalität eingestellt, ein eigenes Kuriernetz aufgebaut und Geldmittel organisiert. Ihren Schwerpunkt hatten sie in den als links geltenden SPD-Bezirken Thüringen und Sachsen, die durch die Nähe nach Böhmen traditionell gute Verbindung zu den dortigen Sozialdemokraten unterhielten.[175] Durch ihre relative Selbstständigkeit konnten die RS der *Sopade* nicht nur personelle Zugeständnisse abringen, zwei RS Angehörige gehörten dem Prager Vorstand der *Sopade* an, sondern auch inhaltliche. Seinen Niederschlag fand dies im Prager Manifest, das am 28. Januar 1934 im *Neuen Vorwärts* erschien. Das Programm signalisierte eine Abkehr vom kompromissbereiten sozialdemokratischen Kurs und forderte sogar den revolutionären Umsturz. Doch es waren Lippenbekenntnisse welche die linksoppositionellen Gruppen von *Neu Beginnen*, RS und SAJ dem Vorstand der *Sopade* abgerungen hatten. Otto Wels und die Seinen blieben auf ihrem reformistischen und antikommunistischen Kurs. Die *Sopade* entzog *Neu Beginnen* bereits im Januar 1934 die Unterstützung. Was zunächst nicht so viel ausmachte. Es gelang *Neu Beginnen* sogar, bis 1935 etwa 500 Personen in die Struktur einzubinden.[176]

174 Vgl. Loewenheim, Walter: *Geschichte der Org [Neu Beginnen] 1929–1935. Eine zeitgenössische Analyse.* Foitzik, Jan (Hg), Edition Hentrich Berlin, 1995 und Foitzik, Jan: *Zwischen den Fronten. Zur Politik, Organisation und Funktion linker politischer Kleinorganisationen im Widerstand 1933 bis 1939/40 unter besonderer Berücksichtigung des Exils.* Verlag Neue Gesellschaft Bonn, 1986.

175 Böhmen bzw. das sudetendeutsche Gebiet war großteils deutsch besiedelt. Diesseits und jenseits der Grenze gab keine sprachlichen oder kulturellen Barrieren. Auch in Prag existierte bis 1945 eine große deutsche Gemeinde. Das war ein ausschlaggebender Grund dafür, dass die Tschechoslowakei ein wichtiger Exilort für deutsche Antifaschist_innen war.

176 Im Laufe der Jahres 1935 kam es zu einem schweren internen Konflikt. Während die Exilführung bis auf 30 Aktivist_innen alle Genoss_innen aus dem Deutschen Reich abziehen wollte, *Neu Beginnen* für aufgelöst erklärte und den Beteiligen empfahl, in die SPD einzutreten, machten die illegalen Gruppen weiter. Im Herbst 1935 gelang der Gestapo ein erster Schlag gegen *Neu Beginnen*, was sich die folgenden Jahre fortsetzte. Bis Anfang 1939 war die Struktur aufgerollt und es existierten keine relevanten Zellen mehr. Siehe hierzu auch: *„Machtergreifung" Berlin 1933 – Stätten der Geschichte Berlins*, Band 2, Verlag Albert Hentrich, Berlin, 1982, Seite 101.

Außer den aufgezählten Gruppen und Organisationen gab es noch eine Vielzahl kleinerer und vor allem regionaler Zusammenschlüsse. Ferner Gruppen, die nicht vor einem marxistischen Hintergrund agierten. Diese alle hier aufzuführen, würde den Rahmen des Buches bei Weitem sprengen. Im Großen und Ganzen handelt es sich dabei auch eher um Regionalgeschichte, die teilweise sehr gut aufgearbeitet vorliegt.[177]

Die Hoffnung stirbt zuletzt

Nach dem I. Weltkrieg wollte Frankreich ein deutsches Industrierevier an der Saar annektieren. Demgegenüber bestanden die USA darauf, dass dieses Gebiet für 15 Jahre unter der Verwaltung des Völkerbundes blieb. Eine Volksabstimmung sollte dann über den Verbleib im Deutschen Reich oder den Anschluss an Frankreich entscheiden.

Für das Industrierevier, welches sich aus verschiedenen deutschen Territorien zusammensetzte, wurde mit der Zeit der Name Saargebiet gebräuchlich. Mit dem 10. Januar 1920 gehörte dieses Gebiet für 15 Jahre nicht mehr zum Deutschen Reich.

Alle Parteien in Deutschland, selbst SPD und KPD, setzten sich stets für eine Wiedervereinigung mit dem ›Saarland‹ ein. Erst mit der Reichskanzlerschaft Hitlers änderte sich diese Einstellung. Das Saargebiet wurde zum Exilort, einem letzen Zipfel Deutschland, in dem die Nazis ihre Herrschaft noch nicht errichtet hatten.

Im Januar 1935 sollte der Volksentscheid unter internationaler Kontrolle durchgeführt werden, eine Chance, dem Nazi-Regime eine Niederlage zu bereiten.

Dennoch dauerte es recht lange, bis sich die antifaschistischen Parteien tatsächlich zu einer Kooperation bereitfanden. Dem gegenüber waren die rechtskonservativen, bürgerlichen und rechtsradikalen Parteien erheblich

177 Zu erwähnen ist hier die Schriftenreihe ***Widerstand in Berlin von 1933 bis 1945***, der Gedenkstätte Deutscher Widerstand. Es handelt sich um Bände von teilweise über 300 Seiten, über jeden der 12 Berliner Bezirke. Die Druckwerke werden unentgeltlich von der Gedenkstätte abgegeben. Außerdem steht für weitere Forschungen ein umfangreiches Archiv zur Verfügung.

schneller. Im Juli 1933 schlossen sie sich in der ***Deutschen Front*** (DF), eine Art rechte Einheitsfront, zusammen.[178] Während die Deutsche Front mit der Parole *„Deutsch ist die Saar"* die Bevölkerung für sich gewann, setzte sich die KPD noch bis Juni 1934 mit der Parole *„Rote Saar im roten Rätedeutschland"* für den Anschluss an Deutschland ein. Erst ab diesem Zeitpunkt wurde die Polemik gegen die SPD eingestellt und von ›für Anschluss‹ auf ›gegen Anschluss‹ umgestellt.

Am 2. Juli 1934 kam es endlich zu einem Abkommen zwischen SPD, KPD, einer Minderheitenfraktion der Zentrumspartei und linkssozialistischen Splittergruppen. Darin wurde vereinbart, dass gegenseitige Angriffe unterbleiben und alle Parteien für den ›Status quo‹ des Saargebietes eintreten sollten. Der Propagandaspezialist der KPD, Willi Münzenberg, wurde in das Saargebiet entsandt.[179] Mit großem Aufwand und Eifer agitierten nun die Antifaschist_innen und glaubten an ihren Erfolg.

Das Abstimmungsergebnis vom 13. Januar 1935 zeigte dann die Realitäten: bei einer Wahlbeteiligung von 97,99 Prozent stimmten 90,73 Prozent für die Wiedervereinigung mit dem Deutschen Reich, nur 8,86 Prozent für den Status quo und lediglich 0,4 Prozent für einen Beitritt zu Frankreich.[180]

Mindestens 5.000 Emigrant_innen, die im Saarland Zuflucht und Betätigungsfeld gefunden hatten, mussten fliehen, der Exilvorstand der SPD wich von Saarbrücken nach Prag aus. Niedergeschlagenheit machte sich unter den Antifaschist_innen breit. Am 1. März 1935 war die Rückgliederung der Region vollzogen.

Das Beispiel Saarland zeigte, dass der antifaschistische Widerstand ab 1933 weitgehend wirkungslos blieb und lediglich eine moralische Relevanz für die Aktivist_innen selbst besaß bzw. für Nachgeborene besitzt.

178 Aus der DF ging wenig später die NSDAP im Saarland hervor.

179 Siehe hierzu: Harald Wessel, *Münzenbergs Ende. Die Jahre 1933 bis 1940*, Dietz Verlag Berlin, 1991, Seite 59 f.

180 Hans-Walter Herrmann: *Vom Werden eines eigenen historischen Raumes an der mittleren Saar*. In: Bruno Aust, Hans-Walter Herrmann, Heinz Quasten: *Das Werden des Saarlandes – 500 Jahre in Karten*. Band 45 der Veröffentlichungen des Instituts für Landeskunde im Saarland, Saarbrücken 2008.

Nationalsozialistische Antinationalsozialisten?

Die NSDAP war keinesfalls eine so homogene Partei, wie es ihre Propaganda nach 1933 darstellte. Da der Nationalsozialismus ein Sammelsurium verschiedener ideologischer Vorstellungen darstellte, die sich lediglich über das Völkische definierten bzw. ihren Bezugspunkt fanden, gab es neben eindeutig rechtsradikalen Strömungen auch solche, die als links angesehen wurden.

Nach der Neugründung der NSDAP 1925 etablierten die Brüder Gregor und Otto Strasser mit der *Arbeitsgemeinschaft Nordwest* einen antikapitalistischen, sozialrevolutionären Flügel innerhalb der NSDAP. Anfangs war auch Joseph Goebbels, als enger Mitarbeiter Gregor Strassers im Rheinland und in Westfalen, Teil dieser Strömung. Die *Arbeitsgemeinschaft* war völkisch und antimarxistisch geprägt, trat aber für eine Zusammenarbeit mit der Sowjetunion ein, forderte die Verstaatlichung von Industrie und Banken und unterstütze Streiks der ADGB-Gewerkschaften. Damit entstand eine Konkurrenz zu Hitlers süddeutscher Parteiführung. Hitler setzte auf einer ›Führertagung‹ im Februar 1926 in Bamberg seinen Anspruch als ›Chef‹ der Partei gegen den ›Strasser-Flügel‹ durch. Für Gregor Strasser war dies nicht zum Nachteil, Hitler machte ihn am 30. Juni 1926 zum Reichspropagandaleiter der NSDAP. Einen Tag später, am 1. Juli 1926, erfolgte die Auflösung der *Arbeitsgemeinschaft Nordwest.* 1928 wurde Gregor Strasser außerdem zum Reichsorganisationsleiter ernannt, was ihn zum zweitmächtigste Mann in der Nazi-Partei werden ließ. Es war das Organisationsgeschick von Gregor Strasser, welches entscheidend dazu beitrug, aus der NSDAP eine straff gegliederte Massenpartei entstehen zu lassen.

In jeder Hinsicht weniger talentiert als Gregor war sein Bruder Otto Strasser, der aufgrund des in der NSDAP weiter schwelenden Richtungsstreits 1930 aus der Partei austrat. Zu diesem Anlass veröffentlichte Otto Strasser ein Pamphlet mit dem Titel ›Die Sozialisten verlassen die NSDAP‹ und gründete die *Kampfgemeinschaft Revolutionärer Nationalsozialisten.*

Mit der *Kampfgemeinschaft* sollte eine nationalrevolutionäre Alternative zwischen KPD und NSDAP entstehen. Offensiv ging Otto Strasser auf die KPD zu, die in ihrem Programm *„zur nationalen und sozialen Befreiung des* *deutschen Volkes*“ mit nationalbolschewistischen Parolen kokettierte. Allerdings brachte das der *Kampfgemeinschaft* keinen Gewinn, da die Hälfte der Mitglieder nach kurzer Zeit in die KPD eintrat. Doch ein anderes Ereignis gab Otto Strasser Hoffnung auf politische Relevanz.

Kurz vor den Reichstagswahlen vom 14. September 1930 kam es zu einer Rebellion des OSAF-Ost (Oberster SA Führer-Ost, damit gemeint: Berlin, Brandenburg, Pommern und Ostpreußen), dem SA-Gruppenführer Walter Stennes.[181] Ausgangspunkt war die Forderung Stennes', einige SA-Führer auf gut dotierte, sichere Listenplätze zu setzen. Als die Parteiführung darauf nicht einging, besetzten SA-Männer am 30. August 1930 die Hauptgeschäftsstelle der NSDAP in Berlin und die Redaktionsräume der Parteizeitung *Der Angriff*. Gauleiter Joseph Goebbels musste Hitler persönlich nach Berlin bitten, um die Wogen zu glätten. Nach einer Unterredung mit seinem Führer, lenkte Stennes ein. Hitler griff jedoch weiter durch und setzte den Stabschef der SA, Pfeffer von Salomon ab, da er nicht in Lage gewesen war Stennes unter Kontrolle zu halten. Stattdessen bat Hitler seinen Freund Ernst Röhm die Führung der SA zu übernehmen.

Lange hielt der Friede aber nicht. Als Hitler am 20. Februar 1931 den Befehl gab, dass sich die SA aufgrund der Notverordnung der Regierung Brüning zurückzuhalten und militante Auseinandersetzungen zu vermeiden habe, trieb das Stennes zum offenen Widerspruch. Im Gegensatz zu Hitler favorisierte der SA-Führer den Kampf auf der Straße. Eigenmächtigkeiten, die zudem seinen Legalitätskurs gefährdeten, konnte Hitler nicht dulden und ließ den OSAF-Ost absetzen. Daraufhin eskalierte die Situation. Am 1. April 1931 stürmten einige Hundert SA-Leute erneut die NSDAP-Zentrale in der Hedemannstraße und besetzten die Redaktionsräume des *Angriff*. Die im Weg stehenden SS-Wachen wurden kurzerhand zusammengeschlagen. Stennes gab die nächste Nummer des *Angriff* in eigener Regie heraus

181 Walter Stennes (geb. 1895, gest. 1989), aus bürgerlichem Elternhaus, seit seinem zehnten Lebensjahr in einer Kadettenanstalt. Im I. Weltkrieg Offizier, mehrfach ausgezeichnet, dann Freikorpsführer, anschließend Offizier der Berliner Sicherheitspolizei. 1922 aus eigenem Wunsch aus dem Polizeidienst ausgeschieden. Beteiligt am ›Küstriner Putsch‹ im Oktober 1923. 1927 schloss sich Stennes der NSDAP an, übernahm die Führung im Gau Berlin, wenig später Ernennung zum Oberster SA Führer-Ost, damit unterstand Stennes ein Drittel der gesamten SA.

Mein Kampf um Ehre, Recht und Wahrheit in der NSDAP / Schwarze Listen / Pj. Gutterer und Kumpanei

Der deutsche Weg

Kampfblatt für Deutschen Sozialismus

Organ der Nationalsozialistischen Opposition

Berlin 15 Pf.
Auswärts 20 Pf. oder 30 Gr.

Herausgeber: Wilhelm Klute

Jahrgang 1932 | Berlin, 23. Dezember | Nr. 16

Straßer-Schulz endgültig ausgeschaltet

Die Minderwertigkeit triumphiert

Die Zukunft des Welthandels

Von W. A. Donald.

I.

Die Haupteigentümlichkeiten, die den politischen und ökonomischen Zuständen der Vorkriegszeit ihren Stempel aufdrückten, waren

Dr. Ley, eine kriminelle Erscheinung

Durch Verfügung vom 14. Dezember 1932 hat Adolf Hitler

Führer Adolf Hitler weiß dieses sicher nicht. Er muß es wissen,

↑ *Der deutsche Weg*, herausgegeben von der *Deutschsozialistischen Partei*, Dezember 1932. Die Organisation war 1922 in der NSDAP aufgegangen. Einige Unverdrossene hielten jedoch an ihrer Linie fest und stellten sich in Opposition zur Hitler-Partei. Das machte die DSP aber keinesfalls zu einer antifaschistischen Organisation. Programmatisch blieb sie eine völkische, antisemitische und antimarxistische Partei.

und polemisierte gegen das ›Bonzentum‹ in der NSDAP und den Verrat an ›sozialistischen‹ Prinzipien. Er hoffte, einen maßgeblichen Teil der SA auf seine Seite zu ziehen, um die NSDAP zu spalten und sich selbst an die Spitze zu setzen.

Doch der überwiegende Teil der Berliner SA verhielt sich zurückhaltend. Trotzdem hatte die Führung der NSDAP nicht genügend eigene verlässliche Leute parat. Die SS musste die Polizei zur Hilfe rufen, welche die Gebäude von den Stennes-Leuten räumte.

Nach der Revolte gründete Stennes mit seinen 500 aus der NSDAP ausgeschlossenen Sympathisanten die *Nationalsozialistische Kampfbewegung Deutschlands* (NSKD), die strikt gegen Hitler und die NSDAP auftrat, jedoch keine politische Relevanz entwickelte.[182]

182 Nach der Machtübertragung flüchtete Stennes ins Exil nach China.

Otto Strasser versuchte nun, Stennes und seine gescheiterten Mitstreiter für die *Kampfgemeinschaft* anzuwerben. Aber Stennes und seine Leute sträubten sich gegen Strassers ›Salondiskutierklub‹. Nur weil die NSKD selbst nicht in der Lage war, eine politische Initiative zu ergreifen, kam es ab August 1931 zur Zusammenarbeit beider Gruppen. Die *Kampfgemeinschaft* brachte es aber lediglich auf rund 10.000 Mitglieder und blieb weit von einer Massenorganisation entfernt. Bald setzten Querelen und Verfall der Organisation zu. Als im Oktober 1931 die *Schwarze Front* offiziell von Otto Strasser als Sammlungsbewegung verkündet wurde, hatten sich Stennes mit seiner *Nationalsozialistische Kampfbewegung* bereits wieder verabschiedet. Ständige Austritte schwächten die Organisation weiter. Bei der Machtübertragung 1933 war die *Schwarze Front* eine bedeutungslose Splittergruppe, die genauso verfolgt wurde wie alle anderen gegen das NS-Regime gerichteten Zusammenhänge. Otto Strasser gelang es, nach Österreich zu emigrieren, etwas später wechselte er nach Prag.

Braunes Heer und schwarzer Tod

Nach dem ersten Jahr ihres Machtantritts war die Herrschaft der Nazis noch keineswegs gesichert. Das kann nicht wundern, denn die NSDAP hatte maximal 37,3 Prozent der Stimmen bei Reichstagswahlen erhalten, wobei auch viele Protestwähler_innen für Hitler gestimmt hatten. Bald zeigte sich, dass die von den Nazis versprochene schnelle Verbesserung der wirtschaftlichen Lage mehr Zeit in Anspruch nehmen würden als angekündigt. So war im Frühjahr 1934 erst ein Drittel der Anfangs über sechs Millionen Arbeitslosen in Beschäftigung gebracht.[183]

Die durch Propaganda erzeugte Euphorie der ersten Monate wich einer weitgehenden Ernüchterung. Vor allem aber entwickelte sich die SA zu einem Problem. Die paramilitärische Ordnertruppe war ein wesentliches Instrument der NSDAP auf dem Weg zur Macht gewesen. Demzufolge war sie seit der Machtübertragung gegen politische Gegner_innen vorgegangen.

183 Timothy Mason, *Sozialpolitik im Dritten Reich, Arbeiterklasse und Volksgemeinschaft*, Opladen 1977, Seite 126 ff.

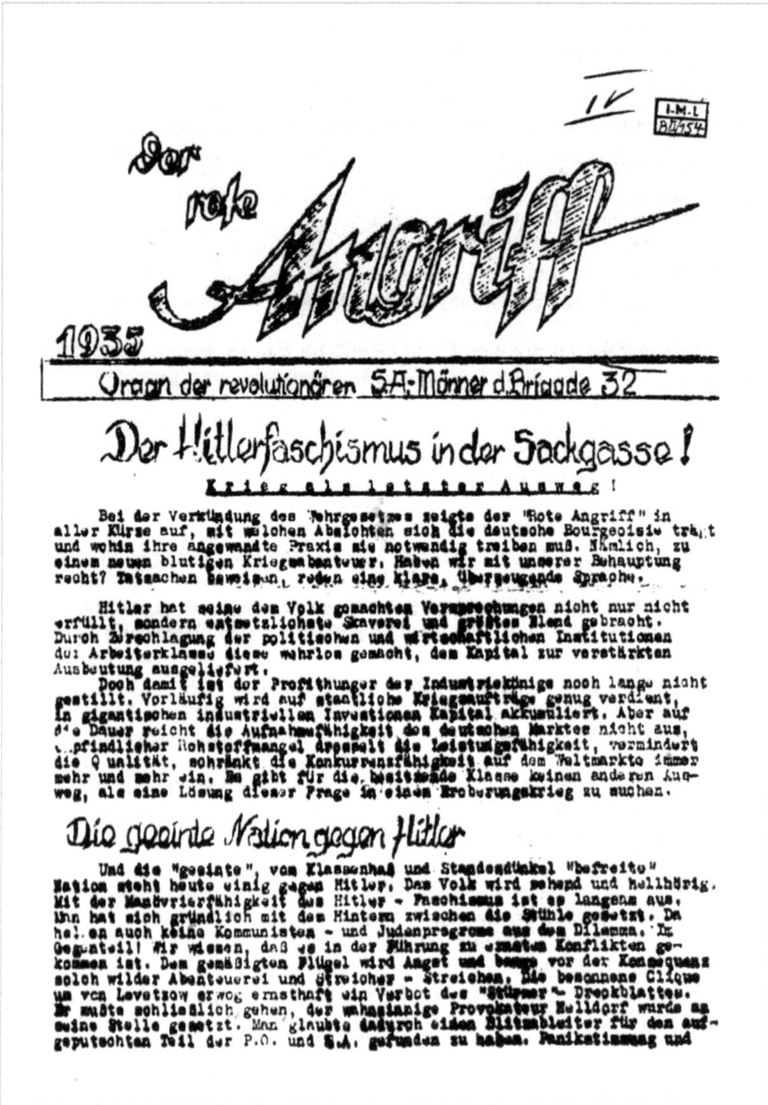

IV

I.M.L
BÜ/54

Der rote Angriff

1935

Organ der revolutionären SA-Männer d. Brigade 32

Der Hitlerfaschismus in der Sackgasse!

Krieg als letzter Ausweg!

Bei der Verkündung des Wehrgesetzes zeigte der "Rote Angriff" in aller Kürze auf, mit welchen Absichten sich die deutsche Bourgeoisie trägt und wohin ihre angewandte Praxis sie notwendig treiben muß. Nämlich, zu einem neuen blutigen Kriegsabenteuer. Haben wir mit unserer Behauptung recht? Tatsachen beweisen, reden eine klare, überzeugende Sprache.

Hitler hat seine dem Volk gemachten Versprechungen nicht nur nicht erfüllt, sondern entsetzlichste Sklaverei und größtes Elend gebracht. Durch Zerschlagung der politischen und wirtschaftlichen Institutionen der Arbeiterklasse diese wehrlos gemacht, dem Kapital zur verstärkten Ausbeutung ausgeliefert.

Doch damit ist der Profithunger der Industriekönige noch lange nicht gestillt. Vorläufig wird auf staatliche Kriegsaufträge genug verdient, in gigantischen industriellen Investitionen Kapital akkumuliert. Aber auf die Dauer reicht die Aufnahmefähigkeit des deutschen Marktes nicht aus, empfindlicher Rohstoffmangel drosselt die Leistungsfähigkeit, vermindert die Qualität, schränkt die Konkurrenzfähigkeit auf dem Weltmarkte immer mehr und mehr ein. Es gibt für die besitzende Klasse keinen anderen Ausweg, als eine Lösung dieser Frage in einem Eroberungskrieg zu suchen.

Die geeinte Nation gegen Hitler

Und die "geeinte", vom Klassenhaß und Standesdünkel "befreite" Nation steht heute einig gegen Hitler. Das Volk wird sehend und hellhörig. Mit der Manövrierfähigkeit des Hitler-Faschismus ist es langsam aus. Man hat sich gründlich mit dem Hintern zwischen die Stühle gesetzt. Da helfen auch keine Kommunisten- und Judenpogrome aus dem Dilemma. Im Gegenteil! Wir wissen, daß es in der Führung zu ernsten Konflikten gekommen ist. Dem gemäßigten Flügel wird Angst und bange vor der Konsequenz solch wilder Abenteuerei und Streicher-Streichen. Die besonnene Clique um von Levetzow erwog ernsthaft ein Verbot des "Stürmer"-Dreckblattes. Er mußte schließlich gehen, der wahnsinnige Provokateur Helldorf wurde an seine Stelle gesetzt. Man glaubte dadurch einen Blitzableiter für den aufgeputschten Teil der P.O. und S.A. gefunden zu haben. Panikstimmung und [illegible]

↑ Illegale Zeitung *›Der rote Angriff‹*. In dem Massenheer der SA gab es unterschiedliche Strömungen. Selbst Antifaschist_innen setzten bis 1935 Hoffnungen in eine Rebellion von Teilen der SA gegen die NSDAP-Führung.

Immer wieder wurden Antifaschist_innen zusammengeschlagen oder die Gelegenheit für private Abrechnungen genutzt. Es existierten etliche Konzentrationslager und Folterkeller, die von SA-Stürmen in eigener Regie geführt wurden. Hinzu kamen verbale Kraftmeiereien der SA, wonach die zweite Revolution noch ausstehen würde, mit der dann die ›sozialistischen‹ Forderungen der Bewegung eingelöst würden. Statt der Ruhe und Ordnung, welche die Nazis ihren bürgerlichen Bündnispartner_innen versprochen hatten, erzeugte die SA eine latente Verunsicherung und stellte eine immer größere politische Belastung für Hitler und die NSDAP-Führung dar.

SA-Stabschef, Ernst Röhm, Duzfreund von Adolf Hitler, galt Anfang 1934 als zweiter Mann der NS-Führungsriege. Unter seinem Kommando war die SA auf 500.000 Mitglieder[184] angewachsen. Im Zuge der Gleichschaltung wurden die Mitglieder vom **Stahlhelm** und allen anderen nationalen Wehrverbänden 1933/34 ebenfalls in die SA überführt, die schließlich ein Heer von 4,5 Millionen Mann[185] bildete.

Röhm und die obersten SA-Führer waren sich ihrer Macht bewusst und fühlten sich als Träger der Bewegung. Sie gingen davon aus, dass die SA – in eine Milizarmee umgewandelt – das bisherige ›100.000-Mann-Heer‹ ersetzen würde.

Das sah die Reichswehr anders, deren Unterstützung Hitler unbedingt brauchte, wenn er seine Macht behalten und seine Expansionsziele umsetzen wollte.

Für das Militär bildete die SA lediglich ein Rekrutenreservoir. Deshalb wurde das braune Riesenheer Mitte Mai 1933 dem Reichswehrministerium unterstellt. Jährlich sollten 250.000 SA-Männer für ihre spätere Übernahme in die Armee gedrillt werden. Dem steuerte Röhm entgegen, indem er mehr Einfluss forderte und von den SA-Obergruppen bewaffnete Stabswachen aufstellen ließ. Es entwickelte sich ein Konflikt, in den Hitler persönlich eingreifen musste. Er lud SA-Führer und Reichswehrführung zu einem Treffen am 28. Februar 1934 in die Reichskanzlei. Am Ende stand

184 Heinz Höhne, *Der Orden unter dem Totenkopf. Die Geschichte der SS*, Sigbert Mohn Verlag Gütersloh, 1967, Seite 90.

185 Ebenda, Seite 92.

ein theatralischer Händedruck zwischen SA-Stabschef Ernst Röhm und Generaloberst Werner von Blomberg, der seit Ende April 1933 inoffiziell als Oberbefehlshaber der Reichswehr fungierte.

Auf die zunehmenden Unstimmigkeiten zwischen NSDAP und SA hatten die bürgerlich-nationalistischen Kreise ein waches Auge. Vor allem, weil die Nationalkonservativen immer noch meinten, Hitlers totalitäre Diktatur im Zaum halten zu können. Eine Möglichkeit schien die Nachfolge des altersschwachen Reichspräsidenten Hindenburg zu bieten. Damit verknüpft war die Frage nach einem neuen Wehrgesetz.

Ob die Reichswehr die alleinige Waffenträgerin der Nation blieb oder ob die SA ihren Anspruch durchsetzen konnte, entwickelte sich zum entscheidenden Punkt. Unmittelbar nach dem Treffen im Februar 1934, hatte Ernst Röhm in interner Runde seine wirkliche Meinung über das Abkommen mit der Reichswehr und die Rolle Hitlers kundgetan. Es fielen Sätze wie „Wenn nicht mit, so werden wir die Sache ohne Hitler machen".[186] Anfang März 1934 berichtete dies der SA-Obergruppenführer[187] von Hannover, Viktor Lutze, Hitlers Stellvertreter Rudolf Hess.

Kurz vor dieser Denunziation war der Röhm unterstellte *Reichsführer-SS*[188] Heinrich Himmler, von Hermann Göring zum Inspekteur der Preußischen Geheimen Staatspolizei ernannt worden.[189] Damit stellte sich Himmler auf die Seite Görings, der sich mit Röhm einen erbitterten Konkurrenzkampf um die Hoheit über den preußischen Polizeiapparat lieferte. Der *Reichsführer-SS* hatte gleich darauf seinen Gefolgsmann Reinhard Heydrich[190], der

186 Höhne, Heinz: *Der Orden unter dem Totenkopf. Die Geschichte der SS*, Sigbert Mohn Verlag Gütersloh, 1967, Seite 93.

187 Der Rang eines SA-Gruppenführers entsprach dem eines Generalleutnants in der Reichswehr.

188 Von 1926 bis August 1934 war der Titel ›Reichsführer-SS‹ eine reine Dienststellung innerhalb der SA und ohne jede rechtliche Bedeutung.

189 Göring ernannte Himmler am 2. April 1934 zum Inspekteur der Preußischen Geheimen Staatspolizei.

190 Reinhard Heydrich (1904–1942), 1919 Eintritt in eine Freiwilligen-Einwohnerwehr des Freikorps Maercker, 1920 Mitglied des 1922 verbotenen Deutschen Schutz- und Trutzbundes, ab 1922 bei der Reichsmarine im Nachrichtendienst tätig. 1931 Eintritt in die NSDAP und die SS, baute den SD auf.

bereits seit 1932 den SD[191] leitete, zum Chef des Geheimen Staatspolizeiamtes (Gestapo) berufen. Beide erhielten den Auftrag, Belastungsmaterial über Röhm und die SA-Führung zu sammeln. Mit derselben Aufgabe waren bereits auch Reichswehrdienststellen befasst.

Tatsächlich Belastendes wurde nicht gefunden. Aber es entstand ein Plan, um die SA-Führung auszuschalten. Federführend war dabei Reinhard Heydrich, der die Aktion auf unliebsame Nationalkonservative und sonstige potenzielle Oppositionelle in den eigenen Reihen ausweitete. Schwarze Listen mit den Namen von Todeskandidaten wurden erstellt, SS-Einheiten auf den Einsatz vorbereitet. Da einigten sich Hitler und Röhm überraschend am 4. Juni 1934 in einem vierstündigen Gespräch. Das Problem Reichswehr/SA wurde vertagt, die gesamte SA über den Juli beurlaubt, Röhm trat einen mehrwöchigen Kuraufenthalt in Bad Wiessee an. Die Planungen von Heydrich, Himmler und Göring schienen umsonst gewesen zu sein.

Die Nacht der langen Messer

Für das nationalkonservative Lager blieb die Situation unerträglich. Zum Wortführer wurde Vizekanzler von Papen, der am 17. Juni 1934 an der Universität Marburg eine vielbeachtete Rede hielt. Er bezeichnete darin die Vorherrschaft einer einzigen Partei als Übergangszustand und geißelte den Terror, den er auch als solchen benannte. Am schärfsten attackierte von Papen die Befürworter einer zweiten Revolution und betonte, „dass einer zweiten Welle leicht eine dritte folgen kann, dass, wer mit der Guillotine droht, am ehesten unter das Fallbeil gerät".[192]

Goebbels versuchte sofort, die Verbreitung des Textes zu verhindern, worauf von Papen am 19. Mai seinen Rücktritt androhte. Damit war eine

191 *Sicherheitsdienst* (SD), 1931 auf Anordnung von Heinrich Himmler als SS interner Nachrichtendienst eingerichtet. Aufgabe des SD war die Beobachtung gegnerischer Parteien wie auch die Überwachung der nationalsozialistischen Bewegung. Im Sommer 1934 wurde der SD zum einzigen Nachrichtendienst der NSDAP. Heydrich führte den SD und die Gestapo in Personalunion. 1939 wurde der SD mit der Sicherheitspolizei (Sipo) zum Reichssicherheitshauptamt (RSHA) zusammengefasst.

192 Vgl. Peter Longerich, *Die braunen Bataillone. Geschichte der SA*, Verlag C. H. Beck München, 1989, Seite 212.

Regierungskrise entstanden, die Reichskanzler Hitler bemänteln konnte, indem er von Papen davon überzeugte, von seinem Rücktritt vorerst Abstand zu nehmen. Wegen des Spektakels um die von-Papen-Rede, wurde Hitler, am 21. Juni 1934 vom greisen und bereits erkrankten Reichspräsident Hindenburg auf dessen Gut Neudeck zitiert. Außer Hindenburg war der Reichswehrminister und inoffizielle Oberbefehlshaber, Generaloberst Werner von Blomberg, anwesend. Blomberg führte weitgehend das Gespräch und formulierte: *„Es sei dringend notwendig, den inneren Frieden des Reiches wiederherzustellen, für Radikalinskis sei im neuen Deutschland kein Platz mehr"*.[193] Diese Ansage ließ keine Zweifel übrig. Wenn Hitler sein Amt behalten wollte, musste er handeln, bevor sich eine Front aus national-konservativen Kreisen im Verein mit der Reichswehr gegen ihn formierte. Für den Machterhalt musste ›der Führer‹ seine SA opfern.

Bereits am folgen Tag rief Hitler den ergebenen SA-Obergruppenführer Viktor Lutze in Hannover an und befahl ihm, in die Reichskanzlei nach Berlin zu kommen. Dort unterrichtete er Lutze darüber, dass Röhm abgesetzt werden müsse und nun nur noch Befehle von Hitler zu befolgen wären. An diesem Tag, dem 22. Juni 1934, lief bereits der Plan an, den Reinhard Heydrich vorbereitet hatte. SS-Verbände wurden in Alarmbereitschaft versetzt und mit der Reichswehr Kontakt aufgenommen. Letztlich wurde am 25. Juni den in Berlin versammelten SS-Führern von Himmler und Heydrich eröffnet, dass ein Putsch der SA unmittelbar bevorstehe und Abwehrmaßnahmen zu treffen seien. Die Reichswehr stellte Transportraum, Unterbringungsmöglichkeiten und Eingreifreserven zur Verfügung. Um die SA-Führung mit einem Schlag in die Hand zu bekommen, rief Hitler am 28. Juni bei Röhm in Bad Wiessee an. Im Rheinland hätten SA-Männer einen ausländischen Diplomaten angepöbelt, das seien unhaltbare Zustände, man müsse sich sofort aussprechen. Deshalb sollten sich am Samstag, dem 30. Juni 1934, um 11 Uhr alle Obergruppenführer, Gruppenführer und Inspekteure der SA zu einer Besprechung mit dem Führer in Bad Wiessee einfinden. Sorglos ließ Röhm die Befehle herausgeben.

193 Heinz Höhne, *Der Orden unter dem Totenkopf. Die Geschichte der SS*, Sigbert Mohn Verlag Gütersloh, 1967, Seite 100.

Hitler kam an diesem Morgen in Begleitung von SS-Männern und Polizei kurz nach 6.30 Uhr in Bad Wiessee an und überrumpelte die noch schlafende SA-Führung.

Die sechs ranghöchsten SA-Führer wurden ins Gefängnis Stadelheim gebracht und dort wenig später von einem Erschießungskommando der SS-Leibstandarte, ohne Anhörung oder Urteil, auf Befehl Hitlers an die Wand gestellt.

Zur gleichen Zeit ließen auch Göring und Himmler in Preußen ihre Häscher ausschwärmen. Neben angeblichen SA-Verschwörern und NSDAP-Dissidenten waren vor allem Persönlichkeiten aus nationalkonservativen Kreisen, aber auch ihre Mitarbeiter betroffen. Von Papens Pressechef, Carl Fedor von Bose, und sein Redenschreiber, Edgar Jung, zählten zu den ersten Mordopfern. Außer angeordneten Mordaufträgen kam es auch zu spontanen Exzessen und Verwechslungen.

Bei Ernst Röhm zeigte Hitler Skrupel und wollte ihn erst von der Todesliste nehmen. Am 1. Juli 1934 erhielt jedoch der KZ-Kommandant Theodor Eicke[194] die Order, Röhm zu liquidieren. Zunächst wurde dem degradierten SA-Stabschef eine Pistole in die Zelle gelegt, mit der er Selbstmord begehen sollte. Röhm nahm das ›Angebot‹ nicht an, worauf ihn Eicke gemeinsam mit dem Führer der Dachauer Wachtruppe, Michel Lippert, in der Gefängniszelle erschoss. Bis zum 2. Juli dauerten die Mordexzesse. Kurz darauf verfügte Hitler, dass für die 83 Morde im Zusammenhang mit dem

194 Theodor Eicke (geb. 1892, gest. 1943), wurde Ende 1928 Mitglieder der NSDAP und SA. 1930 Wechsel zu SS, machte sich einen Namen beim Aufbau der SS in der Pfalz. Eigenmächtigkeiten und Querelen brachten Eicke in die Psychiatrie, die SS stieß ihn aus. Himmler gab dem ›alten Kämpfer‹ im Juni 1933 eine zweite Chance und übergab ihm das Kommando über das gerade entstehende KZ-Dachau. Insbesondere während des ›Röhm-Putsches‹ zeigte sich Eicke als williger Vollstrecker. Allein in bzw. nahe des KZ-Dachau ermordete die SS 20 Personen im Zusammenhang mit der erfundenen SA-Revolte. Vermutlich erschoss Eicke auch Gregor Strasser. Eicke stieg zum Inspekteur der Konzentrationslager auf und machte aus den Wachmannschaften eine spezielle SS-Totenkopfstandarte. Im II. Weltkrieg wurde aus diesen Männern die SS-Division ›Totenkopf‹ gebildet. Die von Eicke geführte Division galt als besonders fanatisch, war an diversen Kriegsverbrechen beteiligt, erlitt aber auch selbst ungemein hohe Verluste. Eicke stieg zum SS-Obergruppenführer und General der Waffen-SS auf. Am 26. Februar 1943 wurde Eicke bei einem Aufklärungsflug von sowjetischer Flak abgeschossen und fand den Tod.

›Röhm-Putsch‹ keine amtlichen Ermittlungen angestellt werden durften.

↑ Heinrich Himmler und Ernst Röhm.

Der Schlag gegen die SA hatte zur Folge, dass die vormals mächtige Organisation ihre Bedeutung verlor. Auch die nationalkonservativen Steigbügelhalter der NSDAP waren mundtot gemacht und opponierende Kreise in der NSDAP existierten nicht mehr. Vor allem besiegelte das skrupellose Vorgehen gegen die SA-Führung das Bündnis zwischen Hitler und der Reichswehrführung, die nun den endgültigen Griff Hitlers nach der Macht unterstützte. Dieser letzte Akt war mit dem Ableben des Reichspräsidenten Paul von Hindenburg verbunden.

Am 1. August 1934 erließ das ›Kabinett Hitler‹ ein Gesetz, das die Zusammenlegung der Ämter von Reichskanzler und Reichspräsident in der Person Adolf Hitlers nach dem Tod Paul von Hindenburgs regelte. Bereits am 2. August 1934 starb der 86-jährige Reichspräsident. Hitler ließ ihn in einem großen Staatsakt im ›Reichsehrenmal Tannenberg‹ in Ostpreußen bestatten. Von nun an wurde die bislang lediglich im NS-Parteijargon übliche Bezeichnung ›Führer‹ Titel des höchsten Staatsamtes. Damit verbunden, unterstand die Wehrmacht direkt Adolf Hitler und die Soldaten wurden auf seine Person und nicht mehr auf die Verfassung vereidigt.[195]

Um Hitler als Diktator zu legitimieren, führten die NS-Machthaber am 19. August 1934 eine *„Volksabstimmung über das Staatsoberhaupt des Deutschen Reiches“* durch. Kurz nach den Massakern im Zusammenhang mit dem ›Röhm-Putsch‹ konnte über den Ausgang dieser Abstimmung kein Zweifel bestehen. Bei einer Wahlbeteiligung von 95 Prozent stimmten nahezu

195 Eidesformel ab dem 2. August 1934: *„Ich schwöre bei Gott diesen heiligen Eid, daß ich dem Führer des Deutschen Reiches und Volkes, Adolf Hitler, dem Oberbefehlshaber der Wehrmacht unbedingten Gehorsam leisten und als tapferer Soldat bereit sein will, jederzeit für diesen Eid mein Leben einzusetzen.“*

↑ *Arbeiter Illustrierte Zeitung*, Nummer 29, 19. Juli 1934, Prag. Fotomontage: John Heartfield.

1917 1920 1923 1933 – 1945 1977 1981 1989 2000 2015

90 Prozent für Hitler. In diesem Zusammenhang sollte die Reichswehr ihre militärische Monopolstellung verlieren. Nach dem ›Röhm-Putsch‹ wurde die SS eigenständig und nahm eine immer wichtigere Rolle im NS-Regime ein. Als ›Führer und Reichskanzler‹ verlangte Hitler eine spezielle Leibgarde. Reichswehrminister Werner von Blomberg genehmigte daraufhin am 24. September 1934 die Aufstellung der SS-Verfügungstruppe, aus der wenige Jahre später die Waffen-SS hervorging.

Kurswende Volksfront

Die Machtübernahme durch die Nationalsozialisten im Deutschen Reich verstärkte die faschistischen Tendenzen in ganz Europa und Antifaschismus wurde zu einem internationalen Massenphänomen. Entscheidend wirkten sich dabei die Vorgänge am 6. Februar 1934 in Paris aus. Auch in Frankreich war eine starke faschistische Bewegung entstanden. Sie setzte sich aus Gruppen wie der katholisch-monarchistischen *Action française*, dem Kriegsveteranenverband *Croix de Feu* (dt.: *Feuerkreuzler*), kurz *Liga* genannt, dem *Jeunesses patriotes* (dt. etwa: *Junge Patrioten* oder *Vaterländische Jugend*) und der Nationalen Union der Kriegsteilnehmer zusammen. Am 6. Februar 1934 mobilisierten all diese Organisationen nach Paris, um die Neubildung einer neuen Mitte-Links-Regierung zu verhindern.

Als der Marsch der Faschisten auf dem Weg zum Palais Bourbon, dem Sitz der Nationalversammlung, die Polizeiabsperrungen am Place de la Concorde erreichte, eskalierte die Situation zu einer erbitterten Straßenschlacht. Berittene Polizei ritt gegen die Angreifer an, die wiederum Barrikaden errichteten. Als es dunkel wurde, fielen Schüsse. Am Ende gewann die Polizei die Oberhand, aber die Auseinandersetzungen kosteten 15 bis 25 Menschen das Leben und weit über 1.000 Personen wurden verletzt. Édouard Daladier, gerade im Amt als Regierungschef bestätigt, trat am folgenden Tag zurück. Eine neue ›Burgfrieden-Koalition‹ konnte eine Staatskrise abwenden.

Die neue Regierung war unter dem Druck des rechtsradikalen Straßenterrors zustande gekommen. Ein klares Warnsignal, das die bis dahin völlig zerstrittene Linke im Land gemeinsam reagieren ließ. Denn in Frankreich wurde die faschistische Gefahr – nach den Erfahrungen mit Italien und Deutschland – deutlich wahrgenommen.

Am 12. Februar 1934 kam ein Generalstreik zustande, an dem sich so ziemlich alle linken Gewerkschaften und Organisationen, bis hin zu den Anarchisten, beteiligten. Das mündete in einem formellen antifaschistischen Aktionspakt zwischen der kommunistischen und der sozialistischen Partei Frankreichs, denen sich auch eine radikale liberale Partei anschloss.[196] Eine ähnliche Entwicklung zeichnete sich in Spanien ab.[197]

↑ Anstecknadel für das Internationale Sportlertreffen gegen Krieg und Faschismus in Paris, vom 11. bis 15. August 1934. Ein ›gigantischer‹ Arbeitersportler zertrümmert mit einem Felsbrocken rechtsradikale Symbole: das Hakenkreuz für den deutschen, das Liktorenbündel für den italienischen Faschismus, aber auch einen französischen Stahlhelm.

Ob es die Vorgänge in Frankreich und Spanien waren, die Stalin dazu brachten, die Politik der **KomIntern** zu ändern, bleibt Spekulation, denn eine ideologische Begründung für die Kursänderung gab es nicht. Da der Marxismus den Faschismus als Herrschaftsform nicht kannte, lieferte Georgi Dimitrow auf dem VII. Weltkongress der **KomIntern** im Juli/August 1935 eine polemische Erklärung, in der er Faschismus als ***„die offene, terroristische Diktatur der reaktionärsten, chauvinistischsten, am meisten imperialistischen Elemente des Finanzkapitals“*** bezeichnete.

Demnach waren bürgerliche Demokratie und Faschismus Herrschaftsformen des Kapitalismus. In dem Moment aber, wo der Kapitalismus bedroht

196 Auch das berühmte *Einheitsfrontlied* (Und weil der Mensch ein Mensch ist) entstand erst im französischen Exil Ende 1934. Der Text stammt von Bertolt Brecht, die Melodie von Hanns Eisler. Die Uraufführung fand bei der Ersten internationalen Musikolympiade 1935 in Straßburg statt, später wurde es in der Interpretation von Ernst Busch das bekannteste Lied der marxistischen Arbeiterbewegung.

197 Vgl.: Köller, Heinz: *Für Demokratie – Brot – Frieden. Die Volksfront in Frankreich 1935 bis 1938*, Pahl-Rugenstein Bonn, 1996.

sei – wie im Falle der Weltwirtschaftskrise in Deutschland – wandele er sich in eine faschistische Diktatur, deren besonderes Ziel die Zerschlagung der marxistischen Arbeiterbewegung sei.

Damit wurde auf der letzten Versammlung der *KomIntern*[198], die Sozialfaschismus-These endgültig verworfen und die Sektionen auf die Herstellung von *Volksfront-Bündnissen* orientiert.

In Deutschland war zu diesem Zeitpunkt der Versuch der KPD, einen zentralistisch geleiteten Widerstand aufzubauen, von der Gestapo zerschlagen und der einstige Massencharakter der kommunistischen Bewegung nicht mehr gegeben. Die wenigen Widerstandsgruppen in Deutschland entstanden und handelten mittlerweile ohne Anweisungen der ›Auslandsleitung‹.[199]

Das Umschwenken der Parteiführung auf die ›Volksfrontpolitik‹ 1935 war dann auch vor allem eine Angelegenheit der kommunistischen Emigranten, die materiell vollständig von der Moskauer Leitung abhingen. Geringste Opposition bzw. Abweichen von der vorgegebenen Parteilinie konnte den Parteiausschluss zur Folge haben. Das bedeutete vollständige Isolation und das Ende jeglicher Unterstützung. Diese Bedingungen förderten politisches Wohlverhalten. 1935 hatte die KPD sogenannte Abschnittsleitungen rund um Deutschland eingerichtet. In Prag, Kopenhagen, Amsterdam, Zürich, Brüssel und Forbach/Frankreich. Die beiden wesentlichen Exilstützpunkte waren aber in Prag, unter Walter Ulbricht, und in Paris, wo Willi Münzenberg wirkte. Vom 3. bis 15. Oktober 1935 tagte in Moskau die Brüsseler Konferenz der KPD. Der Name wurde aus konspirativen Gründen gewählt.

198 Am 15. Mai 1943 fasste das EKKI auf Entscheidung Stalins den Beschluss über die Auflösung der *KomIntern* zum 10. Juni. Dieser Schritt gilt als ein Zugeständnis Stalins an die westlichen Alliierten, auf deren Unterstützung die Sowjetunion im Krieg gegen Hitler angewiesen war.

199 Im Nachhinein stellte die offizielle Geschichtsschreibung der SED es so dar, als das ob die gesamte antifaschistische Arbeit von 1933 bis 1945 von der ›Auslandleitung‹ geleitet worden sei. Diese Legende diente dazu, der Führung größeres Prestige zu verleihen. Selbst große Widerstandsgruppen wie die Schuhmann-Gruppe in Leipzig, die Bästlein-Gruppe in Hamburg, die Saefkow-Gruppe in Berlin oder die Lechtleiter-Gruppe in Mannheim arbeiteten meist ohne zentrale Leitung. Ihre Flugschriften dokumentieren teilweise erhebliche Differenzen zur offiziellen Parteilinie. Siehe dazu: *Der deutsche Kommunismus, Dokumente 1915–1945*, Herausgegeben und kommentiert von Hermann Weber, Studien-Bibliothek, Kiepenheuer & Witsch Köln, 3. Auflage 1973, Seite 320 f.

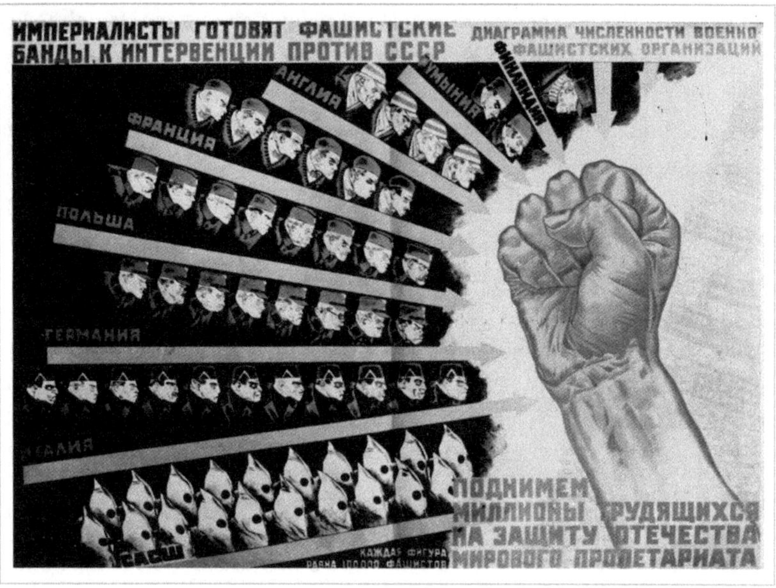

↑ Mit der Kurswende zur Volksfrontpolitik wurde der Faschismus als entscheidende Strategie des Imperialismus gegen die Sowjetunion interpretiert. Oben links: *„Die Imperialisten bereiten faschistische Banden zur Intervention gegen die UdSSR vor.“* Oben rechts: *„Diagramm der Anzahl von militärisch-faschistischen Organisationen.“* An den Strahlen von oben rechts nach unten links: *„Finnland, Rumänien, England, Frankreich, Polen, Deutschland, Italien, USA.“* Unten rechts: *„Erheben wir Millionen von Arbeitenden zur Verteidigung des Vaterlandes des weltweiten Proletariats.“* Klein links daneben: *„Jede Figur entspricht 100.000 Faschisten.“* Plakat von 1935.

Auf der Konferenz, die als 13. Parteitag galt, wurden die Beschlüsse des VII. *KomIntern*-Kongresses angenommen und damit die Parteilinie auf die Bildung einer antifaschistischen Volksfront umgestellt. Um die Parteitagsbeschlüsse umzusetzen, gab es zwei Initiativen. Am 22. November 1935 rief Willi Münzenberg im Pariser Hotel Lutetia einen Kreis von Emigranten aus SPD, SAP, KPD sowie parteilosen Schriftsteller und Künstler, die er durch seine Verlagstätigkeit kannte, zusammen. Man lotete den kleinsten gemeinsamen Nenner aus und verabredete ein Folgetreffen.

Einen Tag später kam es in Prag zu offiziellen Verhandlungen des ZK der KPD unter Walter Ulbricht mit Vertretern der *Sopade*. Diese Gespräche

1917 1920 1923 1933 – 1945 1977 1981 1989 2000 2015

endeten sehr bald in gegenseitigen Unterstellungen und wurden ohne Ergebnis eingestellt. Ganz anders in Paris. An der dritten Lutetia-Konferenz am 2. Februar 1936 nahmen etwa 100 Personen teil. Am 9. Juni 1936 nannte sich der Lutetia-Kreis, unter Vorsitz von Heinrich Mann[200], in *Ausschuss zur Vorbereitung der Deutschen Volksfront* um.

Laut Kurt Kersten, Publizist und guter Freund von Willi Münzenberg, konnte man den Ausschuss als *„repräsentative Vertretung der politischen deutschen Emigranten betrachten, auch wenn der sozialdemokratische Parteivorstand seinen Beitritt offiziell versagte.“*[201]

Endlich schien ein politischer Fortschritt gelungen. Allerdings repräsentierten die Repräsentanten vor allen Dingen sich selbst. Es existierten keine nennenswerten antifaschistischen Strukturen mehr.

Das Ende des schwarzen Spuks

Nicht nur die KPD und die SPD und andere marxistische Organisationen hatte Exilzentren in der Tschechoslowakei. Auch die *Schwarze Front* um Otto Strasser entwickelte aus Böhmen eine rege Propaganda gegen den NS-Staat. Als spektakulär galt der illegale Radiosender, den der ehemaligen SA-Mann Rudolf Formis für die *Schwarze Front* betrieb.

Agenten des SD verübten im Auftrag Reinhard Heydrichs am 25. Januar 1935 einen Anschlag auf das Radio. Formis wurde dabei ermordet, die technischen Anlagen zerstört.[202] Im Deutschen Reich gelang es der Gestapo im November 1936, die Strukturen der Strasser-Leute in Berlin aufzudecken, der Volksgerichtshof verurteilte die Mitglieder der *Schwarzen Front* zu Haft-

200 Heinrich Mann (geb. 1871, gest. 1950), Schriftsteller, ab 1930 Präsident der Preußischen Akademie der Künste, setzte sich in mehreren Appellen für die Aktionseinheit von SPD und KPD gegen den Faschismus ein, verließ Deutschland nach dem Reichstagsbrand, 1933 von den Nazis ausgebürgert, 1949 zum Präsidenten der Deutschen Akademie der Künste in Ostberlin gewählt. Verstarb aber, bevor er den Posten antreten konnte. Seine Urne wurde 1961 nach Ostberlin überführt. Älterer Bruder von Thomas Mann.

201 Wessel, Harald: *Münzenbergs Ende. Die Jahre 1933 bis 1940*, Dietz Verlag Berlin, 1991, Seite 88.

202 Vgl.: Moreau, Patrick: *Nationalsozialismus von links. Die „Kampfgemeinschaft Revolutionärer Nationalsozialisten“ und die Schwarze Front Otto Strassers 1930-1935*; Deutsche Verlags-Anstalt, Stuttgart 1984.

strafen von bis zu 15 Jahren.[203] Von diesen harten Schlägen konnte sich die *Schwarze Front* nicht mehr erholen. Nach internen Querelen kam es 1938 zum Bruch zwischen dem Organisationsleiter der Prager Exilzentrale und Otto Strasser.[204] Damit endete die Geschichte der *Schwarzen Front*.

↑ Plakat der von Otto Strasser gegründeten *Schwarzen Front*.

Auf keinen Fall gehörte die Strasser-Organisation zu den Linksrevolutionären, auch wenn sie sich in ihrer Propaganda oftmals so darzustellen versuchte.

Otto Strasser blieb der Idee eines völkischen, nationalen Sozialismus treu, den er durch Hitler verraten sah. Eine wirre, politische Konstruktion, die genauso fragwürdig und erfolglos blieb wie seine Organisation.

Zu den seltsamen Apologeten zählte auch Ernst Niekisch, der ab 1926 die Zeitung *Widerstand* herausgab, die sich als nationalrevolutionäres Sprachrohr verstand. Ab 1928 trat Niekisch der Grafiker A. Paul Weber zur Seite, der auch antisemitische Zeichnungen entwarf. Das Projekt nannte sich nun *Widerstand – Zeitschrift für nationalrevolutionäre Politik*. Vor allem die bissigen Illustrationen von A. Paul Weber, wurden zum markanten Aushängeschild. Gleiches gilt für die Broschüre „*Hitler – ein deutsches Verhängnis*“, die der Widerstandsverlag 1932 publizierte.

203 Band 10 der Schriftenreihe über den Widerstand in Berlin von 1933 bis 1945, 2., unveränderte Auflage 1997, *Widerstand in Kreuzberg*, Seite 173.

204 Otto Strasser begab sich über die Schweiz nach Portugal und wanderte 1943 nach Kanada aus. Aus der Emigration engagierte er sich weiterhin gegen Hitler. Politisch vertrat er weiterhin antikapitalistische Ressentiments und die Idee eines nationalen Sozialismus. 1955 durfte er nach Deutschland zurückkehren und gründete am 17. Juni 1956 die Deutsche-Soziale Union. 1962 gab die völlig bedeutungslose Partei ihre Auflösung bekannt, Otto Strasser zog sich aus der Öffentlichkeit zurück, er starb1972.

Obwohl nach dem Januar 1933 von Repression betroffen, wurde der Kreis um Niekisch erst einmal nicht verboten. *„Erstaunlicherweise konnte der Widerstand auch nach der Machtergreifung durch Hitler vorerst noch erscheinen. Man darf wohl sagen, daß die Qualität der Zeitschrift in den Jahren 1933 und 1934 den Gipfel erklomm. Eine ganze Reihe neuer Mitarbeiter stellte sich ein, die in hervorragenden Aufsätzen in getarnter Weise gegen Hitler polemisierten und opponierten.“* [205] Das Verbot des *Widerstand* 1934 war eher eine Reglementierung, die Redaktion blieb auf freiem Fuß. Gemeinsam mit A. Paul Weber und einem weiteren Gesinnungsfreund konnte Niekisch 1935 sogar eine Reise nach Italien unternehmen und mit Mussolini über ein Bündnis der ›proletarischen Völker‹, gemeint waren Italien, Deutschland, Japan und die Sowjetunion, schwadronieren.[206]

Ungeachtet dessen, sah sich Niekisch in seiner Autobiografie als die wesentliche Gestalt des antifaschistischen Widerstandes: *„Meine Wohnung war in jenen Jahren ein Zentrum der Verschwörung gegen die Hitlerei.*

Ich spann meine Fäden von der äußersten Rechten bis zur äußersten Linken, Deutschnationale, Konservative, Liberale, Zentrumsmänner, Sozialdemokraten, Kommunisten gingen bei mir aus und ein. Ich hatte zahlreiche Verbindungen in hohe Ämter und gehörte zeitweise zu den bestunterrichteten Leuten in Berlin.“ [207]

Aufgrund seiner guten Kontakte glaubte Niekisch wohl, seine fragliche Oppositionshaltung gegen Hitler weiter kultivieren zu können. Eine Fehleinschätzung, 1937 wurde Ernst Niekisch wegen konspirativer Tätigkeit verhaftet und 1939 vom Volksgerichtshof zu einer lebenslangen Freiheitsstrafe verurteilt.[208]

205 Ernst Niekisch, *Gewagtes Leben. Begegnungen und Begebnisse*, Kiepenheuer & Witsch, Köln/Berlin, 1957, Seite 250.

206 Schriftenreihe über den Widerstand in Berlin 1933 bis 1945, Band 10, *Widerstand in Kreuzberg*, 2. unveränderte Auflage 1997, Seite 178.

207 Ernst Niekisch, *Gewagtes Leben. Begegnungen und Begebnisse*, Kiepenheuer & Witsch, Köln/Berlin, 1957, Seite 247.

208 Im Zuchthaus Brandburg inhaftiert, erlitt Ernst Niekisch schwere körperliche Schäden und erblindete nahezu. Nach 1945 trat er in die KPD, später SED und VVN ein. 1949 wurde er Volkskammerabgeordneter, legte aber nach dem Arbeiteraufstand vom 17. Juni 1953 sein Mandat nieder. 1963 siedelte Niekisch nach Westberlin/Wilmersdorf über. Er verstarb 1967.

A. Paul Weber kam von Juli bis Dezember 1937 in Haft. Nach seiner Haftentlassung arbeitete er als Illustrator für das NS-Regime.[209]

Wilde Jungs

Neben politischen Gruppen und Organisationen existierten in der Weimarer Republik auch diverse Subkulturen, vor allem unter Jugendlichen. Es gab zwar parteipolitische Nachwuchsorganisationen, daneben aber auch viele Jugendliche, die kirchlich/konfessionell orientiert waren oder eigenen Vorstellungen nachgingen. Entstanden waren Letztere in Nachfolge von Pfadfindern und Wandervögeln, die vor dem I. Weltkrieg bestanden und damals dem ›freie Leben‹ in der Natur, verknüpft mit mittelalterlichen Mythen, nachhingen.

In den 1920er-Jahren entstanden viele neue ›Bünde‹, die Wert auf Geschlechtertrennung legten und daher zumeist nur aus Jungen bestanden. Soldatische Tugenden wie Härte und Disziplin spielten in diesen Zusammenhängen eine zentrale Rolle, was sich aus dem wenige Jahre zurückliegenden Weltkrieg und der Entstehungsgeschichte einiger Gruppen erklärte. Etliche waren nämlich als Jugend- oder Tarnorganisationen von Freikorps entstanden.

So z. B. der *Wiking-Bund*, der aus der *Brigade Ehrhardt* hervorgegangen war, die *Schill-Jugend*, bei welcher das *Freikorps Roßbach* eine Rolle spielte, und die *Oberlandkameradschaften*, die aus dem *Freikorps Oberland* bzw. *Bund Oberland* entstanden war. Das Emblem des Freikorps, das Edelweiß, erfreute sich bald großer Beliebtheit und fand bei sehr vielen Gruppen, nicht nur der *Bündischen Jugend*, Verwendung.[210]

Ein ganzer Teil der *Bündischen Jugend* neigte daher eher dem Rechtsradikalismus zu. Es gab aber auch andere Tendenzen. Zu erwähnen ist hier vor

209 A. Paul Weber (geb. 1883, gest. 1980) erhielt 1971 das große Verdienstkreuz der Bundesrepublik Deutschland und wurde zum Professor ernannt. 1973 wurde in Ratzeburg das A. Paul Weber Museum eröffnet. 1983 gab die Bundespost eine Briefmarke zu seinem hundersten Geburtstag heraus.

210 *Schock und Schöpfung. Jugendästhetik im 20. Jahrhundert*, Hrsg.: Deutscher Werkbund e. V. und Württembergischer Kunstverein, Luchterhand, 1986, Seite 319.

Das Koppelschloss der dj.1.11. war, neben der blauen Jugendschaftsbluse, Bestandteil der von allen Mitgliedern getragenen Kluft. Das Wappen zeigt einen Falken über drei Wellen und verweist auf germanische Symbolik. Als weiteres Symbol verwendete die Jungenschaft eine Kirschblüte.

allem die *Deutsche Jungenschaft vom 1. November 1929 (dj.1.11)*. Gegründet wurde sie von Eberhard Koebel, bekannt unter seinem ›Fahrtennamen‹ Tusk (der Deutsche), der eine Bewegung entstehen lassen wollte. Er entwarf eine Bundestracht, spezielle Zelte (Kothen) und verfasste Literatur. Die tiefen Wälder in Nordeuropa und die Fahrten der Wikinger wurden besungen, auch den Weiten Russlands galt die Sehnsucht. In der *dj.1.11* wollte man vollkommen autonom agieren und nichts Altes sollte wiederholt werden.

Neben der *Bündischen Jugend* existierten ›wilde Cliquen‹ denen jegliche Verbandsarbeit fremd war. Sie entsprangen dem proletarischen Milieu und waren, wie die *Bündische Jugend*, männlich dominiert. Unter den Cliquen gab es Gruppen die Fahrten und Zeltlager auf eigene Faust organisierten, aber auch solche, die den Übergang zu Jugendbanden markierten.

Obwohl die Cliquen mit der *Bündischen Jugend* nichts zu tun hatten, nahmen sie sich ebenfalls das Edelweiß als Symbol.[211]

Mit der Machtübertragung an die Nationalsozialisten mussten alle Jugendorganisationen ihre Selbstständigkeit aufgeben und sich in die Hitlerjugend integrieren. Zunächst konzentrierten sich die NS-Machthaber darauf, die Jugendgruppen der gegnerischen Parteien zu zerschlagen.

211 Hellmut Lessing/Manfred Liebel, *Wilde Cliquen, Szenen einer anderen Arbeiterjugendbewegung*, päd. extra buchverlag bensheim, 1981, Seite 20.

Wohingegen die Übernahme der konfessionellen Gruppen und der *Bündischen Jugend* weitgehend reibungslos verlief.[212]

Es gab aber auch Gruppen, die sich dem Machtanspruch der Nazis nicht beugen wollten. Eberhard Koebel, der 1932 in die KPD eingetreten war, wechselte gleich nach dem 30. Januar 1933 zur HJ.[213] Bei Zusammenkünften der Bündischen Jugend um die *dj.1.11* erläuterte Koebel sein Vorhaben.

„Bei einem Treffen war auch Eberhard Koebel zugegen. (...) In einer Ansprache forderte er uns auf, das NS-Jungvolk zu unterwandern. Ein neuer Deutscher Jugendbund sollte entstehen, bis der NS zusammenbreche. Unsere Ziele damals: autonom sein – und nicht dem NS untertan, freiwillig zusammenkommen – und nicht staatlich gezwungen, solidarisch zu handeln – und den Nationalsozialismus überwinden.“[214]

Mit einer Organisation aus vorwiegend 14- bis 18-Jährigen den NS-Staat erschüttern zu wollen, war vermessen. Dennoch hatte Koebel in den nächsten Monaten noch Oberwasser und die Bündische Jugend trat, zumindest

212 Zu erwähnen bleibt, dass die evangelische Jugend Ende 1933 zwangsaufgelöst wurde, um sie dann teilweise in die Hitlerjugend zu integrieren.

213 HJ – *Hitlerjugend*, Im März 1922 wurde der *Jugendbund der NSDAP* gegründet. Der Bund war unterteilt in Jungmannschaften von 14- bis 16-Jährigen und den *Jungsturm Adolf Hitler*, 16- bis 18-jährige, welcher unmittelbar der SA als deren Jugendorganisation unterstand. Öffentlich wurde die Jugendorganisation kaum wahrgenommen.
Nach der Wiederzulassung der NSDAP (nach ihrem Verbot 1923) wurden auf dem ersten Parteitag in Weimar 1926 die bis dahin in der *Großdeutschen Jugendbewegung* (GDJB) zusammengefassten NS-Jugendgruppen in *Hitlerjugend – Bund deutscher Arbeiterjugend* umbenannt. Ebenfalls 1926 wurden die *Schwesternschaften* gegründet, die 1930 in *Bund Deutscher Mädel* (BDM) umbenannt wurden. 1929 entstand das *Deutsche Jungvolk* (DJ), auch ›Pimpfe‹ genannt. Im DJ waren 10- bis 14-Jährige organisiert. Das DJ verlor 1931 seine Selbstständigkeit und wurde zu einer Gliederung der HJ. Bis 1932 blieb die HJ der SA unterstellt, Mindestalter war 14 Jahre, mit 18 Jahren war der Eintritt in die NSDAP bzw. SA vorgesehen. 1933 hatte die HJ 108.000 Mitglieder unterteilt in Reiter-, Motor-, Flieger-, Marine-, Nachrichten-HJ und weitere Untereinheiten.
Mit dem Verbot bzw. der Gleichschaltung sämtlicher Jugendverbände ab 1933 wurde die HJ zum einzigen staatlichen Jugendverband mit 8,7 Millionen Mitgliedern, das entsprach 98 % der Jugendlichen.
Siehe dazu: Hans-Christian Brandenburg: *Die Geschichte der HJ. Wege und Irrwege einer Generation*. Verlag Wissenschaft und Politik, Köln, 2. Auflage 1982 und Hermann Bolm: *Hitler-Jugend in einem Jahrzehnt. Ein Glaubensweg der niedersächsischen Jugend*. Verlag Georg Westermann, Braunschweig 1938.

214 Gerhard König, Jahrgang 1915, Zit. in: Band 10 der Schriftenreihe über den Widerstand in Berlin von 1933 bis 1945, 2., unveränderte Auflage 1997, *Widerstand in Kreuzberg*, Seite 165.

in einigen Bezirken Berlins, in ihrer Kluft und nicht der HJ-Uniform in Erscheinung. Es konnten auch noch Fahrten von 150-200 Jugendlichen organisiert werden. Dann schlug die Gestapo zu, Koebel und andere wurden im Januar 1934 verhaftet, er selbst ins KZ Columbiahaus verschleppt und dort schwer misshandelt. Nach zwei Selbstmordversuchen und der schriftlichen Erklärung, sich zukünftig von Jugendarbeit fernzuhalten, ließ man den Jungenschaftsführer frei. Er emigrierte nach Schweden, von wo er nach England ging. Von dort hielt er Kontakt zu illegalen Jungenschaft-Gruppen, die nach 1934 weiter bestanden.[215] Aber auch andere Gruppen aus der bündischen Bewegung verweigerten sich den neuen Machthabern, hielten ihre Zusammenhänge aufrecht und organisierten Widerstand. Ihre Namen wie ***Südlegion, Nerother Wandervogel, Die Eidgenossen*** usw. würde eine lange Liste ergeben. Etwa ab 1934 wurde der Sammelbegriff ›Edelweiß-Piraten‹ von Gestapo und HJ für oppositionelle Jugendgruppen verwendet. ›Edelweiß-Piraten‹ war von der Wortbedeutung mit dem heute veralteten Begriff ›Halbstarke‹ zu vergleichen.

Am 8. Februar 1936 wurden die bis dahin als ›unerwünscht‹ geltenden Bündischen Gruppen offiziell verboten und aufgelöst. Es folgten harte Schläge der Repression. In Berlin wurden im Januar 1937 die illegalen organisierten Zusammenhänge durch die Massenverhaftung von ca. 200 Aktivist_innen zerschlagen.[216] Doch überall im Reich, insbesondere im Rheinland, hielten sich Reste und einzelne Antifaschist_innen, die der HJ das Leben schwer zu machen trachteten. Aber erst im Verlauf des Krieges sollte dies mehr Relevanz gewinnen.

Betrogene Hoffnung

Bei den Parlamentswahlen im April/Mai 1936 in Frankreich siegte die *Volksfront*. Léon Blum wurde zum ersten sozialistischen Ministerpräsidenten

215 Eberhard Koebel (geb. 1907, gest. 1955), beteiligte sich ab 1940 in Großbritannien an der Freien Deutschen Jugend (FDJ). 1948 Rückkehr nach Ostberlin, Mitglied der SED, 1951 Parteiausschluss.

216 Vgl.: ***Band 10 der Schriftenreihe über den Widerstand in Berlin von 1933 bis 1945***, 2., unveränderte Auflage 1997, ***Widerstand in Kreuzberg***, Seite 166.

Frankreichs. Das Vordringen des Faschismus dort konnte gestoppt werden. Auch in Spanien entschied im Februar 1936 ein *Volksfront-Bündnis* die Wahl für sich. Im Juli 1936 versuchte General Franco, sich an die Macht zu putschen, es kam zum Bürgerkrieg. Franco wurde durch Nazi-Deutschland und das faschistische Italien massiv unterstützt, während von der Volksfrontregierung die *Internationalen Brigaden* aufgeboten wurden. Unter den Freiwilligen waren auch 5.000 Deutsche Emigranten, welche zum überwiegenden Teil die Exil-KPD-Führung, die 1938 ihren Sitz von Paris nach Moskau verlegt hatte, aufrief und formierte. Spanien wurde zum ersten internationalen Schlachtfeld zwischen Faschismus und Antifaschismus.

Ein neuer, kämpferischer Antifaschismus schien zu entstehen. Doch zeitgleich kam es in Moskau zu öffentlichen Schauprozessen und den stalinistischen Säuberungen. Als Begründung musste der Mord an dem Parteisekretär Sergei Kirow am 1. Dezember 1934 in Leningrad herhalten. Wer Kirow ermordete und warum, ist nie geklärt worden. Der Generalstaatsanwalt der Sowjetunion, Andrei Wyschinski, begann jedoch im Auftrag Stalins gegen eine angebliche Verschwörung Trotzkis mit dem Ausland zu ermitteln. Leo Trotzki hatte sich seit 1929 ins Ausland abgesetzt und konnte nicht vor ein sowjetisches Gericht gestellt werden. Dafür die meisten anderen bolschewistischen Führer aus der Zeit der Oktoberrevolution und ein Großteil der militärischen Führung. In vier Prozessen zwischen 1936 und 1938 wurde gegen die Angeklagten wegen einer ganzen Palette von Kapitalverbrechen, inklusive der geplanten Ermordung Stalins, verhandelt. Aussagen und Geständnisse für die teilweise absurden Vorwürfe wurden mit Druck und Folter erpresst. Am Ende stand die Verurteilung wegen staatsfeindlicher Aktivitäten und Hochverrats. Mit wenigen Ausnahmen wurde die Todesstrafe ausgesprochen und unverzüglich vollstreckt. Andere Angeklagten bekamen lange Haftstrafen, die sie zumeist nicht überlebten.[217] Darüber hinaus begannen diverse kleinere Prozesse gegen Parteidissidenten oder unliebsame Personen im ganzen Land. Es setzte eine massenhafte Verfolgung von tatsächlichen und vermeintlichen Opponenten und von Minderheiten ein.

217 Trotzki wurde in Abwesenheit zum Tode verurteilt und am in seinem mexikanischen Exil am 20. August 1940 im Auftrag Stalins mit einem Eispickel erschlagen.

↑ Volksfrontdemonstration 1936, Pinselzeichnung von Max Lingner (geb. 1888, gest. 1959).

Der ›große Terror‹ begann. Selbstverständlich begrüßte das ZK der KPD 1936 die stalinistischen Säuberungen. „*(...) Die Kommunistische Partei Deutschlands vereint ihre Stimme mit der Forderung des von Empörung und Zorn erfüllten 170 Millionenvolkes der Sowjetunion auf schonungslose Ausrottung des menschlichen Abschaums der trotzkistisch-sinowjewistischen Mörderbande. Das von dem Sowjetgericht gefällte Todesurteil und seine Vollstreckung ist die verdiente Strafe für die unerhörten Verbrechen dieser Banditen. Es gilt, alle noch vorhandenen Überreste des Gesindels unschädlich zu machen. (...)*“[218]

Erst in den Jahren nach dem Zusammenbruch der Sowjetunion wurden Zahlen bekannt, welche die Dimension dieser Verfolgungen darlegen.

218 Resolution des ZK der KPD zu den Konterrevolutionären trotzkistisch-sinowjewitschen Verbrechen gegen die Arbeiterklasse (1936). *Der deutsche Kommunismus, Dokumente* 1915–1945, Herausgegeben und kommentiert von Hermann Weber, Studien-Bibliothek, Kiepenheuer & Witsch Köln, 3. Auflage 1973, Seite 359f.

Seinen ersten Höhepunkt erlangte der ›Große Terror‹ zwischen 1936 und 1938. Millionen von Menschen wurden aus politischen Gründen verurteilt, verschleppt, verbannt. Es wird von mehr als 4 Millionen Toten ausgegangen, die in den meisten Fällen in einem der Gulags, den sowjetischen Arbeitslagern, umkamen.

Mindestens 770.000 Menschen wurden hingerichtet.[219] Unter den Verurteilten waren viele deutsche Emigranten.[220] Mit dem ›Großen Terror‹ zerschlugen sich die Bemühungen der KPD zur Bildung einer Volksfront. Kritik der anderen Parteien und Persönlichkeiten an den Vorgängen in der Sowjetunion wurden des ›Trotzkismus‹ bezichtigt. Als im Dezember 1936 die *Deutsche Volksfront* ihr Gründungsdokument veröffentlichte, lehnte sie eine Zusammenarbeit mit der Exil-KPD in Moskau ab. Eine Bedeutung konnte die *Deutsche Volksfront* nie erlangen. Sie wurde 1938 von der Gestapo zerschlagen.

Auch Willi Münzenberg übte 1936 vorsichtige Kritik an einigen Moskauer Prozessen. Es folgte eine Vorladung vor die Internationale Kontroll-Kommission nach Moskau. Zurück in Frankreich flüchtete sich Münzenberg Anfang 1937 in die Krankheit. In den Wochen seines Sanatoriumsaufenthalts schrieb er das Buch *Propaganda als Waffe*, eine Analyse der NS-Propaganda. Die Rezensionen in der kommunistischen Presse gerieten zu einer Verurteilung des Werkes und dokumentierten, dass der Stern des ehemaligen KPD-Chefpropagandisten im Sinken begriffen war.

Im Herbst 1937 leitete die Parteiführung ein Untersuchungsverfahren gegen Münzenberg ein, die Dissens wurden öffentlich. Walter Ulbricht

219 *In den Fängen des NKWD. Deutsche Opfer des stalinistischen Terrors in der UdSSR*, Dietz Verlag Berlin, 1991. In dem Buch ist das Schicksal von 1.136 deutschen Antifaschist_innen in Form von Kurzbiografien nachgezeichnet. Die Tatsächliche Opferzahl war beträchtlich höher. Auch die Gesamtzahl der Menschen, die während des ›Großen Terrors‹ ums Leben gebracht wurden, ist nicht eindeutig zu fassen. Es wird von 4 bis 22 Millionen Toten ausgegangen.

220 Letztlich wurden unter Stalin mehr Funktionäre der KPD umgebracht als unter Hitler. Ein Beispiel gibt die KPD-Führung. Vier Mitglieder des Politbüros wurden von den Nazis umgebracht: John Schehr 1934, Conrad Blenkle 1943, Ernst Thälmann und Ernst Schneller 1944. Von Stalins Schergen wurden in Moskau fünf Politbüromitglieder und zwei Kandidaten ermordet: Hugo Eberlein, Leo Flieg, Hermann Remmele, Hermann Schubert, Fritz Schulte sowie Heinz Neumann und Heinrich Süßkind.

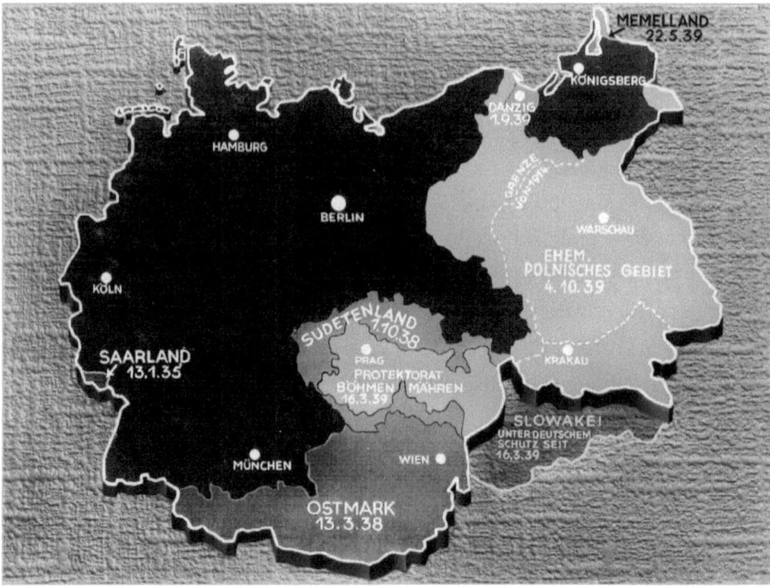

↑ Nach Gebietsanschlüssen ohne kriegerische Auseinandersetzungen kam es nach Abschluss des Hitler-Stalin-Paktes am 1. September 1939 zum Krieg. Polen wurde zwischen dem Deutschen Reich und der Sowjetunion aufgeteilt.
Aufgrund ihres Beistandspaktes erklärten Frankreich und England daraufhin Deutschland den Krieg. Eine Kriegserklärung an die Sowjetunion unterblieb.

bezichtigte Münzenberg schließlich 1938 des Trotzkismus. Es folgte sein Ausschluss aus dem ZK der KPD, dem er seit 1927 angehört hatte.

Im März 1939 erklärte Münzenberg seinen Austritt aus der Partei, um dem Ausschluss zuvorzukommen.

In dieser Zeit feierte der NS-Staat einen politischen Erfolg nach dem anderen. Innenpolitisch konnte durch ein gigantisches Aufrüstungsprogramm die Arbeitslosigkeit beseitigt werden. Das schaffte Zufriedenheit in weiten Kreisen der Bevölkerung. Auch außenpolitisch war die Hitler-Regierung erfolgreich. 1936 die Olympischen Spiele in Berlin, 1938 der Anschluss des Sudetenlandes, im selben Jahr folgte der Anschluss Österreichs. Militärisch durch Hitler und Mussolini unterstützt, endete der spanische Bürgerkrieg im Februar 1939 mit dem Sieg Francos. Im Mai 1939 kam das Memelland, seit 1923 von Litauen annektiert, ›heim ins Reich‹.

Der große Verrat

Mit dem größten Verrat an der Sache des Antifaschismus, dem am 23. August 1939 geschlossenen deutsch-sowjetischen Nichtangriffspakt, verschwand plötzlich das Begriffspaar ›Faschismus/Antifaschismus‹ aus dem Wortschatz der *KomIntern*. Im Vertragstext heißt es „Die Regierung der beiden vertragschließenden Teile werden künftig fortlaufend mit Konsultationen in Fühlung miteinander bleiben, um sich gegenseitig über Fragen zu informieren, die ihre gemeinsamen Interessen berühren.

Keiner der beiden vertragsschließenden Teile wird sich an irgendwelchen Machtgruppierungen beteiligen, die sich mittelbar oder unmittelbar gegen den anderen Teil richtet.“[221] Demzufolge wurde die Volksfrontpolitik der *KomIntern* beendet. Die kommunistischen Parteien mussten ihre politischen Bündnisse lösen, England und Frankreich als Kriegstreiber geißeln und gegen deren Beistandspakt mit Polen eintreten. Selbstverständlich begrüßte die deutsche Exil-KPD-Führung den Hitler-Stalin-Pakt.[222] Für die kommunistische Bewegung brachte das Vertragswerk indes große Probleme, traf auf Unverständnis und Ablehnung. Viele Mitglieder und Sympathisant_innen kehrten dieser Politik den Rücken.

Willi Münzenberg veröffentlichte mit *Freunden der sozialistischen Einheit Deutschlands* am 28. August 1939 einen Offenen Brief in der Exilzeitung *Die Zukunft*. Unter der Zwischenüberschrift „*Wir verwerfen den Hitler-Stalin-Pakt*“ *erklärten sich die Unterzeichner* „*klar und unzweideutig gegen den geschlossenen Vertrag*“, wiesen „*ihn aufs schärfste*“ zurück „*als den ersten Schlag gegen die internationale Friedensfront und die internationale Arbeiterklasse. (...) Wenn heute, am 28. August 1939, fünf Tage nach der Unterzeichnung des angeblichen Friedenspaktes, die Welt fast unrettbar vor dem Abgrund des Krieges steht, so treffen die volle*

221 Leonhard, Wolfgang: *Die Revolution entläßt ihre Kinder*, Wilhelm Heyne Verlag München, 8. Auflage, Seite 52.

222 Vgl. *Erklärung des ZK der KPD zum Abschluss des Nichtangriffspaktes zwischen der Sowjetunion und Deutschland*, vom 25. August 1939, sowie Ulbricht, Walter: *Hilferding über den Sinn des Krieges*, in *Die Welt – Zeitschrift für Politik, Wirtschaft und Arbeiterbewegung*, Nr. 6 vom 9. Februar 1940. Beides dokumentiert in *Der deutsche Kommunismus, Dokumente 1915–1945*, Herausgegeben und kommentiert von Hermann Weber, Studien-Bibliothek, Kiepenheuer & Witsch Köln, 3. Auflage 1973, Seite 361 f.

1917 1920 1923 1933 – 1945 1977 1981 1989 2000 2015

Schwere und ungeteilte Verantwortung dafür die Unterzeichner des Vertrages Hitler und Stalin. (...) Der Pakt versetzt der illegalen Friedensfront und illegalen Arbeit in Deutschland den schwersten Schlag. Sein Abschluss, wie seine propagandistische Auswirkung hemmen, schwächen die illegale Propaganda, machen sie vorübergehend ziellos und damit sinnlos. (...) Der Pakt hat die kommunistische Bewegung in allen Ländern bereits aufs schwerste getroffen, und er wir die Stärke und Schlagkraft der gesamten Arbeiterbewegung (...) empfindlich schwächen. (...) Der Pakt (...) sprengt und vernichtet die KomIntern." [223] Am 1. September 1939 überfiel die deutsche Wehrmacht Polen, wenig später, am 17. September, fielen sowjetische Truppen von Osten nach Polen ein, kämpften polnische Einheiten nieder und besetzen ihren Teil des Territoriums. Die deutsch/sowjetische Demarkationslinie war im geheimen Zusatzprotokoll des Paktes festgelegt.[224]

Ein erhaltenes Militärprotokoll vom 22. September 1939 führt dazu aus: *„Falls deutsche Vertreter beim Kommando der Roten Armee Hilfeleistungen anfordern zwecks Vernichtung polnischer Truppenteile und Banden, wird das Kommando der Roten Armee die zur Vernichtung der Widerstände nötigen Kräfte zur Verfügung stellen. An diesem Tag nahmen die Panzergeneräle Guderian und Kriwoschein in Brest-Litowsk die erste gemeinsame Militärparade in Polen ab, wurden feierlich Hakenkreuz- und Rote Fahne ausgetauscht (...)."* [225] Über Brest-Litowsk kamen in den nächsten Monaten die Waren und Güter, zu deren Lieferung sich die

223 Zit. in: Wessel, Harald: *Münzenbergs Ende. Ein deutscher Kommunist im Widerstand gegen Hitler und Stalin. Die Jahre 1933 bis 1940*, Dietz Verlag Berlin, 1991.

224 Im geheimen Zusatzprotokoll waren die gegenseitigen Einflusssphären definiert. Stalin wollte die Kontrolle über die ehemaligen Gebiete des Zarenreiches. Nachdem Polen zerschlagen worden war, brachte er zunächst die baltischen Staaten, Estland, Lettland und Litauen unter seine Kontrolle, indem er sie in Militärbündnisse zwang. Faktisch hatte dies die Besetzung der Staaten zur Folge. Im September 1939 begannen auch Verhandlungen mit Finnland, dem umfangreiche Gebietsabtretungen vorgeschlagen wurden. Am 26. November 1939 inszenierte die sowjetische Armee einen Grenzzwischenfall, um damit einen bestehenden Nichtangriffspakt zu lösen. Am Morgen des 30. November 1939 überfiel die Rote Armee Finnland, es gab keine formelle Kriegserklärung. Ganz Finnland sollte besetzt werden, doch die sowjetischen Truppen trafen, trotz mehrfacher Überlegenheit, auf erbitterte Gegenwehr. Bis ins Frühjahr 1940 währte der sowjetisch-finnische Winterkrieg, schließlich musste Finnland auf Verhandlungen eingehen. Am 13. März 1940 wurde ein Friedensvertrag unterzeichnet, der größere Gebietsabtretungen an die Sowjetunion beinhaltete.

225 FAZ, Artikel *Zweiter Weltkrieg – Die deutsch-sowjetische Beutepartnerschaft*, 21.9.2009.

Sowjetunion verpflichtet hatte, ins Deutsche Reich.[226] Außerdem wurde die Stadt zum Übergabepunkt von einigen Hundert deutschen Kommunist_innen, die Stalin in mehreren Schüben an Hitler auslieferte.

Von solchen Einzelheiten erfuhr die Öffentlichkeit nichts, der Angriff auf Polen war hingegen ein internationales Thema. Willi Münzenberg verfasste dazu am 22. September 1939 in *Die Zukunft* den Artikel *„Der russische Dolchstoß"*. Der Text endet mit dem Satz: *„Heute stehen in allen Ländern Millionen auf, sie recken den Arm und rufen nach dem Osten deutend: ›Der Verräter, Stalin, bist DU‹."*

Einige Monate später musste Münzenberg vor den vorrückenden deutschen bzw. italienischen Truppen flüchten. Er geriet in eine für ihn scheinbar aussichtslose Lage und wählte wahrscheinlich den Freitod.[227]

Auch für die Exil-SPD kam mit dem deutschen Vormarsch das Ende. Nach dem Einmarsch der Wehrmacht in Prag 1939 war die *Sopade* nach Paris geflüchtet, von dort 1940 nach Lissabon, wo sie sich auflöste.

Antifaschismus in Schwarz-Weiß-Rot

Erst der Überfall der Wehrmacht auf die Sowjetunion 1941 brachte die Begriffe Faschismus und Antifaschismus in die sowjetische Propaganda zurück. Die ›Anti-Hitler-Koalition‹, in der sich die Kriegsgegner Deutschlands zusammenschlossen, führte zu einem ›Kriegsantifaschismus‹. In den von Deutschland besetzten oder dominierten Ländern verschmolz die Sache der nationalen Befreiung mit der des Antifaschismus. Antifaschismus wurde in diesem Zusammenhang als patriotischer Kampf gegen die deutsche Besatzung begriffen. Für den Kriegsantifaschismus spielte der politische Kampf gegen den Kapitalismus keine Rolle mehr.

226 Für Hitler war mit dem Bündnis die Gefahr eines Zweifrontenkrieges gebannt und die Sowjets lieferten künftig 52 % ihrer gesamten Ausfuhr nach Deutschland: monatlich 58.545 t Mineralöl, 10.625 t Phosphate, 6.900 t Manganerze, 700 t Kupfer usw. Das waren dringend benötigten Rohstoffe, die Hitler brauchte um seine Kriegspläne zu Realisieren.

227 Ein paar Bauern fanden am 17. Oktober 1940 im Wald bei der Stadt St. Marcellin in Südfrankreich seine stark verweste männliche Leiche. Erst am folgenden Tag konnte die Gendarmerie feststellen, dass es sich bei dem Toten um Willi Münzenberg handelte. Die Beamten kamen zu dem Ergebnis, dass er Selbstmord begangen habe.

Nach Vorgabe Moskaus verfasste die KPD im April 1942 einen erneuten Aufruf zur Bildung einer Volksfront gegen Hitler und bemühte sich, kriegsgefangene deutsche Soldaten für eine Zusammenarbeit zu gewinnen. Das traf auf erhebliche Schwierigkeiten. Zwar war die Wehrmacht im Winter 1941 vor Moskau gestoppt worden, aber 1942 befand sie sich wieder auf dem Vormarsch. Deutsche Soldaten gaben sich in der Regel nur in völlig aussichtsloser Lage gefangen und fürchteten die sowjetische Gefangenschaft genauso, wie sie sich den ›Russen‹ überlegen fühlten. Mehrheitlich blieben die Deutschen davon überzeugt, dass die Sowjetunion bald besiegt sein würde und zeigten keine Neigung zu kollaborieren. Erst nach der Niederlage in Stalingrad begann die Siegeszuversicht in der Wehrmacht allmählich zu schwinden.[228]

In der Schlacht um die Stadt an der Wolga hatten die Sowjets die 6. Armee zerschlagen und 110.000 Soldaten gefangen genommen.[229] Noch nie hatte sich so viele Wehrmachtssoldaten ergeben. Der Nimbus von der deutschen Unbesiegbarkeit war endgültig zerstört und zum ersten Mal schien es möglich, dass Deutschland den Krieg verlieren könnte.

So konnten die Vorbereitungen für eine antifaschistische Organisation in den Gefangenenlagern im Sommer 1943 weiter Gestalt annehmen. Mit der offiziellen Gründung wurde aber noch gewartet, denn am 5. Juli 1943 begann die Wehrmacht das ›Unternehmen Zitadelle‹, auch als ›Schlacht von Kursk‹ bekannt. Es war die letzte Großoffensive im Krieg gegen die Sowjetunion. Die Sowjets kannten den Angriffstermin und die Planung,

228 Im September 1942 wurde die 6. Armee in Stalingrad eingekesselt und nach einer erbarmungslosen Schlacht im Februar 1943 besiegt. Allgemein wird hierfür der 3. Februar 1943 als Datum angegeben, nach neueren Forschungen sollen einzelne Gruppen deutscher Soldaten aber noch ein paar Tage länger durchgehalten haben.

229 Von den 110.000 Gefangenen kehrten nach 1945 nur 5.000 (andere Angaben 6.000) zurück. Viele Gefangene gingen innerhalb weniger Wochen und Monate zugrunde. Die sowjetischen Truppen waren auf eine so große Masse von Gefangenen nicht vorbereitet. Gefangenenlager mussten erst errichtet werden und/oder lagen weit entfernt. Da die deutsche Luftwaffe sämtliche Bahnhöfe zerstört hatte, wurden die Gefangenen mit Gewaltmärschen rücksichtslos durch Schnee und Kälte getrieben. Wer nicht mithalten konnte, wurde erschossen. Ohnehin waren fast alle deutschen Soldaten unterernährt, viele hatten Erfrierungen und Verwundungen. Schlechte hygienische Zustände führten zudem zu Krankheiten wie dem von Läusen übertragenen Fleckfieber.

Mit dem Kriegseintritt der USA 1941 kam es zur Anti-Hitler-Koalition zwischen der Sowjetunion, Großbritannien und den USA. Antifaschismus wurde mit dem Krieg gegen das Deutsche Reich gleichgesetzt. Zur Jahreswende 1941/42 gab sich das Militärbündnis den Namen ***Vereinte Nationen***. Nach dem offiziellen Beitritt der Sowjetunion, löste sie die ***KomIntern*** 1943 auf.

sodass sich die deutschen Panzerspitzen in den tief ausgebauten Verteidigungsstellungen bald festliefen. Die Kämpfe eskalierten in der größten Panzerschlacht der Geschichte. Während dessen trafen am 10. Juli bei den Generalstäben die Meldungen von der alliierten Landung in Sizilien ein. Zwei Tage später leiteten die Sowjets ihre Gegenoffensive bei Orel (Operation Kutusow) ein. Nun war auch der richtige Zeitpunkt gekommen, das ***Nationalkomitee Freies Deutschland*** (NKFD) am 12./13. Juli 1943 offiziell aus der Taufe zu heben.

Im Gründungsmanifest werden sehr nationalistische Töne angeschlagen. Es endet mit dem Aufruf „***Für Volk und Vaterland! Gegen Hitler und seinen Krieg! Für einen sofortigen Frieden! Für die Rettung des deutschen Volkes! Für ein freies und unabhängiges Deutschland!***“[230] Klassenkämpferische oder sozialistische Forderungen lassen sich hingegen nicht finden. Auch der äußere

230 Zit. in: *Der deutsche Kommunismus, Dokumente 1915–1945*, Herausgegeben und kommentiert von Hermann Weber, Studien-Bibliothek, Kiepenheuer & Witsch Köln, 3. Auflage 1973, Seite 388f.

Auftritt des NKFD war nationalistisch. Wolfgang Leonhard[231], der bald für die Organisation arbeiten sollte, schilderte, wie ihm sein Genosse Hans Mahle in Moskau die erste Zeitung des Nationalkomitees zeigte: „ *(...) mit Staunen sah ich, daß die Titelseite oben und unten schwarz-weiß-rote Streifen trug. Ich war maßlos verblüfft. ›Sag mal, Hans, ist das Schwarz-Weiß-Rot zufällig oder soll das etwa als Symbol gelten?‹ (...) ›Nein, das ist kein Zufall. Die Bewegung Freies Deutschland ist keine Fortsetzung einer antifaschistischen Bewegung im üblichen Sinne, sondern hat, wie du vielleicht schon aus dem Aufruf erkannt hast, das Ziel alle Kräfte gegen Hitler zu vereinigen, einschließlich der Deutschnationalen, der Konservativen und selbst der Nationalsozialisten, zumindest derjenigen, die in gewisser Opposition zu Hitler stehen. (...) Zunächst war für die Bewegung Freies Deutschland eine schwarzrotgoldene Fahne vorgesehen. Aber die sowjetischen Freunde hatten*

↑ Im Dienste und unter Aufsicht der Sowjets: Das NKFD im Propagandaeinsatz.

231 Wolfgang Leonhard (geb. 1921, gest. 2014), seine Mutter war eine enge Vertraute von Rosa Luxemburg und Karl Liebknecht. Mutter und Sohn gingen 1931 nach Berlin, Leonhard wurde im selben Jahr Mitglied bei den *Jungen Pionieren*, Kinderorganisation der KPD. Im Herbst 1933 wurde Leonhard nach Schweden in Sicherheit gebracht, seine Mutter blieb bis 1935 illegal in Deutschland, ging dann ebenfalls nach Schweden, wo sie aber kein Asyl bekam. Schließlich emigrierte sie mit ihrem Sohn 1935 in die Sowjetunion. Leonhard besaß auch die sowjetische Staatsbürgerschaft. Seine Mutter wurde im Zuge der ›stalinistischen Säuberungen‹ 1936 zu 12 Jahren Arbeitslager verurteilt, er wuchs deshalb in einem Kinderheim auf. Ab Sommer 1942 auf der Schule der *KomIntern* und Ausbildung zum Politkommissar. Ab 1943 Sprecher beim Sender der NKFD. Bereits in dieser Zeit kamen Leonhard Zweifel am Stalinismus. 1945 Rückkehr nach Deutschland mit der *Gruppe Ulbricht* war Leonhard für eine politische Karriere in der DDR vorgesehen, u. a. ab 1947 Lehrer an der SED-Parteihochschule Karl Marx. 1949 endgültiger Bruch mit dem Stalinismus, Flucht in den Westen. 1955 erschien sein Buch *Die Revolution entläßt ihre Kinder*.

Bedenken. (...) Die schwarzrotgoldene Fahne (...) erinnere an die Weimarer Republik, an die Zeit der Schwäche, an Krise und Massenarbeitslosigkeit und würde die Bewegung einengen. Die schwarz-weiß-rote Fahne sei viel besser, da sie im Offizierskorps der Wehrmacht beliebter sei und somit dazu beitrage, eine wirklich breite nationale Bewegung zu schaffen.“ [232] Das NKFD setzte sich zunächst aus 25 deutschen Kriegsgefangenen und 15 KPD-Vertretern zusammen. Darunter Walter Ulbricht, Wilhelm Pieck, J. R. Becher u. a. Die KP-Vertreter bildeten eine Minderheit, bestimmten aber die Politik. Präsident des NKFD wurde der kommunistische Schriftsteller Erich Weinert.

Für ihre neue Organisation versuchten sowjetische Militärs und deutsche Kommunisten insbesondere unter den Offizieren aus dem Stalingradkessel Mitglieder zu werben. Eine zwiespältige Rolle nahm in diesem Zusammenhang der Oberbefehlshaber der 6. Armee, Friedrich Paulus[233], ein. Hitler hatte den Armeeführer in letzter Minute zum Generalfeldmarschall befördert, was einer Aufforderung zum Selbstmord gleichkam, denn laut Ehrenkodex durfte sich ein Generalfeldmarschall nicht ergeben. Doch Suizid ist nicht jedermanns Sache, zumindest war es nicht die Sache von Paulus. Außerdem hatte sich der Generalfeldmarschall aus seiner Sicht auch nicht ergeben, denn eine Kapitulation war weder ausgesprochen noch unterzeichnet worden. Man hatte sozusagen aufgehört zu kämpfen, als keiner mehr da war, der kämpfen konnte oder wollte. Auf Paulus und seinen Stab traf jedenfalls Letzteres zu und sein persönlicher Selbsterhaltungstrieb erschien in der sowjetischen Propaganda als Widerstandsgeste. Die Sowjets wollten ihren ranghöchsten Kriegsgefangenen unbedingt für ihre geplante antifaschistische Gefangenenorganisation gewinnen. Paulus aber rechnete

232 Leonhard, Wolfgang: *Die Revolution entläßt ihre Kinder*, Wilhelm Heyne Verlag München, 8. Auflage 1983, Seiten 247 und 248.

233 Friedrich Wilhelm Ernst Paulus (geb. 1890, gest. 1957), durchlief seit dem I. Weltkrieg eine Militärkarriere, ohne sich politisch zu engagieren. Oberbefehlshaber der deutschen Truppen im Kessel von Stalingrad. Am 30. Januar 1943 zum Generalfeldmarschall befördert, am 31. Januar in Kriegsgefangenschaft geraten. Nach seinem Beitritt in den BDO verurteilten die Nazis seine Angehörigen zu Sippenhaft. Paulus trat 1946 im Kriegsverbrecherprozess in Nürnberg gegen die deutsche Generalität auf. 1953 aus sowjetischer Kriegsgefangenschaft entlassen, ging er in die DDR. Er starb 1957 in Dresden. Siehe hierzu, Torsten Diedrich: *Paulus. Das Trauma von Stalingrad. Eine Biographie.* Verlag Ferdinand Schöningh, Paderborn 2008.

damit, bald ausgetauscht zu werden, begrüßte seine Offiziere weiterhin mit „*Heil Hitler!*" und lehnte das Ansinnen, sich am *Nationalkomitee Freies Deutschland* zu beteiligen, ab. Die führende Rolle nahm deshalb General Walther von Seydlitz[234] ein, der ebenfalls zu den insgesamt 22 Generälen gehörten, die in Stalingrad in Gefangenschaft gingen. Von Seydlitz wollte bereits früh aus dem Kessel an der Wolga ausbrechen bzw. kapitulieren. Beides blieb durch Führerbefehl untersagt. Seither war von Seydlitz zum Wortführer derjenigen geworden, die die Kriegsführung Hitlers kritisierten.

Um dem Standesdünkel der deutschen Offizierskaste entgegenzukommen, sollte ein elitärerer Gefangenenverein, der *Bund deutscher Offiziere* (BDO), entstehen, während für die Masse der Soldaten das *Nationalkomitee Freies Deutschland* (NKFD) vorgesehen blieb. Es gelang, von Seydlitz und weitere neun ›Stalingrader Generäle‹ für die Gründung des BDO zu gewinnen, der am 11./12. September 1943 ins Leben gerufen wurde. Im November 1943 schloss sich der BDO dem NKFD als eigenständige Organisation an.

Generalfeldmarschall Paulus lehnte eine Zusammenarbeit mit dem BDO bzw. NKFD weiterhin ab. Erst nach massivem Druck und als die Kriegslage absolut aussichtslos war, unterschrieb Paulus am 8. August 1944 einen Appell des BDO an das deutsche Volk, sich von Hitler loszusagen. Paulus war damit zum prominentesten Repräsentanten des NKFD geworden. Sein langes Zögern ließ seinen Schritt aber in vielen Augen als unglaubwürdig erscheinen. Die Haupttätigkeit des NKFD bestand darin, Wehrmachtsangehörige an der Front zum Überlaufen bzw. zur Gefangennahme zu bewegen. Nur in Ausnahmefällen ging die Tätigkeit des NKFD darüber hinaus.

234 Walther von Seydlitz-Kurzbach (geb. 1888, gest. 1976), preußischer Offiziersadel, General der Artillerie, geriet mit Generalfeldmarschall Paulus am 31. Januar 1943 im Kessel von Stalingrad in Kriegsgefangenschaft. Nach seiner Kooperation mit den Sowjets wurde er von den Nazis wegen Hochverrats zum Tode verurteilt, seine Familie zu Sippenhaft. Seydlitz Gesuch von 1949, aus Kriegsgefangenschaft in die Westzone entlassen zu werden, wurde mit einem Gerichtsverfahren beantwortet, die gegen ihn verhängte Todesstrafe zu 25 Jahre Besserungslager umgewandelt. 1955 aus der Kriegsgefangenschaft entlassen. Die Aberkennung des Ritterkreuzes durch die NS-Justiz konnte Seydlitz 1956 durch ein Gerichtsurteil aufheben lassen. Siehe dazu, Julia Warth: *Verräter oder Widerstandskämpfer? Wehrmachtsgeneral Walter von Seydlitz-Kurzbach*. Oldenbourg Verlag München, 2006, sowie James Donald Carnes: *General zwischen Hitler und Stalin. Das Schicksal des Walther v. Seydlitz*, Verlag Droste Düsseldorf, 1980.

Beispielsweise, wenn deutsche Verbände durch falsch gesetzte Funksprüche in Hinterhalte gelockt wurden. Insgesamt erzielte das NKFD aber keine große Wirkung. Unter den Gefangenen gab es wenig Bereitschaft, sich der Organisation anzuschließen. Auch die Außenwirkung blieb gering, da viele deutsche Soldaten die sowjetische Kriegsgefangenschaft weiterhin fürchteten und nur selten dazu bereit waren überzulaufen.

Es gab aber durchaus deutsche Gefangene, die zu militärischen Aktionen gegen die Hitler-Wehrmacht bereit gewesen wären. General von Seydlitz verfasste bereits im Laufe des Jahres 1943 mehrere Memoranden mit dem Ziel, Freiwilligenverbände aus deutschen Kriegsgefangenen aufzustellen. Auch Paulus bat Ende Oktober 1944 Stalin um eine Unterredung in dieser Sache. Er überschätzt allerdings seine Wirkung und Möglichkeiten, zu einem Treffen mit Stalin kam es nie.[235]

An bewaffneten deutschen Einheiten hatten die Sowjets kein Interesse. Zudem war Eigeninitiative des NKFD, selbst im geringsten Maße, unerwünscht. Sämtliches Agitationsmaterial, die Zeitung Freies Deutschland, der gleichnamige Radiosender und alle Verlautbarungen des NKFD stammten vom **Institut** Nr. 99. Von hier aus lenkten Sowjets bzw. die Exil-KPD die Geschicke, die Kriegsgefangenen fungierten lediglich als Aushängeschild.

Deutsche Partisanen

Während es sich bei dem NKFD um eine Propagandatruppe handelte, schlossen sich abseits dieser Organisation vereinzelt deutsche Soldaten Partisanengruppen in der Sowjetunion an. Dies blieben allerdings absolute Ausnahmen. In anderen von deutschen Truppen besetzen Ländern wechselten deutsche Soldaten in größerem Umfang die Seite. Vor allen Dingen galt dies für Griechenland. Dort wurde 1943 die ***Strafdivision*** 999[236] einge-

235 Am 2. November 1945 wurden NKFD und BDO in Moskau aufgelöst. Einige Generäle und Offiziere gingen in die damalige sowjetische Besatzungszone und bauten die Kasernierte Volkspolizei auf, Vorläufer der Nationalen Volksarmee der DDR.

236 Siehe dazu: Hans-Peter Klausch: *Die Geschichte der Bewährungsbataillone 999 unter besonderer Berücksichtigung des antifaschistischen Widerstandes.* 2 Bände. Pahl-Rugenstein Verlag, Köln 1987.

setzt, von der viele Angehörige zu den ELAS-Partisanen[237] desertierten. Sie kämpften in den Reihen der Partisanen gegen die faschistischen deutschen und italienischen Truppen. Inspiriert durch die Gründung des NKFD in Moskau wurde nach lockerer Kontaktaufnahme zum selbigen am 10. August 1944 das *Antifaschistische Komitee Freies Deutschland* (AKFD) in Griechenland gegründet, mit dem Ziel, geschlossene deutsche Kampfeinheiten zusammenzustellen. Aber nicht alle Deutschen schlossen sich dem AKFD an, etliche blieben in griechischen Einheiten oder handelten eigenständig.

↑ Titelblatt ›Volk und Heimat‹. Illegale Zeitung der ***Bewegung Freies Deutschland*** für den Westen. Diese Zeitung erschien in Nordfrankreich, während für Südfrankreich ›Unser Vaterland‹ publiziert wurde. Holzschnitt von Hanns Kralik (geb. 1900, gest. 1971).

Ein Beispiel sei mit dem deutschen Leiter der Marinewetterwarte in Thessaloniki, Georg Eckert[238], gegeben. Eckert gelang es, Kontakte zur griechischen Widerstandsbewegung aufzunehmen und einige Verfolgte zu retten.

Es konnte auch Vergeltungsmaßnahmen der deutschen Besatzungsmacht verhindern. Vor allem vermittelte Eckert im Herbst 1944 den kampflosen Abzug der deutschen Truppen, bildete aus deutschen Widerständlern,

237 1941 bildete sich im von deutschen und italienischen Truppen besetzten Griechenland die *Nationale Volksbefreiungsfront* kurz EAM, welche 1942 die ELAS (*Griechische Volksbefreiungsarmee*) initiierte., die den Besatzungstruppen schwere Verluste zufügte und 1943 vom britischen Hauptquartier Nahost als verbündete Armee anerkannt wurde.

238 Georg Eckert (geb. 1912, gest. 1974), engagierte sich bereits als Schüler für die SPD, promovierte in Völkerkunde und legte die Staatsexamen für den Schuldienst ab. 1940 zur Wehrmacht eingezogen, 1946 Dozent in Braunschweig, ab 1952 Professor. 1951 Mitbegründer der GEW in Braunschweig, in den 1960er-Jahren Vorsitzender der Wissenschaftlichen Kommission in der Friedrich-Ebert-Stiftung.

Deserteuren und Kriegsgefangenen ein *Antifaschistisches Komitee* und ging mit ihm zur ELAS über.[239]

Auch in Frankreich schlossen sich deutsche Antifaschisten zusammen. Dort nannte sich die Organisation *Comité „Allemagen libre" pour l'Quest* (CALPO), zu Deutsch: *Bewegung „Freies Deutschland" im Westen* (BFDW). Wie die ELAS in Griechenland akzeptierte die französische *Résistance* den BFDW als Teil ihrer Organisation.

Es gab also in den vom Deutschen Reich besetzten Ländern so gut wie überall Kontakte zum jeweiligen Widerstand. Verstreut in ganz Europa, waren es einige Hundert deutsche Antifaschist_innen, die bewaffnet gegen den Faschismus kämpften.

Weiße Rose und Edelweiß

Von einem christlichen Widerstand gegen den Nationalsozialismus zu sprechen, verbietet sich. Die evangelische Kirche war von jeher ein Hort des völkisch geprägten Antisemitismus. Martin Luther, der die Bibel ins Deutsche übersetzte und damit zum Schöpfer der Hochdeutschen Sprache wurde, gilt als nationale Urgestalt. Daraus erklärte sich zumindest zum Teil die Entstehung der Glaubensbewegung der *Deutschen Christen* (DC) 1932 in der evangelischen Kirche. Die DC verbanden das Christenkreuz mit dem Hakenkreuz und bildeten einen wesentlichen Flügel in der Nazi-Bewegung. Im Gegenzug entstand 1934 die *Bekennende Kirche*.

Es kam zu einem innerkirchlichen Richtungskampf, der aber nichts mit antifaschistischem Widerstand zu tun hatte. Ebenso wenig kann bei der katholischen Kirche davon gesprochen werden, die Frieden mit Mussolini schloss und auch mit Hitler keinen Konflikt wollte.

Allerdings gab es aufrechte Christen, darunter auch Pfarrer, die mit dem NS-Regime in Konfrontation gerieten und das teilweise mit KZ-Haft oder ihrem Tod büßten. Das Widerstehen Einzelner ist trotzdem kein kirchlicher

239 Als im März 1946 der griechische Bürgerkrieg begann, wurden deutsche Kämpfer von der ELAS auch gegen britische Truppen und die mit ihnen verbündeten nationalistischen Milizen, wie die EDES (*Nationale Republikanische Griechische Liga*), eingesetzt. Der Bürgerkrieg endete im Oktober 1949.

Widerstand. Auf den Koppelschlössern der deutschen Soldaten stand im I. wie im II. Weltkrieg *„Gott mit uns"* – damit ist das Wesentliche gesagt.

Im ›aufgeklärten Bürgertum‹ gab es jedoch etliche Menschen, die durch ihre christliche Prägung in eine Oppositionshaltung zum NS-Staat gerieten. Bei den Wenigsten führte das zu antifaschistischem Handeln. Aber es gab Ausnahmen.

Im Juni 1942 entwickelte sich aus einem christlich motivierten, studentischen Freundeskreis in München eine Widerstandsgruppe mit dem Namen die *Weiße Rose*. Die Studenten Hans Scholl, Alexander Schmorell und Willi Graf hatten bei ihren Einsätzen als Wehrmachtssoldaten die Schrecken des Krieges erlebt und lernten sich in der 2. Studentenkompanie der Medizinstudenten in der ›Bergmannschule‹ kennen.

Zu dem Kreis stieß etwas später, ebenfalls über die Studentenkompanie, Christoph Probst. Ferner schlossen sich der Gruppe die Schwester von Hans Scholl[240], Sophie Scholl und der Universitätsprofessor Kurt Huber an.

Als *Weiße Rose* verfassten, druckten und verteilten sie insgesamt sechs Flugblätter gegen den Nationalsozialismus. Am 18. Februar 1943 wurden die Geschwister Scholl beim Verteilen von Flugblätter in der Münchner Universität vom Hausmeister überrascht. Wenig später kamen sie und Christoph Probst vor den Volksgerichtshof. Der NS-Richter Roland Freisler verurteilte die drei wegen Wehrkraftzersetzung und Feindbegünstigung zum Tode durch das Fallbeil. Am 22. Februar 1943 wurden die Urteile vollstreckt. In einem zweiten Prozess wurden Kurt Huber, Willi Graf und Alexander Schmorell am 19. April 1943 ebenfalls zum Tode verurteilt und kurz darauf enthauptet. Weitere Prozesse gegen Sympathisanten der Gruppe führten aus Mangel an Beweisen ›nur‹ zu Haftstrafen. Während die *Weiße Rose* zum passiven Widerstand gegen den Nationalsozialismus aufrief, stellte sich der Widerstand der mehr proletarisch geprägten Gruppen

240 Hans Scholl war, wie seine Geschwister, zunächst ein begeistertes Mitglied der Hitler-Jugend, wo er allerdings unter den Einfluss eines ehemaligen *dj.1.11* Mitglieds geriet. Schließlich führte Hans Scholl mit seinem Fähnlein in der HJ eine *dj.1.11* Gruppe von etwa zehn Schülern. Deswegen wurden er und seine Geschwister 1937 für kurze Zeit inhaftiert. Ein Verfahren wegen Fortsetzung der bündischen Jugend wurde 1938 aufgrund einer Amnestie eingestellt. Diese Erfahrung führte zur Abkehr vom Nationalsozialismus.

↑ Plakat zu den Reichstagswahlen am 12. November 1933, die mit einer Volksabstimmung zum Austritt Deutschlands aus dem Völkerbund gekoppelt waren.

gänzlich anders dar. Einige Zusammenhänge der *Bündischen Jugend* hatten alle Verfolgungen überstanden und es entstanden neue Gruppen. Wieder stellten die ›Edelweißpiraten‹ die HJ vor Probleme. Im September 1942 berichtete ein internes Papier der Reichsjugendführung über die Situation „ *(...) Seit dem Frühjahr 1942 wurden in allen Bannen des Gebietes Düsseldorf die Feststellung gemacht, daß sich Jugendliche beiderlei Geschlechts wieder in erhöhtem Maße zu Cliquen zusammenschließen, Fahrtenbetrieb aufmachen, vielfach gegen die Hitlerjugend offen Stellung nehmen und die Arbeit der Einheitenführer der Hitlerjugend untergraben. Teilweise ziehen solche Trupps in Stärken bis zu 30 Mann singend und klampfespielend durch die Städte. Hitlerjugend-Führer werden überfallen, angepöbelt und sogar angeschossen (...)*“[241]

Es entstand eine regelrechte Bewegung, gegen welche die Gestapo immer wieder vorgehen musste. Ein Schwerpunkt lag im westdeutschen Gebiet. Am 6. Dezember kam es zur ›Nikolaus-Aktion‹, einer groß angelegten Verhaftungswelle gegen illegale Strukturen der *Edelweißpiraten* im Bergischen Land und Rhein-Ruhr-Gebiet. Auf diesen Schlag der Repression reagierten die Jugendgruppen. „*(...) Danach Vorbereitung eines ›Großen Schlags‹, der am 30. Januar 1943, dem 10. Jahrestag der ›Machtergreifung‹, gegen die HJ geführt werden sollte. Hierbei war sogar an den Einsatz von Handfeuerwaffen und Handgranaten gedacht, die wir zahlreich in Besitz hatten. Im Gegensatz zu den Älteren (Freikorpsleuten) waren die Jugendlichen dafür nicht zu gewinnen. So sollte der ›Große Schlag‹ unter Benutzung von normalen Schlagwaffen durchgeführt werden. Am 30. Januar 1943 kapitulierte Stalingrad.*

Die ›ausgesuchte‹ Veranstaltung der HJ wurde von der Gebietsführung West-Westfalen auf den 2. Februar verlegt. An diesem Tag Durchführung der Aktion unter Beteiligung von etwa 150 illegalen Bündischen. Die Gestapo Dortmund konnte in Schwelm acht der Beteiligten verhaften, darunter war ich(...)“[242]

241 *Cliquen- und Bandenbildung unter Jugendlichen, Reichsjugendführung – Personalamt – Überwachung. Berlin, im September 1942.* Vollständiger Abdruck in: Detlev Peukert, *Die Edelweißpiraten. Protestbewegung jugendlicher Arbeiter im Dritten Reich*, Bund Verlag Köln, 1980, Seite 160 f, Zitat Seite 220.

242 *Schock und Schöpfung. Jugendästhetik im 20. Jahrhundert*, Hrsg.: Deutscher Werkbund e. V. und Württembergischer Kunstverein, Luchterhand, 1986, Seite 314.

Wie stark diese Bewegung tatsächlich war, lässt sich nicht mit Sicherheit feststellen. Viele Gruppen entstanden genauso spontan, wie sie zerfielen, wenn die Gestapo sie nicht vorher zerschlug. Es existierte keine ausgebildete Ideologie und nach 1945 traten solche Gruppen auch nicht wieder in Erscheinung. Dennoch bleibt festzuhalten, dass es aus diesen Reihen zu vereinzelten bewaffneten Aktion gegen die Nazis kam. Wenn der Kampf auch im Wesentlichen gegen die HJ gerichtet war.[243]

Während des II. Weltkriegs entstand noch eine weitere Widerstandsvariante. Die als ›Rote Kapelle‹[244] bezeichneten Zusammenhänge betrieben teilweise Spionage für die Sowjetunion. Antifaschismus ging damit in Agententätigkeit über.

Eine Möglichkeit blieb

Ihn hatte niemand auf dem Zettel. Kurze Zeit, 1928/29, war Georg Elser Mitglied im RFB gewesen, aber das war lange her. Er lebte unauffällig an der deutsch/schweizerischen Grenze, baute hölzerne Uhrengehäuse und scherte sich nicht um Parteienpolitik. Ein entschiedener Antifaschist war er geblieben, große Reden brauchte er deshalb nicht zu schwingen, davon und von Theorien gab es genug.

Hitler bedeutete Krieg, da war er sich sicher und fasste den Plan, den Diktator zu töten. Im Sommer 1939 zog er nach München, richtete sich eine Werkstatt ein und besuchte regelmäßig den Bürgerbräukeller. Hier, wo Hitler seine Karriere begann, fand jedes Jahr am Abend des 8. November die Versammlung der ›alten Kämpfer‹ statt, um sich des ›Marsches auf die Feldherrnhalle‹ zu erinnern. Hier wollte Georg Elser zuschlagen. Abends versteckte er sich im *Bürgerbräu* und ließ sich einschließen.

243 Vgl. *Schock und Schöpfung. Jugendästhetik im 20. Jahrhundert*, Hrsg.: Deutscher Werkbund e. V. und Württembergischer Kunstverein, Luchterhand, 1986 und Detlev Peukert, Die Edelweißpiraten, Protestbewegung jugendlicher Arbeiter im Dritten Reich, Bund Verlag Köln, 1980.

244 ›Rote Kapelle‹ ist ein Fahndungsbegriff, der von der Abwehr der Wehrmacht stammt, die darunter alle Gruppen, die Funkkontakt zu Sowjetstellen besaßen, zusammenfasste.

Georg Elser

In mühseliger Arbeit, immer in Gefahr entdeckt zu werden, arbeitete er 30 Nächte und höhlt die Säule aus vor der Hitler sprechen würde. Alles ging gut, Elser konnte seine Bombe unbemerkt deponieren, den Zeitzünder einstellen und das Bürgerbräu verlassen. Doch wegen schlechten Wetters konnte Hitler nicht das Flugzeug zurück nach Berlin nutzen und musste auf die Bahn wechseln. Seine Rede fiel daher kürzer aus, 13 Minuten vor der Explosion verließ er den Raum. Die Bombe explodierte exakt zu der von Elser vorgesehenen Zeit um 21:20 Uhr und brachte das Dach zum Einsturz. Sieben von den zirka 150 zuletzt im Bürgerbräu verbliebenen Nazis und eine Kellnerin starben. Es gab 63 Verletzte, 16 davon waren Schwerverletzte. Noch in der Nacht des Anschlags verhaftete die Polizei Georg Elser beim versuchten Grenzübertritt in die Schweiz, anschließend wurde er als ›Sonderhäftling des Führers‹ in das KZ-Sachsenhausen gebracht, später in das KZ-Dachau eingeliefert. Elser sollte erst nach dem ›Endsieg‹ der Prozess gemacht werden. Doch Hitler vergaß den Antifaschisten nicht. Kurz vor Kriegende, am 9. April 1945, wurde Georg Elser auf Anordnung Hitler erschossen.

Der Tyrannenmord blieb die einzige Möglichkeit, dem NS-Staat einen entscheidenden Schlag zu versetzen. Ein Umsturz oder entscheidende Veränderungen waren mit dem Tod des Diktators verbunden.

In den folgenden Jahren kam es zu verschiedenen Versuchen, ein Attentat auf Hitler durchzuführen, meist aus den Reihen der Wehrmacht. Alle scheiterten. Der letzte war der Anschlag vom 20. Juli 1944 in Hitlers Hauptquartier *Wolfsschanze* in Ostpreußen. An dieser Verschwörung waren hohe

↑ Der durch den Bombenanschlag am 8. November 1939 zerstörte Veranstaltungssaal des *Bürgerbräus* in München.

Wehrmachtsgeneräle und Regierungsbeamte beteiligt, die ohne Zweifel eine neue Regierung hätten stellen können. Der Staatsstreich misslang, weil Hitler durch Zufälle wieder nur mit leichten Verletzungen davonkam.

Das Attentat vom 20. Juli 1944 wurde von Offizieren ausgeführt, die in den Jahren zuvor Hitler treu gedient hatten. Sie sahen, dass der Krieg verloren war und wollten eingreifen, um ihn zu beenden. 200 Personen, darunter ranghohe Militärs, Diplomaten, Botschafter und Regierungspräsidenten wurden danach von den Nazis als Verschwörer hingerichtet. Heute dienen die ›Männer des 20. Juli‹ insbesondere der Bundeswehr als Vorbild und werden, wie die *Weiße Rose*, vom staatstragenden Antifaschismus bemüht.

↑ Der ›US-Imperialismus‹ wurde ab den 1950er-Jahren zum neuem Feindbild. Hier abgebildet als Tod im Gewand einer alten Nazi-Wehrmachtsuniform. Tatsächlich waren ehemalige Wehrmachtsoffiziere am Aufbau der Bundeswehr wesentlich beteiligt.
Titelbild einer 30-seitigen Broschüre, herausgegeben vom Zentralkomitee der SED, 1954.

1945–2015

Alte Krieger im kalten Krieg

Nach dem Zweiten Weltkrieg war Antifaschismus in Deutschland zunächst ein klassisches Thema der 1947 als Opferverband geschaffenen *Vereinigung der Verfolgten des Naziregimes* (VVN). Da die VVN dem Machtanspruch der SED unter Ulbricht im Wege stand, wurde sie in der DDR 1953 aufgelöst. Offiziell erklärte die Vereinigung ihre Aufgabe in der DDR als erfüllt und an ihre Stelle trat mit der letzten Sitzung des Zentralvorstandes am 21. Februar 1953 das *Komitee der antifaschistischen Widerstandskämpfer.*

Dieses Gremium aus 32 bekannten Persönlichkeiten, die mehrheitlich der Funktionärsschicht der SED angehörten und ohne Mitgliederbasis war, blieb völlig von der SED abhängig und hatte die Funktion, den staatlich verordneten Antifaschismus zu repräsentierten. Erst 1974 durfte sich das Komitee wieder als Mitgliederverband organisieren. Es entstand eine politisch harmlose Vereinigung alter Frauen und Männer.

Ganz anders verlief die Entwicklung in den Westzonen bzw. in der BRD. Dort galt als offenes Geheimnis, dass die VVN eine klassische kommunistische Vorfeldorganisation darstellte, die finanziell, logistisch und politisch von der SED geführt wurde. Deshalb erwirkte die SPD bereits 1948 einen Unvereinbarkeitsbeschluss gegen die VVN, der bis 2010 Bestand hatte. Dem gegenüber war die BRD bereits seit ihrer Staatsgründung im Mai 1949 mit dem Aufleben des Neofaschismus konfrontiert. So entstand am 2. Oktober 1949 die *Sozialistische Reichspartei* (SRP). Ihr Programm basierte im Wesentlichen auf dem der NSDAP, der auch die meisten ihrer 40.000 Mitglieder angehört hatten. Als zweiter Vorsitzender der SRP fungierte der damals durchaus prominente ehemalige Generalmajor Otto Ernst Remer [245] Bei den Landtagswahlen in Niedersachsen 1951 errang die SRP 11Prozent

245 Otto Ernst Remer, (geb. 1912, gest. 1997), war als Offizier des ›Wachbataillons Berlin‹ maßgeblich an der Niederschlagung des Umsturzversuchs nach dem gescheiterten Hitlerattentat vom 20. Juli 1944 beteiligt. Die Nazi-Propaganda erklärte Remer zum Helden und Hitler machte ihn zum Kommandeur seiner ›Führerbegleitbrigade‹.

der Stimmen. Ihr allzu offener Bezug auf die NSDAP führte bereits am 23. Oktober 1952 zum Verbot der SRP. Ohnehin existierte seit 1950 mit der *Deutschen Reichspartei* (DRP)[246], eine Alternative zur SRP, die sogar bis 1953 im Bundestag vertreten war.

Dies allerdings nicht aufgrund eines Wahlerfolges, sondern weil sich ein Abgeordneter der nationalkonservativen *Deutschen Partei* der DRP angeschlossen hatte. 1951 und 1955 gelangte die DRP in den niedersächsischen Landtag, 1959 schaffte sie bei den Landtagswahlen in Rheinland-Pfalz mit 5,1Prozent knapp den Einzug ins Parlament. Im folgenden Jahr wurde der Landesverband Rheinland-Pfalz verboten. Damit endete der Erfolg der DRP, sie verlor fortwährend an Bedeutung. Das lag vor allem an den politischen Rahmenbedingungen. Generell verfolgte die politische Führung der BRD in der Ära Adenauer (CDU), die von 1949 bis 1963 andauerte und auch als Restauration bezeichnet wird, einen antikommunistischen Kurs. Ziel dieser Regierungsphase war die unumstößliche Westanbindung, zu deren Kernpunkt die Wiederbewaffnung gehörte. Eine Politik, die im im Zusammenhang mit der Konfrontation der beiden Machtblöcke unter Führung der Sowjetunion bzw. der USA stand. Mit dem Ende des II. Weltkrieg hatte diese Phase begonnen, die unter dem Begriff Kalter Krieg gefasst wurde und sich mit Beginn des Koreakrieges[247] im Juni 1950 zur bewaffneten Konfrontation steigerte. Vor diesem Hintergrund forderte Winston Churchill am 9. August 1950 eine europäische Armee mit deutscher Beteiligung, die mit den USA zusammenarbeiten sollte. Gleichzeitig begann sich in den USA die Vorstellung durchzusetzen, eine europäische Verteidigungsstreitmacht unter Führung der NATO aufzubauen.

Die Vorbereitungen zur Aufstellung der Bundeswehr begannen mit der Tagung der deutschen militärischen Expertenkommission aus ehemaligen hochrangigen Wehrmachtsoffizieren im Eifelkloster Himmerod vom 3. bis 6. Oktober 1950. Ende des Monats unterbreitete der französische Ministerpräsident der Nationalversammlung den Plan, ein neues Militärbündnis

246 Ein Parteiverbotsverfahren war zwar im Gespräch, wurde aber nicht eingeleitet.

247 Dieser Krieg dauerte bis Juli 1953, forderte 4,5 Millionen Menschenleben und kannte keinen Sieger.

entstehen zu lassen. Der Name sollte *Europäische Verteidigungsgemeinschaft* (EVG) lauten und aus Frankreich, den drei Benelux-Staaten, Italien und der Bundesrepublik Deutschland bestehen. Voraussetzung war der Aufbau einer eigenen Armee in der Bundesrepublik Deutschland und ein Ende des Besatzungsstatus. Zunächst wurde 1951 der Bundesgrenzschutz (heute Bundespolizei) aufgestellt und damit die Grundlage für die Entstehung einer neuen deutschen Armee geschaffen.

Aber nicht alle bejubelten oder unterstützten diese Entwicklung – ganz im Gegenteil. Bei großen Teilen der Bevölkerung traf der Aufbau einer neuen deutschen Armee wenige Jahre nach dem II. Weltkrieg auf starke Ressentiments. Besonders FDJ und KPD versuchten auf dieser Stimmung aufzubauen und engagierte sich im antimilitaristischen Kampf. Das zeigte sich beispielhaft an den Auseinandersetzungen um Helgoland. Die Insel musste nach dem II. Weltkrieg von ihren Bewohner_innen geräumt werden, weil die Briten den gesamten Felsen sprengen wollten. Nachdem dieser Versuch scheiterte, nutzen das britische Militär das Eiland als Bombenabwurfplatz. Sieben Friedenskämpfer (auch als deutsche Patrioten bezeichnet) besetzten am 23. Februar 1951 das militärische Gelände und stoppten damit vorübergehend die Bombardierungen. Die Aktivisten kamen vor ein britisches Militärgericht das sie zu insgesamt 36 Monaten Haft verurteilte.

Während solch spektakuläre Aktionen die Initiative von Wenigen blieb, entwickelte sich gegen die drohende Wiederbewaffnung unter dem Slogan ›Ohne mich‹, die erste außerparlamentarische Bewegung in der Bundesrepublik. Gewerkschafter, Christen, Intellektuelle, Frauengruppen sowie KPD und FDJ einte das gemeinsame Ziel, die Aufstellung einer deutschen Armee zu verhindern – so unterschiedlich die politischen Beweggründe der Akteure auch waren. Bei einer solchen Kundgebung, der *Jugendkarawane gegen Wiederaufrüstung und Generalvertrag* am 11. Mai 1952 in Essen, gab es den ersten toten Antifaschisten in der Bundesrepublik. Die Polizei schoss in eine nicht genehmigte Demonstration und traf den 22-jährigen Kommunisten Philipp Müller. Von zwei Kugeln ging eine tödlich ins Herz. Weitere Schüsse verletzten einen Gewerkschafter und einen Sozialdemokraten schwer. Ebenfalls im Mai 1952 wurde der EVG-*Vertrag* unterzeichnet. Um ihn ratifizieren zu können war eine Grundgesetzänderung notwendig, die am 26. März 1954 beschlossen wurde. Sofort nach ihrem Inkrafttreten begann die Rekrutierung Freiwilliger für die neue Bundeswehr.

Währenddessen kam es in Frankreich zu Wahlen, nach denen eine gaullistische, der EVG gegenüber skeptische Regierung, den Staatspräsidenten stellte. Was dazu führte, dass die Nationalversammlung in Paris, die Ratifizierung des EVG-Vertrags am 30. August 1954 vertagte. Ohnehin hatte mittlerweile die Planung der USA entscheidendes Gewicht erlangt und Geheimverhandlungen zwischen der Regierung Adenauer und der US-Regierung stattgefunden. Die Bundeswehr sollte in die NATO integriert werden.

Doch musste der hinter den Kulissen längst eingefädelten Wiederbewaffnung und Westintegration propagandistisch der Boden bereitet werden. Aus diesem Grund wurden nun militaristische Vereinigungen wieder zugelassen, die seit 1945 verboten gewesen waren und sich zum Teil immer noch auf entsprechende Traditionen beriefen. Vom *Stahlhelm*[248] bis hin zu Kameradschaften ehemaliger Wehrmachts- und Waffen-SS Verbände kam es bis 1955 zu einer regelrechten Gründungswelle. Militaristen, Rechtsradikale und Rechtskonservative wirkten gemeinsam für die Wiederbewaffnung. Noch 1954 wurden die Pariser Verträge verabschiedet, die den Besatzungsstatus aufhoben und der Beitritt der Bundesrepublik zur NATO festgelegten. Eine öffentliche Zeremonie, am 9. Mai 1955 in Paris, besiegelte den Militärpakt.

Neben der Wiederbewaffnung waren die Kommunistenverfolgungen charakteristisch für die ›Restauration‹. 1951 wurde die FDJ in der BRD verboten, 1956 folgte die KPD. Etliche kommunistische Friedensaktivisten saßen in Gefängnissen ein, darunter auch solche, die in Konzentrationslagern der Nazis inhaftiert waren. Ein drohendes Verbotsverfahren gegen die VVN wurde erst 1963 ad acta gelegt.

Mit den 1960er-Jahren begann sich, begleitet von starken politischen

248 *Der Stahlhelm – Bund der Frontsoldaten* wurde 1951 in Köln wieder gegründet. Später kam der Zusatz *Kampfbund für Europa* hinzu. Bundesführer war von 1952 bis zu seinem Tode 1960 der ehemalige Generalfeldmarschall Albert Kesselring. Kesselring, im März 1945 von Hitler zum Oberbefehlshaber West ernannt, war wegen Kriegsverbrechen 1947 von einem britischen Militärgericht zum Tode verurteilt, bald begnadigt und 1952 vorzeitig aus der Haft entlassen worden. *Der Stahlhelm* trat noch bis in die 1980er-Jahre öffentlich in Erscheinung. Die meisten Landesverbände haben sich mittlerweile aufgelöst.

Spannungen, die gesellschaftliche Situation in der Bundesrepublik zu verändern. Der Kalte Krieg erreichte durch den Mauerbau der DDR 1961 und die ›Kuba-Krise‹[249] 1962 eine neue Qualität. In dem antikommunistischen Klima, das in der BRD herrschte, schloss sich 1964 die DRP mit anderen Splitterparteien in Hannover zur *Nationaldemokratischen Partei Deutschlands* (NPD) zusammen. Wenig später, 1966, erlebte die Bundesrepublik ihre erste Rezession, zu deren Bewältigung sich eine große Koalition von SPD und CDU unter Georg Kiesinger (CDU) zusammenfand. Mit einer ›konzertierten Aktion‹ von Unternehmerverbänden, Gewerkschaften, Sachverständigen usw. sowie Investitionsprogrammen gelang es der Regierung, die Krise bis 1968 zu überwinden. Doch das politische Bündnis wirkte wie ein Katalysator auf die gesellschaftlichen Verhältnisse. Kiesinger[250] war vor 1945 Mitglied der NSDAP gewesen und wurde nun von der SPD gestützt. Zudem bereitete die große Koalition die Notstandsgesetze vor, mit denen in Ausnahmefällen die Grundrechte eingeschränkt werden können. Dazu musste das Grundgesetz verändert werden, wozu die große Koalition die nötige Zweidrittelmehrheit im Bundestag besaß. Vergleiche zum Ermächtigungsgesetz lagen auf der Hand. Da keine relevante parlamentarische Opposition existierte, mobilisierte sich eine außerparlamentarische (APO), die gegen die Verabschiedung der Notstandsgesetze 1968 die ersten großen Massenproteste in der Bundesrepublik auf die Straße brachte. Es entstand eine Bewegung, mit der eine neue Generation vor allen an Universitäten und Hochschulen in Erscheinung trat, und die bald unter dem Sammelbegriff *Neue Linke* subsumiert wurde. Ihre Themen fanden die jungen Aktivist_innen im Vietnamkrieg, dem Schah-Besuch oder Kampagnen gegen antidemokratische Missstände ›Enteignet Springer‹ und dem Radikalenerlass.

Gleichzeitig profitierte die NPD politisch von der Wirtschaftskrise. Bei Landtagswahlen erlangten die Rechtsradikalen Stimmenanteile von bis zu 10 Prozent und vieles deutete darauf hin, dass ihnen 1969 der Einzug in

249 Im Oktober 1962 führte die Stationierung von sowjetischen Mittelstreckenraketen auf Kuba zum Konflikt mit den USA. Die ›Krise‹ dauerte 15 Tage und brachte die Welt erstmals an die Schwelle eines Atomkrieges.

250 Wegen seiner NSDAP-Mitgliedschaft verpasste Beate Klarsfeld dem Bundeskanzler im November 1968 öffentlich eine Ohrfeige.

den Bundestag gelingen könnte. Spontan entstand eine Gegenbewegung, die von Vertretern etablierter politischer Organisationen über die verfemten Kommunist_innen bis hin zur gerade entstehenden APO reichte. Bei Protestaktionen kam es mehrfach zu militanten Zusammenstößen. Nachdem die NPD bei der Parlamentswahl 1969 knapp an der 5-Prozent-Hürde gescheitert war, ebbte diese antifaschistische Welle schnell wieder ab.

Vorläufer der außerparlamentarisch-antifaschistischen Bewegung existierten also bereits in den 1960er-Jahren, und zwar deutlicher in den undogmatischen Zusammenhängen als in den hierarchisch organisierten kommunistischen Gruppen, die in den 1970er-Jahren ebenfalls aus der APO entstanden. Denn welche Ziele auch vertreten wurden: den Kommunist_innen ging es in erster Linie darum, die Arbeiter_innen in den Betrieben zu erreichen, um den Klassenkampf zu befördern. Antifaschismus blieb für sie lediglich ein Nebenschauplatz.

Auch die bewaffneten Gruppen wie die *Bewegung 2. Juni*, die *Rote Armee Fraktion* (RAF) oder die *Revolutionären Zellen* (RZ) schieden als Ideengeber für die Antifa aus. Keine dieser Gruppen hat je eine Aktion explizit gegen Nazis durchgeführt.

Nadelstreifennazis, Neonazis, Hitlerwelle

Zum innenpolitischen Streitthema Nr. 1 wurde in der Bundesrepublik Anfang der 1970er-Jahre die neue Ostpolitik der sozialliberalen Bundesregierung unter Willy Brandt (SPD). Es ging um eine Normalisierung der Verhältnisse zu den osteuropäischen Staaten und der DDR. Als in diesem Zusammenhang der DDR-Ministerpräsident Willi Stoph am 21. Mai 1970 Kassel besuchte, führte das zu militanten Ausschreitungen durch Rechtsradikale. Die NPD initiierte daraufhin die *Aktion Widerstand*, mit der sie eine neue Sammlungsbewegung in Gang setzen wollte. Im Oktober 1970 wurde die *Aktion Widerstand* formell als Organisation gegründet, der sich diverse rechtsradikale Gruppen anschlossen. Da jedoch fast sämtliche Veranstaltungen der Aktion Widerstand gewalttätig verliefen, kam es zu internen Konflikten und die Aufsplitterung der rechtsradikalen Szene setzte sich fort. Zunächst gründete der Verleger Gerhard Frey gemeinsam mit dem

Der innenpolitische Streit gegen die Anerkennung der Oder-Neiße-Linie wurde vor allem von der CDU geführt. Berührungspunkte von Konservativen mit Rechtsradikalen waren (nicht nur) dadurch gegeben.

Vorsitzenden der *Aktion Oder-Neiße*, Erwin Arlt, im Januar 1971 die DVU[251], mit der ein Sammelbecken für enttäuschte NPD- und CDU-Wähler entstehen sollte. Schwerpunkt der DVU blieb das Eintreten gegen die neue Ostpolitik, vor allem die Anerkennung der Oder-Neiße-Linie durch die Bundesregierung. Während NPD und DVU betont legal und seriös auftraten und versuchten, eine rechte Alternative zur CDU darzustellen, gebärdete sich die *Aktion Widerstand* immer radikaler. Schließlich distanzierte sich die NPD im Juni 1971 von der Organisation und löste sie auf.

In der Folge formierten sich nun eine neue, militante Neonazi-Bewegung. Ihre wesentlichen Vertreter waren:

251 Die DVU, auch Liste D, war 1971 als Verein gegründet und 1987 zur politischen Partei gewandelt worden. Sie wurde vom rechtsradikalen Verleger Gerhard Frey geleitet, der von 1971 bis 2009 Vorsitzender war. Bis dahin konnte die DVU neun Mal in Landesparlamente einziehen und erzielte bei der Landtagswahl 1998 in Sachsen-Anhalt 12,9 %. Das ist das bislang höchstes Stimmenergebnis einer rechtsradikalen Partei bei Landtagswahlen überhaupt. Aufgrund interner Konflikte setzte ab 2000 ein Zerfallsprozess ein. Zur Bedeutungslosigkeit geschrumpft, fusionierte die Rest-DVU 2011 mit der NPD.

- die *Volkssozialistische Bewegung Deutschland/Partei der Arbeit* (VSPD/PdA) [252] von Friedhelm Busse [253].
- die *Deutsche Bürgerinitiative* von Manfred Roeder [254]
- die paramilitärische *Wehrsportgruppe Hoffmann* (WSG Hoffmann) [255]
- die *Aktionsfront Nationaler Sozialisten* (ANS) von Michael Kühnen [256].

Während dieses Zersplitterungs- und Radikalisierungsprozesses der neofaschistischen Szene kam es zu einem Phänomen, dessen Wirkung auf den neu entstehenden Antifaschismus nicht zu unterschätzen ist. Anfang der 1970er-Jahre war die Generation, die den NS-Faschismus bewusst erlebt hatte, noch in Amt und Würden. Bislang war es daher verstanden worden,

252 Die Organisation wurde am 17. Juni 1971 gegründet, gab sich aber erst ab 1975 den Namen VSBD. Obwohl sich einige Kandidaten der VSBD an den Kommunalwahlen in München 1978 beteiligten, war sie keine Partei im Sinne des Parteiengesetzes. Am 24. Januar 1982 erfolgte das Verbot der VSBD.

253 Friedhelm Busse (geb. 1929, gest. 2008) stammte aus einem nationalsozialistischen Elternhaus. Meldete sich 1944, mit 15 Jahren, zur Waffen-SS, kam Anfang 1945 zur SS-*Division Hitlerjugend*. In den 1950er-Jahren bekleidete er verschiedene Funktionärsposten in der Deutschen Reichspartei, ab 1965 NPD. Wegen gewalttätiger Aktionen 1971 aus der NPD ausgeschlossen, gründete er im selben Jahr die VSBD. 1983 zu einer Haftstrafe von 3 Jahren und 9 Monaten wegen Begünstigung eines Bankraubes, verbotenen Waffenbesitzes und ähnlicher Delikte verurteilt. Im selben Jahr Eintritt in die ANS/NA, dann FAP. Nach deren Verbot weiterhin in der militanten Neonaziszene führend aktiv, schließlich Wiedereintritt in die NPD.

254 Manfred Roeder (geb. 1929, gest. 2014) stammte aus einer nationalsozialistischen Familie, selbst Schüler einer Nationalsozialistischen Erziehungsanstalt (NAPOLA). War als jüngster Jahrgang noch als regulärer Soldat an der Schlacht um Berlin 1945 beteiligt. Nach dem Krieg Journalist bzw. Jurastudium, Anwalt von Rudolf Heß. Zunächst CDU-Mitglied, trat 1970 mit Farbattacken gegen Erotikmessen in Erscheinung. Gründete 1971 die *Deutsche Bürgerinitiative*, verfasste 1973 das Vorwort zur Broschüre *Die Auschwitzlüge*, 1976 wegen Volksverhetzung verurteilt. 1978 ging Roeder in den Untergrund und baute 1980 die terroristischen *Deutschen Aktionsgruppen* auf.

255 1973 gegründet, außer militärischer Ausbildung und Söldnerwerbung übernahm die WSG-Hoffmann den Schutz rechtsradikaler Veranstaltungen. Ihr gehörten 400 Mitglieder an, am 30. Januar 1980 verboten.

256 Michael Kühnen (geb. 1955, gest. 1991), anfangs Maoist, wandte sich der NPD/JN zu und gelangte zu *Aktion Widerstand*. 1974–1977 Zeitsoldat, studierte an der Universität der Bundeswehr in Hamburg, wegen seiner politischen Betätigung aus der Armee entlassen, zuletzt Rang eines Leutnants. Im Mai 1977 gründete er zusammen mit dem US-Amerikaner Gary Lauck die NSDAP-AO (Aufbauorganisation). Zunächst unter dem Namen *SA-Sturm Hamburg*, entstand im November 1977 die ANS. Kühnen wurde zum Kopf der Neonazi-Szene in der BRD.

diese Vergangenheit, wenn möglich, auszuklammern. Nun begannen sich aber Historiker_innen aller Couleur mit dem Thema zu beschäftigen und Verlage erkannten, dass sich mit Büchern und Broschüren zur NS-Zeit Profite erzielen ließen. Bald gab es keine Illustrierte mehr, die nicht über Nazigrößen berichtete. Schallplatten mit Tondokumenten zählten zu den neuen ›Rennern‹, NS-Propaganda-Zeitungen wurden nachgedruckt. Der Film von Joachim Fest *Hitler – Eine Karriere* lief in so ziemlich jedem Kino der Republik. Das Fernsehen strahlte Dokumentationen aus, sogar eine Hitler-Rock-Oper unter dem Namen *Der Führer* entstand.

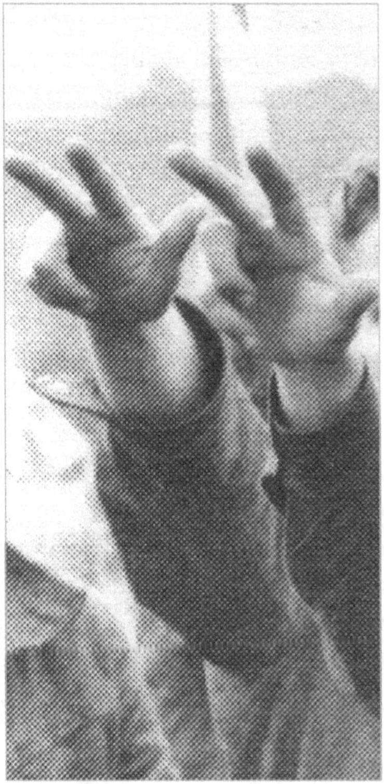

↑ Im Zusammenhang mit der Aktion Widerstand entstand der Widerstandsgruß. Diese Symbolik wurde, wegen ihrer Ähnlichkeit zum Hitlergruß, von den Neonazis weitergeführt.

Viele Linke nahmen nur die bedrohlichen Aspekte dieser ›Hitlerwelle‹ wahr, die Ende der 1970er-Jahre ihren Höhepunkt erreichte. Doch letztlich begann in dieser Zeit die Vergangenheitsbewältigung der NS-Zeit. Dies zeigte sich auch daran, dass vielerorts Geschichtswerkstätten usw. entstanden und das Thema an Schulen Eingang fand. Zu einem Meilenstein wurde der 1978 in den USA entstandene Film *Holocaust*, der die fiktive Geschichte der jüdischen Arztfamilie Weiß aus Berlin erzählt. Diese Produktion wurde im Januar 1979 in vier Teilen vom WDR ausgestrahlt und zu einem echten Medienereignis. Seit dieser Zeit ist die Bezeichnung Holocaust in Deutschland üblich und eine gesellschaftliche Auseinandersetzung zu Judenverfolgung und Antisemitismus begann.

Der Rechtsradikalismus verlor dagegen immer mehr an Bedeutung. Dabei darf allerdings nicht übersehen werden, dass es mit der BRD zu dieser Zeit ökonomisch aufwärtsging, was bekanntlich zu einer allgemeinen Übereinstimmung mit den herrschenden Verhältnissen führt – und die blieben von einer antikommunistischen Grundhaltung bestimmt. Ein Beispiel bot die neue Ostpolitik, gegen die sich nicht allein die Rechtsradikalen stemmten, sondern vor allem die CDU/CSU. Im Bundestagswahlkampf 1976 trat die Union mit dem Slogan ›Freiheit oder Sozialismus‹ an. Da brauchte es schlichtweg keine Partei rechts von der CDU.

Dem gegenüber versuchte die NPD gegen ihren Abwärtstrend Bündnisse zu schmieden – insbesondere mit der DVU. Am 17. Juni[257] 1974 rief sie zum Deutschlandtreffen der *NPD-Vereinigte Rechte* in Frankfurt am Main auf. Zunächst verboten, wurde die Veranstaltung dann mit 2.000 NPD Anhängern durchgeführt. Dagegen ging eine kleinere Gegendemonstration auf die Straße, es gab einige Steinwürfe und 20 Festnahmen. 1975 und 1976 marschierte die NPD unter Teilnahme der DVU und einiger kleinerer Organisationen jeweils am 17. Juni in der damaligen Bundeshauptstadt Bonn. Mit leicht gestiegenen Zahlen von 3.500 bzw. 4.000 Teilnehmern hätten die Rechtsradikalen zufrieden sein können. Da aber spektakuläre Gegendemonstrationen ausblieben, gab es nur wenig öffentliche Aufmerksamkeit. Das wurde zum ausschlaggebenden Grund dafür, die Veranstaltung 1977 wieder in Frankfurt/Main anzumelden, einer Hochburg der Linksradikalen.

Bewaffneter Kampf

Bereits Mitte der 1970er-Jahre entstanden aus dem militanten Flügel der ›neuen Linken‹ in der BRD erste Antifa-Gruppen. Mit Antifa-Arbeit im heutigem Sinn hatten diese Zusammenhänge jedoch nichts zu tun, vielmehr gingen sie aus der Anti-Repressionsarbeit hervor, d. h. der Unterstützung von politischen Gefangenen, die aufgrund militanter Aktionen in den Knästen saßen.

257 Der 17. Juni war der Jahrestag des Volksaufstandes in der DDR von 1953. Seit 1954 war der 17. Juni als *Tag der deutschen Einheit* offizieller, arbeitsfreier Feiertag in der BRD. Nach der Wiedervereinigung wurde er 1990 durch den 3. Oktober ersetzt.

Wesentlichen Schub erhielt die Entwicklung durch die *Komitees gegen Isolationshaft*. Diese unterstützten insbesondere inhaftierte Gefangene aus der RAF. Wobei mehr und mehr Aktivist_innen aus den Komitees selbst den Weg zur RAF fanden. Nach der einsetzenden Kriminalisierung schlossen sich die verbliebenen Mitglieder aus den Komitees 1976 mit anderen ›Anti-Repressionsgruppen‹ zu *Antifaschistischen Arbeitsgruppen*, kurz *Antifas* zusammen.

↑ Mitte der 1970er-Jahre entstanden im Umfeld der Rote Armee Fraktion erste Antifa-Gruppen. Ihr Kampf richtete sich gegen das imperialistische System und hatte mit heutiger Antifa-Arbeit nichts zu tun. Ideologisch bestehen dennoch Bezüge.

Die RAF hatte Kenntnis von der Entstehung der Antifas, und ihr engerer Unterstützerkreis nahm Einfluss auf ihre Ausrichtung und Arbeit. Wobei die Antifas nicht einfach von der RAF-Politik dominiert wurden. Es gab vielmehr zwei Flügel, die sich gegen die ›Vernichtungshaft und Isolationsfolter‹ einsetzten. Zum einen diejenigen, welche die Aktionen der RAF billigten, sich mit den Gefangenen solidarisierten, aber nicht bereit waren, den bewaffneten Kampf direkt zu unterstützen. Zum anderen diejenigen, die den „*konkreten Angriff gegen die Vernichtungsstrategen*“ führen wollten.

Insgesamt handelte es sich um eine überschaubare Struktur. Man geht von zwölf Gruppen mit jeweils fünf Kernmitgliedern aus[258]. Unter ihnen eine Reihe späterer RAF-Mitglieder.

Antifaschismus war für diese Gruppen der Kampf gegen das imperialistische System. Das zu einer Zeit, als die SPD an der Regierung war. In modernisierter Form lebte die alte Sozialfaschismusthese damit wieder auf. Diese Sichtweise lässt sich nur aus der Konfrontation militanter linker Gruppen

258 Vgl.: März, Michael: *Linker Protest nach dem Deutschen Herbst, Eine Geschichte des linken Spektrums im Schatten des ›starken Staates‹, 1977–1979*, transcript Verlag, Bielefeld 2012.

mit dem Staatsapparat der BRD in jener Zeit verstehen, deren Höhepunkt der ›Deutsche Herbst‹ 1977 markierte. Wie schon bei den Komitees verlief der Übergang zum bewaffneten Kampf fließend.

„Die Gruppe [Antifaschistischer Kampf Kaiserlautern] setzte nach dem kollektiven Selbstmord der RAF-Führung am 18. Oktober 1977 ihre Aktivitäten fort. Sie bestanden im Wesentlichen aus Wandschmierereien, einer versuchten Nötigung durch Anschläge auf die Verlagshäuser der Tageszeitung Rheinpfalz sowie der Herausgabe einer ›Dokumentation‹ und der Verbreitung von Flugblättern mit Erklärungen und Parolen zur Unterstützung der RAF.

Sie stand außerdem in Verdacht, am 31. Oktober 1977 einen Sprengstoffanschlag auf das Oberlandesgericht Zweibrücken verübt zu haben".[259]

Antifas intervenierten aber nicht nur militant, sondern beteiligten sich beispielsweise 1978 an der Ausrichtung des 3. **Internationalen Russel-Tribunals**[260] unter dem Motto ›Zur Situation der Menschenrechte in der Bundesrepublik Deutschland‹. Im Mittelpunkt standen der ›deutsche Herbst‹ bzw. ›Stammheim '77‹, die als Synonyme für einen neuen Faschismus gesehen wurden. Dadurch ergab sich ein Übergangsfeld von verschiedenen linksradikalen Strömungen bis hin zum KB.

Der KB vertrat in diesem Zusammenhang die These von der allmählichen ›Faschisierung‹ des Staatsapparates, der bestenfalls in Teilbereichen ›faschistische Praxis‹ ausübte. Dem gegenüber herrschte in den Augen der Antifa-Gruppen ein ›institutioneller Faschismus‹ in der BRD.

Entweder durch die Repression zerschlagen oder aufgelöst, verschwand diese Antifa im Wesentlichen bis Ende 1978 und zählt letztlich eher zu den Vorläufern der Antiimperialistischen-Gruppen, welche zum RAF-Umfeld gehörten und zeitgleich mit den Autonomen aufkamen. Doch obwohl als Szenen getrennt, standen Autonome und ›Antiimps‹ durchaus in einem ideologischen Beziehungsgeflecht. Zumindest waren die Anschauungen

259 Klaus, Alfred: ***Aktivitäten und Verhalten inhaftierter Terroristen***, Bonn 1985, Seite 174.

260 Das **Russel-Tribunal** geht auf Proteste gegen den Vietnam-Krieg zurück. Die erste Veranstaltung 1966 fand in London unter dem Titel Vietnam War Crimes Tribunal statt. Später wurde es nach einem seiner Gründer, dem 1970 verstorbenen Bertrand Lord Russel benannt. Ohne staatliche Beeinflussung wollte sich dieses Gremium von Liberalen und Linksintellektuellen gegen Menschenrechtsverletzungen zu Wort melden.

der Autonomen Antifas, die in den 1980er-Jahren vom ›faschistischen Imperialismus‹ ausgingen und mit der Parole ›Kampf dem Faschismus heißt Kampf dem imperialistischen System!‹ antraten, jenen der ersten Antifa-Gruppen sehr ähnlich.

Wie alles (wieder) anfing

1974 gründete der KB eine zentrale *Antifa-Kommission*. Neben der Hamburger Zentrale bestanden diverse örtliche Strukturen. Das markierte den Beginn einer neuen Antifa-Politik der radikalen Linken in der Bundesrepublik. Mit seinen *Antifa-Kommissionen* wollte der KB breite Bündnisse und medienwirksame Aktionen zur Bekämpfung von ›Nazibanden‹ initiieren. Um Personen und Zusammenhänge im neofaschistischen Lager auszuforschen und damit eine fundierte Öffentlichkeitsarbeit zu betreiben, waren alle Mitglieder aufgerufen, der *Antifa-Kommission* zuzuarbeiten. Rechtsradikale Flugblätter wurden gesammelt, die örtliche Szene systematisch beobachtet, Neonazis observiert und fotografiert.

Darüber hinaus ging der KB von einer ›Faschisierung‹ des parlamentarischen Systems aus, worunter der allmähliche Abbau der demokratischen Rechte verbunden mit der Umwandlung in einen Polizei- und Überwachungsstaat verstanden wurde. Außerdem fand das Emblem der ›Antifaschistischen Aktion‹ von 1932 auf den Broschüren und Flugblättern des KB wieder Verwendung. Dies geschah nicht aufgrund einer langen Auseinandersetzung mit den Inhalten und der Struktur der historischen Organisierung, sondern weil das Abzeichen in die Zeit passte. Es ging um direkte Aktionen gegen Faschisten und Faschismus, zusammen mit allen, die mitmachen wollten. Außerdem war es ein antikapitalistisches Symbol, mit dem man sich auf die kämpferische Tradition der alten KPD bezog. Ferner unterschied es sich deutlich vom roten Dreieck der VVN.

Ab 1977 kam es zu einer Häufung von militanten antifaschistischen Aktionen, die von K-Gruppen und Spontis[261] getragen waren. Zu den ersten

261 Spontis als Kurzform für Spontaneisten. Eine spöttische Bezeichnung der K-Gruppen für Zusammenhänge aus den Reihen der Hausbesetzer_innen und ähnlicher Gruppen. ›Spontis‹ wurde dann als Eigenname übernommen. Gilt als Vorläuferbegriff für Autonome.

herausragenden Antifa-Aktionen gehörte die Besetzung des Curiohauses an der Rothenbaumchaussee in Hamburg am 15. Mai 1977. Gerhard Frey, Vorsitzender der DVU und Herausgeber der *Deutschen Nationalzeitung*, wollte alle *„deutschdenkenden und antikommunistischen Deutschen"* in der Hansestadt zu einer Veranstaltung mit Oberst a. D. Hans-Ulrich Rudel versammeln. Rudel war der höchstdekorierte Soldat der Wehrmacht im II. Weltkrieg und bis in die 1970er-Jahre eine zentrale Integrationsfigur des Neofaschismus in der BRD. Nachdem Versuche, die DVU-Veranstaltung juristisch zu unterbinden, keinen Erfolg zeigten, verabredeten KB, SSB (*Sozialistischer Studentenbund*) und *„eine Gruppe anarchistischer Genossen"*[262] am Abend des 13. Mai 1977 spontan die Besetzung des geplanten Veranstaltungsortes. Am folgenden Tag besetzten ca. 100 Personen *„unter lauten Parolen und vielen Transparenten gewaltlos das fast leere Curiohaus"*[263]. Gleichzeitig wurde ein Informationszentrum eingerichtet, die Medien kontinuierlich bedient, mit Handzetteln das Umfeld informiert und für den Abend ein großes Fest organisiert. *„Mehr und mehr Antifaschisten drängten in das besetzte Haus."*[264] Am nächsten Tag gelang es auch, die Friedrich-Ebert Halle in Harburg zu besetzen, welche die DVU als Ausweichort angemietet hatte. Die Polizei schirmte die Gebäude ab, schritt aber nicht weiter ein. Schließlich befanden sich 1.000 Antifaschist_innen am Curio-Haus, in Harburg waren es noch einmal 400. Da eine gewaltsame Räumung durch die Polizei viel Aufsehen und negative Presse bedeutet hätte, lenkte der Senat ein. Die DVU musste in eine Gaststätte im Hamburger Außenbezirk Ossendorf ausweichen. Rudel sprach dort vor 400 Personen, während Angehörige der *WSG Hoffmann* Antifaschist_innen, die sich vor dem Gebäude versammelt hatten, angriffen und elf von ihnen verletzten.

›Zoff‹ gab es auch beim Deutschlandtreffen der NPD in Frankfurt am 17. Juni 1977, als 4.000 Rechte, geschützt von einem starken Polizeiaufgebot, durch die Stadt marschierten. Rund 2.000 Antifaschist_innen stellten

262 *Arbeiterkampf* (Hg): *Hamburg: Faschisten eine Abfuhr erteilt!* Dokumentation, Hamburg 1977, Seite 7.

263 Ebenda.

264 Ebenda.

↑ Angriff auf die Polizeiabsperrung zum Schutz der NPD-Kundgebung am Römerberg. Frankfurt am Main, 17. Juni 1978.

sich dagegen. Ähnliche Szenen spielten sich beim JN-Bundeskongress am 17./18. September in Osnabrück ab. Schließlich wurde am 11. Februar 1978 eine NPD-Wahlkampfkundgebung auf dem Göttinger Marktplatz von Antifaschist_innen regelrecht ›abgeräumt‹.

Zum einem politischen Erfolg von bundesweiter Bedeutung entwickelten sich schließlich die Aktionen gegen das NPD-Deutschlandtreffen am 17. Juni 1978 in Frankfurt am Main. Ein Spektrum, das vom KBW bis zur Katholischen Jugend reichte, engagierte sich gegen das rechtsradikale Spektakel. Mindestens 5.000 Menschen besetzten den Römerberg vor dem Rathaus und Aktivist_innen griffen die Polizeiabsperrungen an, die vor der NPD-Tribüne aufgebaut waren. Es kam es zur heftigsten Straßenschlacht, die Frankfurt bis dahin gesehen hatte, die Innenstadt glich einem Trümmerfeld. Dennoch zeigte sich, dass die Faschisten mit Militanz allein nicht zu stoppen waren. Gleich nach den Auseinandersetzungen kündigte die NPD an, am 17. Juni 1979 erneut in Frankfurt marschieren zu wollen. Es entstand die Idee, eine Initiative aus England aufzugreifen. In London hatte die *Anti Nazi League*[265] am 30. April 1978 das *Rock Against Racism* in Leben gerufen. Unter dem Motto ›Carnival against the Nazis‹ waren in der britischen Hauptstadt 60.000 (andere Angaben 80.000) Menschen gegen die Zahl steigender rassistischer Übergriffe auf die Straße gegangen. Politik und antifaschistisches Rockkonzert verbanden sich zu einem kulturpolitischen Impuls.

Bereits Anfang 1979 hatte der KB in Hamburg nach diesem Vorbild die Initiative *Rock gegen Rechts* (RgR) gegründet, die nun in Frankfurt eine entscheidende Rolle spielen sollte.

Es gelang, in der Mainmetropole ein antifaschistisches Bündnis vom DGB bis zur radikalen Linken – mit Ausnahme der DKP – zu bilden. Das Bündnis wollte am 16. Juni 1979 einen Sternmarsch zum Römerberg mit anschließenden *Rock-gegen-Rechts*-Konzert veranstalten. Am Vorabend der Aktionen verbot jedoch Oberbürgermeister Walter Wallmann (CDU), unter Berufung auf den polizeilichen Notstand, sämtliche geplanten Demonstrationen. Nur das Rockfestival konnte stattfinden, allerdings auf dem außerhalb gelegenen Rebstockgelände. Ungeachtet des Verbotes zogen am 16. Juni 40.000 (andere Angaben 50.000) Antifaschist_innen durch die Frankfurter Innenstadt. Wobei der Römerberg hermetisch von der Polizei abgeriegelt blieb. Damit war mit *Rock gegen Rechts* die bis dato größte antifaschistische Manifestation in der Geschichte der Bundesrepublik erreicht worden. Auf dem Konzert traten nicht nur Gruppen aus dem alternativen Millieu auf, sondern auch Udo Lindenberg. Das gab einen Impuls, der weit in die populäre Jugendkultur ausstrahlte. Überall im Land wurden jetzt regionale *Rock-gegen-Rechts*-Konzerte veranstaltet und rechneten sich Gruppen der Initiative zu. 1980 wollte es die NPD in Frankfurt dennoch noch einmal versuchen. Wieder wurde ein RgR organisiert, weshalb die NPD nach Philippsthal bei Eschwege ausweichen wollte. Kurzerhand wurde ein zweites RgR in Eschwege auf die Beine gestellt und das NPD-Treffen in der hessischen Provinz verhindert. Durch das Zusammenspiel von Festival, Demonstrationen und militanten Aktionen war die NPD schließlich

265 Die *Anti Nazi League* war von der trotzkistischen *Socialist Workers Party* (SWP) initiiert worden und existierte von 1977–1982.

gezwungen, ihre ›Deutschlandtreffen‹ in dieser Form generell aufzugeben. Mehr noch, die Partei war am Ende: *„Erstmals wurde 1980 in Führungskreisen der NPD ernsthaft darüber diskutiert, die NPD aufzulösen oder die Führungsmannschaft auszutauschen.“* [266]

Doch das war nur die eine Seite der Medaille, denn die Neonazis wurden zu einer echten Gefahr. Die *Deutschen Aktionsgruppen* von Manfred Roeder verübten 1980 insgesamt fünf Sprengstoff- und zwei Brandanschläge. Dabei starben am 22. August 1980 zwei Vietnamesen bei einem Anschlag auf ein Flüchtlingsheim in Hamburg. Im September wurden die *Deutschen Aktionsgruppen* von der Polizei zerschlagen.[267] Am 26. September 1980 kam es beim Oktoberfest in München zum bislang blutigsten Bombenattentat in der Geschichte der Bundesrepublik, 13 Menschen starben, 211 wurden verletzt. Unter den Toten war auch Gundolf Köhler, ein ehemaliger Angehöriger der WSG Hoffmann, der die Bombe gelegt haben soll. Köhler gilt als Einzeltäter.[268] Uwe Behrendt, ein ehemaliges Mitglied der WSG Hoffmann, ermordete am 19. Dezember 1980 in Erlangen den jüdischen Verleger Sholom Levi und seine Lebensgefährtin.[269] Weitere Taten wurden verhindert. Beim versuchten Waffenschmuggel aus der Schweiz erschoss das VSBD-Mitglied Frank Schubert am 24. Dezember 1980 zwei Schweizer Grenzbeamte und anschließend sich selbst. Ein Jahr später, am 20. Oktober 1981, gelang es der Polizei, in München eine Gruppe von VSBD-Mitgliedern zu stellen. Die Rechtsradikalen wollten von der Wohnung Friedhelm Busses aus zu einem Banküberfall starten. Es kam zu einer Schießerei, bei der zwei Rechtsradikale starben und ein weiterer schwer verletzt wurde. Im Juni 1982 lief der Neonazi Helmut Oxner in Nürnberg Amok und erschoss unter

266 Verfassungsschutzbericht 1980, Kapitel 2.3, Seite 31, Bonn 1981.

267 Manfred Roeder bekam wegen Bildung einer kriminellen Vereinigung eine Haftstrafe von 13 Jahren. Drei weitere Mitglieder lebenslang, darunter Sibylle Vorderbrügge, die Geliebte von Roeder.

268 An diesem Ermittlungsergebnis gab es viele Zweifel. So soll der Sprengstoff für den Anschlag von Heinz Lemke stammen, einem Neonazi aus Lüneburg, bei dem ein umfangreiches Waffendepot sichergestellt wurde. Lemke erhängte sich in seiner Zelle, bevor die Untersuchungen abgeschlossen werden konnten.

269 Behrendt flüchtete nach dem Doppelmord in den Libanon, dort soll er Selbstmord begangen haben.

dem Ruf *„Es lebe der Nationalsozialismus"* wahllos drei Menschen, anschließend richtete er sich selbst. Die Hepp/Kexel-Bande führte von April bis Dezember 1982 mehrere Banküberfälle durch und legte Sprengfallen in Autos von US-Angehörigen im Rhein-Main Gebiet. Drei Soldaten wurden bei den Mordanschlägen schwer verletzt.[270] Allein für 1982 listete der Verfassungsschutz 20 Sprengstoff- und Brandanschläge auf.

Vielerorts bildeten sich in dieser Zeit ideologisch und organisatorisch nicht eingebundene ›antifaschistische Arbeitskreise‹, in denen verschiedenste Aktivist_innen zusammenarbeiteten, was sich allerdings nicht ganz so einfach gestaltete. Denn da gab es den *Kommunistische Bund*[271] (KB), der eine bundesweite Initiative unter seinem Einfluss anstrebte. Demgegenüber vertrat die VVN in Sachen Antifaschismus die Positionen der *Deutschen Kommunistischen Partei* (DKP) bzw. der SED. Die ›Moskaufraktion‹ suchte stets den Schulterschluss mit Gewerkschaften und SPD, verteidigte den *„antifaschistischen Geist"* der *„freiheitlich-demokratischen Grundordnung"* und war strikt gegen Militanz. Daneben versuchten die *Volksfront*[272] und die *Sozialistische Arbeitergruppe* (SAG)[273] Einfluss auf die sich entwickelnden Antifa-Zusammenhänge zu nehmen. Bei den meist jungen Antifas, die konkret etwas gegen die Neonazis unternehmen wollten, trafen diese Machtspiele auf Unverständnis.

270 Die Hepp/Kexel-Bande wurde im Frühjahr 1983 von den Ermittlungsbehörden zerschlagen. Kexel und vier weitere Angehörige der Gruppe verhaftet und zu Freiheitsstrafen zwischen 5 und 14 Jahren verurteilt. Kexel erhängte sich 1985 in seiner Zelle. Hepp nahm Kontakt mit der Stasi auf und tauchte in der DDR unter, 1987 in Paris verhaftet und in Frankreich zu zwei Jahren Haft verurteilt, anschließend an die BRD ausgeliefert und zu weiteren 10,5 Jahren verurteilt. Hepp machte umfangreiche Aussagen und trat als Kronzeuge gegen seine einstigen Kameraden auf. 1993 aus der Haft entlassen.

271 Der KB wurde im November 1971 gegründet, im April 1991 aufgelöst. Er galt als weniger dogmatisch als andere K-Gruppen und war auch nicht als Partei konzipiert, die einer bestimmten Ausrichtung folgte. Viele Aktivist_innen arbeiteten in Grün-Alternativen Listen mit, wie sie in den 1980er-Jahren in Hamburg, Bremen oder Göttingen entstanden. Andere KB'ler arbeiteten direkt bei den Grünen mit. Der KB war eine Gruppierung, die frühzeitig neue Themen abseits der traditionellen Arbeiterbewegung fand.

272 1979 von der *Kommunistischen Partei Deutschlands/Marxisten Leninisten* (KPD/ML) gegründet, später aber vom *Bund Westdeutscher Kommunisten* (BWK) dominiert.

273 Eine trotzkistische Gruppe.

Im Windschatten

Die sich quasi im Windschatten der großen politischen Themen Ende der 1970er-Jahre wie Anti-AKW, Hausbesetzungen, Anti-Kriegsbewegung und bewaffneter Kampf etablierende Antifa-Strömung wurde zunächst kaum wahrgenommen. Allerdings kann der Beginn der überregionalen Antifa-Organisierung auf den 21. November 1981 datiert werden. An diesem Tag fand ein vom KB initiiertes Treffen von Antifa-Gruppen in Hannover statt. Anwesend waren Hamburg, Frankfurt/Main, Hannover, Northeim, Göttingen, Bad Lauterberg, Emden, Oldenburg sowie Vertreter_innen von SAG und *Volksfront*. Politisch war damit alles vertreten, was die linksradikale Szene zu bieten hatte – bis auf moskautreue Kommunist_innen, also DKP bzw. VVN.

Das Treffen wurde anschließend in unregelmäßigen Abständen alle paar Monate einberufen und etablierte sich als eigenständige Instanz. Gruppen aus Frankfurt nahmen nur anfangs teil, auch die *Volksfront* und etwas später die SAG verließen den Zusammenhang. Dafür stießen andere Gruppen aus dem norddeutschen Raum hinzu, weshalb sich die Koordination fortan kurz *Norddeutsches* nannte. Ab 1982 beteiligte sich mit der *Antifaschistische Aktion Hamburg* eine der ersten autonomen Antifa-Gruppen am *Norddeutschen*. Die Hamburger wurden bald tonangebend und bildeten eine Ausnahme, denn für die autonome Bewegung spielte Antifaschismus bis 1983 keine große Rolle.

Grundsätzlich wurde Neofaschismus bis Ende der 1980er-Jahre weithin nicht als Problem gesehen. Medien und etablierte Politik sprach von Ewiggestrigen, die Angelegenheit würde sich im Wesentlichen in wenigen Jahren biologisch von selber erledigen. Ansonsten blieben da nur ein paar jugendliche Spinner ohne politische Relevanz. Auseinandersetzungen von Antifas mit Neonazis wurden stets entpolitisiert als *„Auseinandersetzungen rivalisierender Jugendbanden“* bezeichnet. Auch viele Linke nahmen Antifaschismus als politischen Ansatz nicht ernst. Wohl deshalb, weil die neue Antifa nicht aus den Betrieben kam und auch im weiteren Verlauf nicht dort stattfand. Auch die Autonomen führten keine Betriebskämpfe, doch auch für sie spielte der antifaschistische Kampf zunächst keine Rolle.

Beispielsweise wurde 1981 zum großen TUWAT-Kongress nach Westberlin gerufen. In Einladungen, Flugblättern und Papieren waren alle aktuellen Teilbereichskämpfe aufgeführt, Antifa fand sich nirgends.

Zu Beginn der 1980er-Jahre stellten Antifa-Aktive, Autonome und *Autonome Antifaschisten* drei Kategorien dar. Diejenigen, die sich als *Autonome Antifaschisten* bezeichneten, führten den Kampf gegen die Neonazis aus einem antiimperialistischen Ansatz heraus, waren verbindlich organisiert und bildeten einen recht überschaubaren Kreis. Außerdem unterteilte sich ›die Antifa‹ von vornherein in zwei Hauptströmungen: Anti-Nazi-Aktivisten und Anti-Imperialisten, die das System zerschlagen wollten.

Untypisch für Autonome, aber typisch für die Autonome Antifa war außerdem die Verwendung eines Symbols. Zum Emblem der Antifa wurde eine Neugestaltung des KPD-Symbols der Doppelflaggen im Kreis aus dem Jahr 1932. Der KB hatte es in den 1970er-Jahren in seiner ursprünglichen Form wieder aufgegriffen. In den 1980er-Jahren wurden aus den beiden roten Fahnen eine rote und eine schwarze, Letztere für die anarchistischen Tendenzen innerhalb der Bewegung. Die ideologische Begründung und künstlerische Umgestaltung lieferte die *Initiative Kunst und Kampf* (KuK), eine kulturpolitische Initiative, die sich Mitte der 1980er-Jahre in Göttingen gegründet hatte.[274] 1989 wurde beschlossen, die Fahnen ausschließlich von links gegen rechts gewandt abzubilden, da die Antifa eine linke Bewegung ist, die gegen rechts vorgeht.

Gefundenes Fressen

In Frankfurt/Main schlossen sich am 15. Januar 1983 die wichtigsten Nazi-Kader zur ANS/NA (*Aktionsfront Nationaler Sozialisten/Nationale Aktivisten*) zusammen. Michael Kühnen war mit provokanter Berechnung sehr darum bemüht, eine Kopie der NSDAP zu schaffen, weshalb die ANS/NA in Parteiuniformen und mit entsprechenden Symbolen und Brimborium auftrat. Dieses Gebaren und das klare Bekenntnis zum Nationalsozialismus war für die Medien natürlich ein gefundenes Fressen. So hatte die ANS/NA zwar

274 Langer, Bernd: *Kunst und Kampf*, Unrast Verlag, Münster 2016, Seite 35 f.

nur einige Hundert Mitglieder, dafür aber eine ungeheure öffentliche Aufmerksamkeit.

Am 21. Mai 1983 sollte in Bad Hersfeld ein SS-Veteranentreffen stattfinden, zu dem die ANS/NA parallel aufrief. Die Neonazis suchten den Schulterschluss mit den ›alten Kameraden‹ und wollten die *ANS-Kameradschaft* 8, *Bad Hersfeld* gründen. Diese Informationen trafen kurzfristig beim *Norddeutschen* ein. Da für eine größere Mobilisierung nicht genug Zeit blieb, machten sich lediglich ca. 50 Antifaschist_innen aus Göttingen auf den Weg, hinzu kamen knapp 100 Autonome aus dem Rhein-Main-Gebiet. Man traf sich zufällig vor Ort bei der großen Demonstration des DGB mit mehr als 6.000 Teilnehmer_innen.

Am Rande der Veranstaltung kam es zum Aufeinandertreffen von Autonomen mit Neonazis und der Polizei. Wie gewohnt, schützten die Staatsdiener die Neonazis und gingen konsequent gegen die Antifaschist_innen vor, während der DGB über Lautsprecher dazu aufforderte, sich von den Militanten zu distanzieren. DGB-Ordner_innen bildeten eine Menschenkette, damit die Autonomen nicht in ihre Demonstration flüchten konnten. Es ereigneten sich drastische Szenen. Ein Neonazi erlitt einen doppelten Schädelbasisbruch, einem militanten Antifaschisten wurde von einem Zivilpolizisten die gezogene Pistole an den Kopf gesetzt. Dem Beamten wurde von hinten ein Helm über den Schädel gezogen, der Betroffene somit befreit. Insgesamt kam es zu sieben Festnahmen, ausschließlich Antifaschisten (in diesem Fall tatsächlich nur Typen).

Aus diesen Erfahrungen zogen die Gruppen im *Norddeutschen* Konsequenzen. Gegen die geplante *Stahlhelm*-Bundestagung in Celle am 18./19. Juni 1983 sollte erstmals koordiniert vorgegangen werden. Antifa-Gruppen klinkten sich in die Vorbereitungstreffen der *Celler Friedensinitiative* (CFI) ein, von welcher die Aktionen gegen den *Stahlhelm* vor Ort ausgingen. Absehbar kam es bei der Planung einer antifaschistischen Demonstration am 18. Juni 1983 zu unüberbrückbaren Differenzen. Die Antifa-Gruppen aus dem *Norddeutschen* orientierten darauf, auf direktem Wege zum geplanten Veranstaltungsort des *Stahlhelm*, der *Städtischen Union* in Celle, zu marschieren, um die Zugänge zu blockieren. Wesentliche Kräfte in der CFI (einem Bündnis aus SPD, Jusos, DKP, Grüne, DGB usw.) wollten hingegen jede

↑ Der DGB forderte dazu auf, eine Menschenkette um seine Kundgebung zu bilden. Damit wollte er sich von den militanten Auseinandersetzungen distanzieren und ein ›Übergreifen‹ auf die Kundgebung der Gewerkschaft verhindern. Bad Hersfeld, 21. Mai 1983.

direkte Konfrontation vermeiden. Ihre Demonstration sollte daher ausdrücklich nicht vor der **Städtischen Union** enden. Daraufhin stellte sich die Lage wenige Tage vor dem **Stahlhelm**-Treffen unübersichtlich dar. Einige Gruppen aus dem **Norddeutschen** zogen sich aus der Vorbereitung zurück, andere mobilisierten für den 18. Juni mit der Maßgabe, ob die CFI das beabsichtige oder nicht, das **Stahlhelm**-Treffen verhindern zu wollen. Eine erste Möglichkeit zur praktischen Intervention bot sich am Freitag, dem 17. Juni 1983, als der DGB in dem Saal, den der **Stahlhelm** einen Tag später für sich gemietet hatte, eine Protestveranstaltung durchführte. Rund 500 Personen waren anwesend, darunter 100 Autonome und radikale Antifas. DGB und CFI wurden zum Ende der Veranstaltung, auf der der antifaschistische Widerstand beschworen wurde, durch die Besetzung des Saales überrumpelt. Allerdings blieben als Besetzer_innen fast nur die 100 Genoss_innen aus den radikalen Zusammenhängen zurück. Nach einiger Zeit erschien der

↑ Polizisten in Zivil überwältigten einen Antifaschisten und zerrten ihn in die Reihen ihrer uniformierten Kollegen, während einige Genossen versuchten dem Verhafteten zur Hilfe zu eilen. Bad Hersfeld, 21. Mai 1983.

Einsatzleiter der Polizei und drohte die Räumung des Gebäudes an. Da die Kräfteverhältnisse eindeutig waren, einigten sich die Besetzer_innen zähneknirschend darauf, geschlossen abzuziehen. Doch die Aktivist_innen blieben in der Stadt und diskutierten ihr Vorgehen für den nächsten Tag.

Am Treffpunkt für die Demo am 18. Juni trafen gegen 11 Uhr ungefähr 300 Personen ein, darunter circa 80 Autonome und Antifas, die direkt zum geplanten Veranstaltungsort des *Stahlhelm* gingen. Dem gegenüber führte die Demo der CFI durch die Innenstadt und vermied jegliches Aufeinandertreffen mit Polizei oder *Stahlhelm*.

Zur gleichen Zeit versuchten die Entschlosseneren die Eingänge der *Städtischen Union* zu blockieren. Den circa 80 Aktivist_innen schlossen sich spontan ungefähr 400 Personen, hauptsächlich Jugendliche, an. Die Polizei drängte die Demonstranten mit Schlagstöcken und Wasserwerfern in die Innenstadt zurück. Einzelnen und Gruppen gelang es jedoch immer wieder,

↑ Celle, 18. Juni 1983.

zum Gebäude zurückzukehren und von Neuem die Blockade durchzusetzen. Der **Stahlhelm** war schließlich gezwungen, sein Treffen abzubrechen.

Dieser Erfolg gab dem Norddeutschen Rückenwind. Als nächstes sollte der geplante NPD-Bundesparteitag in Fallingbostel am 1./2. Oktober 1983 mit einer gemeinsamen Aktion verhindert werden.

Offensiv, autonom, militant

Die Aktion in Fallingbostel wurde intensiv vorbereitet. Gruppen aus dem Norddeutschen klinkten sich in die örtlichen Vorbereitungstreffen ein und warben für eine Demonstration in der Stadt und die Blockade der Heidmarkhalle, in der die NPD tagen wollte. DGB und VVN riefen dagegen zu einer Kundgebung in der 30 km entfernten KZ-Gedenkstätte Bergen-Belsen auf. Dies war typisch für die Zeit: Während militante Antifaschist_innen direkte Verhinderung propagierten, distanzierten sich die reformistischen und staatstragenden Kräfte, indem sie zu Gegenaktionen aufriefen, die in deutlicher Entfernung zu den Veranstaltungen der Neonazis lagen. Eine Ausnahme bildeten in diesem Fall allerdings die Aktivist_innen vor Ort, ein

Bündnis aus Gewerkschafter_innen, VVN-, Juso-Mitgliedern und Unorganisierten meldeten auf eigne Faust eine Demo für 8.30 Uhr in Fallingbostel an.

Das von den Gruppen des *Norddeutschen* entworfene Konzept sah vor, ab 7.00 Uhr sämtliche Zufahrtsstraßen zur Heidmarkhalle zu blockieren und die Anfahrt der NPD-Delegierten zu verhindern. Regional wurden Konvois aus Hamburg, Bremen, Göttingen und Nordrhein-Westfalen, kurz NRW, zusammengestellt, die sich in Fallingbostel treffen sollten.

Die Polizei zeigte sich vorbereitet. Bereits eine Woche vor dem Parteitag war das Gelände um den geplanten Veranstaltungsort mit Stacheldraht abgesichert und rund um die Uhr bewacht. Polizeieinheiten standen mit Wasserwerfern bereit, von Hubschraubern aus wurden die anrückenden Antifaschist_innen beobachtet. Auf den Zufahrtsstraßen hatte die Polizei Kontrollen errichtet, niemand sollte ohne vorherige Durchsuchungen in die Stadt gelangen.

Der Hamburger- und der Bremer-Konvoi trafen auf der Anfahrt auf einem Rasthof vor Fallingbostel zusammen, während sich der Göttinger mit dem Konvoi aus NRW an einer anderen Stelle vor den Polizeiabsperrungen vereinte. Das geschah auf gut Glück, niemand hatte Funkgeräte dabei, Mobiltelefone gab es noch nicht.

Dazu der Zeitzeugenbericht eines Aktivisten aus Hamburg:

„(...) Wir sind als großer, geschlossener Konvoi gefahren. Auf einem Parkplatz kam die Meldung, wenn man direkt von der Autobahn abfahren würde, dann gäbe es Polizeikontrollen. Deswegen wurde gesagt, dass wir eine Ausfahrt vorher runterfahren, das war Dorfmark. Wir sind dann durch einen Motorradfahrer, der uns geleitet hat, vorher runtergefahren und Dorfstraßen, Landstraßen entlang (...) und da war dann plötzlich diese Sperre. (...) Ich erinnere mich an ein oder zwei Wannen, die da standen, rechts und links der Straße, mit ein bisschen Polizei. Davor hat man dann angehalten und es war natürlich klar, dass man sich nicht durchsuchen lässt. Wir waren auch schon ziemlich dicht dran an Fallingbostel, man konnte die Stadt schon sehen. Wir sind dann halt ausgestiegen und einfach vorbei gegangen an dieser Sperre, weil rechts und links waren Felder und man konnte da ja gut vorbei. So viele Bullen waren es ja nicht, die Ketten hätten machen können, die konnten ja nur die Straße blockieren, aber die konnten die Felder ja nicht abschirmen. (...)“

↑ Hinter Absperrungen und Stacheldraht bildete die Polizei eine Schildkrötenformation.

Die Aktivist_innen aus Hamburg und Bremen ahnten nicht, dass zu diesem Zeitpunkt der Göttinger/NRW-Konvoi von dem Motorradfahrer entdeckt worden war und in ihre Richtung gelotst wurde.

„(...) Es war eine sehr entschlossene Situation. Über die Felder kamen wir dann in so eine kleine Sackgasse, eine Wohnstraße, da musste man durch. Ich erinnere mich noch, dass dann dort die Jägerzäune zerlegt wurden, um sich entsprechend mit Schlagstöcken auszurüsten, die noch keine hatten, und dass man dann Richtung Halle weiterging. Die kam dann in den Blick. (...) Ich war ja eher vorne, also an der Sperre zur Halle und da hab ich so meinen Blick gehabt. Da war das so, dass die Polizei da stand und davor bannig Stacheldraht, Absperrungen, so Spanische Reiter, die wurden dann beiseite gezogen. Die Polizei war sehr passiv, die hatte sich eingeigelt, hatte so einen Schildkrötenaufbau gemacht. Die erste Reihe hockte, die andere stand und hatten dann ihre Schilder so aufgebaut, also wie eine Schildkröte und standen da sehr passiv, sind also auch gar nicht nach vorne gekommen. Die wurden dann eingedeckt. (...)“

Es folgte ein Frontalangriff und Aktivist_innen drangen auf das Hallengelände vor. Die Polizisten rannten wie die Hasen. Auf dem Vorplatz der

MONTAG, 3. OKTOBER 1983 — HANNOVERSCHE ALLGEMEINE ZEITUNG

Straßenschlacht in Fallingbostel

Mit einem Steinhagel versuchten sich am Sonnabend militante Gruppen den Weg in die Fallingbosteler Heidmarkhalle freizukämpfen, in der die NPD tagte. Bei der Straßenschlacht mit der Polizei gab es mindestens 80 Verletzte. (Siehe Niedersachsen.) Aufn.: Heidorn

Außergewöhnlich brutal griffen die Autonomen an

Straßenschlacht beim NPD-Parteitag in Fallingbostel / Mindestens 80 Verletzte

Halle wurde die Attacke der Antifas mithilfe von Tränengas, Wasserwerfern, Hunden (es gab einige üble Bissverletzungen) und SEK-Einheiten zurückgeschlagen, aber auch die Polizisten mussten einstecken.

„(...) Diese SEK-Einheit, die da rein gegangen ist (...) nun, da muss man bedenken, das war ja damals nicht so wie heute, sondern in einer Zeit, als die Polizei auch noch mal geschlagen werden konnte. Von der Ausrüstung her war das, was man zur Verfügung hatte, mitunter gleichwertig. Also ich war jetzt nicht selber hinten bei dieser Einheit, die dann angegriffen wurde, sondern jemand anders hatte mir dann berichtet,

dass man sich so richtig gegenüberstand: da stand eben der Polizist, der hatte seinen Schlagstock und hatte seinen Helm – und man selbst hatte auch seinen Helm und seinen Knüppel, der Bulle hatte dann höchstens noch einen Schild, wenn er denn eines hatte. Aber ansonsten war die Ausrüstung fast gleichwertig. Das führte dazu, dass man den ein oder anderen Treffer landen konnte und Leute auch zurückschlagen konnte von dem Bullen. Wir hatte auch erfahrene Stockkämpfer dabei, die dass auch trainiert hatten, Stockkampf. Der Eine berichtete mir noch, gut dass er seinen Handschuh dabei hatte, da hätte er einen Schlag abbekommen, aber der wäre gut gepolstert gewesen. (...) Das war eine Situation, damit hatte die Polizei nicht gerechnet. Dass da so eine Entschlossenheit war und dass man eben nicht wegläuft, wenn die kommen – sondern man bleibt halt stehen und die zehn Leuten neben einem bleiben eben auch stehen. Das hat dann dazu geführt, dass sie ziemlich eingemacht worden sind. (...)“ [275]

Wer kennt diesen Mann?

Mit Eisenstange gegen Polizist

↑ Medienhetze: Aus einem Holzknüppel wurde eine Eisenstage.

5 000 Mark Belohnung

Polizei sucht Wolfgang Wrecke

Osterode/Lüneburg (pol). Im Zusammenhang mit den gewalttätigen Ausschreitungen anläßlich des NPD-Bundesparteitages am 1. 10. 1983 in Fallingbostel fahndet die Polizei nach dem abgebildeten Wolfgang W r e c k e aus Hamburg.

W. steht im dringenden Verdacht, einen Polizeibeamten schwer verletzt zu haben. Er ist 27 Jahre alt, 1,93 m groß, schlank, trägt mittelblondes kurzes Haar und hat braune Augen.

Für Hinweise, die zu seiner Ergreifung und Überführung beitragen, hat die Bezirksregierung Lüneburg eine Belohnung von 5 000 DM ausgesetzt. Die Belohnung wird unter Ausschluß des Rechtsweges zuerkannt und ist ausschließlich für Personen aus der Bevölkerung bestimmt und nicht für öffentlich Bedienstete, zu deren Berufspflicht die Verfolgung strafbarer Handlungen gehört.

Hinweise nimmt die Kriminalpolizei Celle, Tel. 05141/ 27 73 50, oder jede andere Polizeidienststelle entgegen.

↑ Heute liest sich die Fahndung wie eine tolle Geschichte. 1983 war es bittere Realität.

Erst zu diesem Zeitpunkt stießen die Aktivist_innen vom Göttinger/NRW Konvoi hinzu. Aber es war zu spät, ein erneuter Versuch, zur Halle vorzudringen, misslang. Die Antifas wurden von der Polizei aus der Stadt gedrängt.

275 Interview zu den Auseinandersetzungen in Fallingbostel mit Heiko, Hamburg 27. Oktober 2013.

Damit waren die Auseinandersetzungen aber lediglich am Nebeneingang beendet. Vor dem Haupteingang versuchten örtliche Aktivist_innen verstärkt durch Antifas, die auf eigenen Wegen in die Stadt gelangt waren, noch einige Zeit, den Rechtsradikalen den Weg zu versperren. Auch hier kamen Wasserwerfer zum Einsatz und die Polizei machte immer wieder Ausfälle, die viele verletzte Demonstrant_innen zur Folge hatten.

Die Zeitungen in Nord- und Westdeutschland titelten am nächsten Tag: *„Außergewöhnlich brutal griffen die Autonomen an"* und zeigten Fotos vom Angriff der Autonomen auf die Polizeiabsperrungen. Von mindestens 80 Verletzten und 33 Festnahmen war zu lesen. Insgesamt hatten die Antifa-Zusammenhänge 2.500 Aktivist_innen nach Fallingbostel mobilisiert.

Nach einem Militanten wurde mit Foto gefahndet.[276] Fotos von der Straßenschlacht in Fallingbostel fanden sich nebst einem Artikel, in dem der Angriff der Autonomen als sinnlose ›Hau-drauf-Politik‹ diskreditiert wurde, auch im *Arbeiterkampf* (AK), der Zeitung des KB. Diese Berichterstattung lieferte für einige Autonome aus Hamburg den Vorwand, militant gegen den KB vorzugehen.

Bereits seit Längerem gab es vor allem bei der *Antifaschistischen Aktion Hamburg* Kräfte, die auf eine von Autonomen dominierte Antifa-Koordination hinarbeiteten. Diese behaupteten nun, der KB würde sich faktisch an der Fahndung beteiligen und drangen in die Redaktionsräume des AK ein.

„Es war ein grenzüberschreitender Eingriff, weder vorher noch danach hat es Vergleichbares gegeben. Also weder der Staatsapparat noch andere Fraktionen der Linken, noch Neonazis haben jemals Organisationsräume des Kommunistischen Bundes überfallen. Der Eingriff war schwerwiegend. Technisches Material sowie anderes Material ist entwendet worden, das heißt, die Produktion der Zeitung ist ganz massiv durch diesen Eingriff verhindert worden. Wir haben dann sehr viel solidarische Hilfe gekriegt, teilweise von anderen Fraktionen der Autonomen, aber auch von anderen

276 Der damals 27-jährige Wolfgang Wrecke gehörte zu den *Likedeelern*, einem linksradikalen Rockerclub aus Hamburg. Benannt nach der Mannschaft des legendären Piratenkapitäns Klaus Störtebeeker. Das niederdeutsche ›Likedeeler‹ meint ›Gleichteiler‹ – bzgl. der Aufteilung der Beute. Wrecke lebte 2 Jahre im Untergrund und wurde von seinen Genoss_innen versorgt. Schließlich nahm sein Anwalt Kontakt mit den Behörden auf. Es bestand kein Interesse mehr an einer Strafverfolgung wegen ›versuchten Totschlags‹. Am Ende stand eine fünfmonatige Bewährungsstrafe.

linken Publikationen in Hamburg und auch darüber hinaus, so konnte das Erscheinen der Zeitung weiterhin gewährleistet werden. Für uns war das damals ganz zentral, wir waren quasi eine Zeitungsorganisation, Dreh- und Angelpunkt das Kommunistischen Bundes war Herausgabe und Publikation des Arbeiterkampfes. Wenn man durch eine Aktion dieses Organ so zentral trifft, lähmt das auch die Organisation. Aber aufgrund der eben beschriebenen solidarischen Hilfe von anderen Fraktionen konnten wir das zum Glück verhindern. Wir sind nicht juristisch gegen die autonomen Genossinnen und Genossen vorgegangen. Das war für uns natürlich auch eine Grenze, wir haben versucht, das intern zu regeln. Es hat dann ja auch ein agreement gegeben. Das, was sie wollten, dass Positionen abgedruckt wurden, ist geschehen. Es sind teilweise auch Sachen wieder zurückgegeben worden, aber es gibt nach wie vor Sachen, die dauerhaft verschwunden sind." [277]

Der Einfluss des KB im *Norddeutschen* war damit ausgeschaltet und Fallingbostel wurde zum Gründungsmythos der Autonomen Antifa Mit einem Schlag war die Strömung bekannt. Neue Gruppen entstanden und parallel zum *Norddeutschen* bildete sich ein *NRW-Treffen*, beide standen in intensiver Verbindung.

Erst ab diesem Zeitpunkt begann der Verfassungsschutz, sich für das Thema zu interessieren und die Polizei blieb gewarnt. Ein Überraschungserfolg wie in Fallingbostel ließ sich nicht wiederholen.

Das zeigte sich bereits wenige Woche später in Westberlin. Im Olympiastadion sollte am 26. Oktober 1983 ein Qualifikationsrückspiel für die Europameisterschaft zwischen Deutschland und der Türkei stattfinden. Michael Kühnen witterte eine Chance für eine öffentlichkeitswirksame Inszenierung. Die ANS rief dazu auf, nach dem Spiel unter dem Motto „*Kreuzberg muss brennen*" in den Bezirk zu marschieren. Angeblich wollten sich auch rechte Fußballfans und Skinheads den Neonazis anschließen.

Autonome und Antifaschist_innen mobilisierten daraufhin zur Gegenaktion, viele Auswärtige reisten an. Der Staatsapparat zeigte von vornherein, dass er weder die Neonazis noch die Linken zum Zuge kommen lassen würde. 6.000 Polizisten waren im Einsatz, mehrere Staatsanwälte und Richter in Bereitschaft. Es stellte sich heraus, dass die Ankündigungen der ANS nur

277 Interview mit dem ehemaligen KB-Mitglied Paul Stern, Fallingbostel 26. Oktober 2013.

Propagandagetöse gewesen waren und nichts hinter dem Aufruf steckte. Michael Kühnen kam erst gar nicht nach Westberlin, sondern hielt eine armselige Rede über Telefon – an ein paar Gesinnungsgenossen, die sich in einer Wohnung im Wedding versammelt hatten und sich nicht auf die Straße trauten. Aber nicht alle Antifas waren nach Westberlin gereist. In Norddeutschland kam es im Vorfeld des 26. Oktober 1983 zu Anschlägen gegen Busunternehmen, die kostenlos Fußballfans nach Berlin transportieren wollten, und Fahrzeuge von Neonazis. Kommandomilitanz sollte ein Charakteristikum der neuen Antifa-Bewegung werden. Ein anderes stellte die Verbindung des Antifaschismus mit dem Kampf gegen das System dar. Diese Sicht wurde von vielen Autonomen geteilt. In dem zentralen Aufruf zu den antifaschistischen Aktionen zum 26. Oktober 1983 hieß es „*Die Krise des Kapitalismus zieht eine Faschisierung der bestehenden politischen und sozialen Verhältnisse nach sich. Diese ›letzte Möglichkeit‹ des kapitalistischen Staates, seine Profitinteressen und somit seine Existenz zu bewahren, drückt sich in der direkten Ausübung staatlicher Gewalt aus. Hochsicherheitstrakte, innere Aufrüstung, Kriegsvorbereitung und Interventionen in der sog. 3. Welt, Umstrukturierung der Produktion verbunden mit Massenentlassungen und dem sozialen Angriff auf breiter Ebene sollen die kapitalistischen Macht- und Wirtschaftsinteressen sichern.*“ [278]

Absolut linksradikal

Ab 1983 entstanden einige programmatische Papiere, welche in radikalster Rhetorik die These vom ›faschistischen Imperialismus‹ propagierten. Da heißt es „*Antifaschismus ist antagonistisch. Wer nichts ist als ein Antifaschist, ist kein Antifaschist, denn er hat nicht begriffen, dass nicht besondere Kapitalinteressen, nicht besondere Herrschaftscliquen, nicht besondere Massenbewegungen faschistisch sind; faschistisch ist das System.*“ [279]

278 ›Die Neo-Nazis machen mobil – Der Staat zieht die Fäden und profitiert davon! Fußball-Länderspiel BR Deutschland-Türkei am 26.10. im Berliner Olympiastadion. Kampf dem Faschismus‹, vierseitiges Flugblatt, unterzeichnet mit Einige autonome Gruppen.

279 ›Wer nichts ist als ein Antifaschist, ist kein Antifaschist!‹, Papier aus dem Jahr 1983, veröffentlicht in ›Antifa-Texte 2‹, November 1986, Auflage 1.000 Exemplare, einzige authentische Broschüre der *Autonomen Antifaschisten*.

Diese absolut linksradikale Einstellung geht von der Kontinuität des Systems aus. *„Für uns ist die ›Befreiung vom Faschismus‹ nichts als ein Mythos (...) Die demokratischen Spielregeln dieses Staates sind psychologische Kriegsführung zur Entwaffnung des Widerstands! Für uns bedeutet die Entstehung und Entwicklung der BRD Kontinuität des Staatsfaschismus."* [280] Aus diesen Papiere spricht ein konsequenter Avantgardismus, der nur die Konfrontation kennt und predigt. Um strategische Überlegungen hinsichtlich einer Entwicklung und Einbettung der eigenen politischen Vorstellungen in die politische Bewegung oder gar breitere Kreise der Bevölkerung ging es nicht. Tatsächlich lieferten diese radikalen Pamphlete in erster Linie Begründungen für militante Aktionen. Wen wundert es daher, dass der Kreis der *Autonomen Antifaschisten* klein blieb?

Im Unterschied zur RAF und anderen bewaffneten Gruppen sah man sich aber nicht im Krieg mit dem System, sondern entwickelte ein eigenes, recht erfolgreiches militantes Konzept. Dazu gehörte die Ablehnung von Mordanschlägen und Schusswaffengebrauch. Ebenso schied militärischer Sprengstoff als Mittel aus. Alles sollte so organisiert sein, dass jede/r es nachmachen konnte. Bei Anschlägen wurde die technische Ausführung beschrieben und nie zweimal der gleiche Name verwendet. Kommandostrukturen variierten, die technische Ausführung differierte. Jeder Hinweis auf eine geheime militante antifaschistische Struktur sollte vermieden werden.

Darüber hinaus versuchten *Autonomen Antifaschisten*, eine ideologisch vereinheitlichte, militante Kaderorganisation zu schaffen, ein Vorhaben, das jedoch bereits 1984 scheiterte. Stattdessen blieb man in den Koordinationen mit den militanten Anti-Nazi-Aktivist_innen verbunden.

Antipat und Antifa

In den 1980er-Jahren entwickelte sich die Antipat(riarchats)diskussion in der autonomen Szene zu einem beherrschenden Thema. So gab es auch im *Norddeutschen* Versuche, eine feministische Antifa-Politik zu entwickeln.

280 ›Antifaschismus ist undemokratisch oder staatstragend‹, Juni 1986, Zit. in: *radikal*, Nr.: 133, August 1987, Seite 28.

1984 erschien das Papier *Frauen gegen Rechts* von der *Frauengruppe Eichsfeld*. Darin heißt es „*Wir sind der Meinung, daß Frauen am besten in autonomen Frauengruppen ihre eigenen Interessen und Bedürfnisse erkennen und umsetzen können. So können wir verhindern, daß wir durch irgendwelche Gesamtorganisationen oder Dachverbände beeinflußt werden.*" In diesem Zusammenhang gab es 1985 Bestrebungen für ein Frauen-Antifa-Treffen. Doch die Idee einer externen feministischen Fraktionierung wurde nicht von allen Antifa-Aktivistinnen in der Koordination geteilt und konnte sich nicht durchsetzen[281]. Parallel dazu existierte eine starke feministische Strömung in der autonomen Bewegung, welche die getrenntgeschlechtliche Organisierung vorantrieb – allerdings zu dieser Zeit noch nicht unter dem Label Antifa.

Viele Namen

Die Anfang der 1980er-Jahre entstehende autonome Antifa war Teil bzw. hatte Übergänge zum rebellischen, jugendlichen Milieu. Es gab kein Berührungsängste gegenüber Punkern und Rockern [282], die einen Teil der damaligen, links eingestellten, Subkultur ausmachten.

281 In einer aus dem Frühjahr 1988 stammenden Einschätzung heißt es dazu: „*Diese Position, die von der Frauengruppe Eichsfeld 1984 bezogen wurde, wird nicht von den Antifa-Frauen in ihrer Gesamtheit geteilt. Sie entspricht nicht der derzeitigen Organisierungspraxis (Es gibt keine ausschließlich antifaschistischen Frauenzusammenhänge.), und nur wenige Antifas begreifen sich gleichzeitig als Feministinnen. Das vorliegende Papier ist damals weder inhaltlich aufgegriffen noch diskutiert worden, noch haben sich Ansätze einer autonomen Frauen-Antifa durchgesetzt. Manche Frauen haben Konsequenzen gezogen. (nicht nur aus diesem Anlass), arbeiten mittlerweile in reinen Frauenzusammenhängen und nicht mehr in der gemischten Antifa (Gö, Bi, ...). Nach Jahren des Stillschweigens bewegt sich doch etwas. Allerdings wird ein anderer Weg versucht: die Anti-Patriarchats-Diskussion mit den Männern.*"
Anfang 1988 wollten Autonome Antifas die ›Antifa-Texte 1‹ herausbringen, nachdem bereits die ›Antifa-Texte 2‹ erschienen waren. Es handelte sich um die Zusammenstellung sämtlicher bis dato kursierenden Papiere. Leider wurde das Manuskript der ›Texte 1‹ nicht gedruckt, sondern nur kopiert verteilt. Die hier wiedergegebene Einschätzung stammte von aktiven Antifaschistinnen aus dem *Norddeutschen* und ist auch Beleg dafür, dass im Frühjahr 1988 der Begriff *Fantifa* noch nicht gebräuchlich war.

282 Es existierten drei wichtige, linksradikale Rockerclubs. Die *Likedeeler* aus Hamburg, *Red Revanche* aus Duisburg. Angehörige beider Clubs beteiligten sich beispielsweise an den militanten Auseinandersetzungen gegen den NPD-Parteitag in Fallingbostel am 3. Oktober 1983. Ferner gab es *Die Wilde Horde* aus Mannheim, die Teil des süddeutschen Antifa-Treffens wurde.

Analog waren Neonazis mit der rechtsextremen Subkultur verbunden, die zu diesem Zeitpunkt vor allem aus Fußball-Hooligans und Skinhead[283] bestand. Diese Zielgruppe versuchten die Faschisten in die *Freiheitliche deutsche Arbeiterpartei* (FAP) einzubinden. Nach dem Verbot der ANS/NA am 7. Dezember 1983, nahmen Neonazi-Kader um Michael Kühnen mit dem Vorsitzenden, der bereits 1979 gegründeten, FAP Kontakt auf. Man verabredete den Eintritt der ANS/NA Kader, welche die FAP ab 1984 zur wichtigsten Neonazi-Partei der Bundesrepublik aufbauten.

Als am 28. Juli 1984 der FAP-Landesverband Niedersachsen in Hannover gegründet werden sollte, gelang es entschlossenen Genoss_innen aus dem *Norddeutschen* gemeinsam mit anderen Antifaschist_innen, dies zu verhindern. Es kam zu Schlägereien und in der Nacht wurden zusätzlich einige bekannte Neonazi-Adressen ›besucht‹. Allerdings hatten die Faschisten bereits eine weitere Provokation in Vorbereitung. Gegen die vom 3. bis 5. August 1984 unter dem Motto „*Punks & Skins united*"geplanten Chaos-Tage, mobilisierten rechtsradikale Skinheads. Ein Flugblatt unter dem Titel *Skins-Erwachet* kursierte. Dort hieß es „*Wir werden die Punk-Schweine in Hannover weder tolerieren, noch ignorieren, wir werden sie zerschlagen und verjagen. (...) Deshalb Skins und Kameraden, kommt nach Hannover. (...) Wir werden dem Reich zeigen, was ›United Skins‹ bedeutet.*" So wurden die Chaos-Tage 1984 ein Thema beim *Norddeutschen*. Etliche Aktivist_innen waren in Hannover zugegen und machten den ›Hautköpfen‹ schwer zu schaffen. Das gelang deshalb sehr gut, weil die rechtsradikalen Skinheads auf Punker, nicht aber auf gewöhnlich gekleidete Antifaschist_innen eingestellt waren.

Die Schlagzeilen in den folgenden Tagen kündeten von chaotischen Szenen und einem ›Steinkrieg‹, 300 Festnahmen, 125 Verletzten und 26 verletzten Polizisten, 33 zerstörten Autos und einem völlig demolierten Jugendzentrum Glocksee. Das Wirken der Antifas wurde von den Medien

283 Die Skinheads traten in der Bundesrepublik etwas später auf als die Punks. Die ersten Skins waren zuvor Punks gewesen, hatten sich dieser Kultur aber abgewandt, weil sie ihnen zu versifft war. Allein schon daraus – und dem Pochen der Skins auf die Arbeiterklasse – ergaben sich Diskrepanzen zu den Punks. Die rechtsradikale Orientierung der Skins wurde aber bald von linksradikal eingestellten konterkariert. Bereits 1984 beteiligten sich auch antifaschistische Skins an den Auseinandersetzungen in Hannover. Sie bildeten aber zu diesem Zeitpunkt eine klare Minderheit in dieser Subkultur.

nicht bemerkt. Ein Hauptziel des antifaschistischen Kampfes blieb, das Auftreten und Ausbreiten der FAP zu unterbinden. Am 10. November 1984 mobilisierten *Norddeutsches* und *NRW-Treffen* gegen den Landesparteitag der FAP Nordrhein-Westfalen in Münster. Nicht viel mehr als 300 autonome Antifaschist_innen kamen um 14 Uhr am Bahnhof zusammen, der auch Treffpunkt der Neonazis sein sollte.

↑ Antifa-Aufkleber, 1983.

Die Rechtsradikalen leiteten ihre Kamerad_innen daraufhin, möglichst unauffällig, zu ihrem Veranstaltungslokal *Alte Försterei* um. Wobei ein massives Polizeiaufgebot aufzog um die Neonazis zu schützen. Das schreckte die Antifas aber nicht ab. In einem spontanen Demonstrationszug ging es zum Veranstaltungslokal, wo die Polizei mit Steinen und Leuchtmunition angegriffen wurde. Es gelang aber nicht, die Polizeiketten zu durchbrechen. Allerdings waren bei Weitem noch nicht alle Neonazis im Lokal angekommen. Mit Gruppen von Faschisten, die auf dem Anmarsch waren, entwickelten sich zum Teil sehr heftige Auseinandersetzungen. 18 Antifas waren am Ende verhaftet, einige schwer verletzt. Doch die Neonazi Veranstaltung war, trotz massiven Polizeieinsatz gegen die Antifaschist_innen, nicht zustande gekommen.[284]

Während Antifaschismus in der Folge bei den Autonomen in Nord- und Westdeutschland[285] eine immer größere Bedeutung erlangte, hinkte der Süden dieser Entwicklung hinterher. Doch auch hier gab es Antifa-Aktionen.

284 Vgl. Antifaschistische Gruppen (Hrsg.): Flugblatt ›Schlagt die Faschisten wo ihr sie trefft!‹, Zit. in: Antifa Texte 2, Göttingen 1986, Seite 11f.

285 Mit Westdeutschland war im Szene-Jargon NRW (Nordrhein-Westfalen) gemeint. Es gab aber keine endgültige Sprachklärung. So wurde die in dieser Region entstehende Koordination manchmal als *Westdeutsches*, manchmal als *NRW-Treffen* bezeichnet. Mit dem DDR-Begriff ›Westdeutschland‹ für die BRD hatte dieser Sprachgebrauch nichts zu tun.

↑ Auseinandersetzungen vor dem Haus Gallus in Frankfurt/Main, am Abend des 28. September 1985. Ein Demonstrant auf der Flucht vor zwei Wasserwerfern. Das Foto sollte als Beweis vor Gericht Verwendung finden. Ein Sachverständiger stellte dort jedoch fest, dass es sich bei der Person auf der Fotografie nicht um Günter Sare handelt.

Viel Aufsehen erregte z. B. die Straßenschlacht mit der Polizei vor dem *Hotel Krone* in Nesselwangen in Bayern am 12. Mai 1985. Dort hatten sich 600 SS-Veteranen der ***Leibstandarte Adolf Hitler*** und ***Division Hitlerjugend*** versammelt. Vor dem Hotel ging die Polizei stundenlang mit Wasserwerfern gegen Demonstrant_innen vor. 71 Antifaschist_innen wurden verhaftet, viele verletzt. Trotz solcher aufsehenerregenden Militanz entwickelte sich in Süddeutschland aber zunächst keine verbindliche Antifa-Struktur.

Dann kam der Abend des 28. September 1985. In Frankfurt/Main hatte die linke Szene zu einer Demonstration gegen ein NPD-Treffen aufgerufen. Bei den folgenden Auseinandersetzungen wurde der 36-jährige Günter Sare von einem Wasserwerfer der Polizei überfahren und getötet. Noch am selben Abend kam es zu militanten Demonstrationen und Anschlägen, die sich in den folgenden Tagen bundesweit ausdehnten.

Adressaten waren Banken, Kaufhäuser und Polizeistationen. In Frankfurt geriet die Polizei in die Defensive, die Zeil, die Konsummeile in der City, ging mehrfach komplett zu Bruch. Zwei Wochen hielt die autonome Szene das Land in Atem. Es waren die unruhigsten Wochen, welche die Bundesrepublik bis dahin erlebt hatte. Alle waren von der Wucht der Ereignisse überrascht, vor allem der Staatsschutz und die Polizei. Autonomer Antifaschismus war jetzt ›das‹ Thema in den Medien, überall entstanden neue Verbindungen.

Im Mai 1986 etablierte sich schließlich ein *Süddeutsches Antifa-Treffen*, das wie das *Norddeutsche* und das *NRW-Treffen* konzipiert war. Die drei Treffen standen im ständigen Austausch. Damit existierte eine bundesweite Koordination, welche die Nazistrukturen bis hin zur ›Braunzone‹ der bürgerlichen Organisationen auskundschaftete und eine entsprechende Archivarbeit aufbaute.

Ziel dieser Informationsbeschaffung war es, direkte Verhinderungsaktionen gegen die Rechtsentwicklung in der BRD zu organisieren. Die Gruppen der Koordinationen versuchten dies weiterhin mit militanten Aktionen auf der Straße.

So bei der Demo gegen die Eröffnung der FAP-Bundesgeschäftsstelle in Dortmund, am 23. August 1985. Aktivist_innen aus dem *Norddeutschen* und *NRW-Treffen* griffen, aus der antifaschistischen Demo, das Haus an. Während Farbbeutel gegen die Fassade klatschten und Rauchbomben gezündet wurden, drang ein kleiner Trupp bis in den Eingang des Gebäudes vor, konnte aber mit Hilfe eines Feuerlöschers und der Polizei zurückgedrängt werden. Im Umfeld waren Aktivist_innen damit beschäftigt Fahrzeuge der Neonazis lahmzulegen. Gewerkschafter_innen distanzierten sich umgehend von den militanten Aktionen, schließlich waren drei Polizisten verletzt worden. An diesem Tag wurden auch fünf Antifaschisten_innen verhaftet.[286]

Als ein weiteres Beispiel für die Praxis des *Norddeutschen* seien hier noch die Aktionen gegen das jährliche NS-Gedenkrituals am Volkstrauertag am Soldatenfriedhof in Essel, genannt. Essel liegt in der Nähe von Hannover. Hier hatte sich ein letztes Aufgebot bestehend aus *Kriegsmarine*,

286 Sieht dazu, *Westfälische Rundschau* Nr. 196, *Westfälische Allgemeine Zeitung* (WAZ), *Ruhr Nachrichten* (RN), vom 24.8.1985.

↑ Verhaftung eines Antifaschisten am Soldatenfriedhof im Wald bei Essel, 17. November 1985.

Reichsarbeitsdienst und *Waffen-SS* am 11. und 12. April 1945 den vorrückenden Briten an der Aller entgegengestellt. In einem sinnlosen Gemetzel waren 114 deutsche Soldaten gefallen. Der Soldatenfriedhof, vom *Volksbund deutscher Kriegsgräberfürsorge* angelegt, entwickelte sich zur Pilgerstätte für HIAG (*Hilfsgemeinschaft auf Gegenseitigkeit der ehemaligen Soldaten der Waffen-SS*) und ähnlichen Verbänden alter Wehrmachtssoldaten. Hinzu kamen rechtsradikale Organisationen, die selbst aus dem europäischen Ausland anreisten, um ihre Kränze niederzulegen. Seit 1983 gab es Aktionen gegen das Ritual in Essel, 1984 und 1985 auch größere Demonstrationen, in die sich das *Norddeutsche* einklinkte. Ohne große Öffentlichkeit marschierte man in den Wald und positionierte sich rund um den Friedhof. Die Polizei schützte das Gelände und versuchte alte und junge Kameraden zu den Gräbern zu lotsen. Es kam zu stundenlangen Scharmützeln mit der Polizei und Rechtsradikalen.

Doch die Koordinationen traten den Neonnazis nicht nur auf der Straße entgegen. Sie führten auch zu einer militanten, klandestinen Organisierung,

↑ Total abgebrannter Fahrzeugpark nebst Wirtschaftsgebäude der *Wehrsportgruppe Jürgens*, Dezember 1984.

die zum ersten Mal in der Geschichte dieses Landes Rechtsradikale aller Schattierungen und den damit verflochtenen Staatsapparat systematisch angriff. Dazu gehörten Angriffe wie jener in der Nacht zum 11. Dezember 1984, als der gesamte Fahrzeugpark der *Wehrsportgruppe Jürgens* brannte. 19 Fahrzeuge samt des großen Wirtschaftsgebäudes, in dem sie auf dem Hof Hasselmann, in Meißendorf/Kreis Celle, untergestellt waren, wurden ein Raub der Flammen.

Außer Brandanschlägen kamen auch neue Techniken zum Einsatz. In der Nacht zum 14. Juni 1985 wurden in einer koordinierten Aktion im Großraum Hannover an fünf Stellen Wurfanker über Hochleitungen der Bahn geworfen. Diese Methode wurde später auch gegen Castor-Transporte eingesetzt. 1985 sollten damit die Züge gestoppt werden, die Teilnehmer zum großen Schlesier-Treffen in die niedersächsische Hauptstadt transportierten.

Nachhaltig und öffentlichkeitswirksam erwiesen sich auch Anschläge wie die des *Kommando Hut ab – Kopf ab – haut ab*, das am 3. August 1988 im Göttinger Rosengarten einen meterhohen Granitsoldaten vom Sockel riss und den Kopf verschwinden ließ. Zentral blieb es aber, gegen Faschisten direkt vorzugehen, wie in der Nacht des 21. Mai 1989. Als Polizeieinheit verkleidet, überfiel ein *Mobiles Antifa Kommando* (MAK) die Wohnung des Neonazis Christian Worch[287] in Hamburg. Worch und seine Frau glaubten tatsächlich an einen Polizeieinsatz gegen sich und ließen sich widerstandslos fesseln, das aus 50 Aktenordnern bestehende Archiv wurde mitgenommen. Eine Auswertung von Verfassungsschutzberichten ergibt im Zeitraum von 1983 bis Sommer 1989 über 50 Anschläge von ›Antifa-Kommandos‹. Hinzu kam eine wesentlich höhere Zahl von Sachbeschädigungen und militante Aktionen.

↑ Hier sind die Grenzen gezeigt, in denen sich die Bundesrepublik Deutschland bis zur Unterzeichnung des Einigungsvertrags, im September 1990, verstand. Plakat des ***Bund der Vertriebenen*** (BdV).

Per se faschistisch

Gemäß ihrer avantgardistischen Linie vertraten die *Autonomen Antifaschisten* einen eigenen Ideologieansatz, indem sie die Faschismus-Interpretation der *KomIntern* (Dimitroff-These) genauso kritisierten wie die der ›Faschisierung‹ des KB. Die *Autonomen Antifaschisten* setzten quasi noch einen drauf, indem sie propagierten, dass das Wesen des Imperialismus per se faschistisch sei. Als Beleg galt beispielsweise, dass das gleiche System, welches in den westeuropäischen Staaten demokratische Herrschaftsformen mit persönlichen Freiheiten einräumte, in anderen Gegenden der Welt Folterregime installierte. Die Nazis wurden nur als extremste Ausprägung des

287 Christian Worch, Jahrgang 1956, seit 1977 als Neonazi aktiv, früher Weggefährte von Michael Kühnen. Multifunktionär in der rechtsradikalen Szene, einer der führenden Köpfe des Neofaschismus in Deutschland.

herrschenden Systems bekämpft. Eigentlich galt der Kampf dem ›faschistischen Imperialismus‹. Daraus leitete sich die Parole: *„Kampf dem Faschismus heißt Kampf dem imperialistischen System!"* ab.

Autonome Antifaschisten verstanden sich als Antiimperialisten, jedoch waren sie keine ›Anti-Imps‹ in dem Sinne. Diesen Begriff verwendeten die Anhänger_innen der RAF für sich, die der ›Strategie des bewaffneten Kampfes‹ nahestanden.

Deshalb grenzten sich Autonome allgemein vom Begriff Antiimperialismus ab, vertraten keine politischen Konzepte und lehnten Organisationen als hierarchisch Strukturen ab. Autonome lebten und agierten im Hier und Jetzt. Allein daraus ergab sich die besondere Stellung der *Autonomen Antifaschisten* bzw. der *Antifa-Koordination*.

Das Ende der eigenen Kräfte

Das Konzept dieser Antifa-Organisierung wies entscheidende Mängel auf. Man agierte halb im Untergrund, Broschüren und Flugblätter erschienen ohne oder mit falschen Impressen, nirgends traten das *Norddeutsche*, das *NRW-Treffen* oder das *Süddeutsche* als solche in Erscheinung. Demonstrationen dienten ausschließlich der Verhinderung von Nazi-Veranstaltungen, der Mobilisierung folgten in der Regel nur einige Hundert Menschen.

Gewöhnliche Organisationen oder Einzelpersonen konnten sich in diese Politik nicht einbringen, gefragt waren 150 Prozent-Aktivist_innen. Praktisch bildete die Antifa eine Kampfgemeinschaft, die sich durch die Konfrontation legitimierte. *„Im Kampf gegen Faschismus auf die eigenen Kräfte vertrauen"* lautete eine Parole jener Tage.

Mit den ›eigenen Kräften‹ war die autonome und antiimperialistische Bewegung gemeint, die auch der Hauptadressat für die Politik der Antifa-Zusammenhänge blieb. Auf dem Höhepunkt der Bewegung 1985/86, konnte man mit revolutionären Parolen und mutigen Anschlägen agieren und davon träumen, dass immer mehr Menschen ihren Konsens mit dem kapitalistischen System aufkündigen würden. Aber dieser Zustand hielt nicht lange an. Ende 1986 ebbte die Welle ab, während die Antifa-Koordination unbeirrt weitermachte.

Im Herbst 1987 wollte das *Norddeutsche* mit einer Kampagne unter dem Motto „*Kampf der Wiking-Jugend*“ [288] gegen die damals bedeutendste neonazistische Jugendorganisation ein Zeichen setzen. Mit großem Aufwand wurde mit vielen gut besuchten Veranstaltungen im ganzen Bundesgebiet und einer 80-seitigen Broschüre zum Thema gegen das alljährliche ›Herbstlager‹ der Neonazis in Hetendorf bei Celle mobilisiert. Begleitend kam es zu einigen Anschlägen.

↑ Aufkleber gegen die WJ, 1987.

Einen Tag vor der Aktion gaben die Medien bekannt, dass die *Wiking-Jugend* ihre Veranstaltung abgesagt habe. Der antifaschistischen Mobilisierung war so der Schwung genommen. Am 3. Oktober 1987 fanden sich zur Demonstration zum Hauptquartier der Wiking-Jugend lediglich 400 Antifaschist_innen ein, fast ausschließlich Angehörige der autonomen Szene. Die Polizei kesselte die Demonstrant_innen über sechs Stunden lang ein, eine deprimierende Niederlage. Wenig später setzten interne Auseinandersetzungen um einen Vergewaltigungsvorwurf in NRW ein. Im *Norddeutschen* wurde ein persönliches Zerwürfnis führender Aktivist_innen zum politischen Konflikt aufgebaut, der alles blockierte und den Zusammenhang spaltete. An der Startbahn-West in Frankfurt/Main starben im November 1987 zwei Polizisten durch Schüsse von Autonomen. Die folgende massive Repressionswelle traf auch Aktivist_innen aus Antifa-Zusammenhängen. Bereits 1988 war die Antifa-Koordination nicht mehr handlungsfähig.

In Göttingen wurden derweil neue Wege gesucht. Hier setzte man auf ein *Antifaschistisches Bündnis*, in dem von Autonomen bis hin zu den Gewerkschaften verschiedene Gruppen und Parteien zusammenarbeiteten.

288 Die *Wiking-Jugend* war eine 1952 gegründete, neonazistische Jugendorganisation in der Tradition der *Hitlerjugend*. Die WJ wurde 1994 verboten.

↑ Bündnisdemo gegen das FAP-Zentrum in Mackenrode bei Göttingen, am 7. Mai 1988. Neu war auch die rote Fahne bzw. überhaupt die erste Antifa-Fahne. Bis dato galten rote Fahnen bei den Autonomen als nicht gern gesehen.

Die erste große Bündnisdemonstration fand am 7. Mai 1988 gegen ein Neonazizentrum in Mackenrode statt. Mehr als 1.500 Menschen, darunter ein schwarzer Block, der mehr als ein Drittel der Demonstration ausmachte, zogen am Haus des FAP-Funktionärs Karl Polacek[289] vorbei. Mit dieser

289 Der Österreicher Polacek, Jahrgang 1934 siedelte sich Anfang der 1980er-Jahre im 300-Einwohner-Dorf Mackenrode bei Göttingen an. Zunächst in der NPD aktiv, gründete er 1985 den FAP Kreisverband Göttingen, von dessen Mitgliedern bald viele Übergriffe ausgingen. Sein Haus wurde eine bundesweit bekannte Zentrale der FAP. In der Silvesternacht 1990/91 erstochen Zöglinge von Polacek den 21-jährigen Bundeswehrsoldaten Alexander Selchow in Göttingen. Es gab mehrere militante Aktionen gegen das Anwesen, so einen Brandanschlag des *Antifa-Kommando Siegbert und Lotte Rotholz* im Juni 1987 oder ein Angriff auf ein FAP-Treffen am 26. Oktober 1991. Die Straßenschlacht mit den Neonazis sorgte europaweit für Schlagzeilen. Siehe hierzu Bernd Langer, *Operation 1653*, Plättner Verlag Berlin, 2004, Seite 222 f. Im Januar 1992 wurde Polacek verhaftet und nach Österreich abgeschoben. 2007 trat er wieder in die NPD ein. Am 6. März 2014 verstorben.

aufsehenerregenden Manifestation konnten *Autonome Antifaschisten* ihre Isolation überwinden und sich öffentlichkeitswirksam als politische Kraft darstellen. Doch bereits im September 1988 erklärte der DGB seinen Rückzug aus dem Bündnis, das sich wenig später auflöste. Daraufhin eskalierte der bislang nur schwelende Konflikt in der *Autonomen Antifa Göttingen*. In der Zusammenarbeit mit dem DGB witterten die Alt-Autonomen Verrat, die Bündnisposition wurde ausgegrenzt.

Wie in der Szene üblich, wurde der Zwist sowohl in persönlichen Angriffen als auch mit bundesweit verbreiteten Texten ausgetragen. In diesem Zusammenhang entstanden die ersten Papiere aus der Autonomen Antifa, die eine taktische politische Konzeption begründen. Sie hießen *„Das Wort zum Sonntag“* [290], und *„Von Strohfeuer und Strohfeuermythos“* [291]. Das *Norddeutsche* diente inzwischen nur noch als Treffen zum Informationsaustausch. Da kam es am 15. Juni 1989 in Hamburg zu sechs Hausdurchsuchungen gegen Antifaschist_innen. Vier von ihnen wurden beschuldigt, eine terroristische Vereinigung gegründet zu haben, die *„im gesamten norddeutschen Raum seit 1983 Brandanschläge auf das Eigentum ihrer politischen Gegner und solcher Personen und Vereinigungen verübt hat, die als Repräsentanten des von ihr abgelehnten Staatswesens angesehen werden“*. [292]

Die Ermittlungen nach § 129a liefen bereits seit Januar 1989. Das *Norddeutsche*, durch interne Konflikte blockiert, konnte diesem Staatsschutzangriff nicht geschlossen begegnen. Ein Riss ging mitten durch die Gruppe der von den Ermittlungen Betroffenen samt ihren Unterstützer_innen. In der Folge wurde die Soli-Arbeit parallel organisiert und versucht, die jeweils andere Fraktion politisch zu diskreditieren. Das war Außenstehenden nicht vermittelbar und wurde zum Gnadenstoß für das *Norddeutsche*, das sich im zweiten Halbjahr 1989 endgültig auflöste.

Einige Aktivist_innen trafen sich allerdings weiterhin, um sich durch die Kampagne ›Kunst als Widerstand‹ mit den kriminalisierten und inhaftierten

290 bundesweit verbreiteter Text, veröffentlicht u. a. in der *radikal*, Nr. 135, Oktober 1988, oder auch in *Göttinger Anschläge*, Nr. 5, Februar 1988 – beim Datum handelt es sich um einen Satzfehler, tatsächlich Februar 1989, Seiten 12 bis 17.

291 veröffentlich u. a. in *Göttinger Anschläge*, Nr. 6, Juli 1989, Seiten 23 bis 29.

292 Ermittlungsakte.

Antifaschist_innen solidarisch zu zeigen. Die gleichnamige Wanderausstellung zeigte – zum Teil verbotene – Plakate und propagierte die Ästhetik des Widerstandes. Von 1990 bis 1992 zog die Ausstellung durch 15 Städte, von denen die meisten zuvor an der Antifa-Organisierung beteiligt gewesen waren. Manche Aktivist_innen aus den aufgelösten Strukturen brachten sich in neue Gruppen ein.

Die Verfahren gegen die *Autonomen Antifaschisten* mussten letztlich ergebnislos eingestellt werden, trotz aller internen Kämpfe gab es keinen Verrat.

Radikal wie die Wirklichkeit?

Den *Autonomen Antifaschisten* standen nur regionale Szene-Blätter zur Verbreitung ihrer Ideen und Kampagnen zur Verfügung. Das Internet hatte seinen Siegeszug noch nicht angetreten und man war auf Gedrucktes angewiesen. 1986/87 übernahm zeitweise die in Holland produzierte Zeitung *De Knispelkrant* (Die Schnipselfront) die Funktion, zumindest Anschlagserklärungen in der radikalen antiimperialistischen Szene zu verbreiten. Die Zeitung konnte über Deckadressen bei linken Buchläden abonniert werden. Um aber größere Wirkung zu erzielen, brauchte es eines anderen Organs.

1987 entstand in Berlin das *Antifa-Infoblatt*, das teilweise auf Personen zurückging, die im *Norddeutschen* aktiv waren. Als Sprachrohr der *Autonomen Antifa* schied das Blatt aber aus, denn von den ideologischen Diskussionen der Autonomen hielten die Aktivist_innen in der Mauerstadt nicht viel.

Sie wollten gegen Nazis kämpfen, nicht gegen das System im Allgemeinen. Deshalb verwendet die Antifa-Westberlin auch nicht das Symbol *Antifaschistische Aktion*, sondern das rote Dreieck der VVN. Das *Antifa-Infoblatt* stand daher nicht für entsprechende Diskussionspapiere zur Verfügung, an den Abdruck von Anschlagserklärungen war überhaupt nicht zu denken. Man wollte das Projekt nicht gefährden und von vornherein mit einem seriösen Anspruch auftreten.

Es gab es aber noch die *radikal*, 1976 als sozialistische Zeitung für Westberlin entstanden, hatte sie sich quasi zum Zentralorgan der autonomen Bewegung in der Bundesrepublik entwickelt. Mehrfach kriminalisiert, erschien sie seit Herbst 1984 aus der Illegalität und war nur über eine

↑ Aufeinandertreffen von Antifa-Demo und Polizeihundertschaften am 13. Mai 1989 bei der Stadthalle in Göttingen. Der Protest richtete sich gegen eine Wahlkampfkundgebung der rechtsradikalen *Liste D* zur Europawahl.

↑ 13. Mai 1989, Göttingen, Verhaftung eines von der Polizei niedergeknüppelten Antifas vor der Stadthalle.

↑ Bereits wenige Stunden nach dem Tod von Conny Wessmann brachte die moralische Empörung Tausende auf die Straße und veränderte das politische Klima in Göttingen. Das Foto zeigt die Demo am Mittag des 18. November 1989 an der Todesstelle.

↑ *De Knipselkrant*, Januar 1987.

↑ *radikal*, Herbst 1987.

Kontaktadresse im Ausland zu erreichen. Dies ließ dem Staatsapparat keine Ruhe, mit großem Aufwand wurde das gedruckte Wort verfolgt. 1986/87 kam es zu über 100 Durchsuchungen von Buchläden, Druckereien und Privatwohnungen. Der Vertrieb der *radikal* sollte unterbunden werden.

Gegen 164 Buchhändler und 28 Handverkäufer leitete die Staatsanwaltschaft Ermittlungen ein. Am Ende erhielten 5 Personen Bewährungsstrafen. Allein die Tatsache das die *radikal* trotz der Repression weiterhin erschien, machte sie zum prominentesten Blatt in der linksradikalen Szene.

Allerdings suchte die illegale Redaktion Unterstützung und es kam zur Kontaktaufnahme mit Autonomen Antifas. Ab Sommer 1987 führt das zur Zusammenarbeit und einige Aktivist_innen wurden Teil des Projekts. Diese Zusammenarbeit endet 1989 mit der Auflösung der *Norddeutschen Antifa-Koordination*.

Von der Strömung zur Bewegung

Die Koordination war Geschichte, als sich mit dem Zusammenbruch des ›realexistierenden Sozialismus‹ im Herbst 1989 das gesamte politische Koordinatensystem veränderte. Mit Auflösung der DDR, kam es zu einem ungeahnten Aufschwung des Rechtsradikalismus in Deutschland, der begleitet war von gewalttätigen Übergriffen, die viele Tote und Verletzte forderten. Gleichzeitig entstand eine neue Hausbesetzerbewegung, die sofort in Konflikte mit den Neonazis geriet. Aus dieser Konfrontation entwickelten sich in der zerfallenden DDR sehr schnell Antifa-Gruppen, wie auch in der BRD neue entstanden. Das machte Antifaschismus in 1990er-Jahren zur hegemonialen Tendenz in der Linken. Es entstand eine Antifa-Bewegung für die anfangs Göttingen einen Orientierungspunkt bildete.

Wobei der Tod der 24-jährigen Studentin Kornelia Wessmann (genannt Conny), die am 17. November 1989 bei einer antifaschistischen Aktion von der Polizei vor ein Auto getrieben worden war, eine besondere Rolle spielte. Als Reaktion kam es in vielen Städten zu Solidaritätsaktionen und militanten Angriffen. Höhepunkt bildete eine bundesweite Demonstration mit mehr als 20.000 Teilnehmer_innen (Polizeiangabe 15.000) am 25. November 1989. Es war die größte Kundgebung autonomer Antifa-Gruppen, die bis dahin stattgefunden hatte. Die Schaufensterscheiben an der Demonstrationsroute durch die Innenstadt wurden zertrümmert, eine Straßenschlacht mit Polizeieinheiten vor dem Jugendzentrum Innenstadt, bei der die Polizei mit Molotowcocktails in die Flucht geschlagen wurde, bildete den Abschluss.

Allerdings blieben die politischen Auswirkungen auf Göttingen und die autonome Szene begrenzt. Denn am 9. November 1989 war die Mauer gefallen, Gesellschaft und Massenmedien standen vor allem unter dem Eindruck dieses historischen Ereignisses. Wenig später, im März 1990, rief ein Flugblatt in Göttingen zu einer Demonstration gegen die Einverleibung der DDR durch die BRD auf, das mit *Autonome Antifa (M)* unterzeichnet war.

Die Gruppe hatte zuvor bereits als Zusammenhang ohne Namen gewirkt und war aus dem Konflikt mit der autonomen Szene über die Bündnispolitik von 1988 hervorgegangen. Die *Autonome Antifa (M)* – die Frage nach

↑ Die Polizei steht auf der ›Freiheit‹, AgitProp-Aktion, 2. Oktober 1992, Göttingen.

↑ Auch der ›Motivwagen‹, mit allem von der Antifa (M) kritisierten, fand 1992 Interesse.

↑ Vor der ›Pyramide der Herrschaft‹ gaben sich Patriarchat, Kapitalismus, Faschismus, Ideologie/Medienlenkung und Militarismus ein Stelldichein. AgitProp-Aktion, 2. Oktober 1993.

↑ Am Ende wurden die Requisiten in einem großen Feuer auf dem Göttinger Marktplatz verbrannt. Ein Feuerspucker entzündete den ›Überwachungskraken‹. AgitProp-Aktion, 2. Oktober 1991.

dem M im Namen blieb bewusst unbeantwortet – vertrat einen neuen politischen Stil. Ihre Plakate waren nach künstlerischen Überlegungen der *Initiative Kunst und Kampf* (KuK) gestaltet, Flugblätter und Broschüren erschienen in einem professionellen Layout. Vor allem aber betrieb ›die M‹ eine konzeptionelle Politik. Dazu gehörte die für Autonome völlig untypische systematische Pressearbeit und Vermittlungsformen wie Agit-Prop-Aktionen, außerdem Geschichts- und später sogar Jugendarbeit. Zum Markenzeichen der *Autonomen Antifa (M)* wurden aber die großen Bündnisdemonstrationen gegen faschistische Zentren, angeführt von einem ausgerüsteten schwarzen Block.

Das ›M-Konzept‹ zielte über regionale Resonanz hinaus, was sich mit dem *„Diskussionspapier zur Autonomen Organisierung“* zeigte, welches die Gruppe im August 1991 an die autonome Szene richtete. Ausgerechnet die Autonomen, die in Abgrenzung zu den K-Gruppen entstanden waren, dazu aufzufordern, sich zu organisieren, kam einem Tabubruch gleich. Entsprechend war das Echo. Es kam zu einer bundesweiten Organisierungsdebatte, in deren Verlauf festgestellt werden musste, dass von der Bewegung aus den 1980er-Jahre nicht mehr viel geblieben war. Die wenigen Gruppen und Einzelpersonen, die hier und da noch mitmischten, stellten sich eher gegen die Idee einer Organisation und lieferten böse Gegenpapiere. Dass ein Bedürfnis nach Strukturierung aber generell vorhanden war, zeigte sich daran, dass es ähnliche Bemühungen auch von anderen Teilen der Szene gab.

Jugendfront, Edelweißpiraten, Gençlik

Bereits 1986 kreierte die Antifa-Westberlin den Name *Antifa-Jugend-Front* und versuchte, mit der Parole „Für eine revolutionäre antifaschistische Jugendbewegung“ entsprechende Gruppen an Schulen zu initiieren. Der Name *Jugend-Front* kokettierte mit dem der historischen *Roten Jungfront* des RFB.

Das Westberliner Beispiel wirkte sich auf die Anfang der 1990er-Jahre entstehenden Schüler_innen-Gruppen aus, die den Namen Jugendfront übernahmen und einen losen Zusammenhang bildeten. Ihr Kampf galt in erster Linie neofaschistischen Umtrieben. In diesem Zusammenhang ist vor allem die Broschüre *Tips Tricks für Antifas* zu erwähnen, die erstmals 1988 von der AJF herausgegeben wurde. Ein Heft von ursprünglich um die 40 Seiten, das sich an Schüler_innen und Jugendliche wendete und zu einer Art Standardwerk avancierte. Von diversen Gruppen überarbeitet, immer wieder neu aufgelegt ist es heute im Buchhandel erhältlich.[293] Neben der Jugendfront entstanden kurz nach den ausländerfeindlichen Krawallen 1991 in Hoyerswerda die *Edelweißpiraten*. Auch ihr Ursprung lag in Berlin, wobei sie sich mit ihrer Namensgebung auf die ideologisch nicht zu fassenden antifaschistischen Jugendgruppen der 1930/40er-Jahre bezogen. Mit ihrem eher anarchistischen Selbstverständnis grenzten sich die *Edelweißpiraten* deutlich von der Jugendfront ab und versuchten, auch mit rechtsradikalen Jugendlichen ins Gespräch zu kommen. Die sehr lockere Struktur und vor allem das Agitieren unter Rechten wurden sowohl von der *Jugendfront* als auch anderen Antifa-Gruppen abgelehnt. Im Übrigen bestanden von den *Edelweißpiraten* gute Kontakte zu den SPD-nahen *Falken*, es gab diverse ›Doppelmitgliedschaften‹ (sofern man bei den *Edelweißpiraten* von Mitgliedschaft sprechen darf). Insgesamt handelte es sich um sehr junge Menschen. Von einigen älteren Führungspersönlichkeiten abgesehen, betrug das Durchschnittsalter bei den *Edelweißpiraten* 15 Jahre.[294]

↑ Schablonensprüherei der ***Edelweißpiraten***, Mitte der 1990er-Jahre, Berlin/Weißensee.

293 Seit 2009, Redaktionskollektiv (Hg.): *Tipps & Tricks für Antifas*. Reloaded, Unrast Verlag.

294 *Antifa. Diskussionen und Tips der antifaschistischen Praxis*. Herausgegeben von der *Projektgruppe Antifa* in Kooperation mit der Stiftung Umverteilen, Berlin, Edition ID-Archiv, 1994, Seiten 107–115.

1992 machten die *Edelweißpiraten* vor allem mit einer bundesweiten Kampagne gegen rechte Publikationen unter dem Titel *Stoppt Nazi-Zeitungen* auf sich aufmerksam. In einer Flugschrift wurden lokale Antifa-Gruppen aufgerufen, in einer vorbereiteten Liste die Anschriften der Verkaufsstellen entsprechender Zeitungen zu erfassen und zentral zu melden. Auf die Händler sollte Druck ausgeübt werden, den Verkauf der betreffenden Blätter in Zukunft zu unterlassen. 1994 waren die *Edelweißpiraten* nach eigenen Angaben in mehr als 80 Orten und Regionen vertreten, ›Stämme‹ mit Kontaktanschriften existieren in mehr als 40 Städten. Allerdings bestanden diese ›Stämme‹ teilweise aus lediglich zwei Personen.

Auch in der Jugendfront war die Entwicklung weitergegangen. Auf Initiative der Göttinger Gruppe gründeten zwölf AJF-Gruppen am 28. November 1993 in Hamburg die AJF/BZ (*Antifa-Jugend/Bundesweiter Zusammenschluß*). Nach eigenen Angaben lag die Altersstruktur zwischen 13 und 19 Jahren.[295] Doch einer Jugendorganisation ohne ›Erwachsenenorganisation‹ fehlt etwas Wesentliches. So wuchs die AJF/BZ nach einer euphorischen Anfangsphase 1994 auf 15 Gruppen an, um bald sang- und klanglos von der Bildfläche zu verschwinden. Analog gingen die Edelweißpiraten unter.

In Westberlin kam es ab 1988 zu dem Versuch, Migranten-Gangs in den antifaschistischen Kampf zu integrieren. Kontakte waren durch die Krawalle am 1. Mai 1987 in Kreuzberg entstanden, an denen sich Streetgangs beteiligten. Ihre Mitglieder entstammten der zweiten oder dritten Einwanderergeneration mit zumeist türkischem, kurdischem oder arabischem Hintergrund. Das Durchschnittsalter dieser von älteren Jugendlichen angeführten Gangs lag nach eigenen Angaben zwischen 11 und 14 Jahren.[296] Ihre Struktur war autoritär und patriarchal, Mädchen kamen in ihnen nicht vor. Von vornherein ergaben sich daraus unüberbrückbare Widersprüche zu Autonomen bzw. grundsätzlich zu linken Anschauungen. Das Zusammenwirken mit diesen Jungmännerbünden betraf dann auch in erster Linie militante Auseinandersetzungen auf der Straße. Einige linke türkische Jugendliche, wollten einen anderen Akzent setzen und gründeten 1989 in

295 Siehe hierzu, Interview in *arranca!*, Nr. 4, Juli 1994.

296 *radikal* Nr. 140, Juni 1990, Interview mit Jugendgangs, Seite 53.

Berlin/Kreuzberg die *Antifa-Gençlik* (dt.: *Antifaschistische Jugend*).[297] Zunächst entwickelte sich das Zusammenwirken mit den Gangs erfolgreich. Genauso schnell kam es aber auch zu Konflikten mit eher kriminell orientierten Streetgangs. Ein großes Fest 1992, das eigentlich zu einer verbesserten Zusammenarbeit führen sollte, eskalierte in einer Massenschlägerei. Im gleichen Zeitraum, am 4. April 1992, wurde Gerhard Kaindl, ein Mitglied der unbedeutenden Splittergruppe DLVH (*Deutschen Liga für Volk und Heimat*)[298], bei einem Treffen der Gruppe in einem China-Restaurant in Berlin/Neukölln von Angreifern erstochen, ein weiterer Rechtsradikaler schwer verletzt. An dem Überfall waren wohl nur Jugendliche aus Migrantenfamilien beteiligt. Von der anschließenden Repressionswelle zeigte sich die Szene überfordert.

Es gab Verhaftungen, einige Personen tauchten unter, die *Antifa Gençlik*, im Fadenkreuz der Ermittlungen, löste sich auf. In der Autonomen Szene führte die Tat zu Kontroversen aufgrund der spontanen Unüberlegtheit des Angriffs und der Beliebigkeit des Toten. Am 15. November 1994 wurden drei Angeklagte zu jeweils drei Jahren Gefängnis wegen Körperverletzung mit Todesfolge verurteilt, zwei jüngere Angeklagte zu Bewährungsstrafen. Ein Mann blieb in der Illegalität und ging zur PKK in Kurdistan, wo er im Kampf mit türkischen Soldaten fiel.

Auch trotzkistische Gruppen versuchten Anfang der 1990er-Jahre Einfluss zu gewinnen. Am 24. Oktober 1992 organisierte das *Komitee für eine Arbeiterinternationale* (CWI), deren deutscher Ableger die SAV ist, eine internationale Demonstration gegen Rassismus in Brüssel und gründete die *Jugend gegen Rassismus in Europa* (JRE).

Trotz tönender Propaganda und intensiver Bemühungen – wie einem großen Zeltlager mit über 1.000 Teilnehmer_innen 1994 – gelang es der JRE nicht, nennenswert auf die Antifa-Bewegung einzuwirken.

297 Interview mit Kemal, Gründungsmitglied der Berliner Immigrantengruppe *Antifa Gençlik*, *Arranca!* Nr. 4/Sommer 1994, Seite 53.

298 Die DLVH wurde 1991 gegründet, ihre Ausrichtung entsprach der von DVU bzw. NPD. Sie blieb eine unbedeutende Splittergruppe und gab 1996 ihren Parteistatus auf. Im Juni des gleichen Jahres gründete sich *Pro-Köln* als Ableger der DLVH. Bald entstanden weitere Initiativen der ›Pro-Bewegung‹, in der viele ehemalige Funktionäre der DLVH aktiv sind.

In Norddeutschland entstand zudem im Oktober 1989 *Avanti – Projekt undogmatische Linke*, eine Organisation, die aber nicht den Antifaschismus zum Ausgangspunkt hatte, sondern revolutionär-marxistischen Ideologievorstellungen folgte und im September 2014 in der *Interventionistischen Linken* aufging.

Die AA/BO

Die *Autonomen Antifa (M)* fand durchaus Zuspruch, vor allem bei der neuen Generation der Politaktivist_innen. In ersten Treffen mit anderen Gruppen zeigte sich jedoch bald ein altes Problem: Es gab Zusammenhänge, die in erster Linie die Neonazis bekämpfen wollten, während der Vorschlag der M darauf zielte, eine antiimperialistische Organisation zu schaffen. Der Begriff ›antiimperialistisch‹ wurde wiederum von einigen Alt-Autonomen abgelehnt, genauso wie die Vorstellung von einer Organisationsstruktur. Demgegenüber kristallisierten sich einige Gruppen heraus, die den Schritt mitgehen wollten.

Zur Jahreswende 1991/92 mobilisierte die *Autonome Antifa (M)* nach Göttingen. Die Silvesterdemo stand unter dem Motto *„Gegen Faschismus und Polizeiterror – Zusammen gehört uns die Zukunft!“* Rund 800 Menschen aus dem gesamten Bundesgebiet marschierten als behelmter schwarzer Block durch die Stadt.

Die Silvesterdemo war ein Signal für die Organisierung, die von elf Gruppen unter dem Namen *Antifaschistisch Aktion/Bundesweite Organisation* (AA/BO) am 25. Juli 1992 in Wuppertal aus der Taufe gehoben wurde. Um als Zusammenhang öffentlich wahrnehmbar zu sein, gaben sich die Gruppen ein einheitliches Logo.

Die AA/BO verstand sich nicht als Neuauflage der alten Koordination. Es ging ausdrücklich nicht um eine im Untergrund agierende, militante Struktur, sondern um eine auf Breitenwirkung ausgerichtete, revolutionäre Politik. Zu ihren Grundlagen führte die AA/BO aus: *„Loslösung von autonomer Ghettopolitik durch Öffnung nach außen (Massenmedien, Bündnisse ...) – Aus der von Unverbindlichkeit geprägten Szenestruktur hin zu einer von Verantwortlichkeit und Ansprechbarkeit gekennzeichneten Organisation – Weg von abgehobenen*

Debatten auf der einen Seite und Aktionismus auf der anderen; hin zur kontinuierlichen Erarbeitung von Grundlagen, die eine praxisorientierte, überregionale Zusammenarbeit ermöglichen.“ [299]

↑ ›Wer hat Angst vorm schwarzen Block?‹, Sympathiewerbung für den schwarzen Block. Großtransparent zur Silvesterdemo 1991/92 am Juzl Göttingen.

In ihrer Gründungsbroschüre stellte die AA/BO umfangreiche Überlegungen zu Organisationsmodell, Öffentlichkeitsarbeit und vielem mehr an. Es fehlte aber eine für alle Gruppen verbindliche Definition, was unter Antifaschismus verstanden wurde. Dies sollte in zukünftig stattfindende Diskussion geklärt werden. Solange blieb es bei einem diffusen Antikapitalismus, der an kommunistische Erklärungsversuche anknüpfte. Diese inhaltliche Unschärfe hatte jedoch keinen Einfluss auf die Entwicklung der AA/BO.

Der AA/BO konnten nur aktive Gruppe beitreten, keine Einzelpersonen. Um als Mitgliedsgruppe zu gelten, musste eine kontinuierliche Arbeit vorgewiesen werden. Für die Aktivist_innen hieß das: mindestens ein Gruppentreffen und ein Arbeitsgruppentreffen ihrer regionalen Gruppe pro Woche dazu diverse Termine, die das politische Alltagsgeschäft mit sich bringt. Zu diesem Engagement kam dann noch die AA/BO selbst, deren Treffen alle paar Monate zwischen Passau und Berlin stattfanden. Außerdem waren Kampagnen vorzubereiten und Schulungswochenenden zu absolvieren.

Die hohen Ansprüche an die Mitgliedsgruppen und Aktivist_innen der AA/BO brachten es mit sich, dass sich mit *Schwarzer AST* – Südthüringen nur eine Gruppe aus der ehemaligen DDR beteiligte. Später kam noch die *Antifaschistischen Aktion Plauen* hinzu bzw. ersetzte den *Schwarzen AST* nach

299 Einsatz, Broschüre der AA/BO, September 1993, Grundlagen der AA/BO, Seite 1.

dessen Auflösung. Außerdem hatten die ›Ost-Antifas‹ gerade einen Staat hinter sich gelassen, der von fest gefügten Gliederungen mit roten Fahnen und großen antiimperialistischen Parolen geprägt gewesen war. An einer antikapitalistischen und vor allem straff ausgerichteten Organisierung bestand wenig Interesse.

Terror und Lichterketten

Im Jahr 1991 kam es zu den bislang heftigsten rassistischen Übergriffen in der Geschichte der BRD. Ausgangspunkt war das sächsische Hoyerswerda, wo am 17. September 1991 eine Handvoll jugendlicher Neonazis vietnamesische Händler vom Marktplatz verjagte. Diese flüchteten in das Heim für Vertragsarbeiter, vor dem sich schnell eine immer größere werdende rassistische Meute versammelte, schließlich flogen Steine. Die Vietnamesen verbarrikadierten sich und wehrten Übergriffe ab. Am darauf folgenden Tag wurden die Angriffe mit Molotow-Coktails fortgesetzt. Die Polizei brachte schließlich die 60 Personen, die im Gebäude gefangen waren, am 20. September aus der Stadt. Mittlerweile herrschte jedoch eine allgemeine, rassistische Stimmung und ein Mob von fast 500 Personen attackierte das örtliche Flüchtlingswohnheim. Ein SEK (damals noch *Sondereinsatzkommando*, mittlerweile *Spezialeinsatzkommando*) der Polizei musste eingesetzt werden, um die dort befindlichen 240 Flüchtlinge in Sicherheit zu bringen. Bei den Ausschreitungen wurden 32 Personen verletzt.

Als Antwort auf die ausländerfeindlichen Angriffe fand am 27. September 1991 eine Antifa-Demo mit 5.000 Teilnehmer_innen in Hoyerswerda statt. Dies nutzte zunächst nicht viel, denn die fremdenfeindlichen Gewalttaten in Hoyerswerda bildeten nur den Auftakt für eine Vielzahl weiterer Übergriffe. Einen Höhepunkt sollte diese Welle im August 1992, mit den tagelangen Ausschreitungen gegen die *Zentrale Aufnahmestelle für Asylbewerber* (ZAST) im Rostocker Stadtteil Lichtenhagen, finden.

Ausgangspunkt der rassistischen Übergriffe war die Überbelegung der ZAST mitten im dicht besiedelten Neubaugebiet. Auf maximal 300 Betten eingerichtet, kamen täglich bis zu 80 Asylsuchende hinzu. In der Mehrzahl Roma aus Rumänien, von denen schließlich 300 auf den Grünanlagen bei

↑ Rassistischer Volksmob, Rostock-Lichtenhagen, 24. August1992.

der ZAST kampierten. Toiletten standen nicht in genügender Zahl zur Verfügung, die Bedingungen waren generell unerträglich.

Am Nachmittag des 22. August 1992 führte eine Bürgerinitiative eine Demonstration gegen die Zustände bei der ZAST durch. Deshalb befanden sich auch einige Unterstützer_innen bei den Flüchtlingen. Am Ende der Kundgebung versammelte sich eine große Menschenmenge vor der ZAST. Die Stimmung war aggressiv, rassistische Sprüche waren zu hören, einige Jugendliche zertrümmerten Betonplatten und warfen Fensterscheiben des Gebäudes ein. Erste Molotow-Cocktails flogen. Die anrückenden 30 Polizisten wurden verprügelt, zwei Polizeifahrzeuge gingen in Flammen auf. Erst in den Morgenstunden beruhigte sich die Lage.

Doch am nächsten Tag trafen Rechtsradikale aus dem gesamten norddeutschen Raum ein. Die Polizei wurde mit BGS und Hundertschaften aus Hamburg verstärkt. Erneut entwickelten sich am Nachmittag schwere Zusammenstöße, wieder brannten Fahrzeuge. Antifas versuchten, den Bedrängten in der ZAST zur Hilfe zu kommen, wurden aber größtenteils verhaftet.[300]

300 Von den an diesem Abend festgenommenen 130 Personen waren 60 Antifas. Hermann Langer: *Flächenbrand von rechts. Zum Rechtsextremismus im Bundesland Mecklenburg-Vorpommern*, Verlag Jugend und Geschichte, Rostock 1993, Seite 36.

Da für den Abend des 24. August neue Gewalttätigkeiten angekündigt waren, wurde die ZAST aus Sicherheitsgründen geräumt. Nicht von der Räumung betroffen war jedoch ein angrenzendes Wohnheim, das sogenannte Sonnen-Blumen-Haus. In dem Gebäude befanden sich noch über 100 Vietnamesen, darunter Frauen und Kinder, und ein Fernsehteam des ZDF. Am Abend rotteten sich die Rechtsradikalen erneut zusammen. Es gab Angriffe gegen die Polizei, deren Einsatzzentrale sich überfordert zeigte. Im gesamten Stadtteil kam es zu Konfrontationen, selbst Schusswaffen sollen eingesetzt worden sein.

Bald konzentrierten sich die Auseinandersetzungen auf das zu diesem Zeitpunkt nicht von der Polizei geschützte Wohnheim. Das Gebäude konnte in Brand gesetzt werden, die Eingeschlossenen flüchteten auf das Dach, während die anrückende Polizei und Feuerwehr massiv von Schaulustigen behindert wurde. Schließlich gelang es, das Feuer zu löschen, bevor Menschen zu Schaden kamen. Die Polizei schätzte, dass an diesem Abend rund 1.000 Gewalttäter von bis zu 3.000 applaudierenden Schaulustigen unterstützt wurden.

Am folgenden Tag, Dienstag den 25. August 1992, kam es wiederum zu heftigen Auseinandersetzungen von mehr als 1.000 Rechtsradikalen, die sich aber ausschließlich gegen die Polizei richteten. Als Reaktion auf die Ausschreitungen wurde für den 29. August zu einer bundesweiten Antifa-Demo unter dem Motto ***„Stoppt die Pogrome!“*** in Rostock aufgerufen.[301] Während bei den rassistischen Unruhen lediglich 800 Polizisten im Einsatz waren, stand für die Antifa-Demo ein Großaufgebot von 3.000 Uniformierten bereit. Der Bahnverkehr wurde stillgelegt, anreisende Demonstrant_innen kontrolliert, Polizeihubschrauber kreisten in der Luft. Trotzdem beteiligten sich 15.000 Menschen an der Demonstration.

Die Ausschreitungen am ***Sonnen-Blumen-Haus*** in Rostock/Lichtenhagen waren zweifellos die bis dahin massivsten rassistischen Übergriffe in der Geschichte der Bundesrepublik. Doch Anfang der 1990er-Jahre gab es noch

301 Bereits am 25. August hatte der DGB in der Rostocker Innenstadt eine Solidaritätsdemo für die Flüchtlinge mit 800 Teilnehmer_innen durchgeführt und am 27. August fand in der Hansestadt ein Schweigemarsch unter dem Motto ***„Zündet Kerzen an und keine Menschen!“*** mit 3.000 Menschen statt.

etliche andere solcher Angriffe, bei denen Todesopfer zu beklagen waren.

So erfolgte im November 1992 ein Brandanschlag auf zwei von türkischen Familien bewohnte Häuser in Mölln, der drei Todesopfer forderte. Am 29. Mai 1993 wurde in Solingen ein rassistisch motivierter Brandanschlag verübt, fünf Menschen starben. Und dies waren nur die ›spektakulärsten‹ Ereignisse.[302] Die Berichte in den Medien und die internationale Kritik an den Zuständen in der Bundesrepublik führten dazu, dass betroffene Bürger am 6. Dezember 1992 in München eine Lichterkette organisierten, um ein Zeichen gegen Rechtsradikalismus und Gewalt zu setzen. Diese Protestform wurde in vielen Städten aufgegriffen. Schließlich beteiligten sich fast eine Million Menschen an solchen Lichterketten. Vielerorts entwickelte sich eine Zusammenarbeit zwischen unterschiedlichen ›bürgerlichen‹ Kräften und neu entstehenden Antifa-Gruppen. In diesem Zusammenhang kam die Parole ***„Bunt statt braun“*** auf.

↑ Antifa-Dada-Plakat, 1993.

Aus Kritik an der AA/BO entstand 1993 das ***Bundesweite Antifa Treffen*** (B.A.T.), dessen vorrangiges Ziel der Anti-Nazi-Kampf war, ferner betrieb es Recherche und Archivarbeit, also klassischen ›Fahndungsantifaschismus‹.

AA/BO und B.A.T. unterschieden sich zwar durch ihre Ausrichtung und das Organisierungskonzept, führten jedoch in der Praxis den gleichen Kampf und fassten ähnliche Gruppen zusammen. Allerdings beteiligten

302 Allein für 1992 gab der Verfassungsschutz an, dass 17 Menschen bei rechtsradikalen Tötungsdelikten ihr Leben verloren. Wobei dieser Dienst sicherlich nicht unter dem Verdacht steht, zu hochgegriffene Zahlen bekannt zu geben. (Verfassungsschutzbericht 1992, Bundesminister des Innern, Seite 72, August 1993).

sich am B.A.T. mehr Zusammenhänge aus dem Ostteil der Republik, denn zumeist waren diese Gruppen aus der direkten Konfrontation mit den Neonazis hervorgegangen und blieben vor allem an Aktionen zur Verhinderung von deren Aktivitäten interessiert.

Fantifa

Der Begriff *Fantifa* kam erst mit der neuen Bewegungswelle 1989 auf. In diesem Zusammenhang bildete sich eine Vielzahl von Frauen-Antifa-Gruppen (bzw. Feministische Antifa-Gruppen, das ›F‹ differierte nach Auslegung) und es fanden bundesweite Treffen statt.

Neben dieser feministischen Fraktionierung gab es nach wie vor viele Antifa-Aktivistinnen, die sich nicht an einer Fantifa beteiligten, sondern in Antifa-Gruppen arbeiteten und dort die Auseinandersetzung über die patriarchale Herrschaftsform führten, wie in der *Autonomen Antifa (M)*. Dies fand seinen Niederschlag auch in der praktischen Politik. Selbst bei Demoaufrufen wie gegen den NPD-Funktionär Fiedler in Adelebsen am 20. März 1993 finden sich lange Passagen, in denen auf das Frauenbild faschistischer Organisationen eingegangen und das Patriarchat im Allgemeinen thematisiert wird.

In Göttingen gab es beispielsweise Agit-Prop-Aktionen der *Autonomen Antifa (M)* zum 8. März, dem Frauenkampftag, und vieles mehr. Darüber hinaus war in der AA/BO mit der *Feministisch Antifaschistisch Revolutionäre Aktion* (FARA) auch eine reine Frauengruppe organisiert.

↑ Aufkleber von Fantifa-Zusammenhängen.

Erfolgreiche Talfahrt

1993 führte die AA/BO unter dem Motto *„Gegen die faschistischen Zentren vorgehen"* ihre erste Kampagne durch. Es galt, ein offensives Zeichen zu setzen und zu den Nazi-Treffpunkten zu mobilisieren und nicht, wie meist üblich, auf Nazi-Aktivitäten zu reagieren. Am 20. März 1993 zeigten 2.000 Menschen in Adelebsen bei Göttingen, angeführt von einem eindrucksvollen schwarzen Block, dass sie nichts für die NPD am Ort übrighatten. Am 17. April 1993 zogen 2.000 Menschen in Mainz-Gonsenheim zur *Gärtnerei Müller*, die seit 20 Jahren einen bundesweiten Treffpunkt für die militante Neonazi-Szene darstellte.

Am 5. Februar 1994 mobilisierte die AA/BO gegen ein einschlägig bekanntes Anwesen in Detmold-Pivitsheide bei Bielefeld.[303] Am 4. Juni 1994 fand eine weitere Demonstration mit 3.000 Teilnehmer_innen aus dem gesamten Bundesgebiet gegen das Neonazizentrum von Thorsten Heise[304] in Northeim bei Göttingen statt. Auch wenn das alles recht erfolgreich klang, zeichnete sich bald ab, dass sich die bundesweiten Bestrebungen nicht weiterentwickeln ließen.

303 Es handelte sich um das ehemalige Hauptquartier der *Nationalistischen Front* (NF). Nach dem Verbot der VSBD wurde 1983 die *Nationale Front/Bund Sozialrevolutionärer Nationalisten* (NF/BSN) als Nachfolgerorganisation gegründet, ein Jahr später nannte sie sich in NF um und konstituierte sich im November 1985 als Partei. Im Dezember 1988 verübte das NF-Mitglied Josef Saller einen Brandanschlag auf ein hauptsächlich von Ausländer_innen bewohntes Haus in Schwandorf. Vier Menschen kamen dadurch ums Leben. 1989 kaufte die NF in Detmold Pivitsheide ein Haus, das ab 1991 Hauptquartier der NF samt Verlagsstandort war. Die NF wurde zwar 1992 verboten, das Haus in Pivitsheide diente aber weiter als Neonazi-Treffpunkt.

304 Thorsten Heise, Jahrgang 1969, war in die Fußstapfen seines politischen Ziehvaters Karl Polacek getreten. Zunächst FAP-Mitglied und Skinhead machte, er sich in Göttingen und Northeim als Schläger einen Namen. Sein Haus in Northeim fungierte als Zentrum für FAP-Aktivitäten, wie ehedem das von Polacek in Mackenrode. Nach dem Verbot der FAP gründete Heise 1997 die *Kameradschaft Northeim*. Am Morgen des 28. Oktober 1999 verübte die *Antifaschistische Brigade Söderberg* einen Brandanschlag auf das Auto von Heise, das in einem Schuppen neben dem Wohnhaus stand. Haus und Schuppen brannten nieder, die von den Antifaschist_innen per Telefon alarmierte Feuerwehr verhinderte ein Übergreifen der Flammen auf das Wohnhaus. Im selben Jahr kaufte Heise ein Anwesen im Eichsfeld und zog 2002 dahin um. Seit 2004 ist Heise Mitglied der NPD und Bindeglied zur ›Kameradschaftsszene‹, er sitzt seit 2009 für die NPD im Kreistag Eichsfeld. Heise ist mehrfach einschlägig vorbestraft und hat diverse Haftstrafen verbüßt.

↑ Ein ausgerüsteter schwarzer Block an der Spitze der Antifa-Bündnisdemo in Adelebsen bei Göttingen, 20. März 1993.

↑ Polizisten suchten hinter ihren Schilden Deckung. Göttingen, 16. Juli 1994.

↑ ›Stoppt den Staatsterrorismus – schlagt zurück!‹, bundesweite Solidaritätdemo gegen die Verfolgung der ***Autonomen Antifa (M)***. Vor dem Landgericht wurde die Polizei eingedeckt. Es gab einige Verletzte. Göttingen, 16. Juli 1994.

↑ Die letzte Demo mit Helmen, Göttingen, 16. Juli 1994.

Mit der AA/BO war zwar eine Vernetzung erreicht worden und Demonstrationen gegen faschistische Zentren konnten in einen Zusammenhang gestellt werden, doch die Initiativen entwickelten keine Schlagkraft. Die AA/BO blieb ein Zusammenschluss, der zwar unter seine Presseerklärungen das einheitliche Logo setzte, aber die Öffentlichkeit nahm davon so gut wie keine Notiz. Lediglich für die Szene, den Verfassungsschutz und die Polizei war die AA/BO von Interesse. Nicht anders sah es im regionalen Bereich von Göttingen aus. Circa 40 Personen, größtenteils Studierende, waren 1994 in der *Autonomen Antifa (M)* samt Nebenorganisationen, wie der *Antifaschistischen Liste* an der Uni, eingebunden. Ein anderes Klientel ließ das autonome Image nicht zu und mehr Potenzial gab Göttingen nicht her. Wie sollte es weitergehen? Erste interne Dissonanzen zeichneten sich ab.

In dieser Situation kam es am 4. Juli 1994 unter Leitung der Generalstaatsanwaltschaft Celle zu 36 Hausdurchsuchungen in Göttingen und Umgebung. Etwas später wurden 17 Personen angeklagt, eine kriminelle Vereinigung, namentlich die *Autonome Antifa (M)*, gegründet und für eine terroristische Vereinigung, nämlich die RAF, geworben zu haben.

Zu den 17 Angeklagten kamen in den nächsten Monaten noch 15 Beschuldigte hinzu. Der massive Kriminalisierungsversuch brachte alle internen Diskussionen zum Schweigen und die Konfrontation führte zu neuem Aktivismus. Außer vielen Solidaritätsaktionen für die ***Autonome Antifa (M)*** wurde für den August 1994 die ***Antifaschistische Aktion* '94** ausgerufen. Mit ihr agierten AA/BO, B.A.T. und unorganisierte Gruppen gemeinsam in einem dezentralen Konzept.

Heß-liche Geschichte

Rudolf Heß, den Hitler 1933 zu seinem Stellvertreter ernannt hatte, flog 1941 auf eigene Faust nach Großbritannien in der Absicht, dort Friedens- bzw. Bündnisverhandlungen zu beginnen. Über Schottland sprang der prominente Nazi mit dem Fallschirm ab und geriet in britische Kriegsgefangenschaft und sollte nie wieder auf freien Fuß kommen.

Nach dem Zweiten Weltkrieg wurde der Hitlerstellvertreter 1946 beim Prozess gegen die Hauptkriegsverbrecher in Nürnberg vom Internationalen Militärgerichtshof wegen Planung eines Angriffskrieges und Verschwörung gegen den Weltfrieden zu lebenslanger Haft verurteilt. Zur Verbüßung der Strafe wurden Heß und sechs weitere Verurteilte 1947 ins alliierte Kriegsverbrechergefängnis in Berlin-Spandau überführt. Während seine Mitgefangenen im Laufe der Jahre begnadigt wurden oder aufgrund der Verbüßung ihrer Haftstrafe in Freiheit kamen, saß Heß ab 1966 als letzter Häftling in Spandau ein. Ab diesem Zeitpunkt begannen die Gerüchte, der Hitler-Stellvertreter würde wegen geheimer Verhandlungen, die er mit England geführt hätte, nicht aus der Haft entlassen werden. Entsprechende Akten blieben in Großbritannien unter Verschluss. Tatsächlich verhinderte die Sowjetunion mit ihrem Veto eine Begnadigung.

Abgesehen davon blieb Heß ein unverbesserlicher Nazi. Dafür steht seine Aussage „*Ich bereue nichts*", die bis heute in Neonazi-Kreisen Verwendung findet. Mit 93 Jahren verübte Heß am 17. August 1987 in der Haft Selbstmord. Von rechtsradikalen Kreisen wurde der Freitod umgehend bestritten und behauptet, Hitlers Stellvertreter sei ermordet worden. Schon am darauffolgenden Tag kam es zu Demonstrationen, bei denen Heß als ›Märtyrer

Neonaziaufmarsch in Fulda am 14. August 1993.

des Friedens‹ bezeichnet wurde. Sein Grab in Wunsiedel, Oberfranken/Bayern, entwickelte sich schnell zur Wallfahrtsstätte für Neonazis.

Ein Jahr nach dem Tod von Rudolf Heß setzte Jürgen Rieger[305] den ersten Rudolf-Heß-Gedenkmarsch juristisch durch und etwa 120 Alt- und Neonazis marschierten am 17. August 1988 im oberfränkischen Provinzstädtchen auf.

So gelang es ihnen 1992, in Rudolstadt (Thüringen) 2.000 Marschierer auf die Straße zu bringen. 1993 glückte den Rechtsradikalen ein Überraschungscoup. Nach einem Katz-und-Maus-Spiel auf der Autobahn dirigierte der damalige FAP-Funktionär Thorsten Heise mehrere Busse mit insgesamt 500 Neonazis nach Fulda. Sie benutzten dazu Mobiltelefone, eine Technologie, welche die Polizei weder in ausreichendem Maße besaß noch beherrschte. Es gelang Heise, eine Spontandemo in Fulda zu organisieren, über die international in den Medien berichtet wurde. Zum ersten Mal war auch ein Block der NPD/JN mit von der Partie.

An diesen Erfolg wollten die Faschisten 1994 anknüpfen. Ein *Wunsiedel Komitee* unter Christian Worch mobilisierte für eine ›Nationale Aktionswoche‹, die sich dezentral und unübersichtlich darstellte. Doch dieses Mal

305 Jürgen Rieger (geb. 1946, gest. 2009), Rechtsanwalt und zentrale Figur des Rechtsradikalismus in Deutschland. Funktionsträger in diversen neonazistischen Organisationen wie FAP, Gesellschaft für biologische Anthropologie, Eugenik und Verhaltensforschung usw. Bezüge zur Wiking Jugend und zur Nationalistischen Front. 2006 Eintritt in die NPD, die Rieger in den Jahren zuvor als zu gemäßigt galt. 2007 Landesvorsitzender der NPD Hamburg, ab 2008 stellvertretender Bundesvorsitzender.

sollte mit der Initiative *Antifaschistische Aktion '94* jegliche Nazi-Aktivität unterbunden und bereits die Abfahrt der Neonazis aus ihren Wohnorten verhindert werden. Es gab Demonstrationen und Blockaden in Frankfurt und dem gesamten Rhein-Main-Gebiet sowie in Aschaffenburg, Bonn, Düsseldorf, Berlin, Bremen, Hamburg, Leipzig, Oldenburg, Wernigerode, Bielefeld, Northeim und Nürnberg. Tatsächlich gelang es, den Aufmarsch der Neonazis zu vereiteln.

In den folgenden Jahren blieb es beim Demonstrationsverbot in Wunsiedel und auch die Antifa den Faschisten auf den Fersen. Es schien, als habe der ›Rudolf-Heß-Marsch‹ seine Relevanz verloren.

Der antifaschistische Kampf zeitigte also durchaus Erfolge, doch all das konnte nicht über die sich wandelnden gesellschaftlichen Rahmenbedingungen hinweghelfen. Die wilden Jahre nach der Wiedervereinigung waren Mitte der 1990er-Jahre vorbei, die Eigentumsverhältnisse wiederhergestellt und der Staat ging nun selbst verstärkt gegen Neonazis vor. Ein Verbot folgte dem anderen und die Polizeistrategie änderte sich. Gegen den Rechtsradikalismus wurde aber nicht nur repressiv vorgegangen. Medien und Schulen nahmen sich des Themas an, zusätzlich wurden Aussteigerprogramme und diverse Projekte aufgelegt. Zweifellos wurden die Neonazis durch diese staatlichen Maßnahmen stark behindert und zurückgedrängt.

Große Gewaltexzesse, wie zwischen 1991 bis 1993, gehörten der Vergangenheit an. Analog verschwand die Betroffenheit in weiten Kreisen der Bevölkerung. In der Folge lösten sich immer mehr Antifa-Gruppe auf. Die Talfahrt der Bewegung wurde zusätzlich dadurch beschleunigt, dass die Hausbesetzerbewegung in der ehemaligen DDR binnen kurzer Zeit abgeräumt und befriedet wurde. Viele subkulturelle Freiräume der linken Szene verschwanden oder wurden zu staatlich sanktionierten Politbiotopen.

Unverdrossen versuchten die Neonazis derweilen immer wieder, in Wunsiedel oder an anderen Orten, an den Heß-Gedenkmarsch anzuknüpfen. Nach juristischem Tauziehen blieben die Veranstaltungen meist verboten. Es kamen allenfalls kleine Manifestationen zustande, die immer mit antifaschistischen Demonstrationen konfrontiert blieben.

Zum 30. Todestag von Heß änderten die Rechtsradikalen ihre Strategie. Über Wochen mobilisierten sie im Internet europaweit und riefen in

14 Sprachen zur Kundgebung in Berlin-Spandau am 19. August 2017 auf. Ein breites Aktionsbündnis stellte sich gegen die NS-Kundgebung auf und die Polizei war mit mehr als 1.000 Beamt_innen aus fünf Bundesländern vor Ort. Für die Neonazis gab es heftige Auflagen. So durfte der Name Rudolf Heß weder auf Transparenten noch auf der Kundgebung genannt werden. Aus Protest gegen die Auflagen demonstrierten die Rechtsradikalen in weißen Hemden, eine Anspielung auf das Uniformverbot der SA aus dem Jahr 1932.

Den Rechtsradikalen standen mehr als 1.000 Antifaschist_innen gegenüber, welche die Straße nach wenigen hundert Metern blockierten. Nach ein paar halbherzigen Räumungsversuchen durch die Polizei musste die Neonazi-Demo mehr als eine Stunde in der prallen Sonne ausharren. Schließlich ging es auf einer kurzen Ausweichroute

zurück zum Bahnhof. Auf der Abschlusskundgebung sprachen Neonazis aus der Bundesrepublik, England, Schweden

und Frankreich. Die Polizei meldete 39 vorläufige Festnahmen, 35 davon betrafen Teilnehmer der Heß-Demo.

Der III. Weg war in Spandau nicht mit von der Partie. Er führte am 18. November 2017, dem Vortag des Volkstrauertages, ein ›Heldengedenken‹ mit Fackelzug und Landsknechtstrommeln in Wunsiedel mit etwas mehr als 250 Marschierer_innen durch. Dagegen organisierte die Bürgerinitiative Wunsiedel ist Bunt einen ›Tag der Menschlichkeit‹ in der Stadt, an dem sich ca. 300 Menschen beteiligten.

Im folgenden Jahr riefen die Neonazis bundesweit, wieder ohne Beteiligung des III. Weg, unter der Parole ›Mord verjährt nicht, gebt die Akten frei – Recht statt Rache‹ für den 18. August nach Berlin-Spandau auf.

Dagegen mobilisierte ein breites Bündnis unter dem Motto ›NS-Verherrlichung stoppen‹. Um den Rechten keine Möglichkeit für ihren Aufmarsch zu lassen, wurden verschiedene Demonstrationen

angemeldet und zu einem ›Fest der Demokratie‹ aufgerufen. Unterstützt wurden diese antifaschistischen Initiativen unter anderem von Berlins Regierendem Bürgermeister Michael Müller (SPD) und Bundesfamilienministerin Franziska Giffey (SPD), Grünen, Linkspartei, CDU und der SPD, außerdem Kirchen und Gewerkschaften.

Zur Bündnis-Kundgebung fanden sich vor dem Bahnhof Spandau 1.400 Menschen (nach Angaben der Veranstalter_innen 2.000 Menschen) ein, während sich nur etwa 50 Neonazis blicken ließen.

Wenig später sagten die Rechtsradikalen ihren Aufzug in Spandau ab und wichen ins Berliner Zentrum aus. Kurzfristig, d. h. 48 Stunden vor Beginn, hatte die NPD dort eine parallele Demonstration angemeldet und die Neonazis intern von vornherein auf Friedrichshain orientiert. Das sicher auch mit den Ordnungsbehörden abgekartete Spiel ging auf. Geschützt von 2.300 Polizist_innen, mehr als doppelt so viele wie im Jahr zuvor, marschierten 700–900 Neonazis um 15 Uhr vom Platz der Vereinten Nationen im Bezirk Friedrichshain zum S-Bahnhof Lichtenberg. Während in Spandau nur wenige Antifaschist_innen spontan in die S-, und U-Bahnen Richtung Stadtzentrum stiegen.

Schließlich stellten sich nur einige Hundert Aktivist_innen dem Neo-Nazi-Aufmarsch entgegen. Versuche, den rechtsradikalen Demonstrationszug durch Sitzblockaden aufzuhalten, wurden von der Polizei schnell abgeräumt oder auf den breiten Straßen einfach umgangen.

Es gab vereinzelte Stein- und Flaschenwürfe, der Kleinlaster einer Mietwagenfirma, die oft von Rechtsradikalen in Anspruch genommen wird, brannte. Das reichte nicht, um die Demonstration aufzuhalten. Der Neonazi-Aufmarsch wurde rechtsstaatlich durchgesetzt. Die Polizei verhaftete 29 Antifas und leitete 45 Ermittlungsverfahren ein.

Wie im Jahr zuvor traten die Rechten in weißen Hemden oder Shirts und schwarzen Hosen in Erscheinung. Zudem gab es wieder fast nur schwarz-weiß-rote Fahnen. Ihren Aufzug führten die Neonazis als Schweigemarsch durch, begleitet lediglich von klassischer Musik aus ihrem Lautsprecherwagen. Am Ende der Trauerinszenierung sprachen u. a. der Berliner NPD-Funktionär Sebastian Schmidtke und Thomas Wulff, genannt Steiner. Letzterer berichtete, wie er mit einigen anderen Neonazis in den 1980er-Jahren zum Heß-Geburtstag Feuerwerksraketen über das Gefängnis geschossen und sich wenig später am Tor ankettet hatte. Heß soll dazu gesagt haben: *„Die meinigen stehen zu mir“*. Quasi vom Hitler-Stellvertreter geadelt, forderte Steiner alle Anwesenden auf, politisch weiterzumachen. Es wurde ›vom einsamsten Gefangenen der Welt‹ geschwafelt und die ›Ungerechtigkeit der Besatzungsmächte‹ beklagt. Abgesehen von einige Pfiffen und Buh-Rufen verlief die Abschlusskundgebung ohne Störungen, und die Neo-Nazis werteten ihre Demonstration als Erfolg. In Spandau feierten derweilen 3.000 Menschen ihr ›Fest der Demokratie‹ und sich selbst. Man war Stolz darauf, den Heß-Aufmarsch verhindert zu haben – während er leider in Friedrichshain stattfand. Insgesamt zeigte sich der Antifa-Protest aber so stark, das die Neonazis ihre Heß-Gegenkmärsche in Berlin einstellten.

Kadervernetzung

In der politischen Szene gehört es seit eh und je zum Handwerkszeug, die Absichten des politischen Gegners auszukundschaften. Insbesondere in der Antifa entwickelte sich daraus die Recherchearbeit, und auch die Rechtsradikalen versuchten bereits Ende der 1970er-Jahre, Informationen über aktive Antifas zu sammeln. Doch erst 1992 propagierte Christian Worch mit der ›Anti-Antifa‹ ein Organisierungsmodell für die Neonazi-Szene. Informelle Gruppen sollten der Antifa und den Repressionsorganen gezielt entgegenwirken. Von vornherein handelte es sich dabei um eine Kaderorganisierung, die darauf abzielte, dass bekannte regionale Führungspersönlichkeiten zusammenarbeiteten, ohne eine Organisation zu bilden. Die meisten Anti-Antifa-Aktivitäten beschränkten sich auf das Zusammenstellen sogenannter ›Schwarzer Listen‹ und blieben lediglich eine verbal/propagandistische, wenn auch latente, Bedrohung. Wirkungsvolle Strukturen bildeten die Ausnahme und blieben im Wesentlichen auf Thüringen beschränkt.

Im Oktober 1994 trat erstmals eine Gruppierung mit dem Namen *Anti-Antifa Ostthüringen* in Erscheinung, seit Mai 1995 kam es zu wöchentlichen Treffen, weitere Gruppen schlossen sich an.

Dass eine solche ›Organisierung ohne Organisation‹ bei den Neonazis Konjunktur hatte, lag in der Repression gegen sie begründet. Allein zwischen 1992 und 1995 gab es mehr als zehn Verbote von neofaschistischen Parteien und Organisationen.

In der Folge bildeten sich ab Mitte 1996 die *Freien Kameradschaften*. Bei ihnen gibt es keine eingeschriebenen Mitglieder, sondern sie bilden einen losen Verbund von Aktiven, ähnlich wie die Autonomen bzw. Antifa-Gruppen.

Vergleichbar ist auch, dass rechte Subkultur wie Rechtsrock-Konzerte für diese Szene eine große Rolle spielt. Außerdem kopieren die Neonazis mittlerweile den autonomen Kleidungsstil und die Gestaltung von Transparenten bis hin zur Verwendung von Anglizismen. Leicht verändert findet selbst das Symbol der *Antifaschistischen Aktion* Verwendung. Äußerlich ist ein Unterschied zwischen Rechten und Antifa oft nur noch bei näherem Hinsehen auszumachen. Selbst der Begriff ›Autonome‹ wurde von den *Autonomen Nationalisten* übernommen.

Diese aktionsbezogenen Strukturen können schnell mobilisiert werden und sind schwierig zu kriminalisieren, obwohl es in den letzten Jahren auch einige Verbote gegen *Freie Kameradschaften* gegeben hat.

Letztlich zeigt sich mit dieser Entwicklung, dass den Neonazis einfach keine legale überregionale Organisation erlaubt ist. Es bot sich allerdings ein Ausweg: die NPD. Bis Mitte der 1990er-Jahre kämpften die Nationaldemokraten gegen ihre völlige Bedeutungslosigkeit. Mit der Wahl von Udo

Voigt[306] zum Bundesvorsitzenden im Mai 1996 schlug jedoch die Stunde der ›neuen‹ NPD. In Abgrenzung zu DVU und Republikanern[307] setzte die Partei nun auf ›Fundamentalopposition‹ und öffnete sich für die bis dahin von ihr ausgegrenzten Neonazis.

Während sich der eine Teil der Neonazis der NPD zuwandte, versuchte der andere, eigene Wege zu gehen. Dazu zählte die *Kameradschaft Jena*, zu deren Mitgliedern die späteren Rechtsterrorist_innen Beate Zschäpe, Uwe Mundlos und Uwe Böhnhardt gehörten. 1996 schloss sich die *Kameradschaft Jena* der *Anti-Antifa Ostthüringen* an, welche ab Anfang 1997 unter dem Namen *Thüringer Heimatschutz* (THS) auftrat. Der THS war zu diesem Zeitpunkt ca. 120 Personen stark und in die Sektionen Jena, Saalfeld, Sonneberg, Gera, Eisenach aufgeteilt.

Die Aktivist_innen der *Kameradschaft Jena* waren bald mit Verfahren konfrontiert. Als schließlich gegen Uwe Böhnhardt im Januar 1998 ein Haftbefehl vollstreckt werden sollte, tauchte er mit Beate Zschäpe und Uwe Mundlos unter. Davon unberührt, führte der THS seine Aktivitäten fort. Insgesamt waren bis 2001 bis zu 170 Personen in dieser Struktur involviert.[308] Der auf Kadervernetzung und geheimdienstlich angelegte Wirkungskreis des *Thüringer Heimatschutzes* rief von der ersten Stunde an staatliche Dienste auf den Plan, deren Spitzel, Agenten und Informanten sich an dieser Struktur

306 Udo Voigt, Jahrgang 1952, trat 1968 in die NPD ein. Wegen aktiver Parteiarbeit verweigerte die Bundeswehr Voigt den Wunsch, Berufssoldat zu werden. Studium der Politikwissenschaften in München, 1996 bis 2011 NPD-Parteivorsitzender, mehrfach wegen Volksverhetzung und ähnlicher Delikte vorbestraft, seit 2014 Abgeordneter der NPD im Europaparlament.

307 *Die Republikaner*, kurz REP, wurden 1983 von ehemaligen CSU-Mitgliedern gegründet und ab 1985 unter dem Vorsitzenden und ehemaligen Freiwilligen der Waffen-SS, Franz Schönhuber (1923–2005) bekannt, der die REP zu einer deutschen ›Front National‹ aufbauen wollte. 1989 konnten die REP mit 7,5 % in das Abgeordnetenhaus von Berlin einziehen und bei den Europawahlen im selben Jahr errangen sie 7 %. Es blieb jedoch bei einem politischen Strohfeuer.
Von 1992 bis 2001 lediglich im Landtag von Baden-Württemberg vertreten, sind die REP heute nur noch in einigen kommunalen Parlamenten zu finden. Ab 1994 distanzierte sich die neue REP-Parteiführung von rechtsextremen Tendenzen, um der Partei ein rechtskonservatives Image zu geben.

308 Vgl. *Verfassungsschutzbericht Thüringen für 2002*, Seite 36.

beteiligten.[309] Das zeigte sich vor allem am Tino Brandt[310], der als Kopf des THS auftrat. Brandt, der außerdem Vizevorsitzender der NPD Thüringen war, wurde im Mai 2001 als V-Mann des Verfassungsschutzes enttarnt. In diesem Zusammenhang wurde bald bekannt, dass weitere 35 bis 45 Personen des THS mindestens zeitweise für die politischen Geheimdienste der BRD arbeiteten. Mit anderen Worten, 25 Prozent der Aktivist_innen im *Thüringer Heimatschutz* waren staatlich besoldete Agent_innen. Nachdem dies Mitte 2001 öffentlich publik wurde, waren keine Aktivitäten vom THS mehr zu verzeichnen.

Gesundschrumpfen

Während sich der *Thüringer Heimatschutz* mit Hilfe und Mitarbeit von staatlichen Agenten zu einer wesentlichen neofaschistischen Struktur entwickelte, die eine neue rechtsradikale Terrorzelle hervorbringen sollte, ging es mit der Antifa-Organisierung langsam bergab. Im Verfassungsschutzbericht von 1996 war über die AA/BO zu lesen:

„Zum Jahresende haben der Organisation elf Gruppen aus acht Städten/Regionen angehört (Ende 1995: 17 Gruppen).

Zu den einflussreichsten zählen die Antifaschistische Aktion Berlin (AAB), die Unabhängige Antifa Bielefeld, die Antifa Bonn/Rhein-Sieg sowie die weiterhin dominierende Autonome Antifa (M).“[311]

Während sich die AA/BO gesundschrumpfte, konnte die Autonome Antifa (M) im Sommer 1996 einen Erfolg für sich verbuchen. Nach über zwei Jahren juristischem Gezerre wurde das Verfahren gegen die 17 Beschuldigten

309 *Militärischer Abschirmdienst* (MAD), *Bundesamt für Verfassungsschutz* (BfV) und das *Thüringer Landesamt für Verfassungsschutz* (LfV).

310 Tino Brandt, Jahrgang 1974, von 1994 bis 2001 im Dienste des Verfassungsschutz Thüringen, kassierte in dieser Zeit 200.000 DM und wurde ferner mit Sachleistungen wie Handys usw. unterstützt. Nach eigenen Angaben stellte Brandt Geld und Güter der rechtsradikalen Szene zur Verfügung. Der Verfassungsschutz wäre damit indirekt an Finanzierung und Aufbau der Strukturen beteiligt, die er offiziell bekämpft. Aufgrund eines Ermittlungsverfahren wegen Zuhälterei (Brandt soll minderjährige Knaben an Freier vermittelt haben), kam der VS-Agent 2014 in Untersuchungshaft. Ferner trat Brandt 2014 als Zeuge beim NSU-Prozess in München auf.

311 *Verfassungsschutzbericht* 1996, Bundesministerium des Innern, Mai 1997, Seite 41.

wegen Bildung einer kriminellen Vereinigung kurz vor dem Prozessbeginn eingestellt. Die Antifaschist_innen mussten allerdings über ihre Anwälte erklären, in Zukunft das Versammlungsrecht zu berücksichtigen und insgesamt 56.000 DM an die KZ-Gedenkstätte Mittelbau-Dora zahlen. Jubeln konnte darüber niemand so richtig, der offizielle Kommentar der Gruppe lautete entsprechend: *„1:1 für die Autonome Antifa (M)“*. Doch es war klar, dass es ab diesem Zeitpunkt keine Demonstrationen mit Schwarzem Block mehr geben würde.

Probleme hatte auch das B.A.T. Im Herbst 1996 brachte es in hoher Auflage die Sonderzeitung *Tuu Matsch Nazis* heraus und leitete damit eine Kampagne gegen die NPD/JN ein. Ein Jahr später bilanzierte das B.A.T., dass seine Anziehungskraft offensichtlich nachgelassen hätte und die Zusammenkünfte langsam zu ›Familientreffen‹ würden.

In dieser Situation kam es zu einer weiteren Annäherung von AA/BO und B.A.T. Am 9. August 1997 riefen beide Zusammenhänge sowie die *Autonome Antifa* (M) nach Quedlinburg im Harz zu einer Demonstration unter dem Motto *„Organisiert den antifaschistischen Widerstand! Gegen den Rudolf-Heß-Marsch vorgehen“* auf. Die Polizei sprach von 400, die Veranstalter von 600 Demonstrierenden. Das war zwar kein Vergleich zu früheren Zahlen, aber immerhin war eine Kooperation gelungen, was zur weiteren Zusammenarbeit von AA/BO und B.A.T. führte.

Das war auch angeraten, denn zeitgleich mit der ›Bekämpfung‹ des Neofaschismus erhöhte der Staatsapparat den Druck gegen Antifa-Aktivitäten, die er nicht für sich instrumentalisieren konnte.

Ein Beispiel gab die Demonstration vom 11. Oktober 1997 *„Kein Nazizentrum in Saalfeld! – den rechten Konsens durchbrechen!“*, zu der ein breites Bündnis aus lokalen Gruppen sowie AA/BO und B.A.T aufgerufen hatten. Örtliche Medien und einige konservative Politiker betrieben eine regelrechte Hysterie in Bezug auf die bevorstehende Antifa-Aktion.

Die neugegründete Ortsgruppe der NPD setzte sich an die Spitze der Bewegung und meldete ihrerseits am 11. Oktober 1997 eine Demonstration ›gegen den linken Terror‹ an. Daraufhin wurde für die gesamte Region ein Demonstrationsverbot erlassen. Bereits zwei Tage vor der beabsichtigten

↑ AA/BO-Transparent auf der Demo gegen das FAP-Zentrum in Northeim, am 4. Juni 1994. Das Transparent ging bei der Antifa-Demo am 1. Mai 1998 in Leipzig an die Polizei verloren.

Manifestation kontrollierten Polizeiposten – darunter BGS[312] mit Maschinenpistolen – sämtliche großen Zufahrtsstraßen nach Thüringen. Am Morgen des 11. Oktober stürmte ein Sondereinsatzkommando der Polizei ein linkes Wohnprojekt in Saalfeld und nahm 14 Personen fest, insgesamt wurden an diesem Tag 800 Antifaschist_innen verhaftet.

Circa 400 Antifas, die mit acht Bussen zu einer Ausweichdemonstration nach Erfurt unterwegs waren, wurden auf der A 9 gestoppt. Das führt zu einer Spontandemo auf der Autobahn, die mehrere Stunden blockiert war. Schließlich wurden BGS- und USK[313]-Einheiten mit Hubschraubern eingeflogen. Sämtliche Antifas wurden verhaftet und in einer baufälligen Kaserne für 36 Stunden eingesperrt. Einigen versprengten Demonstrant_innen gelang es dennoch, kleine Kundgebungen in Erfurt, Jena, Dessau und Leipzig durchzuführen.

312 *Bundesgrenzschutz* (BGS), gegründet 1951, von einer ursprünglich militärischen Truppe immer weiter zu einer Polizeieinheit gewandelt. Im Juli 2005 in Bundespolizei umbenannt.

313 *Unterstützungskommando* (USK), Spezialeinheit zur Aufstandsbekämpfung der bayrischen Polizei. Die Aufstellung dieser Truppe wurde nach den tödlichen Schüssen an der Startbahn West im November 1987 beschlossen.

Bereits wenige Monate später kam es in Leipzig zur nächsten größeren Konfrontation zwischen Antifa und Staatsapparat. Nachdem sich die NPD für die ›Kameradschaften‹ geöffnet hatte, trat sie zu Bundestagswahlen am 27. September 1998 verstärkt öffentlich in Erscheinung. Der ›Kampf um die Straße‹ wurde mit dem Bundeswahlkongress in der Passauer Nibelungenhalle am 7. Februar 1998 verkündet. Die 5.000 Versammlungsteilnehmer_innen wurden mit dem Versprechen verabschiedet, sich am 1. Mai in Leipzig wiederzusehen. Mit einer Großkundgebung am Völkerschlachtdenkmal wollten die Rechtsradikalen bundesweit für Aufsehen sorgen.

In Leipzig formierte sich schnell ein Bündnis gegen den geplanten Aufmarsch. Für die Antifa-Szene war die Neonazi-Provokation bundesweit ein Thema. Ohne Rücksicht auf differierende politische Auffassungen mobilisierten viele Gruppen zur Gegenaktion.

Den mehr als 5.000 Rechtsradikalen stellten sich am 1. Mai 1998 eine unüberschaubare Zahl von Antifaschist_innen entgegen. Es kam zu heftigen Auseinandersetzungen, insbesondere zwischen Polizei und Antifas. Im gesamten Stadtgebiet wurden Barrikaden aus brennenden Müllcontainern errichtet und Bauwagen angezündet, Steine flogen gegen Reisebusse und PKW der Rechten sowie Einsatzfahrzeuge der Polizei. Es zeigte sich, dass die Antifa immer noch eine starke Bewegung war, für die sich auch der Polizeiapparat verstärkt interessierte.

Am 12. Mai 1998 kam es zu einem neuen, heftigen Kriminalisierungsversuch gegen die Antifa. Zeitgleich fanden im gesamten Bundesgebiet 36 Durchsuchungen statt. Die Ermittlungen wurden vom bayerischen Landeskriminalamt (LKA) in Zusammenarbeit mit dem Bundeskriminalamt (BKA) geführt. Insgesamt 32 (teilweise ehemaligen) Passauer Antifaschist_innen wurde vorgeworfen, seit 1993 *„in einem organisatorischem Zusammenhang (möglicherweise identisch mit der Antifaschistischen Aktion)“*[314] über 100 Straftaten begangen zu haben. Der Vorwurf lautete ›Bildung einer kriminellen Vereinigung‹ nach § 129a. Die *Antifaschistische Aktion Passau* gehörte in den 1990er-Jahren zu den aktivsten Gruppen in Bayern und war Mitglied der AA/BO. Anlass für antifaschistisches Engagement bot die ›Drei-Flüsse-Stadt‹

314 Ermittlungsakte.

genügend, allein durch das jährliche Großtreffen der DVU in der Nibelungenhalle. Natürlich war es auch zu direkten Aktionen gekommen. Aber nicht die sollten durch die Durchsuchungen belegt werden, sondern „*[der] Bezug des/der Beschuldigten zum antifaschistischen Spektrum*“ und „*die Mitgliedschaft in Gruppierungen des antifaschistischen Spektrums*“. Trotz der juristischen Bedrohung führten die Antifaschist_innen in Passau am 26. September 1998 mit dem *Antifaschistischen Aktionsbündnis Bayern* Aktionen und eine Demo gegen das 17. Treffen der DVU in Passau durch.

Wider den Zeitgeist

Obwohl sich die Antifa-Gruppen durch die Repression nicht einschüchtern ließen und weiterhin Demonstrationen und militante Aktionen durchführten, stagnierte die Antifa-Bewegung. Die AA/BO versuchte noch einmal, neue Impulse zu geben. Auf der Burg Ludwigstein bei Witzenhausen nahe Göttingen wurde vom 2. bis 5. Juli 1998 ein antifaschistisches Camp unter dem Motto ›Organisiert den revolutionären Widerstand‹ durchgeführt. Vier Tage lang diskutierten mehrere Hundert Teilnehmer_innen, doch die erhoffte Signalwirkung ging von der Zusammenkunft nicht aus.

Die Anforderungen an die Mitgliedsgruppen bei der AA/BO waren mittlerweile heruntergeschraubt worden. Unter dem Motto: „*Den rechten Vormarsch stoppen! Antifa-Offensive ’99*“ wurde 1999 eine letzte große Kampagne durchgeführt, an der nicht nur die AA/BO, sondern alle ansprechbaren Gruppen mitwirkten. „*Über 40 Antifa-Gruppen aus der gesamten BRD beteiligten sich an der Antifa-Offensive ’99. Praktisch umgesetzt wurde die Kampagne auf regionaler Ebene mit zahlreichen Camps, Konzerten, Veranstaltungen und Demonstrationen, die mit einem gemeinsamen Plakat und Flugblatt sowie dem ›Offensivenstempel‹ in Zusammenhang gestellt wurden.*“[315]

Zu den Höhepunkten zählte der revolutionäre Antifa-Block bei der Demonstration „*Fight Fortress Europe!*“ in Köln am 29. Mai 1999, die sich gegen den dortigen EU-Gipfel richtete. Mehrere Tausend Antifaschist_innen nahmen daran teil.

315 *Einsatz! Zeitung für autonome Politik*, Nr. 42, Göttingen, Dezember 1999, Seite 4.

Hauptaktion der Antifa-Offensive '99 war aber die Kundgebung gegen die NPD-Bundesgeschäftsstelle in Stuttgart am 9. Oktober 1999 mit 1.500 Demonstrant_innen.

Trotzdem musste man das Fazit ziehen: „*Die Kampagne hatte keine größere öffentliche Wirkung. So ließ sich in der Gesamtheit keine größere öffentliche Aktion ausmachen.*“[316]

In dieser Zeit hörte das B.A.T. auf zu existieren und eine bundesweite antifaschistische Organisation war auch bei der AA/BO kein Thema mehr. In den Diskussionen wurde vielmehr die Frage erörtert, wie es grundsätzlich politisch weitergehen könnte, ein neuer Ansatz wurde gesucht. Schließlich kam es vom 20. bis 22. April 2001 zum Antifa-Kongress in Göttingen unter dem Motto „*Das Jahr, in dem wir Kontakt aufnehmen*“.[317]

Ausrichter waren die Antifaschistische Aktion Berlin (AAB), die Autonome Antifa (M) und das Bündnis gegen Rechts Leipzig (BgR).

Der Kongress stieß auf großes Interesse – über 600 Interessierte waren gekommen –, schließlich sollte

↑ NATO- und BRD-Fahnen wurden nach der Demo gegen den Einsatz der Bundeswehr im Kosovokrieg öffentlich verbrannt. Göttingen, 8. Mai 1999.

316 *Einsatz! Zeitung für autonome Politik*, Nr. 42, Göttingen, Dezember 1999, Seite 4.

317 Der Titel bezog sich auf einen Science-Fiction-Film aus dem Jahre 1984 ›2010: Das Jahr, in dem wir Kontakt aufnehmen.‹

↑ ›Die antifaschistische Selbsthilfe organisieren (aktivieren)‹ ist eine typische Parole zu Beginn der 1990er-Jahre, die bald ihre mobilisierende Wirkung verlor. Göttingen, 2001.

es um die Neuorganisierung der linksradikalen Antifa-Szene gehen. Um dem nicht im Wege zu stehen, gab die AA/BO auf dem Kongress ihre Auflösung bekannt. Vom groß angekündigten Gründungsprozess blieb am Ende nur eine neue Zeitschrift übrig, die *Phase 2*. Statt zu einer erneuten Organisierung kam es zum weiteren Zerfall. Die ›antideutsche‹ Diskussion dominierte und spaltete die Szene. Betroffen war davon auch die Autonome Antifa (M), die im April 2004 ihr Ende bekannt gab.

Unschöne Begleitmusik

Der Begriff der Antideutschen kam in den 1960er-Jahren als eines von vielen Schimpfworten gegen Linke und Gammler auf. Jahrzehnte später, mit der Wiedervereinigung, bezeichnete er eine politische Strömung. Sie entstand 1990, als sich einige Gruppen und Einzelpersonen als *Radikale Linke* (RL) zusammenfanden und unter dem Motto ›Nie wieder Deutschland‹ eine Kampagne gegen den Anschluss der DDR an die BRD starteten.

Am 12. Mai 1990 kam es in Frankfurt/Main mit 20.000 zur ersten großen Demonstration unter dem antinationalen Motto. Am Pfingstkongress der RL 1990 in Köln nahmen 1.500 Personen teil. Zu letzten Aktionen kam es im Herbst 1990 in Berlin. Vom 30. September bis 3. November organisierten autonome Gruppen unter dem Motto *„Halt's Maul, Deutschland. Es reicht – Aktionstage für den Wiederzusammenbruch"*. An den Aktionstagen nahmen rund 15.000 Menschen teil. Am 3. November schloss eine Demo, unter dem Slogan *„Nie wieder Deutschland"*, an der sich 8.000 Personen beteiligten, die Aktionstage ab. Die sich bereits zu diesem Zeitpunkt abzeichnenden ideologischen Differenzen eskalierten im Januar 1991 mit dem Eingreifen der USA im zweiten Golfkrieg. Die RL zerfiel weil ›Antideutsche‹ einen Bruch mit linken Positionen vollzogen.

Aufgrund ihrer Israelsolidarität sprachen sich Intellektuelle um die Zeitschrift *konkret* für den von der BRD-Regierung unter Helmut Kohl (CDU) mitfinanzierten Krieg an der Seite der USA aus. Ähnlich positionierten sich die Antideutschen 1999 im Kosovokrieg. In ihm sahen sie eine Wiederholung der Konstellation des II. Weltkrieges. Dass sich die USA beteiligten, sei das Werk Deutschlands.

Antideutsche (wie auch viele Altkommunist_innen) forderten deshalb Solidarität mit dem Regime von Slobodan Milošević.[318]

Zur entscheidenden Polarisierung kam es mit Beginn der zweiten Intifada[319] in Palästina/Israel, die von Ende September 2000 bis Februar 2005 andauerte.

318 Slobodan Milošević (geb. 1941, gest. 2006). Verstand sich als Serbe, obwohl seine Eltern Montenegriner waren. Seit 1959 Mitglied der kommunistischen Partei Jugoslawiens. Studium der Rechtswissenschaft, dann Bankdirektor, ab 1986 Vorsitzender des Bund der Kommunisten Serbiens. Ab 1987 faktischer Alleinherrscher der Sozialistischen Republik Serbien, die sich dann in Republik Serbien, schließlich in Bundesrepublik Jugoslawien umbenannte. 1999, während des Kosovo-Krieges, klagte der Internationalen Gerichtshof in Den Haag Milošević wegen Verbrechen gegen die Menschlichkeit, Verstöße gegen die Gesetze und Gebräuche des Krieges und gegen die Genfer Konventionen sowie Völkermord, an. Nach dem verlorenen Krieg wurde Milošević im Oktober 2000 durch einen Volksaufstand gestürzt und an Den Haag ausgeliefert. Er verstarb während des Prozesses am 11. März 2006 in seiner Zelle.

319 Das Wort bedeutet so viel wie ›sich erheben, loswerden, abschütteln‹ und umschreibt einen allgemeinen Volksaufstand von Palästinensern gegen Israelis. Die erste Intifada begann 1987 als ›Krieg der Steine‹.

Die Antideutschen standen für die vorbehaltlose Unterstützung Israels und des Zionismus. Nach den Anschlägen am 11. September 2001 wurden zudem antiimperialistische Positionen mit Antiamerikanismus gleichgestellt. Schließlich führte die Kritik einiger Antideutschen an linken Positionen soweit, dass sie praktisches Handeln grundsätzlich infrage stellten.

Offensichtlich hatten sich einige traditionelle linke Erklärungsmuster überholt. Insbesondere traf das auf den leninistischen Begriff des Imperialismus zu, mit dem jahrzehntelang operiert worden war. Anstatt darüber aber eine sachliche Auseinandersetzung zu führen, folgten erbitterte Streitigkeiten von Antideutschen auf der einen und Antiimperialisten und sonstigen Linken auf der anderen Seite.

Dazu gehörte, dass Antideutsche bei Demonstrationen provozierten, indem sie israelische und US-amerikanischen Fahnen trugen.[320] Teilweise kam es zu Handgreiflichkeiten, die die Situation weiter aufheizten. Die antideutsche Diskussion beherrschte bald ganze Szenen. In der Folge kam es zur Fraktionierung, Antifa-Gruppen spalteten sich an dieser Frage, etliche Gruppen lösten sich auf und Aktivist_innen kehrten der politischen Szene entnervt den Rücken.

Auf dem Höhepunkt dieser Entwicklung[321], etwa 2005, standen sich Antideutsche und die meisten Linksradikalen, das heißt auch Antifa-Gruppen, in zwei Lagern gegenüber.

320 Abgesehen davon, dass es sich dabei um zwei ›imperialistische‹ Staaten handelte, gab (und gibt) es unter Linksradikalen die unausgesprochene Vereinbarung, dass Fahnen real existierender Staaten auf Demonstrationen nichts zu suchen haben.

321 Als ein Markstein der Auseinandersetzungen mit ›Antideutschen‹ galt der 31. Januar 2004. An diesem Tag traten 1.200 Neonazis gegen die wiedereröffnete Wehrmachtsausstellung in Hamburg auf. Dagegen demonstrierten mehr als 5.000 Antifaschist_innen. Zu Beginn der Antifa-Demo kam es intern zu handgreiflichen Auseinandersetzungen mit ›Antideutschen‹, die sich mit Israelfahnen an die Spitze der Antifa-Demo setzen wollten. Schließlich schritt die Polizei ein. Im späteren Verlauf der Demo (ohne Nationalfahnen) kam es zu heftigen Konfrontationen mit den mehr als 3.000 Polizist_innen, die auch Wasserwerfer einsetzten. Die Polizei konnte die Neonazis nur auf einer auf ein Viertel verkürzten Route laufen lassen. Über 200 Antifas kamen in Gewahrsam, 15 in Haft. Die Polizei gab 26 Verletzte bekannt, die Zahl der verletzten Demonstrant_innen blieb unbekannt.

Befreiung und Wehrmacht

Der Niedergang der organisierten Antifa-Zusammenhänge war aber keineswegs gleichbedeutend mit einem Verdrängen des Themas Antifaschismus. Vielmehr wurde Antifaschismus in immer deutlicherem Maße zur staatlichen Doktrin – wobei der in seinen Grundzügen stalinistisch geprägte Antifaschismus der DDR mit dem der alten BRD scheinbar widerspruchslos verschmolz.

Das zeigt sich unter anderem an der Interpretation des Begriffs ›Befreiung‹ für den 8. Mai 1945. Bis in die 1980er-Jahre fand sich ›Befreiung‹ ausschließlich im Wortgebrauch der DDR und kommunistischer Organisationen, denn für sie hatte die Sowjetunion in den von ihr eroberten bzw. besetzten Gebieten nicht einfach die Naziherrschaft beendet, sondern auch die Befreiung vom Kapitalismus gebracht. Im Westen sah man diesen Vorgang weitaus weniger theatralisch. Auf der offiziellen Medaille für US-Veteranen steht ›Army of occupation‹, was sich schwerlich mit Befreiung übersetzen lässt. So wurden in der alten BRD Vokabeln wie ›Kriegsende‹, ›Zusammenbruch‹ oder ›Kapitulation‹ verwendet. Als Bundespräsident Richard von Weizsäcker in seiner Rede vom 8. Mai 1985 zum ersten Mal von einer Befreiung am 8. Mai 1945 sprach, erhob sich ein Sturm der Empörung.

Weizsäcker und auch die späteren Staats- und Regierungschefs meinten natürlich nicht die Befreiung vom Kapitalismus, sondern sie sahen und sehen Deutschland genauso befreit wie Frankreich, Holland usw. Eine allerdings fragwürdige historische Interpretation, denn befreit wurden Konzentrationslager und Einzelne, ansonsten mussten die Alliierten in Deutschland jedes lausige Dorf erobern. Rein sachlich handelte sich um die militärische Zerschlagung des NS-Regimes.

Für das politische Alltagsgeschäft spielten solche Feinheiten keine Rolle. In den 1990er-Jahren war es zunächst wichtig, gegen den Neofaschismus zu agieren, und im Gegensatz zu früher stellte der Kommunismus kein ernsthaftes Feindbild mehr dar. Außerdem ließ sich absehen, dass die staatsideologischen Auffassungen aus DDR-Zeiten, die historisch widerlegt waren, nach und nach verschwinden würden. Den neu interpretierten

Begriffen Antifaschismus und ›Befreiung‹, kamen im ›wiedervereinigten Deutschland‹ hingegen identitätsstiftende Bedeutung zu. Sie eignen sich, um sich von der NS-Vergangenheit zu distanzieren und als ›normale‹ Nation im Staatenreigen zu gelten.

Eine neue Geschichtsauffassung zeichnete sich auch mit dem 50. Jahrestag des deutschen Angriffs auf die Sowjetunion am 21. Juni 1991 ab. Diverse Gruppen hatten versucht, dieses Datum zum Thema zu machen. Unter anderem wurde in Berlin die Ausstellung ›Krieg gegen die Sowjetunion‹ realisiert und gab den Anstoß, für den 50. Jahrestag des Kriegsendes 1995 ein viel größeres Projekt ins Auge zu fassen.

Nachdem das *Hamburger Institut für Zeitgeschichte*, eine Stiftung des ›Zigarettenmillionärs‹ Jan Philipp Reemtsma, für die Idee gewonnen werden konnte, entstand unter dem Titel *„Vernichtungskrieg. Verbrechen der Wehrmacht 1941 bis 1944"* eine Ausstellung, die erstmals am 5. März 1995 in Hamburg der Öffentlichkeit präsentiert wurde.

Allein der Titel musste in weiten Teilen der alten BRD als Provokation wirken. Denn die Wehrmacht galt dort als von NS-Verbrechen unbefleckt, während sie in der Geschichtsbetrachtung der DDR seit jeher als ›faschistische Wehrmacht‹ bezeichnet worden war. Es war davon auszugehen, dass ›alte Kameraden‹, deren Einfluss weit in die ›bürgerliche Mitte‹ reichte, und Rechtsradikale auf die Ausstellung reagieren würden. Die ersten Schauen in Hamburg, Berlin, Potsdam und Stuttgart blieben von wissenschaftlichen Sachvorträge dominierte Veranstaltungen, die auf mäßiges öffentliches Interesse stießen. In Stuttgart zeigte der SPD-Politiker Erhard Eppler gar, dass er die Zeichen der Zeit noch nicht verstanden hatte, nahm er doch bei seiner Eröffnungsrede im DGB-Haus *„die Soldaten der deutschen Ostfront"* vor pauschaler Verurteilung in Schutz.

Neonazis gingen zum ersten Mal 1996 in Erfurt mit Sachbeschädigungen gegen die Ausstellung vor. Am 19. Januar 1997 protestierten 30 Rechtsradikale gegen die Eröffnung in Karlsruhe und kündigten fortlaufend Demonstrationen gegen die *„volksverhetzende, antideutsche Schandausstellung"* an.

Während dies lediglich schrille Randerscheinungen blieben, wirkten die vermehrten Medienberichte, die im Zusammenhang mit der Ausstellung vom *„Ende der Legende der sauberen Wehrmacht"* sprachen, umso nachhaltiger.

Anti-Wehrmachts-Plakat der *Antifa-Bünde* Anfang der 1990er-Jahre.

Es begann eine politische Debatte, die ihren ersten Höhepunkt im Frühjahr 1997 in München erreichte. Auslöser war die CSU, die Sturm gegen die ›Wehrmachtsausstellung‹ lief. Der bayerische Kultusminister empfahl, sie nicht zu besuchen, in der lokalen Tagespresse erschienen ganzseitige Anzeigen gegen das Projekt. Am Tag vor der Eröffnung demonstrierten 300 Rechtsradikale vor dem Rathaus. Dessen ungeachtet, eröffnete Bürgermeister Uhde (SPD) am 24. Februar 1997 die Ausstellung, während der CSU-Fraktionsvorsitzende im Münchener Stadtrat medienwirksam einen Kranz am örtlichen Grabmal des unbekannten Soldaten niederlegte.

Am 1. März 1997 riefen NPD und JN zu einer Demonstration in München auf. Mehr als 5.000 Rechtsradikale gingen gegen die Wehrmachtsausstellung auf die Straße. Ihnen standen mindestens 10.000 Gegendemonstrant_innen gegenüber. Die Polizei verhinderte Zusammenstöße.

Spätestens damit war die Ausstellung ein Thema von bundesweiter Bedeutung und wurde am 13. März 1997 in einer aktuellen Stunde im Bundestag behandelt. Daraufhin beantragten vermehrt Länderparlamente, Museen, Universitäten und andere renommierte Einrichtungen, die Ausstellung zeigen zu dürfen, die vielerorts von hochrangigen Politiker_innen eröffnet wurde. An jedem Veranstaltungsort versuchten Neofaschisten aufzutreten, denen sich stets Antifaschist_innen entgegenstellten. Doch bei Demos blieb es nicht. Am 9. März 1999 kam es in Saarbrücken zu einem Bombenschlag. Ausstellung, samt Ausstellungsgebäude wurden erheblich beschädigt, eine nebenstehende Kirche in Mitleidenschaft gezogen. Die Tat konnte nie aufgeklärt werden, es kam die Vermutung auf, dass die Zwickauer Terrorzelle, Selbstbezeichnung NSU[322], den Anschlag durchgeführt haben könnte. Bis Oktober 1999 war die Wehrmachtsausstellung in 34 Städten der BRD und in Österreich zu sehen und verzeichnete insgesamt 900.000 Besucher. Mehrstündige Wartezeiten bildeten die Regel, der Katalog wurde zum Bestseller. Schließlich kam die Ausstellung in einer englischen Fassung sogar nach New York. Inzwischen wurden Stimmen immer lauter, die Fehler in der Ausstellung bemängelten. Eine Veröffentlichung des deutsch-polnischen Historikers Bogdan Musial im *Vierteljahrsheft für Zeitgeschichte* deckte auf, dass zahlreiche Fotografien nicht die Verbrechen deutscher Soldaten, sondern die des sowjetischen Staatssicherheitsdienstes zeigten.

Am 4. November 1999 wurde die Wehrmachtsausstellung aus dem Verkehr gezogen und eine Experten-Kommission beschäftigte sich bis November 2000 mit den Vorwürfen. Zwar mussten Fehler und Ungenauigkeiten eingeräumt werden, an der Kernaussage änderte dies allerdings nichts. Gründlich überarbeitet, wurde die Schau unter dem Titel *„Verbrechen der Wehrmacht. Dimensionen des Vernichtungskrieges 1941–1944“* im November 2001 in Berlin wiedereröffnet. Bis März 2004 war sie in weiteren elf Städten in der Bundesrepublik, Österreich und Luxemburg zu sehen, um dann im Archiv des Deutschen Historischen Museums in Berlin eingelagert zu werden.

322 NSU (*Nationalsozialistischer Untergrund*), Abkürzung einer Organisation Rechtsradikaler aus dem Osten der Republik.

Aufstand der Anständigen?

In einer Phase, als das internationale Ansehen der Bundesrepublik nach deutlichen antifaschistischen Impulsen verlangte, kam im Oktober 1998 eine rot-grüne Koalition unter Bundeskanzler Gerhard Schröder (SPD) an die Regierung. In Deutschland wurden damit zum ersten Mal mehrheitlich Parteien gewählt, die sich ›links von der Mitte‹ einstuften und teilweise aus sozialen Bewegungen hervorgegangen waren. Unter Schröder und seinem Vizekanzler Joschka Fischer (Grüne) bekam der Antifaschismus von Staats wegen einen weiteren entscheidenden Schub. Im selben Atemzug kam es außenpolitisch zu einer Enttabuisierung des Militärischen, d. h. die Bundeswehr kam in den Kriegseinsatz. Einen ersten Höhepunkt fand diese Neuausrichtung im Kosovo-Krieg 1999. Zur Legitimierung diente u. a. der Verweis auf Ausschwitz. Am 7. April 1999 sagte der Außenminister Joschka Fischer: „Ich habe nicht nur gelernt: Nie wieder Krieg. Ich habe auch gelernt: Nie wieder Auschwitz.“[323]

Im Geiste dieser Politik setzte der als Medienkanzler bekannte Schröder wenig später den ›Aufstand der Anständigen‹ öffentlichkeitswirksam in Szene.

Als Auslöser gelten vor allem zwei Anschläge. Der folgenschwerste ereignete sich am Nachmittag des 27. Juli 2000. Arglos befand sich eine zwölfköpfige Gruppe von osteuropäischen Spätaussiedlern nach einem Sprachkurs auf dem Heimweg. Als sie eine Fußgängerrampe am nahe gelegenen Zugang des S-Bahnhofs Düsseldorf-Wehrhahn betraten, achtete niemand auf eine Plastiktüte an einem Geländer. Um 15.04 Uhr, als die Gruppe direkt an der Tüte vorbeiging, kam es zu einer verheerenden Explosion. Ein Splitterhagel, der 100 Meter weit reichte, verletzte zehn Menschen, teilweise lebensgefährlich. Metallsplitter durchbohrten eine im fünften Monat Schwangere und töteten ihr ungeborenes Kind. Nur durch eine Notoperation konnte das Leben der 24-Jährigen gerettet werden.

323 Fried, Nico: ›Ich habe gelernt: Nie wieder Ausschwitz‹. In: *Süddeutsche Zeitung*, 19. Mai 2010, http://www.sueddeutsche.de/politik/fischer-ich-habe-gelernt-nie-wieder-auschwitz-1.915701 (abgerufen am 21.6.2018).

Eine mit TNT gefüllte Rohrbombe war mittels Fernzündung zur Explosion gebracht worden. Es gab keinerlei Tatbekenntnis, die Nachforschungen liefen in alle Richtungen. Da sechs der Verletzten Mitglieder der jüdischen Gemeinde waren, wurden sehr bald fremdenfeindliche oder antisemitische Motive vermutet. Mehr als 300 Spuren wurden verfolgt, 1.500 Menschen befragt, 450 Beweisstücke gesammelt. Um auf dem Bahngelände Partikel des Zünders festzustellen, schafften die Ermittler für viel Geld extra einen Spezialdetektor an. Doch trotz des großen ermittlungstechnischen Aufwands konnte die Tat nicht aufgeklärt werden.[324]

Wenige Wochen nach dem ›Wehrhahn-Anschlag‹ kam es am 4. Oktober 2000 zu einem Brandanschlag auf die Düsseldorfer Synagoge. Durch einen Steinwurf und drei Brandsätze entstanden Beschädigungen. Größere Zerstörungen blieben aus, auch weil eine beherzte Anwohnerin ein paar züngelnde Flammen ohne Zögern austrat. Sofort wurde angenommen, dass Neonazis für den Anschlag verantwortlich gewesen seien. Der Bundeskanzler und der nordrhein-westfälische Ministerpräsident suchten mit dem damaligen Oberhaupt des ***Zentralrates der Juden*** in Deutschland, Paul Spiegel, den Tatort auf. Spiegel forderte ein deutliches Zeichen der Solidarität mit den Juden, woraufhin Schröder sogleich appellierte: ***„Wir brauchen einen Aufstand der Anständigen, wegschauen ist nicht mehr erlaubt.“***[325] Zivilcourage müsse

324 Vermutungen, der Anschlag würde auf das Konto islamistischer Terroristen oder des Nationalsozialistischen Untergrunds (NSU) gehen, stellten sich als gegenstandslos heraus. Erst mehr als 16 Jahre nach der Tat verhaftete die Polizei am 31. Januar 2017 Ralf S. Bereits im Jahr 2000 war der mittlerweile 51-Jährige ehemalige Zeitsoldat unter Verdacht geraten. Zur Tatzeit betrieb er in der Nähe des Tatorts einen Militaria-Laden und machte aus seiner fremdenfeindlichen Einstellung keinen Hehl. Drei Jahre lang wurden die Telefongespräche von Ralf S. überwacht, ohne dass sich der Verdacht erhärten ließ. Das Verfahren gegen ihn wurde 2002 eingestellt. Einige Jahre später verbüßte S. eine Ersatzfreiheitsstrafe in der Justizvollzugsanstalt Castrop-Rauxel. In dieser Zeit soll er in einem Gespräch mit einem Mithäftling zugegeben haben, den ›Wehrhahn-Anschlag‹ verübt zu haben. Mit dem neuen Belastungszeugen wurde der Fall im Jahr 2014 noch einmal komplett neu aufgerollt und führte schließlich zur Anklage gegen Ralf S. wegen zwölffachen Mordversuchs aus Fremdenhass. Der Indizienprozess wurde im Januar 2018 vor dem Düsseldorfer Landgericht eröffnet und endete nach 40 Verhandlungstagen am 31. Juli 2018 mit einem Freispruch.

325 In: ***Süddeutsche Zeitung***, 22. September 2015, http://www.sueddeutsche.de/politik/schroeders-sprueche-familie-und-das-ganze-gedoens-1.2658859-5 (abgerufen am 1.6.2018).

entwickelt und die Täter nicht nur gefasst, sondern auch gesellschaftlich isoliert werden. In Bund, Ländern und Kommunen wurden Aktionspläne entworfen. Ein ›Aufstand der Anständigen‹ sollte sich vor allem mit Hilfe außerparlamentarischer Basisbewegungen darstellen, deshalb wurden gezielt Nichtregierungsorganisationen und Bürgerinitiativen einbezogen.

Antifaschistische Initiativen, die ›staatstragenden bürgerlichen Ansprüchen‹ genügten, erhielten, vor allem in Nordrhein-Westfalen, finanzielle Unterstützung. Das betraf beispielsweise Fußballfan-Projekte, Recherchegruppen oder historisch arbeitende Initiativen. Einige Aktivist_innen wurden vom Staatsapparat schlichtweg aufgekauft.

Den Tätern, die den Anschlag auf die Synagoge begangen hatten, kam die Polizei zwei Monate später auf die Spur, es handelte sich um zwei arabischstämmige junge Männer. Ihr Tatmotiv war Rache für den Tod eines Jungen in Gaza, der dort wenige Tage vor dem Anschlag von israelischen Soldaten erschossen worden war. Drastische Bilder, die das sterbende Kind in den Armen seines Vaters zeigten, hatten für weltweites Aufsehen gesorgt.

Das NPD-Verbotsverfahren

Im Zusammenhang mit dem ›Aufstand der Anständigen‹ kam es zu einem Verbotsverfahren gegen die NPD, das sich als Schlag ins Wasser erweisen sollte. Der Versuch, die Partei verbieten zu lassen, zeugte vor allem von einem kopflosen Aktionismus der etablierten politischen Kräfte und bescherte der NPD große mediale Aufmerksamkeit. Mittels des Verbotsverfahrens konnten sich die Nationaldemokraten als verfolgte Patrioten darstellen und fühlten sich in ihrer Rolle als ›Fundamentalopposition‹ bestätigt. Das nutzte der Partei gerade zu diesem Zeitpunkt. War es doch im Jahr 1996 unter dem neu gewählten Parteivorsitzenden Udo Voigt zu einem politischen Kurswechsel gekommen. Elemente des ›nationalen Sozialismus‹ gewannen an Bedeutung und die Partei wurde verstärkt zum Anziehungspunkt neonazistischer Gruppierungen.

Damit begann die Konsolidierung der NPD, was bald auch Wahlerfolge in den neuen Bundesländern zeigten. Allerdings gab die NPD-Parteiführung bekannt, wegen des Verbotsverfahrens erst einmal auf provokative Auftritte und Demonstrationen verzichten zu wollen. Dies markierte einen Bruch zu einem Teil der Kameradschaftsszene, die hierin ein Einknicken vor der Staatsmacht sah.

Ins Gespräch gebracht wurde das Verbotsverfahren vom bayerischen Innenminister Günther Beckstein (CSU), der die Bundesregierung im August 2000 zu einem Verbot der NPD aufforderte. Ausgerechnet von der CSU beim Thema Antifaschismus überholt zu werden, das wollte die rot-grüne Regierungskoalition nicht auf sich sitzen lassen und handelte.

Am 30. Januar 2001 reichte die Bundesregierung unter Gerhard Schröder beim Bundesverfassungsgericht einen Antrag ein, mit dem die Verfassungswidrigkeit der NPD festgestellt und ein Verbot der Partei erreicht werden sollte.

Es entwickelte sich ein Lehrstück für die Eigendynamik symbolischer Politik. Sämtliche im Bundestag vertretenen Parteien außer der FDP, die ein Scheitern des Antrages befürchtete, schlossen sich der Idee eines NPD-Verbots an. Bundestag und Bundesrat folgten der Bundesregierung am 30. März 2001 mit eigenen Verbotsanträgen.

Vor dem Verhandlungstermin im Februar 2002 lud das Bundesverfassungsgericht in Karlsruhe 14 ›Auskunftspersonen‹, meist Funktionäre der NPD, vor. Darunter war auch Wolfgang Frenz, der sich als V-Mann des Verfassungsschutzes herausstellte und weitere Aussagen verweigerte. Das Bundesverfassungsgericht verlangte nunmehr genaue Auskünfte über die Durchsetzung der NPD mit Mitarbeitern des Verfassungsschutzes, doch die Behörden mauerten und wollten zum Schutz ihrer Quellen keine weiteren Informationen herausgeben. Daraufhin sagte das Gericht die Verhandlung ab. In den folgenden Wochen stellte sich heraus, dass 30 von 200 Mitgliedern der NPD-Führungsebene im Sold des Verfassungsschutzes standen. Allein in den Verbotsanträgen waren Aussagen von neun V-Leuten als Beleg für die Verfassungswidrigkeit der NPD zitiert. Die Richter stellten fest, dass die V-Leute während der Vorbereitung des Verfahrens hätten abgeschaltet werden müssen. So konnte das Gericht nicht trennen, welche Aktivitäten von der NPD stammten und welche vom Verfassungsschutz initiiert worden waren. Aussagen von V-Leuten hätten von vornherein als solche kenntlich gemacht werden müssen.

Im Oktober 2002 kam es zu einem Erörterungstermin vor dem Verfassungsgericht in Karlsruhe. Den nutzte der NPD-Anwalt Horst Mahler[326], für einen öffentlichen Auftritt vor Gericht. Mahler versuchte, den Staatsapparat vorzuführen, und behauptete, die V-Leute seien der NPD bekannt. Aufgrund des V-Mann-Skandals lehnten drei von sieben beteiligten Richtern eine Fortsetzung des Verbotsverfahrens ab. Der Einstellungsbeschluss erging im März 2003. Die Richter betonten, dass die Einstellung keine abschließende Entscheidung über die Zulässigkeit künftiger Verfahren sei, was die Tür für ein neues Verbotsverfahren öffnete.[327]

Zweifelsohne war dies ein Sieg für die NPD, deren Parteiapparat nun auch von V-Männern weitgehend befreit wurde. Vor allem zahlte sich die Öffnung der NPD in Richtung Neonazis und die Verlegung eines Großteils ihrer Infrastruktur in den Osten der Republik aus. Während die Partei im Westen chancenlos blieb und bei sämtlichen Landtagswahlen deutlich an der Fünfprozenthürde scheiterte, feierte sie im Osten einige Erfolge. In Sachsen zog die NPD 2004 mit 9,2 Prozent in den Landtag ein, in Mecklenburg-Vorpommern 2006 mit 7,3 Prozent. Damit schien sich die NPD zu einer parlamentarisch relevanten Kraft zu mausern.

Allerdings war die Partei durch ihren ›Rechtsruck‹, der mit der Einbindung der neofaschistischen Zusammenhänge einherging, in einen unauflösbaren Widerspruch geraten. Die Kursänderung ließ die NPD zwar kurzfristig zum Sammelbecken der meisten rechtsradikalen Kräfte werden, verhinderte aber gleichzeitig, dass weitere Wählerschichten gewonnen werden konnten. Außerdem fiel es dadurch leichter, die NPD als Neonazi-Partei zu charakterisieren. Parlamentarisch wurden die Nationaldemokraten

326 Horst Mahler, Jahrgang 1936, ehemaliger linker Anwalt und Mitglied des SDS (*Sozialistischer Studentenbund*) in Westberlin, 1970 Mitbegründer der RAF, im selben Jahr verhaftet und zu 14 Jahren Haft verurteilt. Im Gefängnis wandelten sich Mahlers Anschauungen, 1974 wurde er aus der RAF ausgeschlossen. Ende der 1990er-Jahre wandte sich Mahler dem Rechtsradikalismus zu und wurde im Jahr 2000 Mitglied der NPD (2003 trat er wieder aus) und bald einer ihrer prominenten Anwälte und Redner. Vor allem wegen antisemitischer Äußerungen und der Leugnung des Holocaust wurde Mahler in den folgenden Jahren mehrfach verurteilt. Im Jahr 2009 kam es gegen Mahler aus diesen Gründen wegen Volksverhetzung zu mehreren Gerichtsverhandlungen, die zu einer Gesamtfreiheitsstrafe von 12 Jahren führten.

327 Aktenzeichen: 2 BvB 1/01, 2/01 u. 3/01 – Beschluss vom 18. März 2003.

von allen anderen Parteien isoliert. Keine ihrer politischen Initiativen und auch keiner ihrer Vorschläge wurde aufgegriffen und in den Medien stets ihre rechtsradikale Gesinnung benannt. Öffentliche Auftritte waren mit starken Gegenaktionen konfrontiert, Demonstrationen konnten oft durch Menschenblockaden verhindert werden. All das bewirkte ab 2008 den Niedergang der NPD – während im Land längst rechtsradikaler Terror Opfer forderte.

Neuer Terror

Nach einem Banküberfall in Eisenach am 4. November 2011 beobachtete ein Zeuge, wie unweit des Tatorts zwei Männer ihre Fahrräder in ein Wohnmobil verfrachteten. Die Polizei fahndete daraufhin nach dem Fahrzeug, das sie schließlich gegen 11.30 Uhr im Eisenacher Stadtteil Strega stellte. Als sich Beamte dem verdächtigen Objekt näherten, knallte es zweimal, wenig später schlugen Flammen aus dem Dach des Wohnmobils, die sich aber nicht sofort ausbreiteten und schnell von der Feuerwehr gelöscht werden konnten.[328]

Im Fahrzeug fanden sich die Leichen der beiden 1998 abgetauchten Rechtsradikalen Uwe Mundlos und Uwe Böhnhardt, einige Waffen und 110.000 Euro aus verschiedenen Banküberfällen.

Noch am selben Tag explodierte am Nachmittag gegen 15 Uhr in Zwickau eine Wohnung, die Böhnhardt und Mundlos zusammen mit Beate Zschäpe bewohnt hatten. Die Polizei gab sofort eine Fahndung nach Zschäpe heraus und ordnete die kriminaltechnische Untersuchung der Ruine an. Neben verschiedenen Waffen entdeckten die Ermittler einige Exemplare einer ›Bekenner-DVD‹, die sich auch in dem in Eisenach ausgebrannten Wohnmobil fand. Außerdem gingen in den nächsten Tagen 12 solcher DVDs bei Medien und öffentlichen Einrichtungen ein, die wohl von Beate Zschäpe

328 International sorgte Rechtsterrorismus in dieser Zeit für blutige Schlagzeilen. Insbesondere die Wahnsinnstat des Anders Breivik in Norwegen am 22. Juli 2011 in Oslo und der Insel Utøya ist in diesem Zusammenhang zu nennen. 77 Menschen fielen dem Massenmörder zum Opfer, der sich als Kreuzritter gegen ›Islamisierung‹ und ›Kulturmarxismus‹ definiert.

verbreitet worden waren, die sich am 8. November 2011 der Polizei stellte. Es handelt sich dabei um ein 15-minütiges Video, das eine Collage aus Sequenzen des Zeichentrickfilms Paulchen Panther und Tatbekenntnissen zu einer Mordserie von 2000 bis 2006 sowie einem Nagelbombenanschlag in Köln 2004 zeigt.

↑ Statt Bekenner-Schreiben stellte der NSU seine Morde auf einer CD zusammen, die erst nachdem die Gruppe aufgeflogen war, von Beate Schäpe, an die Medien verschickt wurde.

Die Opfer der Mordserie waren acht türkischstämmige und ein griechischer Mitbürger sowie eine Polizistin. Zuvor waren die Taten von den Ermittlern nicht in diesem Zusammenhang gesehen, sondern als ›Döner-Morde‹ bezeichnet, als ein Konflikt innerhalb eines mafiösen Milieus interpretiert worden. Dass ohne Erkenntnisse der Behörden eine Mordserie mit rechtsradikal/rassistischem Hintergrund in der Bundesrepublik über Jahre andauern konnte, empörte Medien und Öffentlichkeit und führte ab Juli 2012 zu Rücktritten der Präsidenten des Bundesamtes für Verfassungsschutz, der Landesämter für Verfassungsschutz in Thüringen und in Sachsen sowie der Leiterin für Verfassungsschutz der Senatsverwaltung für Inneres Berlin. Im Bundestag wurde ein NSU-Ausschuss eingerichtet, ebenso in einzelnen Bundesländern. Diese Ausschüsse legten Pannen und Nachlässigkeiten offen, monierten Aktenvernichtung, den Einsatz von V-Leuten sowie organisatorische Defizite. Es kam zu Umstrukturierungen im Verfassungsschutzapparat. Der Prozess gegen Beate Zschäpe begann am 6. Mai 2013 vor dem OLG München. Neben ihr waren vier weitere Männer wegen Beihilfe zu Mord- und Sprengstoffanschlägen sowie Unterstützung des NSU angeklagt. Nach über fünf Jahren Prozessdauer wurden am 11. Juli 2018 die Urteile gesprochen.

Die Hauptangeklagte Beate Zschäpe wurde vom Oberlandesgericht München wegen zehnfachen Mordes sowie Mitgliedschaft in einer terroristischen Vereinigung und Brandstiftung zu lebenslanger Haft verurteil. Außerdem wurde die besondere Schwere der Schuld festgestellt, womit eine vorzeitige Haftentlassung ausgeschlossen ist. Gegen den Mitangeklagten Ralf Wohlleben lautete das Urteil zehn Jahre Haft wegen Beihilfe zu neun Morden. Wohlleben soll gemeinsam mit Carsten Schulze die Tatwaffe beschafft haben. Gegen Carsten Schulze lautete das Urteil drei Jahre Haft. Schulze hatte gestanden, die Mordwaffe besorgt zu haben und leistete umfangreiche Aufklärungshilfe. Er wurde der Beihilfe zum Mord in neun Fällen schuldig gesprochen, aber nach Jugendstrafrecht verurteilt da er zu Tatzeit noch Heranwachsender war. Holger Gerlach bekam drei Jahre wegen Unterstützung einer terroristischen Vereinigung. Gerlach soll einmal eine Waffe übergeben und den Untergetauchten mit falschen Papieren geholfen haben. André Eminger erhielt 2,5 Jahre Haft, wegen Unterstützung einer terroristischen Vereinigung, wurde aber nicht aber für Beihilfe zum Mord verurteilt, wie es die Staatsanwaltschaft gefordert hatte. Unmittelbar nach dem Urteil kündigte der Verteidiger von Beate Zschäpe Revision an. Der Bundesgerichtshof (BGH) verwarf die Revision im August 2021 als *„offensichtlich unbegründet"*. Juristisch wäre der NSU-Komplex damit abgeschlossen, doch von einer tatsächlichen Aufklärung kann nicht gesprochen werden. Bereits während des Prozesses verschwanden Akten bzw. wurden vernichtet und verstarben Zeugen. Es entstand der Eindruck, dass die Behörden, vornehmlich Verfassungsschutz und Staatsschutz, alles taten, um eine mögliche Mitwisserschaft über die NSU-Morde zu verschleiern. Der Ruf des Gerichts wurde zudem erschüttert, als sich herausstellte, dass ein Anwalt der Nebenklage über zweieinhalb Jahre eine Mandantin vertrat, die gar nicht existierte und dafür 200.000 Euro kassierte.[329]

Antifa ist keine Kripo

Nach der Selbstenttarnung des NSU im November 2011 war die Antifa-Szene überrascht, dass das, wovor man selbst jahrzehntelang gewarnt hatte, über 13 Jahre Realität gewesen ist. Eine rechtsradikale Terrorzelle konnte

329 vet/dpa: ›Erfundenes Opfer im NSU-Prozess. Nebenklage Anwalt wegen Betrugs angeklagt‹. In: spiegel online, 29.3.2018, http://www.spiegel.de/panorama/justiz/nsu-prozess-anwalt-erfindet-opfer-und-wird-wegen-betrugs-angeklagt-a-1200411.html (abgerufen 10.7.2018).

unerkannt über Jahre Morde, Anschläge und Banküberfälle in der Bundesrepublik durchführen. Heute muss selbstkritisch festgestellt werden, dass auch die Antifa den rassistischen Ermittlungsmethoden der Polizei und der Berichterstattung über die ›Döner Morde‹ Glauben geschenkt hat, anstatt auf die zu hören, die schon immer auf den rassistischen Hintergrund der Morde aufmerksam gemacht haben: die Angehörigen der Mordopfer. Antirassistische und antifaschistische Strukturen waren blind für die Anliegen der Demonstrationen der Familien Kubaşık und Yozgat 2006 in Kassel und Dortmund und haben die Dimensionen sowie die Gefahr organisierter Nazi-Gruppen damals nicht ernst genommen.

Trotzdem wird bei näherer Betrachtung klar, dass für ›die Antifa‹ kaum eine Chance bestand, die klandestine, rechtsterroristische Struktur wahrzunehmen, bevor sie durch einen Zufall aufflog. Die Zwickauer Terrorzelle war aus der Anti-Antifa entstanden. Es handelte sich damit ausschließlich um Aktivist_innen, die sich seit Längerem kannten, bereits häufiger gemeinsame Aktionen durchgeführt hatten und in der Konfrontation mit Antifa und Staatsapparat erfahren waren. Sie galten als bewährt und gehörten zum Milieu.

Natürlich wurden die Aktivitäten des *Thüringer Heimatschutzes* von der Antifa registriert. Dennoch ist die Antifa eine politische Bewegung, die vor allem öffentlich agiert, indem sie Nazi-Aktivitäten verhindert, Aufklärungsarbeit betreibt und teilweise auch militant interveniert. Oft basieren Antifa-Aktionen auf spontanen Mobilisierungen mit wenigen Wochen Vorlauf. Kontinuierliche Gruppenarbeit bildet in dieser Bewegung die Ausnahme.

Überhaupt können Antifas, die Recherchen betreiben, nur an Bekanntem und Erkanntem ansetzen. Wobei der Einsatz nachrichtendienstlicher Mittel oder das Gewinnen von Überläufern bislang nur in sehr bescheidenem Rahmen zur Anwendung gekommen ist. Auch gehört das Anwerben und Bezahlen von Spitzeln weder zu den Zielen noch zu den Möglichkeiten antifaschistischer Praxis. Die Antifa kann keine bessere Kriminalpolizei sein, war und ist weder Geheimdienst noch Militärapparat. So bleibt im Fall der Zwickauer Terrorzelle nur, sich an der öffentlichen Aufarbeitung zu beteiligen und die staatliche Verstrickung und Unterstützung des neofaschistischen Terrors klar aufzuzeigen.

Tag der (deutschen) Arbeit

Hitler machte den 1. Mai im Jahr 1933 als ›Tag der deutschen Arbeit‹ zum Feiertag. Kein Wunder, das die Neonazis in der Bundesrepublik von jeher versuchen, an die NS-Tradition des 1. Mai anzuknüpfen. Einen Höhepunkt fand das 1998, als sich die NPD als neue Führungskraft in der Neonazi-Szene durchsetzen wollte und in Leipzig am Völkerschlachtdenkmal zur Kundgebung aufrief. NPD und JN wollten den größten rechtsradikalen Aufmarsch in der Geschichte der Bundesrepublik mit bis zu 15.000 Teilnehmer_innen inszenieren. Der vollmundigen Ankündigung folgten dann aber nur 4-5.000 Marschierer_innen.

Dagegen stand die *Initiative 1. Mai ohne Naziaufmarsch*. Mehrere Kundgebungen wurden von verschiedenen Parteien und Organisationen angemeldet. Insgesamt beteiligten sich bis zu 30.000 Menschen an den antifaschistischen Aktivitäten, davon ca. 4.000 Antifas. Um die Neonazi-Kundgebung zu schützen, waren 6.000 Polizist_innen aufgeboten und aus Sicherheitsgründen eine Demonstration der NPD durch die Innenstadt verboten worden. So blieb nur eine Kundgebung. Etliche ›Kameraden‹, die dorthin ohne Polizeischutz unterwegs waren, erlitten Blessuren, erkannte Autos und Busse erhebliche Beschädigungen. Umherziehende Gruppen von Antifas vereinigten sich immer wieder zu Demonstrationszügen und versuchten, zur Kundgebung am Völkerschlachtdenkmal durchzukommen, was gegen Mittag schließlich einigen Hundert gelang. Mit Wasserwerfern und Schlagstöcken drängte die Polizei die Antifas von den Absperrgittern ab, daraufhin flogen Steine.

Stundenlanges Brüten in der Hitze, umgeben von Polizeiabsperrungen und eingekreist von Antifas, und immer mehr blessiert eintreffende Kameraden, ließen die Stimmung im Neonazi-Mob hochkochen. NPD-Ordner hatten alle Hände voll zu tun, um Ausbruchsversuche zu verhindern. Auf keinen Fall sollte das Image der Partei durch Gewaltszenen beschädigt werden. Am Ende der Kundgebung schlossen sich aber viele Neonazis den norddeutschen Kameradschaften an, die es wissen wollten und sich zu einer Demo formierten. Dem stellte sich das bayrische USK entgegen und prügelte die Neonazis zurück, es gab etliche Verletzte und einige Festnahmen.

Der folgende Abmarsch der Kundgebungsteilnehmer_innen führte dann zu Auseinandersetzungen zwischen Antifas und der Polizei, die sich im Verlauf in die Innenstadt verlagerte und dort zur heftigsten Straßenschlacht, die Leipzig bislang erlebt hatte, eskalierte. Wasserwerfer und Räumpanzer kamen gegen brennende Barrikaden und Steinwürfe zum Einsatz, zwischen 70 und 100 Antifa-Aktivist_innen kamen in Haft, die Zahl der Verletzten konnte nie genau ermittelt werden.

Aufgrund dieser Erfahrungen wurde die 1. Mai-Kundgebung der NPD im folgenden Jahr in Bremen verboten. Ebenfalls untersagt wurden zwei geplante antifaschistische Bündnisdemonstrationen. Um die Verbote durchzusetzen, bewachten 5.000 Polizist_innen an diesem Tag die Hansestadt. Da die Erfahrung zeigte, dass Demoverbote von Neonazi-Veranstaltungen oft im letzten Moment juristisch gekippt wurden, änderte das Verbot der NPD-Veranstaltung nichts an der antifaschistischen Mobilisierung. In der Folge waren die Antifaschist_innen starker polizeistaatlicher Schikane ausgesetzt. Viele Antifas wurden schon an der Abreise gehindert, wie in Leipzig, wo die Busse des *Leipziger Bündnisses gegen Rechts* kurzerhand beschlagnahmt wurden.

Aus Hamburg anreisende Antifaschist_innen verfolgte die Polizei mit Hubschraubern, bis sie vom Bundesgrenzschutz gestoppt und gefilzt wurden. Vorkontrollen führten zu vielen Platzverweisen und 80 auswärtige Antifas mussten 24 Stunden in Gewahrsam verbringen. Um keine unkontrollierbare Kleinaktionen aufkommen zu lassen, duldete die Polizei aber eine Spontandemo von rund 3.500 Antifaschist_innen in Bremen-Seewaldsbrück zum Stadtteil Osterholz am Vormittag des 1. Mai.

Mit der 1.-Mai-Mobilisierung fand auch die Auseinandersetzung zwischen BAT und AA/BO ihren Höhepunkt. Beide Organisierungen riefen getrennt und mit unterschiedlichen Plakaten zu den Gegenaktionen auf. Die Plakate wurden gegenseitig überklebt oder abgerissen und zäh darüber gestritten, welcher Zusammenhang die erste Reihe in der Demo stellen sollte. Am Ende führte das dazu, dass die Blöcke durchgezählt wurden, um festzustellen, wer nun die meisten Aktivist_innen auf die Straße gebracht hatte. In der Praxis lief dann vieles wieder automatisch zusammen und machte dieses Konkurrenzgehabe gegenstandslos.

Im Jahr 2000 setzte die NPD ihre Mai-Demonstration juristisch durch und mobilisierte bundesweit nach Berlin/Hellersdorf. Die Hauptstadt stand seit 1987 unter dem Zeichen der revolutionären 1.-Mai-Demo in Kreuzberg. Auf dieses Ereignis waren auch die meisten Autonomen und Antifa-Gruppen konzentriert. Trotzdem meldetet die AAB (Antifaschistische Aktion Berlin)[330] eine Gegendemo an, die aber wegen ›Gewaltbereitschaft‹ untersagt wurde. Geschützt von 2.300 Polizist_innen brachte die NPD mehr als 1.000 Neonazis in Hellersdorf auf die Straße. Nur 300-500 Antifas versuchten, die massiven Polizeikontrollen zu umgehen, wobei mindestens 150 von ihnen in Gewahrsam genommen wurden. So konnte die NPD weitgehend ungestört marschieren. Seit Jahren war das den Neonazis nicht gelungen[331].

Dieser Erfolg ermunterte die NPD, es im folgendem Jahr im größeren Maßstab zu versuchen – und das nicht nur in Berlin. An mehreren Orten wurden 1.-Mai-Demonstrationen angemeldet und wenig später verboten. Es kam zu einem juristischen Hickhack, das mit Eilanträgen teilweise erst unmittelbar vor dem Termin entschieden wurde. Am Ende marschierten die Rechtsradikalen am 1. Mai 2001 in acht Städten.

Von überregionaler Bedeutung sollte der Aufmarsch in Frankfurt am Main werden. Allein die Polizei zog 4.000 Beamt_innen zusammen, um die NPD-Veranstaltung zu schützen.

Bereits am Vormittag, vor Beginn der Veranstaltung, versuchten Antifas, zum Kundgebungsort der NPD, der Bertramswiese, vorzudringen und Polizeiabsperrungen zu durchbrechen. Das scheiterte an Wasserwerfer- und Schlagstockeinsätzen, es gab einige Verletzte und etliche Ingewahrsamnahmen.

Kurz nach 12 Uhr blockierten Demonstrant_innen Straßenbahnschienen, um zu verhindern, dass zwei Sonderzüge, in denen die Neonazis von ihren Busparkplätzen zur Bertramswiese transportiert werden sollten,

330 Die AAB existierte von 1993 bis 2003, Nachfolgeorganisation war die ALB (*Antifaschistische Linke Berlin*) die von 2003 bis 2014 bestand.

331 Eine Kundgebung der NPD mit 400 Teilnehmer_innen am 1. Mai 2000 in Fürth bei Nürnberg wurde von ebenso vielen Gegendemonstrant_innen mehrmals blockiert. Zehn Antifas wurden festgenommen und beschuldigt Steine, Flaschen und Aschenbecher auf den Zug der Neonazis geworfen zu haben.

↑ Heilbronn 1. Mai 2011: Über 1.000 Menschen wollten die Demo der Neonazis im Bahnhofsviertel mit Blockaden verhindern. Doch fast 4.000 Polizisten setzen den Aufmarsch von 800 Rechten durch. Mehrere Hundert Antifaschist_innen wurden von der Polizei eingekesselt und in Gewahrsam genommen.

↑ In vielen Städten versuchten die Neonazis vergeblich Aufmärsche zum 1. Mai durchzusetzten. Mit einer Sitzblockade verhinderten das Antifa-Aktivist_innen 2012 in Wittstock/Dosse, während ein ›Fest der Demokratie‹ gefeiert wurde und sich der Bürgermeister von Rechts- und Linksradikalismus distanzierte. Aufkleber 2012.

weiterfahren konnten. Die stehenden Züge wurden mit Wurfgeschossen eingedeckt. Pech für die Neonazis war es, dass sich die Türen zunächst nicht öffnen ließen. Scheiben der Bahn gingen zu Bruch und es blieb den Rechtsradikalen nichts, als unter den Sitzen Schutz zu suchen. Als es dann doch gelang die Türen zu öffnen, stiegen einige aus und warfen Steine zurück. Es dauerte zehn Minuten, bis die Polizei die Lage wieder unter Kontrolle hatte.

Anschließend eskortierten Polizeihundertschaften die Neonazis zu ihrem Kundgebungsort. Rings um den weiträumig abgesperrten Veranstaltungsort versuchten immer wieder einzelne Gruppen, Absperrungen zu überwinden und die geplante Demostrecke zu blockieren.

Nach der traditionellen DGB-Kundgebung auf dem Frankfurter Römer fand eine Kundgebung gegen Rechts mit 4.000 Menschen am Willy-Brandt-Platz statt. Von dort löste sich eine Gruppe von ca. 200 Angehörigen einer linken türkischen Organisation, die den Versuch unternahm, die Absperrungen in der Innenstadt zu durchbrechen. Das konnte die Polizei mittels Schlagstockeinsatzes verhindern. Doch andere Gruppen gelangten auf die geplante Demoroute, hier und da brannten Müllcontainer. Die Polizei hätte die Straße immer wieder für die Neonazis räumen müssen, was die Einsatzleitung als unverhältnismäßig ablehnte. So mussten die Neonazis ihre Kundgebung auf der Bertramswiese abhalten und wurden anschließend unter Polizeischutz zu ihren Bussen geleitet.

Bei der Abfahrt gegen 17:30 Uhr gelang es einigen Antifas an die Busse heranzukommen und von einer Brücke aus mit Steinen zu bepflastern. Erneut und ziemlich rabiat setzte die Polizei Wasserwerfer und Schlagstöcke ein. Insgesamt hatten sich etwa 1.500 Antifaschist_innen dem Marsch von rund 850 Neonazis entgegengestellt. Die Zahl der Verhaftungen, also Antifas und Neonazis zusammengenommen, wurde zwischen 28 und 39 angegeben, dazu kamen 110 Demonstrant_innen in Gewahrsam. Am nächsten Tag meldeten sich 28 Polizist_innen dienstunfähig, über verletzte Demonstrant_innen existieren keine verlässlichen Angaben.

In Fürth hatten sich rund 400 Rechtsradikale auf dem Bahnhofsplatz versammelt. Gegen sie demonstrierten rund 3.000 Antifaschist_innen und beschallten die NPD-Kundgebung mit einem gellenden Pfeifkonzert, Dauer-Trommeln und Sprechchören. In Essen kam es am Rande der Demonstration von rund 300 Anhängern der NPD zu Konfrontationen zwischen Polizist_innen und etwa 20 bis 25 linken Gegendemonstrant_innen.

In Augsburg verliefen die Demonstrationen zunächst friedlich. Den rund 400 Rechtsradikalen stand dort in etwa die gleiche Zahl von Gegendemonstrant_innen gegenüber. Aufmärsche der NPD gab es auch in Mannheim und Dresden. In Mannheim versammelten sich laut Polizei etwa 350 NPD-Anhänger und mehrere Hundert Gegendemonstranten. In Dresden waren es rund 750 NPD-Anhänger und etwa 70 Antifaschist_innen.

Ihre größte Veranstaltung wollte die NPD im Berliner Ortsteil Hohenschönhausen durchführen. Parteiprominenz in Person des Vorsitzenden

Udo Voigt und Horst Mahler waren als Hauptredner angekündigt. Es kamen ca. 900 Rechtsradikale zusammen.

Schon im Vorfeld hatte die Polizei massive Präsenz gezeigt und umfangreiche Kontrollen durchgeführt. So durchkämmten die Beamten_innen S-Bahn-Züge nach potenziellen Gegendemonstrant_innen, kontrollierten 200 Fahrzeuge und überprüften 350 Personen. Nur einzelne Gegendemonstrant_innen ließ die Polizei nahe an den NPD-Zug heran. Unter den 20 Personen, die an diesem Tag im Gewahrsam landeten, waren acht Antifaschist_innen.

↑ Antifa-Plakat 1. Mai 2010 Berlin.

In den folgenden Jahren ging es kontinuierlich so weiter. Trotz der teilweise drastisch sinkenden Teilnehmer_innenzahlen und der abnehmenden Bedeutung der Partei versuchte die NPD immer wieder, am 1. Mai in Berlin und anderen Städten auf die Straße zu gehen – und war stets mit Gegenaktionen konfrontiert.

Anzumerken bleibt, dass der letzte nennenswerte Versuch von NPD und *Freien Kameradschaften* in Berlin am 1. Mai zu demonstrieren im Jahr 2010 zum Desaster wurde. Bundesweit waren knapp 1.000 Neonazis zum Sammelpunkt am S-Bahnhof Bornholmer Straße unterwegs. Von dort sollte die Demo unter dem Motto ›Unserem Volk eine Zukunft‹ um 11 Uhr losmarschieren. Neonazi-Prominenz stellte die Rednerliste, u. a. war Christian Worch mit von der Partie. Auf dem Weg zum Startpunkt Bornholmer Straße kamen 300 Neonazis, darunter mehrere Vertreter der Berliner NPD, wohl spontan auf die Idee, eine Demo auf dem Kurfürstendamm durchzuführen. Dieses Unterfangen endete nach einem kurzen Sprint am Adenauerplatz, bevor die Menge den Kudamm erreichen konnte, im Polizeigewahrsam. Insgesamt 286 Neonazis wanderten in die GESA (Gefangenensammelstelle).

Gegen 15 Uhr setzte sich dann die Demo von der Bornholmer Straße mit 600 Neonazis in Bewegung. An der Ecke Schönhauser Allee, wenige hundert Meter vom Startpunkt entfernt, ging es nicht weiter, weil mehrere Tausend Menschen die Straßen blockierten. Es blieb nur der Rückmarsch. Die Bilanz des Tages für die Neonazis: 800 gelaufene Meter und 300 Kameraden im Knast – Erfolge sehen anders aus.

Globalisierung und Neoliberalismus

Mit dem Zusammenbruch der Sowjetunion und ihrer Satellitenstaaten ab 1989 war der Kapitalismus zum weltumspannenden System geworden. Dieser Vorgang wurde in den 1960er-Jahren erstmals unter den Begriff Globalisierung gefasst. Ursprünglich um, in Abgrenzung zum Begriff Imperialismus, die Nachfolge bzw. Weiterentwicklung des Kolonialismus zu beschreiben.

Die der Globalisierung zugerechnete Wirtschaftsordnung der ungehemmten Profitschöpfung wird mit dem mehrdeutigen Begriff Neoliberalismus bezeichnet. Diese Idee existiert bereits seit den 1930er-Jahren und beschrieb zunächst das Konzept eines neuen Liberalismus, eines antikommunistischen und antikapitalistischen Dritten Wegs.

Beide Begriffsfindungen erlebten diverse zeitgenössische Interpretation und fanden Eingang in die Kapitalismuskritik vor allem der Befreiungstheologie. Bis Anfang der 1990er-Jahre blieben diese Sichtweisen im Wesentlichen auf Lateinamerika und einige studentische Gruppen in den USA beschränkt. Größere Popularität erlangten die neuen Interpretationen erst ab Januar 1994 mit dem Aufstand der Zapatistas, einer überwiegend indigenen revolutionären Gruppierung im Süden Mexikos.

Als Ausgangspunkt der Anti-Globalisierungsbewegung gilt die Ministerkonferenz der Wirtschafts- und Handelsminister der WTO in Seattle vom 30. November bis 2. Dezember 1999. Aufgrund von Auseinandersetzungen von Demonstrant_innen mit Polizeikräften konnte dieses Treffen nicht wie geplant stattfinden und entsprechende Bilder gingen um die Welt.

Seattle diente in Europa als Vorbild für die Mobilisierung gegen die Sitzung von Weltbank und Internationalem Währungsfonds am 26. September

↑ Antifa-Plakat, 2001.

2000 in Prag. Daraus folgte der ›Summer of Resistance 2001‹, der markiert war von den militanten Aktionen gegen den EU-Gipfel vom 14. – 16. Juni in Göteborg und den massiven Auseinandersetzungen gegen den G8-Gipfel vom 18. – 22. Juli in Genua. Dabei wurde der 23-jährige Carlo Giuliani am 20. Juli von einem Polizisten erschossen und Hunderte Personen verletzt. Genua 2001 stellte den Höhepunkt dieses internationalen Protestes dar und in den folgenden Jahren blieb die inhaltliche Auseinandersetzung um die Globalisierung ein beherrschendes Thema in der linken Bewegung.

In diesem Zusammenhang fand sich zum Jahreswechsel 2005 ein neues Netzwerk linksradikaler und antikapitalistischer Gruppen unter dem Namen *Interventionistische Linke* (IL) zusammen. Ziel der IL ist es, linksradikaler Politik in der Bundesrepublik wieder zu Relevanz zu verhelfen und praktisch in politische Auseinandersetzungen einzugreifen. Des Weiteren organisierten sich Ende 2006 autonome und antifaschistische Gruppen im antinationalen Bündnis *Ums Ganze!*, dem sich auch eine Gruppe in Wien zurechnet. Die beiden bundesweiten Zusammenhänge mobilisierten gemeinsam mit weiteren Gruppen gegen den G8-Gipfel vom 6.-8. Juni 2007 in Heiligendamm. Im Vorfeld der Demonstration wurden am 9. Mai 2007 wegen möglicher geplanter Gewalttaten von G8-Gegner_innen 42 Objekte in sechs Bundesländern (Berlin, Brandenburg, Hamburg, Bremen, Schleswig-Holstein und Niedersachsen), darunter auch Privatwohnungen, von 900 Polizist_innen durchsucht. Dieser Einschüchterungsversuch konnte die Mobilisierung nicht stoppen. An der Auftaktdemonstration am 2. Juni 2007 in Rostock nahmen nach Polizeiangaben 25.000, nach Angaben der Veranstalter_innen 80.000, nach unabhängigen Medien 50.000 Leute teil, darunter auch ein schwarzer Block von mehreren Tausend Aktivist_innen, der sich Auseinandersetzungen mit der Polizei lieferte. An den folgenden beiden Tagen kam es zu Blockadeaktionen gegen den eigentlichen Gipfel im Nobelhotel Heiligendamm. Nach Polizeiangaben wurden während des Gipfels über 1.000 Demonstrant_innen festgenommen. Die vielfältigen Protestaktionen gegen den G8-Gipfel in Heiligendamm führten jedoch nicht zu einer neuen Bewegungswelle. Da solche Gipfeltreffen einige Jahre nur noch an abgelegenen, vollständig von der Polizei bewachten Orten stattfanden, konnten Großmobilisierungen unter diesen Bedingungen schlichtweg nicht mehr durchgeführt werden[332]. Erst im Jahr 2011 löste die Parole ›Occupy Wall Street‹ in New York neue Anti-Globalisierungs-Proteste aus.

↑ Stencil Carlo Giuliani.

332 Erst zehn Jahre nach Heiligendamm kündigte man 2017 den G20 Gipfel in Hamburg an. Das führte am 7. und 8. Juli 2017 zu den schwersten Straßenschlachten seit Jahren in der Hansestadt.

Doch trotz der Orientierung auf große, weltumspannende Themen blieb Antifaschismus ein zentrales Politikfeld. So war *Ums Ganze!* im September 2008 an den Protesten gegen die geplante ›Anti-Islamkonferenz‹ der Partei PRO Köln beteiligt, die schließlich abgebrochen wurde. Die IL brachte sich u. a. in den Widerstand gegen den jährlichen Aufmarsch von Neonazis zum Jahrestag der Bombardierung Dresdens ein.

Blockaden in Dresden

Die Demonstration zum Gedenken an die Bombardierung Dresdens im Februar 1945 entwickelte sich binnen weniger Jahre zu einem Ereignis von internationaler Bedeutung. Im Februar 2008 beteiligten sich knapp 4.000 Rechtsradikale daran, 2009 marschierten bereits 6.000 Faschist_innen. Antifaschistische Gruppen in Dresden waren allein nicht in der Lage, diese Entwicklung zu stoppen. Sie diskutierten trotzdem über eine Blockade des Aufmarsches. Auf einer Aktionskonferenz im Dezember 2009 klinkten sich Gruppen aus Berlin und anderen Städten in Konzept und Mobilisierung ein. Es entstand das Bündnis *Dresden Nazifrei*. Der Staatsapparat ging umgehend gegen den antifaschistischen Widerstand vor. Am 19. Januar 2010 kam es in Berlin und Dresden zu Durchsuchungen, bei denen Plakate des Bündnisses beschlagnahmt wurden.

Der Aufruf, den Naziaufmarsch am 13. Februar 2010 in Dresden zu blockieren, stellte für die Ermittlungsbehörden einen Aufruf zu Straftaten dar. Aus Protest gegen die Kriminalisierung fand am 20. Januar eine öffentliche Plakatierung in Berlin statt, mit der sich auch zehn Bundestagsabgeordnete der LINKEN demonstrativ solidarisierten. Bei der Aktion kam es zur Festnahme von vier Jugendlichen und einer Bundestagsabgeordneten. Wenig später wurde auf Betreiben der Staatsanwaltschaft die Internetseite des Bündnisses abgeschaltet. In einer anschließenden bundesweiten Solidaritätsaktion verklebten Hunderte Aktivist_innen am 28. Januar 2010 zeitgleich an dutzenden Orten die kriminalisierten ›Dresden-Nazifrei-Plakate‹ und verbreiteten Mobilisierungsmaterialien. Die Blockadeaktion in Dresden war damit zum herausragenden Thema in der linken Szene geworden. Am 19. Januar 2010 kamen schließlich mehr als 10.000 Antifaschist_innen in die sächsische Landeshauptstadt. Der Polizeiapparat versuchte zunächst, den Nazi-Aufmarsch durchzusetzen und ging mit Gewalt gegen Blockaden und andere Gegenaktionen vor. Neben ›gewaltfreien‹ Blockadeaktionen brannten hier und da auch Müllcontainer und versperrte Gerümpel die Fahrbahnen. Die Situation wurde für die Polizei unkontrollierbar. Es gelang, diverse Straßen zu verbarrikadieren, der Aufmarsch der rechtsradikalen Szene musste schließlich abgesagt werden. Das gab den Antifaschist_innen Rückenwind für das folgende Jahr, in dem die Faschisten wiederkommen wollten.

Am 19. Februar 2011 gelang es dem *Bündnis Dresden Nazifrei* mit dem Blockadekonzept sogar an die 20.000 Menschen zu mobilisieren. Wieder konnte der Aufmarsch der Rechtsradikalen unterbunden werden, ihrer Mobilisierung war damit endgültig die Spitze genommen. Durch einen Umschwung in der öffentlichen Meinung wurde es zudem leichter, die Nazi-Demonstrationen auch in den folgenden Jahren zu verhindern, deren Teilnehmer_innenzahlen erheblich zurückgingen.

Doch der antifaschistische Erfolg war der Dresdner Staatsanwaltschaft offenbar ein Dorn im Auge, denn sie ging im großen Stil gegen Gegner des Neonazi-Aufmarschs vor. Als Begründung dienten einige Ausschreitungen bei den Blockaden im Februar 2011. Hunderttausende Handydaten im Demonstrationsgebiet wurden ausgewertet. Ermittelt wurde gegen Antifa-Mitglieder, aber auch gegen einen Jenaer Jugendpfarrer, den Vorsitzenden des VVN/BdA-Landesverbands Berlin und vier Linkspartei-Abgeordnete aus Sachsen, Hessen und Thüringen.

Vorgeworfen wurde ihnen Aufruf zum Landfriedensbruch und/oder selbiger. Während die meisten Verfahren nach geraumer Zeit gegen Geldauflagen eingestellt wurden, erfolgte gegen den Antifa-Aktivisten Tim H. 2013 wegen einer angeblichen Megafondurchsage eine Verurteilung zu 22 Monaten Haft ohne Bewährung.

Nach langem juristischen Ringen blieb im Januar 2015 in zweiter Instanz eine Geldstrafe wegen Beleidigung eines Polizeibeamten übrig. Trotz aller Einschüchterungsversuche von Staatsanwaltschaft und Polizei gegen Antifaschist_innen setzte sich das Blockadekonzept ab 2011 bundesweit als effektive Aktionsform durch.

Desaster Warschau

Durch den antifaschistischen Erfolg in Dresden inspiriert, entstand die Idee, sich in eine scheinbar ähnliche Mobilisierung im November 2011 in Warschau einzuklinken. Internationale Kontakte zwischen Antifa-Gruppen existieren, solange es die Bewegung gibt.

Eine gemeinsame Politik ließ sich daraus aber bislang nicht entwickeln. Als zu groß stellten sich die nationalen Unterschiede heraus und die vorhandenen Strukturen für eine langfristige, stabile Zusammenarbeit als zu schwach. Im November 2011 sollte dennoch der Versuch unternommen werden, dem Antifa-Widerstand einen neuen internationalen Schub zu geben. Verbindungen hatten sich vor allem zwischen Berlin und Warschau ergeben, weshalb in der Bundeshauptstadt Mobilisierungsveranstaltungen gegen einen ›Unabhängigkeitsmarsch‹ in der polnischen Hauptstadt organisiert wurden. Doch im Unterschied zu Dresden handelte es sich in Warschau nicht um einen Aufmarsch von Neonazis, der bei einem großen Teil der Bevölkerung auf Ablehnung stieß. Vielmehr wird der 11. November in Polen als Unabhängigkeitstag gefeiert.[333]

An diesem Nationalfeiertag rief zum wiederholten Male ein Bündnis aus polnischen Nationalisten und Rechtskonservativen in Warschau zum ›Unabhängigkeitsmarsch‹ auf. In den letzten Jahren waren mehr und mehr Neonazis hinzugekommen, wobei eine Unterscheidung dieser Gemengelage kaum möglich war.

333 Am 11. November 1918 endete offiziell der I. Weltkrieg. Mit diesem Datum entstanden einige neue Staaten, unter diesen auch der polnische, der 123 Jahre lang nicht existiert hatte. Polen spielte in diesem Zusammenhang eine anti-sowjetische und anti-deutsche Rolle. So kam es gleich nach der Staatsgründung zum Polnisch-Russischen Krieg und einem nicht erklärten um Grenzverläufe mit dem Deutschen Reich. Chef der ›Zweiten Polnischen Republik‹ wurde Józef Piłsudski, der sich 1926 an die Macht putschte. Piłsudski war ein Militärdiktator, der unerbittlich gegen Kommunist_innen und Linke vorging, aber konsequent aufseiten der polnischen Schutzmächte England und Frankreich stand. Der polnische Staat, der nach 1945 entstand, hatte wiederum mit dem, der von 1918 bis 1939 existierte, wenig zu tun. Bedingt durch den II. Weltkrieg und den Stalinismus entstand territorial wie politisch eine neue Zusammensetzung. Außerdem spielten Polen und dessen katholische Kirche eine entscheidende Rolle beim Zusammenbruch des sowjetischen Machtbereichs 1989. All das führte zum heutigen polnischen Staat, für dessen Gesellschaft die alten Mythen eine große Rolle spielen.

Nachdem polnische Antifaschist_innen 2009 und 2010 versucht hatten, den ›Unabhängigkeitsmarsch‹ zu blockieren und es ihnen gelungen war, 2010 seine Umleitung zu erzwingen, wurde 2011 zu einer großen Antifa-Demo mobilisiert. Dass aus Deutschland Antifaschist_innen anreisen würden, um sich der nationalistischen Manifestation in Warschau entgegenzustellen, war in den Tagen vor der Demo Thema in den polnischen Medien. Ressentiments gegen ›deutsche Krawall-Touristen‹ wurden geschürt. In Deutschland wurden sämtliche Veranstaltungen im Vorfeld von der Polizei überwacht, vom Abfahrtsort in Berlin an begleitete Zivilpolizei die Busse. Kurz vor der Grenze wurden die Fahrzeuge von der Bundespolizei durchsucht, an der Grenze von ziviler polnischer Polizei, knapp 30 Kilometer hinter der Grenze noch einmal durch die polnische Grenzpolizei. Der weitere Weg bis Warschau wurde unter Polizeibegleitung zurückgelegt, die an der Stadtgrenze die Busfahrer noch einmal kontrollierte. Gleich nach der Ankunft am Sammelpunkt wurden sämtliche 113 Personen festgenommen. Den Grund lieferte ein angeblicher Übergriff von Demonstrant_innen auf einen Teilnehmer des ›Unabhängigkeitsmarsches‹, mit dem die Businsassen aber nichts zu tun gehabt hatten.

↑ Der Aufkleber der Antifa-Warschau verbindet die Flaggen der ›Antifaschistischen Aktion‹ mit dem Stadtwappen. Neben rechtsradikalen Symbolen ist auch ein Che Guevara durchgestrichen. In der BRD würde das unter nationalrevolutionäre Symbolik fallen.

Die Verhafteten wurden in kleine Gruppen aufgeteilt und es begann für sie eine Tortur über mehr als 48 Stunden. Betroffene berichteten später von Misshandlungen, die von Tätlichkeiten bis Schlafentzug reichten, dem Zusammensperren mit Neonazis in Gefängniszellen und ähnlichen Schikanen. Darüber hinaus funktionierte die Zusammenarbeit mit dem örtlichen Ermittlungsausschuss nicht, sodass über Berlin agiert werden musste, was sich schwierig gestaltete. Hinzu kamen Sprachbarrieren und unterschiedliche Gesetzeslagen.

↑ Plakat für ein Solikonzert 2013 in Berlin. Von: seven resist, disorder rebel store.

Gegen 13 Uhr startete die Antifa-Demo von etwa 600 Personen am ›Denkmal der Helden des Ghettos‹. Kaum losgelaufen, hielt die Polizei den Aufzug an, um eine Änderung der Route durchzusetzen, was die Organisator_innen erfolgreich verweigern konnten. Mit der Zeit wuchs der Demonstrationszug auf etwa 1.000 Menschen an. Ein Zusammentreffen mit dem ›Unabhängigkeitsmarsch‹ wollte die Polizei verhindern. Trotzdem gelang es der Antifa-Demo, eine Sitzblockade zu organisieren und die geplante Route der Rechtsradikalen zu blockieren. Gegen 15:40 Uhr eskalierte die Situation zwischen einigen Hundert Nationalist_innen, die vom Hauptbahnhof nicht losmarschieren konnten, und der Polizei. Jede Menge Böller und Pyrotechnik flogen in die Beamtenschaft und die Rechten, teilweise mit Eisenstangen bewaffnet, gingen zum Angriff über. Antifas aus Deutschland, die auf eigene Faust nach Warschau gekommen waren, lieferten sich derweilen in den Seitenstraßen Scharmützel mit vermeintlichen Rechtsradikalen und Nationalisten. Schließlich wurden die deutschen Aktivist_innen von polnischen Hooligans und der Polizei durch die Stadt gejagt. Etliche flüchteten auf das Gelände der Gefangenensammelstelle, wo sie von der Polizei brutal gestellt und ebenfalls festgenommen wurden. Von den 210 Verhafteten an diesem Tag kam der überwiegende Teil aus Deutschland. Als sich die Demonstration gegen 17 Uhr auflöste, wurde die Situation völlig unübersichtlich. Einige Tausend Rechte verteilten sich im Stadtgebiet. Neonazis und Hooligans griffen nun alles an, was sie für Antifaschist_innen oder Journalist_innen hielten. Ein Übertragungswagen von N 24 brannte aus, der eines polnischen Radiosenders wurde vollständig demoliert. Die Innenstadt glich teilweise einem Schlachtfeld, die Medien berichteten von 40 verletzten Polizisten. Noch am gleichen Abend regte Polens Staatspräsident Bronislaw Komorowski Änderungen im Demonstrationsrecht an. Der nationalkonservative Oppositionsführer Jaroslaw Kaczynski zog gar Parallelen zum Nationalsozialismus und verglich die deutschen Aktivisti_innen mit *„dem Typ Deutscher, die das System schufen, das es Adolf Hitler erlaubte, schreckliche Verbrechen zu begehen“*. Polen seien dafür attackiert worden, dass sie am Tag der Unabhängigkeit ihres Staates nationale Symbole trugen.[334].

334 *Handelsblatt* vom 13. November 2011.

Teilweise kamen die Verhafteten aus Deutschland erst nach drei Tagen frei. Das Desaster von Warschau wurde nicht weiter aufgearbeitet. Man konnte lediglich ein paar Erlebnisberichte lesen und es wurde Geld für Prozesse gesammelt. Eine deutsche Beteiligung an der Mobilisierung gegen den ›Unabhängigkeitsmarsch‹ in Warschau gab es fortan nicht mehr.

Für die polnischen Rechtsradikalen blieb der ›Unabhängigkeitsmarsch‹ in Warschau eine feste Größe. 2013 griffen dabei ca. 200 Neonazis die beiden sich nebeneinander befindlichen besetzten Häuser bzw. soziale Zentren in Warschau, *Przychodnia* (dt.: Klinlk) und *Syrena* (dt.: Sirene) an, die mit knapper Not verteidigt werden konnten.

Trauermarsch in Magdeburg

Die Masche von Rechtsradikalen, aus den Bombardierungen und dem Leiden der deutschen Zivilbevölkerung im II. Weltkrieg politisches Kapital zu schlagen, war mit der internationalen Großdemo in Dresden nicht beendet. In einigen Städten hat sich eine zähe Kontinuität entwickelt, zum Beispiel in Pforzheim, wo der Freundeskreis ein Herz für Deutschland seit 1994 regelmäßig im Februar eine Gedenkveranstaltung mit 100 bis 150 Teilnehmer_innen anmeldet. Ähnlich war es in Magdeburg, wo eine *Initiative gegen das Vergessen* seit 1999 einen Aufmarsch organisierte.

Jahrelang stellten sich dem Antifa-Gruppen entgegen. Dann etablierte sich 2009 ein *Bündnis gegen Rechts* aus staatstragenden Organisationen, das die Meile der Demokratie organisierte – also ein großes Straßenfest in der Innenstadt mitsamt politischer Kundgebung. Zu direkten Protestaktionen konnte sich das Bündnis gegen Rechts jedoch nicht durchringen. So entstand das *Bündnis Magdeburg Nazifrei* das mit Sitzblockaden und Aktionen des zivilen Ungehorsams den Neonazi-Aufmarsch verhindern wollte. Daneben agierten Antifa und andere linksradikale Gruppen. Doch weder getrennt noch gemeinsam gelang es, den Neonnazi-Trauermarsch zu verhindern. Im Gegenteil, von Jahr zu Jahr stiegen in der sachsen-anhaltinischen Hauptstadt die Teilnehmer_innenzahlen, bis 2014 schließlich 1.200 Rechtsradikale in Erscheinung traten. Dem sollte 2015 mit einer bundesweiten Antifa-Mobilisierung begegnet werden. Allerdings tricksten die

↑ 16. Januar 2015 Naziaufmarsch in Magdeburg. Rigoros ging die Polizei gegen antifaschistische Blockierer_innen vor, trotzdem gelang es, die bis zuletzt von der Polizei geheimgehaltene Aufmarschroute der Rechtsradikalen zu verkürzen.

Veranstalter_innen im Verein mit den Behörden die antifaschistische Mobilisierung aus, die auf den 17. Januar angesetzt war. Die Rechten meldeten ihre Demo nämlich erst 48 Stunden vor Beginn für den 16. Januar an. Dadurch konnten aber auch die Rechtsradikalen für ihre Aktion kaum werben, und so kamen gerade mal 300 Marschierer zusammen. Spontan stellten sich 800 Antifas dagegen. *„Erst kurz, bevor die Nazis erreicht worden wären, gelang es der Polizei, die Demonstration durch den massiven Einsatz von Pfefferspray zu stoppen und anschließend rund 100 Antifaschist_innen einzukesseln."*[335] Doch der Widerstand bewirkte, dass der NS-Trauermarsch nur auf einer verkürzten Strecke zustande kam.

Im folgenden Jahr verliefen die Widerstandsaktionen hingegen desaströs. Obwohl die Ausgangssituationen für die Antifaschist_innen selten gut zu sein schienen. Im Vorfeld war der 16. Januar 2016 als Termin des Neonazi-Aufmarsches sowie die Sammelpunkte und mögliche Demo-Routen bekannt. Am Freitagabend, den 15. Januar 2016 ging die *Initiative Vorabenddemo*, in der *zusammen kämpfen (zk) Magdeburg*, die *Antifa Burg* und die Organisation *Freiheit für alle politischen Gefangenen Magdeburg* gemeinsam

335 Kämpferische Demonstration durchgesetzt, Pressemitteilung, 17.1.2015, http://entschlossenhandeln.blogsport.de/, (abgerufen am 22.6.2018).

agierten, auf die Straße. Dem Aufruf folgten 400 Menschen, die eine sehr geschlossen und entschlossen wirkende Demo durchführten[336]. Am folgenden Tag dominierte die ›Meile der Demokratie‹ mit 10.000 Menschen in der Innenstadt. Wobei diese Zahl von offizieller Seite kolportiert wurde und mit Vorsicht zu genießen ist. Die meisten Menschen waren wegen des Volksfestcharakters anwesend, teilweise waren Schulausflüge dorthin organisiert. Die Stadtverwaltung hatte eben alle Hebel in Bewegung gesetzt. Es ging um eine möglichst hohe Teilnehmer_innenzahl, antifaschistische Gesinnung spielte da eher eine untergeordnete Rolle. Antifa-Kreise spotteten über diesen ›Bratwurst-Antifaschismus‹.

↑ Aufkleber der *Antifa Burg*.

Dem Gegenüber brach die Mobilisierung der Rechtsradikalen sowie der Antifa drastisch ein. Lediglich 230 Anwesende kamen zum Trauermarsch zusammen. Dies war jedoch nicht vorrangig auf die Antifa-Arbeit zurückzuführen, sondern lag an veränderten Rahmenbedingungen. Mittlerweile marschierte seit einem Jahr jeden Montag der regionale PEGIDA-Ableger ›Magida‹ in Magdeburg. Genauso oft versuchte man, dies mit Gegenmobilisierungen zu verhindern. Anfänglich kamen Tausende zu den Anti-Magida-Protesten, deren Zahl dann im Laufe der Zeit aber immer weiter schrumpfte. Zudem trat die AfD wöchentlich mit Wahlkampf-Veranstaltungen in Erscheinung, ferner gab es noch diverse kleinere Aktionen von Rechtsradikalen.

336 ›Nazi-GegnerInnen zeigten sich in Magdeburg entschlossen gegen Rechts: Aufwärm-Demo mit Feuerwerk.‹ In: Beobachter News. *Magazin für politische Bewegung im Südwesten*, 16.1.2016, http://www.beobachternews.de/2016/01/16/aufwaerm-demo-mit-feuerwerk (abgerufen 10.7.2018).

Es war einfach nicht möglich, permanent genügend Menschen gegen die rechten Veranstaltungen auf die Straße zu bringen. Hier findet sich der ausschlaggebende Grund, weshalb von antifaschistischer Seite dem Trauermarsch in Magdeburg 2016 so wenig entgegengesetzt werden konnte. Obwohl von der Presse auf der Meile der Demokratie 10.000 Personen gezählt wurden, kamen zu den Störaktionen gegen den Trauermarsch kaum 300 Menschen zusammen. Der Versuch einer Miniblockade auf der Naziroute wurde von der Polizei schnell aufgelöst.

↑ An vielen Orten versuchten die Neonazis sich mit Trauermärschen in Szene zu setzten. Überall trafen sie auf Widerstand. Antifa-Aufkleber von 2011 aus Plauen.

Ausgerechnet im Jahr 2016, als die Bedingungen, sie zu stoppen, so günstig waren wie nie zuvor, konnten die Neonazis in Magdeburg laufen. Konsequenterweise löste sich das *Bündnis Magdeburg Nazifrei* am 12. Juli 2016 auf. In der Erklärung hieß es: *„Unser Konzept präferierte die Mobilisierung von Menschen als Teil einer Sitzblockade gegen Naziaufmärsche. Für eine Menschenblockade brauchen wir Menschen. Leider sind in MD immer weniger Menschen bereit, sich als Teil einer Blockade zu engagieren.“*[337] Nach dem Abzug der Rechtsradikalen kam es dann noch zu einer brutalen Szene. Auf dem Bahnhof Oschersleben fing eine Gruppe von ca. 25 Personen, vermummt und mit Eisenstangen und Baseballschläger ausgerüstet, zehn Neonazis auf ihrer Heimfahrt ab. Sechs Rechtradikale fanden ihr Heil in der Flucht, vier wurden zusammengeschlagen, wobei ein 34-jähriger Neonazi lebensgefährliche Kopfverletzungen erlitt und nur durch eine Notoperation gerettet werden konnte.

337 Auflösungserklärung Magdeburg Nazifrei: https://www.facebook.com/magdeburg.blockt/ (abgerufen am 17.2.2023).

Ab dem Jahr 2017 fand kein rechter Trauermarsch in Magdeburg mehr statt. Auch das Fest der Demokratie ist seit 2018 eingestellt.

Die Rechtsradikalen verfügen allerdings mit dem 60 km entfernten Dessau über eine Alternative zu Magdeburg. In Dessau fand 2005 und dann ab 2008 kontinuierlich Anfang März ein ›Trauermarsch‹ statt, der ebenfalls mit antifaschistischen Gegenaktionen konfrontiert war und ist.

Wir können sie stoppen

Erfolgreich wurde in Lübeck der Versuch von Neonazis gestoppt, ihrer Vergangenheitsinterpretation öffentlichkeitswirksam zu huldigen. Hier bot das Bombardement der Royal Air Force in der Nacht zum 29. März 1942 auf die Hansestadt den Rechten den Anlass. Dem ersten Flächenbombardement auf eine deutsche Großstadt im Zweiten Weltkrieg fielen erhebliche Teile der Altstadt zum Opfer. Darüber hinaus entwickelte sich ein Feuersturm, über 300 Menschen starben.

Im Jahr 2002 gingen mehr als 200 Neonazis zum 60. Jahrestag des Luftangriffs in Lübeck auf die Straße. Gegenproteste mussten die Rechtsradikalen einkalkuliert haben, denn in der Hansestadt gibt es seit den 1970er-Jahren eine rührige linke Szene – markiert durch den Kampf um ein autonomes Jugendzentrum *die alternative* bzw. *Walli* und beteiligt an vielen Widerstandsaktionen nicht zuletzt auf dem Feld des Antifaschismus[338]. Zu den Gruppen vor Ort zählte auch Avanti – Projekt undogmatische Linke (2014 in der Interventionistischen Linken aufgegangen), die bei den Verhinderungsaktionen des Bündnisses Wir können sie stoppen eine entscheidende Rolle spielte.

338 Vgl. *Alternative Tagungsstätte e. V.* (Hg): *30 Jahr alternative! Das Buch* , Lübeck 2008.

Es gelang Organisationen von Kirchen, Gewerkschaften bis hin zur SPD, sich zumindest soweit mit Gruppen aus dem linksradikal/autonomen Lager abzustimmen, dass Sitzblockaden gegen den Neonazi-Aufmarsch mitgetragen wurden.

In den folgenden Jahren kam es an den Tagen der Demonstration deshalb zu Blockaden, aber lediglich zu kleineren Zusammenstößen von Antifas mit Polizei oder Rechtsradikalen. Stattdessen waren die Neonazis von staatlicher Seite mit immer neuen Auflagen konfrontiert, wenn sie auch stets gut geschützt von der Polizei blieben.

Der jährliche Trauermarsch in Lübeck mauserte sich zum wichtigsten Neo-Nazi-Aufmarsch in Norddeutschland. Zwischen 2003 und 2010 konnten teilweise über 300 Neonazis gezählt werden. Aber dann brachen die Teilnehmer_innenzahlen ein und die Demo traf auf immer größer werdende Gegenprotestete, an denen sich mehrere Tausend Menschen beteiligten. Ein letztes Mal marschierte ein Häuflein von 120 Marschierern im Jahr 2012. Aufgrund rigider Auflagen konnten die Neonazis nur eine stark verkürzte Route gehen. Nach nicht ganz 300 m war Schluss mit der Demo und das generelle Ende für diesen Trauermarsch gekommen. Trotz richterlicher Erlaubnis wurde der Neonazi-Aufzug 2013 abgesagt und fand seitdem nicht mehr statt.

Bad Nenndorf und Friedrichroda

Von Relevanz für rechte Gedenkmärsche war auch die niedersächsische Kurstadt Bad Nenndorf nahe Hannover. Seit 2006 marschierten die Neonazis Anfang August eine etwa einen Kilometer lange Strecke zum Wincklerbad, einem Gebäudekomplex, in dem der britische Geheimdienst ab 1945 ein Internierungslager für Nazis unterhielt. Dort waren ebenso deutsche Kommunist_innen inhaftiert, die sich Anordnungen der Besatzungsbehörden widersetzten und/oder unter Spionageverdacht standen. Nachdem Foltervorwürfe und Todesfälle bekannt geworden waren, wurde die Einrichtung 1947 geschlossen. 2006, nach dem Ende der ›Rudolf-Heß-Gedenkmärsche‹, entdeckten die Neonazis den Ort für sich, um hier einen ›Marsch der Ehre‹ zu zelebrieren. Die Teilnehmer_innenzahl stieg auf 1.000

aus dem In- und Ausland an, um 2011 auf 600 einzubrechen. Die Gründe waren Streitigkeiten in der Naziszene und das zeitgleich in Gera stattfindende Nazifestival ›Rock für Deutschland‹. Außerdem schien der Ort wegen den zu erwartenden Protesten entlang der Aufmarschroute wenig attraktiv.

In den ersten drei Jahren gingen in Bad Nenndorf die antifaschistischen Aktionen gegen den Naziaufmarsch nur von autonomen Antifa-Gruppen aus. Allerdings führte das Auftreten der Antifa in der Kleinstadt zu Ängsten in der Bevölkerung. Außerdem gab es massive Übergriffe durch die Polizei auf die Demonstrationen. Später gründete sich dann das örtliche Bündnis Bad Nenndorf ist bunt, welches 2009 eine erste Bündnisdemonstration initiierte.

Im März 2012 konstituierte sich der überregionale Zusammenhang Kein Naziaufmarsch in Bad Nenndorf, an dem sich neben Antifa-Gruppen auch Jusos und Grüne Jugend beteiligten.

Neben der Blockadeinitiative mobilisierten auch autonome Antifa-Gruppen nach Bad Nenndorf, die nicht der neuen Initiative angehörten. Eine geplante Antifa-Demonstration wurde aber durch restriktive Auflagen seitens der Versammlungsbehörde unterbunden. So fand das Konzept der Initiative Kein Naziaufmarsch in Bad Nenndorf, das sich an die Protestformen gegen den Naziaufmarsch in Dresden anlehnte, allgemeine Zustimmung. Daraufhin wurden die Gegenaktionen wieder massiver. Vier Männer ketteten sich am Vorabend der Demonstration vor dem Wincklerbad an eine massive Stahlpyramide und anreisende Antifas besetzten den Bahnhof, sodass die Rechtsradikalen mit ihrem Zug nicht einfahren konnten. Der rechte Aufmarsch ging erst mit drei Stunden Verspätung los, viele Neonazis gelangten gar nicht zum Sammelpunkt. Die Polizei zählte lediglich 460 Beteiligte.

Nach diesem Erfolg wurde aus Antifa-Kreisen für 2013 in größerem Maße nach Bad Nenndorf mobilisiert. Das örtliche Bündnis distanzierte sich allerdings von den ›zugereisten Chaoten‹. Dennoch gelang es, in der konkreten Aktion zusammenzuwirken. Rund 600 Menschen, darunter viele autonome Antifas, blockierten mit einer Sitzblockade den Kundgebungsort der Rechtsradikalen. Wieder ketteten sich Aktivist_innen an eine Betonpyramide, auf ähnliche Art wurden auch die Gleise am Bahnhof blockiert. Es kamen lediglich 270 Rechte zusammen, die gezwungen waren,

ihre Abschlusskundgebung in einer Seitenstraße abzuhalten, und dann umkehrten. Ein Erfolg, doch 2014 sollte in Bad Nenndorf keine Blockade gelingen. Trotz der Erfahrungen des Vorjahres und eines entsprechenden Aufrufs entstand keine Dynamik bei der Mobilisierung und viele Aktivist_innen gingen wohl davon aus, dass die Nazis keinen größeren Aufmarsch zustande bringen würden.

Die Erfolgsmeldungen aus dem Jahr zuvor fielen den Aktivist_innen und der Initiative nun auf die Füße. Wer trotzdem kam, wurde von den örtlichen Kräften begrüßt. „*Wir haben auf euch gewartet, herzlich willkommen*“, schallte es über den Lautsprecherwagen. 1.200 Menschen protestierten lautstark gegen lediglich 190 Rechtsradikale, die diesmal ihre Demoroute gehen konnten – und wiederkommen wollten.

↑ Radikale Forderungen, Antifa-Aufkleber und Plakat; Gotha, 2014.

Doch 2015 fand der ›Trauermarsch‹ zum letzten Mal in Bad Nenndorf statt und entwickelte sich zum Spießrutenlauf für die Neonazis. Zunächst konnten sie aufgrund einer Blockade des Bahnhofs von rund 300 Antifas nicht mit dem Zug anreisen und mussten mehrere Kilometer zu Fuß laufen und am Winklerbad regneten 15 Kilo Konfetti auf die 180 Teilnehmer_innen nieder.

Im Jahr 2018 wurde dann das Bündnis ***Bad Nenndorf ist bunt*** mit dem Bundesverdienstkreuz ausgezeichnet. Bei dieser Auszeichnung wurde vergessen zu erwähnen, dass es die Antifa war, die die Proteste in Bad Nenndorf initiiert hatte. Dafür gab es keinen Orden, stattdessen bekamen Antifa-Aktivist_innen Polizeigewalt, Ermittlungsverfahren und Diffamierungen zu spüren.

Die sinkenden Teilnehmer_innenzahlen der Rechten bei ihren ›Gedenkmärschen‹ hat sicher nicht nur mit den Gegenaktionen zu tun. Vielmehr gibt es immer weniger Menschen, die emotional mit der Zeit vor 1945 verbunden sind, also den Krieg erlebten oder Angehörige hatten, die ums Leben kamen. Früher war der Volkstrauertag[339] in der BRD ein fester Termin im gesellschaftlichen Leben, bei dem Bürgermeister und Pfarrer samt Honoratioren, der Feuerwehr und dem Schützenverein beim örtlichen Kriegerdenkmal antraten. Heute findet dieser Tag bei der Bevölkerung kaum noch Interesse. Die Feier wirkt mehr und mehr obskur. Die Parolen an den Denkmälern künden von ›Helden‹ und ›Vaterland‹, zeigen Eiserne Kreuze, Eichenlaub und Stahlhelme. Die Tage des Volkstrauertages in dieser Form dürften gezählt sein. Trotzdem versuch(t)en Rechtsradikale, an diesen offiziellen Gedenktag anzuknüpfen, insbesondere nachdem er in den fünf neuen Bundesländern eingeführt wurde. In Friedrichroda bei Gotha fand 2002 ein von der NPD angemeldeter Fackelmarsch zum dortigen Denkmal statt.

339 Der Volkstrauertag wurde 1926 im Gedenken an die Toten des I. Weltkrieges eingeführt. Die Nationalsozialisten benannten ihn 1934 in ›Heldengedenktag‹ um. 1948 wurde dieser Tag in den westlichen Besatzungszonen und dann in der BRD weitergeführt. Als Abgrenzung zum ›Heldengedenktag‹ wurde der Volkstrauertag 1952 auf das Ende des Kirchenjahres, d. h. den vorletzten Sonntag vor dem ersten Advent, verlegt. In der DDR war der Volkstrauertag durch den ›Internationalen Gedenktag für die Opfer des faschistischen Terrors und Kampftag gegen Faschismus und imperialistischen Krieg‹ ersetzt worden. Er wurde jährlich am zweiten Sonntag im September begangen.

Mit 150 Teilnehmer_innen wurde das Spektakel zum größten regelmäßigen Naziaufmarsch in Thüringen. 2009 fand die erste, 2012 und 2013 weitere regionale Antifa-Mobilisierungen dagegen statt. Ab 2013 meldete die NPD nicht mehr an. Der Fackelzug fiel aus und lediglich 24 ›Kameraden‹ fanden sich ein. 2014 gab es einen Anmelder aus der Kameradschaftsszene und Aktionstage gegen die Versammlung. Nach Polizeiangaben demonstrierten am 16. November 2014 in Friedrichroda 140 Rechtsradikale am rosa übertünchten Gedenkmonument und standen 90 Antifas gegenüber. Wesentlich mehr Antifaschist_innen waren es auch in den vergangenen Jahren nicht gewesen. Es blieb bei einem regionalen Ereignis.

Remagen

Die Kleinstadt Remagen befindet sich ganz im Norden von Rheinland-Pfalz, zwischen Koblenz und dem schon in Nordrhein-Westfalen liegenden Bonn. Einige Bekanntheit erlangte das Städtchen durch den US-Kriegsfilm ›Die Brücke von Remagen‹ von 1969, denn hier führte einst die ›Ludendorff-Brücke‹ über den Rhein, die aus militärischen Gründen im Ersten Weltkrieg erbaut worden war. Strategisch entscheidend wurde die Eisenbahn Brücke im März 1945, da am östlichen (rechten) Rheinufer die Wehrmacht einen Verteidigungsriegel einrichten wollte, um den Vormarsch der westlichen Alliierten zu stoppen. Alle Rheinbrücken sollten deshalb gesprengt werden. Aber aufgrund von zu wenigem und mangelhaftem Sprengstoff misslang die Sprengung der ›Ludendorff-Brücke‹. Beschädigt, aber weitgehend unzerstört, fiel sie als einziger Rheinübergang am 7. März 1945 der US-Army in die Hände – ein entscheidender Vorteil, der den Vormarsch ins Ruhrgebiet beschleunigte.

Mit Sturmbooten, Kampftauchern und diversen Luftangriffen sowie samt Einsatz von V2-Raketen versuchten Wehrmacht und Luftwaffe in den folgenden Tagen vergeblich, die Brücke zu zerstören. Erst am 17. März 1945 brach die Konstruktion in sich zusammen. Ob in Folge eines deutschen Angriffs oder als Spätfolge der misslungenen Sprengung konnte nie geklärt werden. Zwar wurde auch nach der Überwindung des Rheins weiterhin um jedes Dorf gekämpft, aber anders als an der Ostfront ergaben sich auch sehr

↑ Der antifaschistische Sonderzug zerschmettert die ›Schwarze Madonna‹. Plakat der ***Antifa Bonn/Rhein-Sieg*** aus dem Jahr 2016.

viele deutsche Soldaten. Darauf waren die vorrückenden alliierten Truppen logistisch nicht vorbereitet. Ursprünglich sollten deutsche Gefangene in Lager nach England bzw. in die USA gebracht werden. Allein die Masse von insgesamt mehreren Millionen Menschen machte dies unmöglich. Überall im besetzten Deutschland mussten Lager improvisiert werden.

In der Rheinregion entstanden sechs Sammelpunkte für deutsche Kriegsgefangene, die zunächst nur aus großflächig eingezäunten, verschlammten Äckern und Wiesen unter freiem Himmel bestanden. Mangels Baracken gruben sich die Gefangenen mit bloßen Händen Erdlöcher, in denen sie hausten. Sowohl die Ernährung als auch die hygienischen Verhältnisse waren katastrophal. Zusammenfassend wurden diese Lager, die bis September 1945 bestanden, als Rheinwiesenlager bezeichnet. Alle Versuche des IKRK (Internationales Komitee des Roten Kreuz), den Gefangenen zu helfen, wurden vom US-Militär verwehrt. Man wünschte nicht, dass die Zustände bekannt wurden.

In den ersten Wochen war die Todesrate durch Hunger und Selbstmord ungewöhnlich hoch. Die Angaben US-amerikanischer Historiker schwanken zwischen 8.000 und 40.000 Toten. In anderen Quellen finden sich erheblich höhere Zahlen. Eines dieser Elendslager existierte bei Remagen, nach dem Flurnamen ›Goldene Meile‹ genannt.

Um den grauenhaften Zuständen Abhilfe zu schaffen, suchten die Amerikaner bald, die Zahl der Insassen mittels Entlassungen zu reduzierten. Auch die Ernährungslage und die Verwaltung besserten sich nach einigen Wochen. Als französische Truppen im Juli 1945 das Kommando übernahmen, hatte sich die Situation bereits entschieden entspannt.

An diese historischen Ereignisse vom Frühjahr 1945 wollte man vor Ort erinnern. Die Stadt Remagen bemühte sich seit den 1960er-Jahren, die noch existierenden Brückentürme der ›Ludendorff-Brücke‹ von der Bahn zu kaufen, um dort ein Museum einzurichten. Es dauerte dann noch fast zwanzig Jahre, bis am 7. März 1980 schließlich das **Friedensmuseum Brücke von Remagen** eröffnet werden konnte.

In diesem Zusammenhang ging es auch um die Rheinwiesenlager und die Entdeckung der ›Schwarzen Madonna‹, einer Plastik, die im Lager von Adolf Wamper aus Brotresten und Lehm modelliert worden war. Der 1901 geborenen Wamper, trat 1933 in die NSDAP ein und stieg in der Zeit des Nationalsozialismus zu einem angesehenen Künstler auf. Wamper war Mitglied der Reichskulturkammer und wurde 1944 in die ›Gottbegnadeten-Liste‹ aufgenommen, in der die für die NS-Zeit wichtigsten Kunstschaffenden geehrt wurden.

Erst im März 1945 zur Wehrmacht eingezogen, geriet Wamper einen Monat später in US-amerikanische Kriegsgefangenschaft.[340]

340 Obwohl Adolf Wamper ein bekannter NS-Künstler war, stufte ihn ein Entnazifizierungsausschuss als Mitläufer ein. Ab 1948 leitete er die ›Werkgruppe Plastik‹ der **Folkwangschule Bielefeld**. Das Land Nordrhein-Westfalen verlieh ihm zu seiner Verabschiedung den Professorentitel. Im öffentlichen Raum schuf Wamper nach 1945 zwei Plastiken. Eine Bronzeskulptur aus seiner Hand erinnert seit 1961 vor dem Rathaus in Düren an die alliierten Fliegerangriffe vom 16. November 1944 und die Toten der beiden Weltkriege. Ein Hinweisschild mit Hintergrundinformationen konnte die Antifa-Düren an der im Volksmund als ›Flammenengel‹ bezeichneten Bronze durchsetzen, die Forderung, die Wamper-Skulptur durch ein eindeutig antifaschistisches Mahnmal zu ersetzen, hingegen nicht.
Des Weiteren befindet sich an der Stadtverwaltung in Euskirchen ein Relief von Wamper. In einem offenen Brief forderte die Antifa Euskirchen/Eifel im Dezember 2012 den Bürgermeister Dr. Uwe Friedl (CDU) auf, eine Texttafel mit Informationen zur Person Wampers am Gebäude anzubringen. Das wurde abgelehnt, lediglich die Webseite der Stadt wurde mit Hinweisen auf die Geschichte des Reliefs und die NS-Vergangenheit des Künstlers versehen.

Die NS-Vergangenheit des Künstlers störte die örtlichen Geschichtsbemühten nicht, die sich für den Bau einer ›Friedenskapelle‹ auf dem ehemaligen Lagergelände Goldene Meile einsetzten. Im Oktober 1987 wurde diese Kapelle eingeweiht, in deren Mittelpunkt eine Nachbildung der ›Schwarzen Madonna‹ steht.

Überhaupt sind heute große Teile des Geländes vom ehemaligen Kriegsgefangenenlager Goldene Meile überbaut und gehören zum Stadtgebiet von Remagen. Ohne die Kapelle wäre die Vergangenheit des Ortes längst vergessen. Aber auch so blieb der Ort, wenig beachtet, lediglich von regionalem Belang.

Das begann sich mit dem 8. Mai 2005 zu ändern. Am Tag der deutschen Kapitulation führten erstmals Neonazis ein Totengedenken an der Kapelle durch.

Ab 2009 begannen die Rechtsradikalen alljährlich im November, am Wochenende nach dem Volkstrauertag, ein ›Zentrales Heldengedenken‹ für die in alliierten Gefangenenlagern umgekommenen deutschen Soldaten zu inszenieren.

Im rund 120 Kilometer von Remagen entfernten Bretzenheim, ebenfalls in Rheinland-Pfalz, befand sich ein weiteres Rheinwiesenlager. Es wurde als ›Feld des Jammers‹ bezeichnet und dort bereits 1966 ein gleichnamiges Denkmal errichtet. In Bretzenheim fand schon seit 2004 ein, dem Spektakel in Remagen ähnlicher, jährlicher Neonazis-Aufmarsch statt. Obwohl beide Aufmärsche feste Termine im Kalender der Neonazis waren und jeweils mit antifaschistischen Gegenaktionen konfrontiert waren, kam allein Remagen überregionale Bedeutung zu. Das lag vor allem am **Aktionsbüro Mittelrhein**, das den Aufmarsch in Remagen bis 2011 organisierte.

Stets geschützt von einem starken Polizeiaufgebot pilgerten Jahr für Jahr bis zu 250 Neonazis in einem Schweigemarsch vom Bahnhof Remagen zur Friedenskapelle. Um dem Aufmarsch einen passenden Rahmen zu geben, bemühten sich die Neonazis um eine entsprechende Choreografie. Der Trauermarsch war weitgehend ein Schweigemarsch, vorneweg wurde ein Kranz getragen, dann folgte, soweit erlaubt, eine Reihe mit Landsknechttrommeln, die einen monotonen Takt vorgaben. Dann kam das Kopftransparent mit dem Gros der Demo, in Reih und Glied. Im vorderen Teil wurden außen schwarze Fahnen getragen. Auch die Aufstellung am Kundgebungsort folgte einer Inszenierung, mit auf Kommando gesenkten Fahnen usw.

Direkte Gegenaktionen von Antifas wurden von der Polizei stets unterbunden und juristisch verfolgt. So gelang es beispielsweise 2010 einer Gruppe von ca. 30-50 Personen, auf die Demoroute der Rechtsradikalen zu gelangen. Um die Strecke zu blockieren, zogen einige aus der Gruppe Hamburger Gitter von einem unbewacht abgestellten Anhänger auf die Straße. Ein diensteifriger Streifenpolizist schritt mit Pfefferspray und Gummiknüppel ein. In Abwehr riss einer der Antifas einen Leinenrucksack vor sein Gesicht und streckte ihn dem Polizisten entgegen, der dabei leicht am Kopf gestreift wurde. Später wurde diese Abwehraktion als Landfriedensbruch und Körperverletzung gewertet und der ›Haupttäter‹ zu einer Bewährungsstrafe verurteilt. Die anderen aus der Gruppe erhielten wegen ›psychischer Unterstützung‹ eine Geldstrafe von 70 Tagessätzen. Gegen sechs Personen der Gruppe wurde Anklage wegen gefährlicher Körperverletzung erhoben, die später auf Landfriedensbruch geändert wurde.

Die Urteile erfolgten, obwohl der betroffene Polizist bei einer Gegenüberstellung am Tattag keinen Angeklagten identifizieren konnte, sondern erst zwei Monate später die Beteiligten auf Fotos angeblich wiedererkannte. Erst nach einer dreijährigen, aufreibenden juristischen Auseinandersetzung konnte im März 2013 ein Freispruch für die Angeklagten erstritten werden.[341]

Politisch zeigte sich Remagen von vornherein die übliche Spaltung des antifaschistischen Lagers. Während Antifa-Aktivist_innen versuchten, unmittelbar zu intervenieren, führten das *Bündnis Remagen für Frieden und Demokratie* und das regionale Bündnis Remagen Nazifrei in der Innenstadt eine Kundgebung durch und feierten ein ›Fest der Demokratie‹. Alle antifaschistischen Aktivitäten geschahen zwar in Bezug aufeinander, fanden jedoch schnell ihre Grenzen, sobald militante Konfrontationen mit der Polizei oder Neonazis drohten.

341 Bassin, Max/Boist, Fabian: ›Antifaschisten erstreiten Freispruch vor Landgericht‹. In: ZEIT ONLINE, 16.3.2013, https://blog.zeit.de/stoerungsmelder/2013/03/16/antifaschisten-erstreiten-freispruch-vor-landgericht_11972 (abgerufen 8.1.2023).

Seit 2010 umwickelte das ***Bündnis Remagen für Frieden und Demokratie*** die Kapelle am Tag des rechtsradikalen Trauermarsches, um die Sicht auf die ›Schwarze Madonna‹ zu verhindern. Die NS-Totenehrung samt Kranzniederlegung musste deshalb vor der Gedenkstätte stattfinden. Den Vorschlag, die Madonna aus der Kapelle zu entfernen, lehnten die örtlichen politischen Gremien ab.

Im Jahr 2012 wirkte sich eine großangelegte Polizeiaktion auf die Mobilisierung in Remagen aus. Nach zweijähriger Ermittlungsarbeit kam es am 13. März bei über 30 Neonazis in 19 Städten zu Hausdurchsuchungen. Schwerpunkt war das nördliche Rheinland-Pfalz und Nordrhein-Westfalen, jeweils eine Durchsuchung gab es in Thüringen und Baden-Württemberg.[342] Das ›Braune Haus‹, benannt nach dem Hauptquartier der NSDAP in München, Zentrale des ***Aktionsbüro Mittelrhein*** im Stadtteil Hemmessen von Bad Neuenahr-Ahrweiler, wurde gestürmt. Insgesamt gab es an diesem Tag 24 Festnahmen. Es ging um den Vorwurf der Bildung einer kriminellen Vereinigung gegen das ***Aktionsbüro***. Ab August 2012 mussten sich 26 Mitglieder der Kameradschaft vor dem Landgericht in Koblenz verantworten.

Obwohl der bisherige Organisator der Trauermärsche in Remagen damit ausgefallen war, fand die Demonstration erneut satt. Neonazis aus Nordrhein-Westfalen, insbesondere ***Die Rechte Dortmund***, stellten die Infrastruktur und bewegten immerhin 160 ›Kameraden‹ sich an der Kundgebung in Remagen zu beteiligen. Auch die Gegenaktion fiel deutlich kleiner aus, als in den Vorjahren. Optimistisch geschätzt protestierten 100 Menschen[343] gegen den Nazi-Aufmarsch. Ein großes Polizeiaufgebot war vor Ort, es kam zu keinerlei Zwischenfällen.

Um im Jahr 2013 eine wirksame Gegenaktion zu organisieren, wurde das ***Bündnis NS-Verherrlichung stoppen*** initiiert. Es schien sehr wahrscheinlich, dass die Neonazi-Demonstration größer werden würde als im Vorjahr.

342 Lotta: ›Razzia im Hinterland – Das Ende des Aktionsbüro Mittelrhein‹. In: ***Antifa Infoblatt***, 8.3.2012, https://www.antifainfoblatt.de/artikel/razzia-im-hinterland-%E2%80%93%C2%A0das-ende-des-aktionsb%C3%BCro-mittelrhein (abgerufen 8.1.2023).

343 ›Remagen gegen Rechts‹. In: ***Frankfurter Rundschau***, 25.11.2012, https://www.fr.de/politik/remagen-gegen-rechts-11293000.html (abgerufen 8.1.2023).

Das war auch der Fall, 230 Neonazis marschierten 2013 in Remagen. Etwa 350 Aktivist_innen von Antifa-Gruppen versuchten, sich ihnen entgegenzustellen, was ein großes Polizeiaufgebot verhinderte. Allerdings waren es zum ersten Mal mehr Gegendemonstrant_innen als Neonazis.

Neben der antifaschistischen Demonstration organisiert das *Bündnis Remagen für Frieden und Demokratie* wie in den Jahren zuvor einen ›Tag der Demokratie‹ in Gestalt eines bunten Stadtfestes mit Informationsständen.[344]

Der staatliche Antifaschismus erfuhr in diesem Jahr große Unterstützung. Bereits 2012 war der ›Tag der Demokratie‹ mit 6.000 Euro aus dem Lokalen Aktionsplan gefördert worden. Die gleiche Summe stand für das Jahr 2013 zur Verfügung. Am 7. Juni 2013 wurde das Remagener Bündnis im Rathaus der Stadt Rüsselsheim mit einem Preis im Wettbewerb ›Aktiv für Demokratie und Toleranz‹ ausgezeichnet. Verliehen wurde der mit 5.000 Euro dotierte Preis von dem von den Bundesministerien des Innern und der Justiz gegründeten *Bündnis für Demokratie und Toleranz – gegen Extremismus und Gewalt*.[345] Militanter Antifa-Widerstand wurde von diesem staatlichen Toleranz-Bündnis ausgegrenzt. Selbst das Logo ›Antifaschistische Aktion‹ sollte möglichst nicht mehr auftauchen. Vom Toleranz-Bündnis geförderten Initiativen ist die Verwendung des Symbols ohnehin untersagt.

Politisch blieb das Vorgehen daher zweigleisig, zum einen die bürgerlichen Remagener Bündnisse mit ihren bunten Stadtfesten außer Sichtweite des Nazi-Trauermarsches, zum anderen ein Bündnis von Antifa-Gruppen, das versuchte, die Neonazis direkt zu konfrontieren und die Strecke zu blockieren. Wobei sich die Zusammensetzung der Antifa-Bündnisse, deren Gruppen allesamt aus den umliegenden Großstädten wie Köln, Bonn, Mainz oder Koblenz stammten, im Laufe der Jahre immer wieder änderte und schwierig blieb. Zusammenhänge lagen im politischen Hader miteinander, lösten sich auf oder Aktivist_innen stiegen aus der politischen Arbeit aus.

344 ›Erneuter Neonazi Aufmarsch in Remagen‹. In: ZEIT ONLINE, 1.11.2013, https://blog.zeit.de/stoerungsmelder/2013/11/01/klappe-die-funfte-erneuter-neonaziaufmarsch-in-remagen_14264 (abgerufen 8.1.2023).

345 ›Tag der Demokratie Remagen‹, https://www.aw-wiki.de/index.php/Tag_der_Demokratie (Remagen) (abgerufen 8.1.2023).

Das Remagener Bündnis aus örtlichen Parteien, Gewerkschaften, Kirchen und Vereinen blieb dagegen weitgehend konstant. Außerdem genoss es den Ruf staatlicher Anerkennung, verfügte über finanzielle Mittel, alle nötigen Kontakte und logistischen Möglichkeiten.

Das antifaschistische Vorgehen blieb also zweigleisig. Im Jahr 2017 demonstrierten nach Angaben der Polizei etwa 350 Antifas, nach Angaben des Bündnis *NS-Verherrlichung stoppen* 500 Demonstrant_innen, mit einer Tanz-Demo gegen den Nazi-Trauermarsch. Es gelang jedoch nicht, den Aufmarsch der 200 Neonazis zu stoppen.

Bemerkenswert war, dass die Nazi-Kader Sven Skoda und Christian Häger kurze Redebeiträge hielten. Beide mussten sich bis Sommer 2017 vor dem Landgericht Koblenz im Prozess gegen das ***Aktionsbüro Mittelrhein*** wegen Bildung einer kriminellen Vereinigung verantworten. Dann platzte der Prozess wegen der „überlangen Verfahrensdauer".[346] Parallel zu den Aktionen des Bündnis *NS-Verherrlichung stoppen* organisierte das ***Bündnis Remagen***

346 ›Mehr als 200 Neonazis bei Gedenken in Remagen‹. In: ZEIT ONLINE, 19.11.2017, https://blog.zeit.de/stoerungsmelder/2017/11/19/mehr-als-200-neonazis-bei-gedenken-in-remagen_25034 (abgerufen 8.1.2023).

1917 1920 1923 1933 1945 1977 1981 1989 2000 – 2015

für Frieden und Demokratie einen historischen Gedenkspaziergang sowie einen Gottesdienst. Schwerpunkt blieb aber die Ausrichtung der ›Meile der Demokratie‹. All das fand unter den Augen von knapp 600 Polizisten statt, zu Auseinandersetzungen kam es nicht.

Da es nicht möglich schien, den Polizeischutz für die Neonazi-Demo zu überwinden, kamen die Antifas für 2018 auf die Idee, den Bahnhof von Remagen zu blockieren. Dazu musste lediglich ein Fußgängertunnel besetzt werden. Die Polizei brauchte einige Zeit, die Sitzblockade zu räumen, so dass der Neonazi-Trauermarsch mit Verzögerung begann. Versuche vonseiten der gleichzeitig stattfindenden Antifa-Demo, die Route der Nazis zu blockieren, machte die massive Polizeipräsenz von vornherein zunichte. Es galt, sich eine andere Taktik auszudenken.

Im folgenden Jahr lautete der Slogan, unter den das *Bündnis für Frieden und Demokratie* und *Remagen Nazifrei* am 16. November ihre antifaschistischen Gegenaktionen stellten, ›Remagen 2019: Null Bock auf Nazis‹. Diesmal fiel das bunte Fest besonders groß und prominent aus. Als Hauptrednerin war die rheinland-pfälzischen Ministerpräsidentin Malu Dreyer (SPD) gewonnen worden.

Ein ›Tag der Demokratie‹ wurde ebenfalls veranstaltet. Neben Ständen und einer Bühne auf dem Markt in Remagen war eine zweite große Bühne auf der Goethestraße unmittelbar am Rhein-Ahr-Campus aufgebaut. Hier begann das Bühnenprogramm ab 11 Uhr, auf dem Markt erst ab 12:30 Uhr. Das hieß, nach zehn Jahren protestierte das bürgerliche Bündnis zum ersten Mal in Sichtweite zum Veranstaltungsort der Neonazis. Man wolle damit zeigen, dass man keine Angst habe, hieß es.

Von etwaigen Aktionen der Antifa wurde sich demonstrativ distanziert. Bereits im Vorhinein erklärten das Bündnis sowie der Geschäftsführer DGB Region Koblenz, Sebastian Hebeisen, dass jede Gewaltaktion, sei es von Neonazis oder Gegendemonstranten, sofort mithilfe der Polizei unterbunden werde.[347]

347 Schmitt, Günter: ›Tag der Demokratie am 16. November. So antwortet Remagen auf den Nazi-Aufmarsch‹. In: *General Anzeiger*, 5.11.2019, https://ga.de/region/ahr-und-rhein/remagen/aktionstag-gegen-rechts-in-remagen-am-16-november_aid-46942331 (abgerufen 8.1.2023).

Das *Bündnis NS-Verherrlichung stoppen* rief daher separat zu einer Demonstration auf. Treffpunkt war 10:30 Uhr am Bahnhof von Remagen. Explizit zur Blockade der Demonstrationsroute riefen zudem acht Gruppen aus Nordrhein-Westfalen auf.

An diesem Tag gab es also drei antifaschistische Hauptströmungen, die teilweise gegensätzliche Anschauungen vertraten und in sich noch einmal fraktioniert waren. Auf der Bühne des *Bündnisses für Frieden und Demokratie* stand beispielsweise die GdP-Landesvorsitzende Sabrina Kunz. Die Polizistin mahnte zur Rechtsstaatlichkeit und zu friedlichem Protest: *„Gegenproteste können laut und lustig, kreativ und bunt – also insgesamt vielfältig sein. Gegenproteste in einer bunten Gesellschaft dürfen aber niemals unfriedlich, gewalttätig oder mit Waffen stattfinden.“*[348]

Als Antifa könnte man eine solche Aussage auch als Panikmache und Hetze deuten, die dazu dient, staatliche Gewalt zu legitimieren. Mit Waffen traten Antifas an diesem Tag jedenfalls nicht an. Man verlegte sich lieber auf bekannte Methoden.

Bereits der Sammelpunkt der Nazis wurde mit Buttersäure präpariert. Hierdurch kam es zur ersten Verzögerung des Aufmarsches, der dann nur wenige hundert Meter weit kam. Sechs Menschen waren am frühen Vormittag an der Naziroute in Bäume geklettert und hatten Seile sowie mehrere große Transparente gespannt. Da sich die Aktivist_innen festgekettet hatten, waren sie nicht ohne Weiteres zu entfernen. Die Polizei sah sich dadurch veranlasst, die Neonazi-Demo zu stoppen, da sie für deren Sicherheit nicht mehr garantieren könne.

Der ›Trauerzug‹ musste wenden. Statt des geplanten Marschs durch ein Wohngebiet musste auf eine deutlich unpopulärere Route ausgewichen werden. Doch auch hier gelang es Antifaschist_innen, auf die Strecke zu kommen und den ›Trauermarsch‹ erneut zu blockieren. Da die Polizei eine gewaltsame Auflösung der Sitzblockade ablehnte und die Sicherheit der rechtsradikalen Demoteilnehmer_innen nicht garantiert sah, stand die Auflösung der Nazi-Demo zur Debatte. Am Ende musste ein neuer Umweg

348 ›Rückblick Remagen 2019‹. In: *DGB Region Koblenz*, 18.11.2019, https://koblenz.dgb.de/++co++46b1dbaa-09f0-11ea-9e57-52540088cada (abgerufen 8.1.2023).

gegangen werden, bis die Faschisten mit etlicher Verspätung zu ihrem Kundgebungsort gelangten.

Trotz des massiven Polizeiaufgebots kam es nach der Veranstaltung in Remagen zu einer Massenschlägerei am Bonner Hauptbahnhof. Auf ihrer Rückreise stiegen hier gegen 18 Uhr 12 Rechtsradikale in einen Zug nach Duisburg um, in dem mehr als 100 Antifas auf der Heimreise befanden. Es kam zu turbulenten Szenen, Menschen rannten auf Gleise, 170 Bereitschaftspolizist_innen mussten zur Verstärkung anrücken, und der Bahnhof war kurzeitig gesperrt. Nach der Schlägerei stellte die Polizei von 53 Antifas und neun Rechtsradikalen die Personalien fest. Es gab Anzeigen unter anderem wegen Landfriedensbruchs, Körperverletzung und Sachbeschädigung.[349] Auch für vier Aktivist_innen, die sich in Remagen an Bäume gekettet hatten, gab es ein juristisches Nachspiel. Anfang März 2020 kam es vor dem Amtsgericht Sinzig zu einem Prozess wegen ›Störung von Versammlungen und Aufzügen‹. Er endete mit Freispruch.

Die Angaben über die Beteiligung an der Antifa-Demo und den Bündnis-Aktionen gingen ziemlich auseinander und waren für Beobachter_innen wohl auch nicht eindeutig zuzuordnen. Die Beteiligung an den Kundgebungen vom Tag der Demokratie schwankten zwischen 600[350] und 1.000 Menschen. Für die Aktionen des *Bündnis NS-Verherrlichung stoppen* wurden 850 Antifas angegeben.[351] Eindeutig stand hingegen die Zahl von lediglich 130 Neonazis fest.

Trotz ihres schlechten Mobilisierungsergebnisses von 2019 wollten die Rechtsradikalen auch im Corona-Jahr 2020 in Remagen marschieren. Für den 14. November lautete daher die Parole ›Mit Anstand und Abstand gegen Nazis!‹. DGB und *Remagen Nazifrei* organisierten am Samstag, den 13. November, eine Online-Veranstaltung.

349 ›Rechtsextremen Demonstranten unterlief verhängnisvoller Fehler‹. In: *Welt-Panorama*, 10.12.2019, https://www.welt.de/vermischtes/article204187960/Massenschlaegerei-in-Bonn-Rechtsextremen-Demonstranten-unterlief-verhaengnisvoller-Fehler.html (abgerufen 8.1.2023).

350 Ebenda.

351 ›Eindrücke vom Demo Wochenende in Remagen und Duisburg‹. In: *Köln gegen Rechts*, 18.11.2019,https://www.koelngegenrechts.org/2019/11/eindruecke-vom-demo-wochenende-in-remagen-und-duisburg/ (abgerufen 8.1.2023).

Das Bündnis *Remagen für Frieden und Demokratie* folgte am 14. November mit einer Corona-gerechten Kundgebung an der Hochschule. Redebeiträge wurden auf einer Bühne über LED-Bildschirm gezeigt. U. a. sprachen Malu Dreyer und der DGB-Landesvorsitzende. Die Corona-Auflagen verhinderten einen neuen ›Tag der Demokratie‹ wie im Vorjahr. Als Präsenzaktion waren ein Friedensspaziergang und eine Menschenkette angekündigt. Immerhin versammelten sich ca. 250 Menschen an der Hochschule, um die Reden zu hören und sich an den Aktionen zu beteiligen.

Zur Demo bzw. direkten Gegenaktion riefen *NS-Verherrlichung stoppen* und das Mitte 2020 gegründete Blockadebündnis *BlockZHG* (ZHG = Zentrales Heldengedenken) auf.

Pessimistisch waren nur 150 Demo Teilnehmer_innen angemeldet worden, aber es kamen mindesten 400 zur Gegendemonstration.[352] Auf der anderen Seite war die Mobilisierung für den ›Trauermarsch‹ dramatisch eingebrochen. Nur etwa 70 Neonazis[353] beteiligten sich.

Direkt zu Beginn konnten die Rechtsradikalen bereits durch eine Sitzblockade gestört werden. Doch die Blockierer wurden von der Polizei zur Seite gedrängt, sodass der ›Trauermarsch‹ an ihnen vorbeigeführt werden konnten. Einige hundert Meter weiter stoppten vier Antifas, die sich an ein Stahlrohr gekettet hatten, den Aufzug erneut. Zwei Aktivisten konnte die Polizei von dem Stahlrohr trennen. Die beiden anderen wurden kurzerhand samt dem Rohr von der Straße getragen. Dann blockierte in der Jahnstraße einer größeren Gruppe von *BlockZHG* schon wieder die Fahrbahn. Diesmal räumte die Polizei unter Einsatz von Schlagstöcken und Pfefferspray und kesselt die Beteiligten an der Straßenseite ein. Als die Neonazis an ihnen vorbeigeführt wurden, kam es zu Rangeleien, wieder wurden Knüppel und Pfefferspray eingesetzt. Es gab einige Verletzte bei den Antifas, darunter ein Nasenbeinbruch. Die Polizist_innen behaupteten, sie seien angegriffen

352 ›90 Rechte treffen in Remagen auf 400 Gegendemonstranten‹. In: *Blick aktuell*, 17.11.2020, https://www.blick-aktuell.de/Berichte/90-Rechte-trafen-in-Remagenauf-400-Gegendemonstranten-459808.html (abgerufen 8.1.2023).

353 ›Naziaufmarsch in Remagen gestört – massive Kriminalisierung von linkem Protest‹. In: *Perspektive Online*, 15.11.2020, https://perspektive-online.net/2020/11/naziaufmarsch-in-remagen-gestoert-massive-kriminalisierung-von-linkem-protest/ (abgerufen 8.1.2023).

worden und stellten die Personalien aller Personen fest. Insgesamt wurden 89 Strafverfahren wegen Landfriedensbruch, Körperverletzung, tätlichen Angriffs und Widerstand eingeleitet.[354]

Die Corona-Pandemie war noch nicht vorüber, da brach im Juli 2021 die Flutkatastrophe über das Ahrtal herein. Remagen liegt in direkter Nachbarschaft, daher lautete das Motto gegen das Nazi-Heldengdenken 2021 ›Den braunen Dreck wegschaufeln‹.

Drei Bündnisse stellten sich zur Gegenaktion auf. Das **Bündnis für Frieden und Demokratie**, das **Bündnis NS Verherrlichung stoppen** und **BlockZHG**.

Das **Bündnis Remagen für Frieden und Demokratie** veranstaltete am Rhein-Ahr-Campus zum zehnten Mal den ›Tag der Demokratie‹ samt Menschenkette, Bühne, Reden und Ständen. Zur Demo riefen das **Bündnis NS Verherrlichung stoppen** und **BlockZHG** auf. Die Polizei zählte knapp 400 Teilnehmer_innen, während das Bündnis 600 Antifaschist_innen bekannt gab.[355] Obwohl es zu keinen Auseinandersetzungen kam, wurden sieben Antifas festgenommen.

354 Block ZHG: ›Wer wir sind, was passiert ist‹. In: *YouTube*,14.12.2020, https://www.youtube.com/watch?v=0NrbgPEZxXE (abgerufen 8.1.2023)

355 Westbrock, Sven/Wrobel, Michael: ›Gegendemo von Antifas und Bürgern, Rechtsextremer „Trauermarsch“ in Remagen schrumpft um die Hälfte‹. In: *General-Anzeiger*, 13.11.2021, https://ga.de/region/ahr-und-rhein/remagen/rechtsextremer-trauermarsch-in-remagen-schrumpft-um-fast-die-haelfe_aid-64049455 (abgerufen 8.1.2023)

Für die Nazis war dieser Tag eine große Niederlage. Nicht einmal 50 ›Kameraden‹ waren zum ›Zentralen Heldengedenken‹ aufgetaucht. Das reichte gerade mal, um mit ein paar Fahnen den Kranz durch die Stadt zu tragen.[356]

Die Konsequenz wurde im nächsten Jahr gezogen. ›Solidarität und Zusammenhalt – Gemeinsam für die Freiheit, gemeinsam gegen Nazis‹ lautete das Motto des *Bündnisses für Frieden und Demokratie* für den 12. November 2022. Das Bündnis konnte verkünden, dass nach zehn Jahren erstmalig kein Nazi-Trauermarsch stattfinden werde.[357] *„Schweren Herzens"* hatten die Veranstalter_innen des Aufmarschs ihren Kreisen mitgeteilt: *„Unter ein Minimum von 100 Teilnehmern sollte eine solche Veranstaltung nicht fallen, wenn sie ihre Wirkung nach außen nicht verlieren soll"*.[358] Man werde die Arbeit zu diesem Thema fortan auf ein anderes Feld verlagern. Wie in Lübeck und Bad Nenndorf waren die Neonazis auch in Remagen gescheitert.

Demmin

Ähnlich wie in Remagen begannen Rechtsradikale im Jahr 2006 in der Hansestadt Demmin in Mecklenburg-Vorpommern, einen ›Trauermarsch‹ zu inszenieren. Er entwickelte sich zur zentralen Neonazi-Veranstaltung für den Nordosten der Bundesrepublik. Auch in der 11.000 Einwohner_innen Stadt Demmin lieferte eine Begebenheit aus der Endphase des Zweiten Weltkrieges den Anknüpfungspunkt. Vor dem Einmarsch der sowjetischen Truppen am 30. April 1945 war Demmin weitgehend von der Wehrmacht geräumt worden, sodass die anrückenden Verbände nur auf geringen Widerstand stießen. Um den Sowjets den Vormarsch zu erschweren, hatten die deutschen Einheiten bei ihrem Rückzug die Brücken der Stadt gesprengt.

356 Hauschild, Anette: ›Neonazi-Aufmarsch in Remagen. Demo gegen Heldengedenken‹. In: *Die tageszeitung*, 14.11.2021 https://taz.de/Neonazi-Aufmarsch-in-Remagen/!5815150/ (abgerufen 8.1.2023)

357 Bündnis Remagen für Frieden und Demokratie: ›Tag der Demokratie Remagen‹. https://tagderdemokratie-remagen.de/ziel-erreicht-kein-naziaufmarsch-im-november (abgerufen 8.1.2023).

358 Zit. in: ›Remagen: „Trauermarsch« wegen Erfolglosigkeit eingestellt‹. In: *Endstation Rechts*, 22.10.2022, https://www.endstation-rechts.de/news/remagen-trauermarsch-wegen-erfolglosigkeit-eingestellt (abgerufen 8.1.2023).

Damit verhinderten sie aber auch, dass die vielen Flüchtlinge aus den deutschen Ostgebieten, die sich in Demmin gesammelt hatten, weiterziehen konnten.

Nachdem die Rote Armee die Stadt unter ihre Kontrolle gebracht hatte, kam es zu massiven Übergriffen sowjetischer Soldaten. Es wurde geplündert, massenhaft vergewaltigt und die historische Innenstadt durch Brandstiftung weitgehend zerstört. Aus Verzweiflung vor den Gräueln der Sieger erhängten sich viele Zivilisten oder ertränkten sich in der Peene und der Tollense, vor allem Frauen mit ihren Kindern. Genaue Opferzahlen existieren nicht, da die Flüchtlinge nirgends registriert waren. Man geht von 500 bis 2.500 Toten aus. Der ›Massensuizid von Demmin‹, der sich vom 30. April bis 4. Mai 1945 abspielte, ist vermutlich der größte Massenselbstmord in der deutschen Geschichte.

Mit den politischen Auffassungen der DDR war das Wüten der Sowjetsoldaten und der Massensuizid nicht in Übereinstimmung zu bringen, daher wurde der Mantel des Schweigens darüber ausgebreitet. Erst ab 1989 konnte man sich dieser Geschichte stellen. Einen Umgang damit zu finden, blieb und bleibt schwer. Zunächst wurde das Thema lediglich in der regionalhistorischen Literatur angesprochen. Im Jahr 2017 entstand dann der Dokumentarfilm Über Leben in Demmin, der den Massenselbstmord wie die jährlichen Neonazi-Aufmärsche zum Inhalt hat.

Verbrechen gegen die Zivilbevölkerung wie in Demmin begleitete den sowjetischen Vormarsch überall. Das darüber Jahrzehnte geschwiegen wurde, gab Rechtsradikalen eine Vorlage, um gegen die ›Befreiungslüge‹ zu agitieren und an ›deutsche Opfer‹ und ›alliierte Kriegsverbrechen‹ zu erinnern. Das versuchten sie in diversen Städten der Region. Aufgrund zu geringer Teilnehmer_innenzahlen kamen diese Aktivitäten aber bald wieder zum Erliegen. Nur in Demmin, das durch seine Opferzahlen herausstach, entwickelte sich eine Kontinuität. Am 8. Mai gingen hier seit dem Jahr 2006 jährlich um die 200 Rechtsradikale auf die Straße.

Organisiert wurde der ›Trauermarsch‹ in Demmin von NPD-Kadern, und die Teilnahme wurde im Parteijargon als ›Ehrendienst‹ bezeichnet. Der Ablauf folgte stets einem ähnlichen Ritual. Es begann am frühen Abend, gegen 20 Uhr. Als Schweigemarsch, nur von klassischer Musik begleitet, folgte der Zug im Wesentlichen immer derselben 1,5 Kilometer langen Strecke. Mit vielen Fahnen im vorderen Teil und einem Lautsprecherwagen ging es durch die Straßen. Einige Jahre traten Demoteilnehmer_innen als ›Ostflüchtlinge‹ verkleidet auf. In alter, abgerissener Kleidung, mit blutigen Kopfverbänden, einen Bollerwaren hinter sich herziehend, schleppte man sich durch die Stadt. Auf dem Bollerwagen war ein Schild, mit der Aufschrift ›*Ostpreußen Sudetenland, Pommern*‹ angebracht. Eine andere Abteilung führte Holzkreuze mit sich, auf denen die Namen von Städten standen, die im Zweiten Weltkrieg von den Alliierten bombardiert worden waren.

↑ Antifa-Plakat gegen den Fackelmarsch der Neonazis in Demmin

Höhepunkt bildete die Zwischenkundgebung am Hafen, wo nach Ansprachen schließlich die mitgeführten Kränze im Wasser landeten. Der Rückweg wurde bei hereinbrechender Dunkelheit als Fackelmarsch zelebriert.

Ein großes Polizeiaufgebot von mehreren Hundert Beamt_innen riegelte stets die Route des Nazi-Trauermarsches ab. Versuche, die Polizeiabsperrungen zu überwinden, wurden konsequent unterbunden.

Seit 2009 gab es Aktionen gegen den NPD-Aufmarsch in Demmin. Das Bündnis *Demmin Nazifrei* und Antifa-Gruppen stellen sich mit einer Mischung aus buntem Bürgerfest, Mahnwachen und Sitzblockaden dem rechtsradikalen Treiben entgegen. Es gelang immer, mindestens doppelt so viele Menschen wie die NPD zu mobilisieren. Im Jahr 2014 fielen die Gegenaktionen durch eine bundesweite Antifa-Mobilisierung erstmals größer und heftiger aus. Die Polizei setzte Schlagstöcke, Pfefferspray, Wasserwerfer und Hunde gegen Antifas ein. Es gab mehrere Verletzte. Ein Jahr darauf, zum 70. Jahrestag von Kriegsende und Befreiung, fielen die

Antifa-Aktivitäten so wirkungsvoll aus wie nie zuvor. Zum Schutz der Nazis waren 800 Polizist_innen in der Stadt. Zwar gelang es nicht, die Polizeiabsperrungen zu durchbrechen, aber Sitzblockaden brachten den ›Trauerzug‹ mehrmals zum Stehen. Schließlich wurde er durch die Polizei umgeleitet.[359]

Bei den Aktivitäten im Jahr 2016 griffen Antifa-Aktivist_innen zu einer unüberlegten Protestform. Um die NPD zu nerven, warfen sie ein Dutzend Sexpuppen in die Peene. Auf dem Wasser treibend, wirkten die aufgeblasenen Gummipuppen wie nackte Leichen, was allgemein große Empörung und Kritik hervorrief.[360]

Ihren größten Erfolg feierten die antifaschistischen Gruppen, die sich im *Bündnis Befreiung* zusammengefunden hatten, am 8. Mai 2018. Nicht zuletzt durch den Auftritt der Musikgruppe *Feine Sahne Fischfilet* kamen von außerhalb mehr als 1.000 Menschen nach Demmin und beteiligten sich an den drei Kundgebungen, die auf der Strecke des NPD-Trauermarsches angemeldet waren. Ausgiebig wurden die Rechtsradikalen mit Konfetti beworfen und ihr Traueranliegen bunt überschüttet.

Trotz aller Proteste blieb die Teilnehmer_innenzahl am Neo-Nazis-Aufmarsch konstant. Wie in den Vorjahren versammelten sich am 8. Mai 2019 in Demmin rund 200 Rechtsradikale. Es handelte sich vorwiegend um Mitglieder der NPD sowie der ›Freien Kräfte‹ aus Mecklenburg-Vorpommern. Als Redner trat der NPD-Vorsitzende Frank Franz in Erscheinung.

Da die Gegenaktionen in diesem Jahr juristisch besonders verfolgt wurden, sollen sie hier kurz beschrieben werden. Am Nachmittag startete ein Friedensfest des *Aktionsbündnis 8. Mai Demmin* am Speicher. Das Friedensfest wurde für einen angemeldeten ›Stadtspaziergang‹ unterbrochen. An diesem Aufzug beteiligten sich etwa 700 Personen. Nach der Friedensdemo verteilten sich die Teilnehmer_innen auf fünf Kundgebungen entlang der NPD-Route.

359 Plath, Thoralf: ›Demmin zieht Bilanz. So großen Widerstand gegen Nazi-Demo gab es bisher nicht‹. In: *Nordkurier*, 11.5.2015, https://www.nordkurier.de/demmin/so-grossen-widerstand-gegen-nazi-demo-gab-es-bisher-nicht-1114796805.html (abgerufen 15.1.2023).

360 Plath, Thoralf: ›Makabre Aktion in Demmin. Protest gegen NPD mit Sexpuppen in der Peene‹. In: *Nordkurier*, 11.5.2016, https://www.nordkurier.de/demmin/protest-gegen-npd-aufmarsch-sex-puppen-in-der-peene-1122492505.html (abgerufen 15.1.2023).

Alle Aktionen zusammengenommen protestierten etwa 1.000 Personen friedlich gegen den ›Trauermarsch‹. Die Neonazis setzten sich gegen 20:00 Uhr in Bewegung. Eine erste Aktion gegen den NPD-Aufmarsch gab es bereits am Startpunkt. Eine Gruppe Musiker unterschiedlichen Alters platzierte sich mit ihren Instrumenten, Notenständer und Stühlen auf der Straße am Startpunkt der Neonazis, um dort zu singen und zu musizieren. Die Polizei leitete den ›Trauerzug‹ an der Gruppe vorbei.

Etwas später, im Bereich des Marktes, flogen Toilettenpapier und Konfettibomben, aber auch Dosen und Plastikflaschen in Richtung des ›Trauermarsches‹. Zwei Tatverdächtige wurden von der Polizei als Dosen- bzw. Flaschenwerfer identifiziert und Ermittlungsverfahren wegen versuchter gefährlicher Körperverletzung in Verbindung mit Landfriedensbruch eingeleitet.

Erstmalig war auch eine Versammlung im Hafenbereich der Peene angemeldet. Die Zwischenkundgebung des ›Trauermarsches‹, bei der nach Ansprachen Kränze ins Wasser geworfen wurden, sollte den Nazis mit sechs Paddelbooten verleidet werden. Vier Boote der Wasserschutzpolizei unterbanden allerdings alle Versuche der Paddler_innen, die Absperrung der Wasserschutzpolizei zu durchfahren.

Gegen 21:20 Uhr war die Kundgebung beendet. Auf dem Rückweg zum Endpunkt gab es keine Gegenaktionen mehr. Gegen 22:00 Uhr wurde der Trauermarsch, ebenso wie das Friedensfest am Hafen, ohne Zwischenfälle beendet.[361]

Wegen der Corona Auflagen zog die NPD ihre Anmeldung für 2020 zurück. Das **Aktionsbündnis 8. Mai Demmin** führte drei seiner angemeldeten Kundgebungen trotzdem durch, allerdings an die Corona-Regeln angepasst mit maximal 50 Personen, Gesichtsmasken, Abstand und unter Einhaltung der Hygienebestimmungen.

Im Gegensatz zu den Antifa-Gruppen, denen die etablierte Politik wie die Stadtgesellschaft eher skeptisch bis ablehnend gegenüberstand, entsprach das **Aktionsbündnis 8. Mai Demmin** genau dem, was viele unter

361 Polizeiinspektion Neubrandenburg: ›POL-NB Polizeieinsatz anlässlich mehrerer angemeldeter Veranstaltungen‹. In: *Presseportal*, 8.5.2019, https://www.presseportal.de/blaulicht/pm/108770/4265377 (abgerufen 14.1.2023)

zivilgesellschaftlichem Engagement verstanden. Deshalb wurde das Bündnis im Dezember 2020 mit dem *Johann-Stelling-Preis der SPD-Landtagsfraktion Mecklenburg-Vorpommern* ausgezeichnet.

Gerade einmal eine Woche später stellte die Post einem Sprecher der Gruppe einen Strafbefehl über 1.500 € zu, bei Nichtzahlung drohten 50 Tage Haft. Der Beschuldigte war der Versammlungsleiter gegen den Nazi-Aufmarsch am 8. Mai 2019 gewesen.

Die Staatsanwaltschaft Neubrandenburg warf ihm vor, dass mehrere Versammlungsteilnehmer_innen der Befreiungsparty Glasflaschen mit sich geführt hatten. Laut der Auflagen waren Glasflaschen verbotene *„Waffen“*. Außerdem wurde durch das vereinzelte Mitführen von Bierdosen und Wein-Tetra-Packs gegen das Alkoholverbot verstoßen. Des Weiteren wäre *„aus der aufgebauten Beschallungsanlage Musik abgespielt“*[362] worden, was die eingesetzten Beamten als störend empfanden.

Im Jahr 2021 wurde der Rechtsstaat nicht herausgefordert. Die Neonazis kamen aufgrund der Corona-Auflagen auch in diesem Jahr nicht, ergo gab es auch keine Antifa-Mobilisierung. Lediglich ein ›Musikalischen Friedensgebet‹ der Evangelischen Kirchengemeinde und eine kleine, lokale Kundgebung des *Aktionsbündnis 8. Mai Demmin* wies, unter Einhaltung der Corona-Regeln, am Hafen auf den 8. Mai hin.

Damit endete diese Geschichte aber nicht. Der NPD-Landesverband Mecklenburg-Vorpommern meldete für den 8. Mai 2022 erneut einen ›Trauermarsch‹ an. Eine große überregionale Antifa-Mobilisierung kam nicht zustande. Doch das Aktionsbündnis veranstaltete wieder ein Friedensfest, von dem aus sich ca. 300 Menschen zur Demo gegen die Neonazis aufmachten. Abgeschirmt von 600 Polizist_innen und aus einem Polizeihubschrauber beobachtet, marschierten rund 130 Rechtsradikale durch Demmin.[363]

362 Horstmann, Kai: ›Nach Protesten 2019. Strafbefehl gegen Demminer Aktionsbündnis-Mitglied‹. In: *Nordkurier*, 22.12.2020, https://www.nordkurier.de/demmin/strafbefehl-gegen-demminer-aktionsbuendnis-mitglied-2241838712.html (abgerufen 14.1.2023)

363 Riemer, Karsten/Himmelspach, Pablo: ›Nazi-Aufmarsch in Demmin ohne Randale‹. In: *Nordkurier*, 22.12.2020, https://www.nordkurier.de/demmin/nazi-aufmarsch-in-demmin-ohne-randale-0848120705.html (abgerufen 15.1.2023)

Als Hauptredner trat Sven Skoda auf, Vorsitzender der Partei *Die Rechte.*[364] Es kam zu keinerlei Konfrontationen.

Occupy, Blockupy ...

Wie schnell und auf welchen Wegen eine internationale ›Bewegungswelle‹ entstehen kann, zeigte sich 2011. Ab Dezember 2010 war es im arabischen Raum zu einer Serie von Protesten, Aufständen und Revolutionen gekommen, die unter den Begriff ›Arabischer Frühling‹ gefasst wurden. Zusätzlich entwickelten sich im Mai 2011 in Spanien spontane Demonstrationen gegen die sozialen und politischen Missstände unter dem Begriff *Movimiento* 15-M (Bewegung 15. Mai).

Diese Massenproteste ohne eigentliche Führung inspirierten in Kanada die gemeinnützige, konsumkritische Adbusters Media Foundation, den Blog OCCUPYWALLSTREET einzurichten, der ab Juli 2011 zu einem Protestcamp in New York aufrief. Andere Gruppierungen schlossen sich an und mehr als 1.000 Aktivist_innen besetzten, über soziale Netzwerke mobilisiert, im September mit Zelten den Zucotti-Park in der Nähe der Wall Street.

Zunächst blieb es bei einer begrenzten Aktion, die inhaltlich von einer diffusen Kapitalismuskritik getragen war. Wahrscheinlich wäre weiter nichts passiert, doch dann führten überzogene Polizeieinsätze zu einer breiten Solidarisierung mit den Aktivist_innen. Binnen kürzester Zeit entstand die größte soziale Bewegung seit dem Vietnamkrieg in den USA. Durch das New Yorker Vorbild angeregt, organisierten sich auch in Deutschland Occupy-Initiativen. Ab Oktober 2011 gab es ein Protestcamp auf dem Platz vor der Europäischen Zentralbank (EZB) in Frankfurt/Main und kurzzeitig auch vor dem Kanzleramt in Berlin. Die Aktivist_innen agierten mit ganz unterschiedlichen Vorstellungen und agitierten unter anderem mit reformistischen Parolen wie ›Banken in die Schranken‹. Nach einem Jahr verlor sich die Welle. Linke Organisationen, unter denen sich auch Antifa-Gruppen

364 ›Neonazi-Aufmarsch in Demmin am 8. Mai 2022: rücklaufende Teilnehmenden Zahl & verhärtete Ideologie.‹ In: *Jüdisches Forum für Demokratie und gegen Antisemitismus e. V.*, 10.5.2022, https://www.jfda.de/post/neonazi-aufmarsch-in-demmin-am-8-mai-2022 (abgerufen 15.1.2023)

befanden, bildeten daraufhin das Netzwerk Blockupy. Mit den ›Europäischen Aktionstagen‹ im Mai 2012 sollten der abklingenden Bewegung neue Impulse und eine klarere linkspolitische Ausrichtung gegeben werden. Im Vorfeld kam es jedoch am 31. März 2012 in Frankfurt, bei einer vor allem von Antifa-Gruppen getragenen Demonstration unter dem Titel ›M 31‹, zu Sachbeschädigungen und Konfrontationen mit der Polizei. Ab diesem Zeitpunkt regierte der Polizeistaat.

Die Blockupy-Aktionstage vom 16. bis 19. Mai 2012 wurden präventiv stark beeinträchtigt. Bereits im Vorfeld gab es Innenstadtverbote gegen einige Hundert Aktivist_innen und ein Totalverbot aller Aktionen für mehrere Tage. Bis zur genehmigten Abschluss-Demonstration waren dann bereits fast 600 Festnahmen erfolgt. Dennoch kamen am 19. Mai 20.000 Menschen aus ganz Europa in Frankfurt zusammen. Wiederum ging die Staatsmacht rigoros gegen in ihren Augen ›Gewaltbereite‹ vor. Allein an diesem Tag wurden 400 Aktivist_innen in Gewahrsam genommen.

Die Aktionstage im Mai/Juni 2013 wurden ebenfalls durch Auflagen behindert. Bei der Abschlussdemonstration am 1. Juni 2013 kesselte die Polizei gleich zu Beginn einen Teil der Demonstration ein, weil gegen Auflagen verstoßen und Beamte angegriffen worden seien, hieß es zur Begründung. Das Polizeivorgehen war taktisch wohl überlegt, denn hinter dem Kessel blieb der Rest des mehrere Tausend Menschen zählenden Protestzuges an einer Engstelle bis zum Abend stecken. Zehn Stunden blieben die über 900 Personen der Demospitze von der Polizei umstellt und sollten nicht nur ihre Personalien abgeben, sondern auch individuell erkennungsdienstlich behandelt werden. Wobei die Zahlenangaben erheblich auseinandergingen. Laut Polizei waren 200 bis 400 Personen von insgesamt 7.000 eingekesselt, Blockupy gab rund 1.000 von mehr als 20.000 Demonstrant_innen an. Als sich ein Teil der Eingekesselten schließlich zur Wehr setzte, kam es zu den beabsichtigten Szenen, mit denen der Polizeistaat sein Vorgehen legitimierte.

2014 gab es keine zentralen Blockupy-Aktionstage in Frankfurt, sondern am 22. November den Versuch einer kleineren Demo von 2.000 bis 3.000 Menschen gegen die EZB. Der Neubau war noch nicht fertig gestellt und die Demonstrant_innen führten Umzugskartons mit sich, um symbolisch

↑ Aufkleber 2015.

ihren Müll am Gebäude abzuladen. Mindestens 80 Aktivist_innen kletterten über die Bauzäune und gelangten auf das Gelände der EZB, außerdem wurde der Neubau mit den ›Blockupy-Farben‹ Rot, Grün und Blau markiert. Die Polizei ging mit Pfefferspray und Schlagstöcken gegen die Aktion vor, was 20 Verletzte aufseiten der Demonstrierenden zur Folge hatte. Neun verletzte Beamt_innen gab die Staatsmacht zu Protokoll.

Im selben Jahr fanden in verschiedenen europäischen Städten kleinere Veranstaltungen und Demonstrationen statt, die ohne große politische Wirkung blieben. Ihr Sinn lag vielmehr in der Mobilisierung gegen die

Einweihung der EZB in Frankfurt am 18. März 2015. Eine Polizeiarmee von 10.000 Beamt_innen hatte sich an diesem Tag auf eine Großdemonstration am Nachmittag an der EZB eingestellt. Doch 6.000 Militante begannen bereits um 6 Uhr morgens mit Aktionen und Blockaden. Bis 9 Uhr kam es zu massiven Auseinandersetzungen, u. a. brannten sieben Polizeiautos. Das sorgte für Schlagzeilen. Zur friedlichen Demonstration am Nachmittag fanden sich 20.000 Menschen ein. An diesem Tag kam es zu mehr als 500 Festnahmen und über 200 Personen wurden verletzt.

Die Tendenz zeigt, dass in den letzten Jahren verstärkt soziale Fragen, Flüchtlingsarbeit und der internationale Formierungsprozess des Kapitalismus in den Fokus linksradikaler Politik rückten. Antifaschismus, der sehr unterschiedlich interpretiert wird und beispielsweise in Lateinamerika, Asien und Afrika kaum eine Rolle spielt, stellt im internationalen Austausch ein eher schwieriges Thema dar.

Das mag ein Grund dafür sein, dass sich trotz vieler Versuche bislang keine grenzüberschreitende Zusammenarbeit entwickelt hat. Ein letzter nennenswerter Versuch war der Kongress ›Antifa in der Krise‹ vom 11. bis 13. April 2014 in Berlin.

Wenn diese Versuche auch wichtig sind und bleiben, so stoßen sie sich doch immer wieder an einem wesentlichen Mangel: Zwar können sich Organisationen international verbinden und zusammenarbeiten, Bewegungen können jedoch lediglich Bezug aufeinander nehmen. Ohne verbindliche Strukturen lassen sich bestenfalls punktuelle Erfolge erzielen, eine langfristige Arbeit lässt sich ohne sie jedoch nicht aufbauen.

Welcome to hell

Obwohl bislang keine übergreifende antifaschistische Organisierung erreicht wurde, ist die linksrevolutionäre Bewegung durchaus international vernetzt. Zu sehen war das nicht zuletzt am Widerstand gegen den G20 Gipfel in Hamburg am 6./7./8. Juli 2017. Beim zwölften Treffen der Gruppe der zwanzig wichtigsten Industrie- und Schwellenländer kam es zu Massenprotesten von 50.000 bis 76.000 Menschen und schweren Auseinandersetzungen mit der Polizei.

Bereits am ersten Tag der Proteste demonstrierte der Polizeiapparat seine Macht. Es gab Einreisekontrollen an den Grenzen und Journalist_innen wurden von der Berichterstattung ausgeschlossen. Zunächst versuchten die Behörden zu verhindern, dass anreisende Demonstrant_innen im Hamburger Stadtpark ein antikapitalistisches Protestcamp errichten konnten. Rund 10.000 Menschen wollten hier ihre Zelte aufschlagen, was kurzerhand untersagt wurde. Es folgten juristische Auseinandersetzungen über die Rechtmäßigkeit dieser Verbote. In diesem Zusammenhang konnte ein Protestcamp weit vom Innenstadtgebiet entfernt und ohne Übernachtungsmöglichkeit ausgehandelt werden. Schließlich mussten Schlafcamps außerhalb einer von der Polizei definierten Gefahrenzone zugelassen werden. Aber auch gegen diese Zeltplätze ging die Polizei eigenmächtig vor.

Dem gegenüber war eine von der **Roten Flora**, einem bundesweit bekannten autonomen Zentrum im Schanzenviertel, angemeldete Demonstration mit dem Titel ›Welcome to hell‹ am 6. Juli ohne Auflagen genehmigt worden. Über 12.000 Menschen versammelten sich zunächst bei einer Kundgebung und wollten dann in die Stadt aufbrechen. Bevor auch nur eine Aktion von der Demonstration ausgegangen war, stellten sich ihr starke Polizeikräfte mit Wasserwerfern entgegen. Als Begründung musste herhalten, dass sich im vorderen Teil Vermummte befänden, die aufgefordert wurden, ihre Maskierungen abzulegen. Obwohl dem viele nachkamen, ging die Polizei auf die Demonstration los. Ein Novum – noch nie hatte die Polizei in der Bundesrepublik eine so große Demonstration frontal angegriffen. Viele Verletzte waren die Folge dieses überzogenen und unverhältnismäßigen Vorgehens. Es ging der Polizei an diesem Tage nicht um Festnahmen, sondern, darum, die Demonstrant_innen von weiteren Protesten abzuhalten. Es war schlicht eine Machtdemonstration des Polizeistaates.

Die Aktionen gegen den Gipfel wurden mit dem Polizeiangriff auf die ›Welcome to hell‹-Demo aber nicht unterbunden: der 7. Juli stand im Zeichen von militanten Aktionen und Demonstrationen. Insbesondere die Straßenschlachten im Schanzenviertel in der Nacht zum 8. Juli sorgten international für Aufsehen. Am Ende mussten Hunderte von Verletzten bilanziert werden, 186 Personen wurden festgenommen, 225 weitere in Gewahrsam genommen und 51 Haftbefehle erlassen.

Über die Hintergründe und den Sinn und Unsinn dieser militanten Eruptionen lässt sich streiten[365]. Im Übrigen hatte auch die NPD im Vorfeld des G20 angekündigt, sich an den Protesten gegen das Gipfel-Treffen beteiligen zu wollen bzw. zu eigenen aufgerufen. Es blieb jedoch bei verbaler Kraftmeierei. Von antisemitischer, rechtsradikaler Kapitalismuskritik war in Hamburg nichts zu hören und schon gar nichts auf der Straße zu sehen. Dennoch sind Kapitalismuskritik und verwandte Themen nicht einfach eine Domäne der Linken.

Hammer und Schwert

Bei den Protesten gegen die Eröffnung der Europäischen Zentralbank in Frankfurt a. M. im Frühjahr 2015 trat eine Gruppe in Erscheinung, die sich ***Antikapitalistisches Kollektiv*** (AKK) nannte. Allerdings weitab vom eigentlichen Protestgeschehen, mit der unbedingten Absicht einen Videobeweis zum Zweck der Selbstinszenierung ins Netz stellen zu können. Das AKK zeigte sich in seiner Internet-Agitation stets auf der Höhe der Zeit und verwendete in einigen Mobilisierungsvideos auch Streetart-Elemente. Diese Kleinstgruppe entstand als Ableger des internationalen Kollektivs ***Anticapitalist Network*** (ACN/AKN), das im Jahr 2011 in Mailand gegründet worden war. In Deutschland organisierte sich das AKK ab 2013, als überregionales Projekt, zunächst nur im Internet. Es dauerte etwas, bis sich einzelne Landesgruppen bildeten. Das AKK wollte eine Vernetzung verschiedener neonazistischer Gruppen erreichen und trat als eine rechtsradikale Interpretation des Schwarzen Blocks in Erscheinung. Als Spielart der ***Autonomen Nationalisten*** kopierte das AKK nicht nur äußerlich die Autonomen, sondern vertrat auch inhaltlich einige Forderungen, die sich bei den Linken fanden. Beispielsweise sprachen sich die Neonazis gegen die Freihandelsabkommen CETA und TTIP aus und forderten Freiheit für alle Tierrechtsaktivist_innen.

Nachdem sich das AKK bis 2015 organisatorisch konstituiert hatte, ging man 2015 auf der Straße in die Offensive. Allerdings konnte die Vernetzung

365 Vgl. Dellwo, Karl-Heinz/Szepanski, Achim/Weiler, J. Paul: Riot – Was war da los in Hamburg? Theorie und Praxis der kollektiven Aktion, Laika-Verlag, April 2018.

↑ Die Revolte war dann doch eher ein Sturm im Wasserglas. Aufkleber des AKK, 2016.

auch zu ihren besten Zeiten nur wenige hundert Aktivist_innen mobilisieren. Zwischen dem *III. Weg*, DER RECHTEN und einigen NPD-Überbleibseln versuchte das AKK seinem Anspruch gerecht zu werden. Zum 1. Mai 2015 marschierte der kleine, recht militante, Haufen in Saalfeld und 2016 in Plauen auf. An beiden Orten stellten sich Antifas den rechten Aufmärschen entgegen, vor allem gab es aber auch Stress mit der Polizei. Final kam es auf der Rückfahrt von einer unterbundenen 1. Mai-Demo 2017 von Halle nach Süddeutschland zur Konfrontation. In der kleinen Stadt Apolda dachte das AKK seine Durchsetzungskraft mittels Spontandemo unter Beweis stellen zu müssen. Diese Demonstration wurde von der Polizei zerlegt und die Beteiligten später mit Verfahren überzogen. Das war's dann für diese Vernetzung. Einige Untergruppen lösten sich offiziell auf, von anderen hörte man einfach nichts mehr.

Als Symbol verwendete das AKK einen roten Hammer gekreuzt mit einem roten Schwert vor einem auf der Spitze stehenden Quadrat. Es handelt sich um das Emblem des 1927 von den Strasser-Brüdern, beide waren Mitglieder der NSDAP, gegründeten Kampfverlags. Im Original sind die beiden Werkzeuge auf einem Zahnrad drapiert und mit der Aufschrift versehen: ›Volksherrschaft statt Diktatur des Kapitals – Widerstand jetzt!‹. Hammer und Schwert sollen das Bündnis von Arbeitern und Soldaten darstellen und wurden zu Insignien des nationalrevolutionären Flügels der NSDAP. Wiederbelebt wurde das Emblem in den 1990er-Jahren als ›Symbol der nationalen Revolution‹. Leicht variiert gehört es zu einem der am meisten verwendeten Zeichen des neonazistischen Spektrums.

Literaturverzeichnis

→ **Alles, Wolfgang:** *Zur Politik und Geschichte der deutschen Trotzkisten ab 1930*, Frankfurt/Main 1987.

→ **Alternative Tagungsstätte (Hg.):** *30 Jahre alternative. Das Buch*, Lübeck 2008.

→ **Angress, Werner T.:** *Stillborn Revolution. Die Kampfzeit der KPD 1921-1923*, deutsch bearbeitete und ergänzte Ausgabe, Düsseldorf 1973.

→ **Aust, Bruno / Herrmann, Hans-Walter / Quasten, Heinz:** *Das Werden des Saarlandes – 500 Jahre in Karten*. Band 45 der Veröffentlichungen des Instituts für Landeskunde im Saarland, Saarbrücken 2008.

→ **Badischer Kunstverein in Zusammenarbeit mit Elefanten Press (Hrsg.):** *Widerstand statt Anpassung. Deutsche Kunst im Widerstand gegen den Faschismus 1933–1945*, Berlin 1980.

→ **Bay, Jürgen:** *Der Preußenkonflikt 1932/33*, Diss. jur., Erlangen – Nürnberg 1965.

→ **Bayerlein, Bernhard H. / Babicenko, Leonid G./ Firsov, Fridrich I. / Vatlin, Aleksandr Ju. (Hrsg):** *Deutscher Oktober 1923. Ein Revolutionsplan und sein Scheitern*, Berlin 2003.

→ **Bergmann, Theodor:** *„Gegen den Strom". Die Geschichte der KPD (Opposition)*. 2. Auflage, Hamburg 2001.

→ **Bindrich, Oswald / Römer, Susanne:** *Beppo Römer. Ein Leben zwischen Revolution und Nation*, Edition Hentrich, Berlin 1991.

→ **Bock, Manfred:** *Syndikalismus und Linkskommunismus von 1918-1923*, Meisenheim am Glan 1969.

→ **Bosworth, R. J. B:** *Mussolini*, London 2002.

→ **Brandt, Peter / Schulze-Marmeling, Ulrich (Hrsg.):** *Antifaschismus. Ein Lesebuch*, LitPol Verlagsgesellschaft mbH, 1985.

→ **Brandt, Willy:** *Mein Weg nach Berlin*, Autobiographie, München 1960.

→ **Bremer, Jörg:** *Die Sozialistische Arbeiterpartei Deutschlands (SAP). Untergrund und Exil 1933–1945*, Frankfurt/ Main 1978.

→ **Burkert, Hans-Norbert / Matußek, Klaus / Wippermann, Wolfgang:** *„Machtergreifung" Berlin 1933. Stätten der Geschichte Berlins*, Band 2, 2. Auflage, Berlin 1984.

→ **Cives, Giacomo (Hg.):** *La scuola italiana dall'unità ai nostril giorni*, Florenz 1990.

→ **Coppi, Hans / Heinz, Stefan (Hrsg.):** *Der vergessene Widerstand der Arbeiter. Gewerkschafter, Kommunisten, Sozialdemokraten, Trotzkisten, Anarchisten und Zwangsarbeiter*, Berlin 2012.

→ **Dellwo, Karl-Heinz / Szepanski, Achim / Weiler, J. Paul:** *Riot – Was war da los in Hamburg? Theorie und Praxis der kollektiven Aktion*, Laika-Verlag, April 2018.

→ **Deutscher Werkbund e. V. / Württembergischer Kunstverein (Hrsg.):** *Schock und Schöpfung. Jugendästhetik im 20. Jahrhundert*, Stuttgart 1986.

→ **Eppe, Heinrich/Hermann, Ulrich:** *Sozialistische Jugend im 20. Jahrhundert – Studien zur Entwicklung und politischen Praxis der Arbeiterjugendbewegung in Deutschland*, München 2008.

→ **Feder, Gottfried:** *Das Programm der N.S.D.A.P. und seine weltanschaulichen Grundgedanken*, München 1933.

→ **Flechtheim, Ossip K.:** *Die KPD in der Weimarer Republik*, 2. Aufl., Frankfurt/Main 1976.

→ **Foitzik, Jan:** *Zwischen den Fronten. Zur Politik, Organisation und Funktion linker politischer Kleinorganisationen im Widerstand 1933 bis 1939/40 unter besonderer Berücksichtigung des Exils*, Bonn 1986.

→ **Freska, Friederich (Hg.):** *Kapitän Ehrhardt. Abenteuer und Schicksal*, Berlin 1924.

→ **Fritsch, Werner:** *Der Kampf des Roten Frontkämpferbundes gegen Faschismus, Militarismus und Kriegsgefahr in Thüringen*. Reihe, Beiträge zur Geschichte Thüringens, Historisches Museum der Stadt Erfurt (Hrsg.), Erfurt 1966.

→ **Gedenkstätte Deutscher Widerstand (Hg.):** *Schriftenreihe Widerstand in Berlin von 1933 bis 1945*, Band 10, Widerstand in Kreuzberg, 2., unveränderte Auflage 1997.

→ **Gotschlich, Helga:** *Zwischen Kampf und Kapitulation. Zur Geschichte des Reichsbanners Schwarz-Rot-Gold*, Berlin 1987.

→ **Gross, Barbette:** *Willi Münzenberg – Eine politische Biographie*, Schriftenreihe der Vierteljahrshefte für Zeitgeschichte, Nummer 14/15, Stuttgart, 1967.

→ **Güterbock, Ferdinand:** *Mussolini und der Faschismus*, Gestalten und Dokumente Band VII, München 1923.

→ **Hibbert, Christopher:** *Mussolini*, Frankfurt am Main/Bonn 1963.

→ **Hippe, Oskar:** *... und unser Fahn' ist rot. Erinnerungen an sechzig Jahre in der Arbeiterbewegung*, Hamburg 1979.

→ **Höhne, Heinz:** *Der Orden unter dem Totenkopf. Die Geschichte der SS*, Gütersloh 1967.

→ **Hoelz, Max:** *Vom „Weißen Kreuz" zur roten Fahne. Jugend-, Kampf und Zuchthauserlebnisse*, Berlin 1929.

→ **Ihlau, Olaf:** *Die Roten Kämpfer. Ein Beitrag zur Geschichte der Arbeiterbewegung in der Weimarer Republik und im Dritten Reich*, Erlangen 1971.

→ **Kameradschaft Freikorps Bund Oberland (Hg):** *Für das stolze Edelweiß. Bild- und Textband zur Geschichte von Freikorps Oberland und Bund Oberland*, München 1996.

→ **Killinger, Manfred von:** *Der Kampf um Oberschlesien. Bisher unveröffentlichte Aufzeichnungen des Führers der „Abteilung Killinger" genannt „Sturmkompanie Koppe"*, Leipzig 1934.

→ **Kinner, Klaus:** *Der deutsche Kommunismus. Selbstverständnis und Realität, = Geschichte des Kommunismus und Linkssozialismus*, Band 1, Berlin 1999.

→ **Klaus, Alfred:** *Aktivitäten und Verhalten inhaftierter Terroristen*, Hrsg. Bundesministerium des Innern, Bonn 1985.

→ **Klausch, Hans-Peter:** *Die Geschichte der Bewährungsbataillone 999 unter besonderer Berücksichtigung des antifaschistischen Widerstandes*, Köln 1987

→ **Köller, Heinz:** *Für Demokratie – Brot – Frieden. Die Volksfront in Frankreich 1935 bis 1938*, Bonn 1996.

→ **Krüger, Gabriele:** *Die Brigade Ehrhardt*, Hamburg 1971.

→ **Langer, Bernd:** *Kunst als Widerstand. Plakate, Ölbilder, Aktionen, Texte der Initiative Kunst und Kampf*, Bonn 1997.

→ **Langer, Bernd:** *Operation 1653. Stay rude – stay rebel*, Berlin 2004

→ **Langer, Hermann:** *Flächenbrand von rechts. Zum Rechtsextremismus im Bundesland Mecklenburg-Vorpommern*, Rostock 1993.

→ **Lemke-Müller, Sabine:** *Ethik des Widerstands. Der Kampf des Internationalen Sozialistischen Kampfbundes (ISK) gegen den Nationalsozialismus. Quellen und Texte zum Widerstand aus der Arbeiterbewegung 1933–1945*, Bonn 1996.

→ **Leonhard, Wolfgang:** *Die Revolution entläßt ihre Kinder*, 8. Aufl., München 1985.

→ **Lindenberg, Paul / Bloem, Walter (Hrsg.):** *Hindenburg-Denkmal für das deutsche Volk*, Berlin ohne Jahr (nach 1934).

→ **Loewenheim, Walter (Autor), Foitzik, Jan (Hg.):** *Geschichte der Org [Neu Beginnen]* 1929–1935. Eine zeitgenössische Analyse. (Schriften der Gedenkstätte Deutscher Widerstand: Reihe B: Quellen und Berichte), Berlin 1995.

→ **Lessing, Hellmut / Liebel, Manfred:** *Wilde Cliquen. Szenen einer anderen Arbeiterjugendbewegung*, Bensheim 1981.

→ **Longerich, Peter:** *Die braunen Bataillone. Geschichte der SA*, München 1989.

→ **März, Michael:** *Linker Protest nach dem Deutschen Herbst: Eine Geschichte des linken Spektrums im Schatten des ›starken Staates‹*, 1977-1979, Bielefeld 2012.

→ **Marx Engels, Lenin Stalin Institut (Hg):** *Zur Geschichte der Kommunistischen Partei Deutschlands*, Berlin 1954.

→ **Maser, Werner:** *Der Sturm auf die Republik. Frühgeschichte der NSDAP*, Frankfurt/Main 1981.

→ **Mason, Timothy:** *Sozialpolitik im Dritten Reich. Arbeiterklasse und Volksgemeinschaft*, Opladen 1977.

→ **Moreau, Patrick:** *Nationalsozialismus von links. Die „Kampfgemeinschaft Revolutionärer Nationalsozialisten" und die „Schwarze Front" Otto Strassers 1930-1935*, Stuttgart 1984.

→ **Mlynek, Klaus (Bearbeitung):** *Veröffentlichungen der historischen Kommission für Niedersachsen und Bremen, Niedersachsen 1933–1945*, Band 1, *Gestapo Hannover meldet ... Polizei- und Regierungsberichte für das mittlere und südliche Niedersachsen zwischen 1933 und 1937*, Hildesheim 1986.

→ **Niekisch, Ernst:** *Gewagtes Leben. Begegnungen und Begebnisse*, Berlin 1957.

→ **Niemann, Heinz:** *Geschichte der deutschen Sozialdemokratie 1914–1945*, Berlin 2008.

→ **Papen, Franz von:** *Papen's Appell an das deutsche Gewissen. Reden zur nationalen Revolution*, Oldenburg i. O., 1933.

→ **Peukert, Detlev:** *Die Edelweißpiraten. Protestbewegung jugendlicher Arbeiter im Dritten Reich*, Köln 1980.

→ **Projektgruppe Antifa in Kooperation mit der Stiftung Umverteilen:** *Antifa – Diskussionen und Tips der antifaschistischen Praxis*, Edition ID-Archiv, 1994.

→ **Retzlaw, Karl:** *Spartakus – Aufstieg und Niedergang. Erinnerungen eines Parteiarbeiters*, 3. Aufl., Frankfurt/Main 1974.

→ **Richardi, Hans-Günter:** *Hitler und seine Hintermänner. Neue Fakten zur Frühgeschichte der NSDAP*, München 1991.

→ **Schadt, Jörg (Bearbeitung):** *Verfolgung und Widerstand unter dem Nationalsozialismus in Baden. Die Lageberichte der Gestapo und des Generalstaatsanwalts Karlsruhe 1933–1945*. Veröffentlichungen des Stadtarchivs Mannheim Nr. 3, Stuttgart 1976.

→ **Scheringer, Richard:** *Das große Los. Unter Soldaten, Bauern und Rebellen*, München 1979.

→ **Schulze, Hagen:** *Anpassung oder Widerstand? Aus den Akten des Parteivorstandes der deutschen Sozialdemokratie 1932/33*, Frankfurt/Main 1975.

→ **Schuster, Kurt G. P.:** *Der Rote Frontkämpferbund 1924–1929*, Düsseldorf 1975.

→ **Soer, Josh van (Hg.):** *Das Rotbuch. Marius von der Lubbe und der Reichstagsbrand*, Hamburg 2013.

→ **Staatliche Kunsthalle Berlin (Hg.):** *1933 – Wege zur Diktatur. Ausstellung im Rahmen des Berliner Kulturrats*, Berlin 1983.

→ **Staid, Andrea:** *Arditi del poplo. Der erst bewaffnete Widerstand gegen den Faschismus in Italien 1921–1922*, Bodenburg 2020.

→ **Steffen, Michael:** *Geschichte vom Trüffelschwein – Politik und Organisation des Kommunistischen Bundes 1971 bis 1991*, Berlin 2002.

→ **Surmann, Rolf:** *Die Münzenberg-Legende. Zur Publizistik der revolutionären deutschen Arbeiterbewegung 1921–1933*, Köln, 1982.

→ **Weber, Hermann:** *Der deutsche Kommunismus. Dokumente 1915–1945*, Studien-Bibliothek, 3. Aufl., Köln 1973.

→ **Wessel, Harald:** *Münzenbergs Ende. Ein deutscher Kommunist im Widerstand gegen Hitler und Stalin*, Die Jahre 1933 bis 1940, Berlin 1991.

→ **Zimmermann, Rüdiger:** *Der Leninbund. Linke Kommunisten in der Weimarer Republik*, Düsseldorf 1978.

→ **William, Heinz:** *Geschichte der Arbeiter-Illustrierten Zeitung (AIZ). 1921–1938*, Berlin 1975.

→ **Wimmer, Ruth und Walter:** *Kampf dem Faschismus. Thälmann 1929–1933*, Leipzig 1986.

Zeitschriften-/Zeitungsartikel

→ ›Angriff auf Österreich 1915. Arme Teufel aus dem Süden‹. In: *Süddeutsche Zeitung*, 7. August 2015, https://www.sueddeutsche.de/politik/angriff-auf-oesterreich-1915-so-trieb-italien-in-den-ersten-weltkrieg-1.2596766-3 (abgerufen am 11.1.2023).

→ *arranca!*, Nr. 4, Juli 1994.

→ **Bähr, Sebastian:** ›Angriff auf Connwitz im Dunkeln. Zwei Jahre nach der Nazi-Attacke gibt es kaum Ermittlungserfolge‹. In: *Neues Deutschland*, 3. Januar 2018, http://www.neues-deutschland.de/artikel/1074898.neonazi-ueberfall-in-leipzig-angriff-auf-connewitz-im-dunkeln.html (abgerufen am 24.6.2018).

→ *Coburger Zeitung*, 26. Mai 1932 (Nr. 121). Online-Quelle: http://daten.digitale-sammlungen.de/~db/bsb00001170/images/index.html (abgerufen am 11.1.2023).

→ **Bartsch, Michael:** ›Ungebetene Gäste‹. In: *Die Tageszeitung (taz)*, 26. Juni 2017, http://www.taz.de/!5420506/ (abgerufen am 17.6.2018).

→ **Bassin, Max/Boist, Fabian:** ›Antifaschisten erstreiten Freispruch vor Landgericht‹. In: ZEIT ONLINE, 16.3.2013, https://blog.zeit.de/stoerungsmelder/2013/03/16/antifaschisten-erstreiten-freispruch-vor-landgericht_11972 (abgerufen 8.1.2023)

→ *Bündnis Remagen für Frieden und Demokratie:* ›Tag der Demokratie Remagen‹. https://tagderdemokratie-remagen.de/ziel-erreicht-kein-naziaufmarsch-im-november (abgerufen 8.1.2023)

- **Denkler, Thorsten:** ›NPD reagiert auf Verbotsantrag. Herr Apfel hat die Schnauze voll‹. In: *Süddeutsche Zeitung*, 4. Dezember 2013, http://www.sueddeutsche.de/politik/npd-reagiert-auf-verbotsantrag-herr-apfel-hat-die-schnauze-voll-1.1835376 (abgerufen am 30.5.2018).
- *Die Rote Fahne*, Nr. 51, 14. Mai 1924.
- *Die Rote Fahne*, 25. Mai 1932.
- *Die Rote Fahne*, Nr. 197, 24. August 1930
- **Dpa:** ›Neonazis Büdingen. Demo gegen Neonazi-Aufmarsch‹. In: *Frankfurter Rundschau*, 30. Januar 2016, http://www.fr.de/rhein-main/neonazis-buedingen-demo-gegen-neonazis-aufmarsch-a-393247, (abgerufen am 24.6.2018).
- ›Eindrücke vom Demo Wochenende in Remagen und Duisburg‹. In: *Köln gegen Rechts*, 18.11.2019,https://www.koelngegenrechts.org/2019/11/eindruecke-vom-demo-wochenende-in-remagen-und-duisburg/ (abgerufen 8.1.2023)
- *Einsatz!* Nr. 42, *Zeitung für autonome Politik*, Göttingen, Dezember 1999
- *Endstation Rechts*, 22.10.2022, https://www.endstation-rechts.de/news/remagen-trauermarsch-wegen-erfolglosigkeit-eingestellt (abgerufen 8.1.2023)
- ›Erneuter Neonazi Aufmarsch in Remagen‹. In: ZEIT ONLINE, 1.11.2013, https://blog.zeit.de/stoerungsmelder/2013/11/01/klappe-die-funfte-erneuter-neonaziaufmarsch-in-remagen_14264 (abgerufen 8.1.2023)
- ›Fast 100 Deutsche randalieren in Polen‹. In: *Handelsblatt*, 13. November 2011 https://www.handelsblatt.com/panorama/aus-aller-welt/festnahmen-fast-100-deutsche-randalieren-in-polen/5832180.html, (abgerufen am 28.8.2018)
- **Fried, Nico:** ›Ich habe gelernt: Nie wieder Ausschwitz‹. In: *Süddeutsche Zeitung*, 19. Mai 2010, http://www.sueddeutsche.de/politik/fischer-ich-habe-gelernt-nie-wieder-auschwitz-1.915701 (abgerufen am 21.6.2018).
- *Göttinger Anschläge*, Nr. 5, Februar 1988 – beim Datum handelt es sich um einen Satzfehler, tatsächlich Februar 1989.
- *Göttinger Anschläge*, Nr. 6, Juli 1989.

→ **Hauschild, Anette:** ›Neonazi-Aufmarsch in Remagen. Demo gegen Heldengedenken‹. In: *Die tageszeitung*, 14.11.2021 https://taz.de/Neonazi-Aufmarsch-in-Remagen/!5815150/ (abgerufen 8.1.2023)

→ **Horstmann, Kai:** ›Nach Protesten 2019. Strafbefehl gegen Demminer Aktionsbündnis-Mitglied‹. In: *Nordkurier*, 22.12.2020, https://www.nordkurier.de/demmin/strafbefehl-gegen-demminer-aktionsbuendnis-mitglied-2241838712.html (abgerufen 14.1.2023).

→ ›Heftige Krawalle am Rande von Neonazi-Demo im Leipziger Süden‹. In: *Leipziger Volkszeitung*, 13. Dezember 2015, http://www.lvz.de/Leipzig/Lokales/Heftige-Krawalle-am-Rand-von-Neonazi-Demo-im-Leipziger-Sueden (abgerufen am 24.6.2018).

→ **Jansen, Frank:** ›Statistik für 2015. Rechtsradikale Gewalttaten um 40 Prozent gestiegen‹. In: *Der Tagesspiegel*, 8. Januar 2016: https://www.tagesspiegel.de/politik/statistik-fuer-2015-zahl-rechter-gewalttaten-um-40-prozent-gestiegen/12806594.html (abgerufen: 24.6.2018).

→ **Kaul, Martin:** ›Großangriff auf einen Stadtteil. Der Kampf um Connewitz‹. In: *Die Tageszeitung*, 12. Januar 2016, http://www.taz.de/!5265306 (abgerufen am 24.6.2018).

→ *radikal*, Nr. 140, Juni 1990.

→ **Lauer, Céline:** ›Die jüdische Geliebte des faschistischen Diktators‹. In: *WELT*, 3.7.2017, https://www.welt.de/kultur/history/article106630086/Die-juedische-Geliebte-des-faschistischen-Diktators.html (abgerufen am 11.1.2023).

→ *Lotta*: ›Razzia im Hinterland – Das Ende des Aktionsbüro Mittelrhein‹. In: *Antifa Infoblatt*, 8.3.2012, https://www.antifainfoblatt.de/artikel/razzia-im-hinterland-%E2%80%93%C2%A0das-ende-des-aktionsb%C3%BCro-mittelrhein (abgerufen 8.1.2023).

→ ›Mehr als 200 Neonazis bei Gedenken in Remagen‹. In: *ZEIT ONLINE*, 19.11.2017, https://blog.zeit.de/stoerungsmelder/2017/11/19/mehr-als-200-neonazis-bei-gedenken-in-remagen_25034 (abgerufen 8.1.2023).

→ ›Ministerpräsidentin Malu Dreyer lobte die Remagener für Einsatz gegen „Rechts"‹. In: *Blick aktuell*, 2011.2019, https://www.blick-aktuell.de/Berichte/Ministerpraesidentin-Malu-Dreyer-lobte-die-Remagener-fuer-Einsatz-gegen-Rechts-421607.html (abgerufen 8.1.2023).

→ ›Naziaufmarsch in Remagen gestört – massive Kriminalisierung von linkem Protest‹. In: *Perspektive Online*, 15.11.2020, https://perspektive-online.net/2020/11/naziaufmarsch-in-remagen-gestoert-massive-kriminalisierung-von-linkem-protest/ (abgerufen 8.1.2023).

→ ›Nazi-GegnerInnen zeigten sich in Magdeburg entschlossen gegen Rechts: Aufwärm-Demo mit Feuerwerk‹. In: *Beobachter New. Magazin für politische Bewegung um Südwesten*, 16. Januar 2016, http://www.beobachternews.de/2016/01/16/aufwaerm-demo-mit-feuerwerk (abgerufen 10.7.2018).

→ ›Neonazi-Aufmarsch in Demmin am 8. Mai 2022: rücklaufende Teilnehmenden Zahl & verhärtete Ideologie.‹ In: *Jüdisches Forum für Demokratie und gegen Antisemitismus e. V.*, 10.5.2022, https://www.jfda.de/post/neonazi-aufmarsch-in-demmin-am-8-mai-2022 (abgerufen 15.1.2023).

→ **Plath, Thoralf:** ›Demmin zieht Bilanz. So großen Widerstand gegen Nazi-Demo gab es bisher nicht‹. In: *Nordkurier*, 11.5.2015, https://www.nordkurier.de/demmin/so-grossen-widerstand-gegen-nazi-demo-gab-es-bisher-nicht-1114796805.html (abgerufen 15.1.2023).

→ **Plath, Thoralf:** ›Makabre Aktion in Demmin. Protest gegen NPD mit Sexpuppen in der Peene‹. In: Nordkurier, 11.5.2016, https://www.nordkurier.de/demmin/protest-gegen-npd-aufmarsch-sex-puppen-in-der-peene-1122492505.html (abgerufen 15.1.2023)

→ **Polizeiinspektion Neubrandenburg:** ›POL-NB Polizeieinsatz anlässlich mehrerer angemeldeter Veranstaltungen‹. In: Presseportal, 8.5.2019, https://www.presseportal.de/blaulicht/pm/108770/4265377 (abgerufen 14.1.2023).

→ ›Rechtsextremen Demonstranten unterlief verhängnisvoller Fehler‹. In: *Welt-Panorama*, 10.12.2019, https://www.welt.de/vermischtes/article204187960/Massenschlaegerei-in-Bonn-Rechtsextremen-Demonstranten-unterlief-verhaengnisvoller-Fehler.html (abgerufen 8.1.2023).

→ ›Rede des Abgeordneten Otto Wels vom 23. März 1933 vor dem Reichstag‹, https://www.brigitte-zypries.de/dl/rede_otto_wels.pdf (abgerufen am 16.2.2023).

→ ›Remagen gegen Rechts‹. In: *Frankfurter Rundschau*, 25.11.2012, https://www.fr.de/politik/remagen-gegen-rechts-11293000.html (abgerufen 8.1.2023).

→ **Renner, Jens:** ›Im Schlafwagen‹. In: *der Freitag*, 30.9.2021, https://www.freitag.de/autoren/jens-renner/im-schlafwagen (abgerufen11.1.2023).

→ **Riemer, Karsten/Himmelspach, Pablo:** ›Nazi-Aufmarsch in Demmin ohne Randale‹. In: *Nordkurier*, 22.12.2020, https://www.nordkurier.de/demmin/nazi-aufmarsch-in-demmin-ohne-randale-0848120705.html (abgerufen 15.1.2023)

→ ›Rückblick Remagen 2019‹. In: *DGB Region Koblenz*, 18.11.2019, https://koblenz.dgb.de/++co++46b1dbaa-09f0-11ea-9e57-52540088cada (abgerufen 8.1.2023)

→ **Schmitt, Günter:** ›Tag der Demokratie am 16. November. So antwortet Remagen auf den Nazi-Aufmarsch‹. In: *General Anzeiger*, 5.11.2019, https://ga.de/region/ahr-und-rhein/remagen/aktionstag-gegen-rechts-in-remagen-am-16-november_aid-46942331 (abgerufen 8.1.2023)

→ ›Schröder Sprüche‹. In: *Süddeutsche Zeitung*, 22. September 2015, http://www.sueddeutsche.de/politik/schroeders-sprueche-familie-und-das-ganze-gedoens-1.2658859-5 (abgerufen am 1.6.2018).

→ **Seibel, Frank:** ›Das ist nicht mein Problem‹. In: Sächsische Zeitung, 5. April 2018, https://www.sz-online.de/sachsen/das-ist-nicht-mein-problem-3912002.html (abgerufen am 22.6.2018).

→ ›Tag der Demokratie Remagen‹, https://www.aw-wiki.de/index.php/Tag_der_Demokratie_(Remagen) (abgerufen 8.1.2023)

→ **Ulrich, Sarah:** ›Nazi-Angriff in Leipzig vor Gericht. 200 Angreifer hatten leichtes Spiel.‹ In: *Die Tageszeitung*, 16. August 2018, http://www.taz.de/Nazi-Angriff-in-Leipzig-2016/!5525171 (abgerufen am 29.6.2018).

→ **vet/dpa:** ›Erfundenes Opfer im NSU-Prozess. Nebenklage Anwalt wegen Betrugs angeklagt‹. In: *spiegel online*, 29.3.2018, http://www.spiegel.de/panorama/justiz/nsu-prozess-anwalt-erfindet-opfer-und-wird-wegen-betrugs-angeklagt-a-1200411.html (abgerufen 10.7.2018).

→ *Volksstimme*, 26. Mai 1932, (Nr. 122), Sie prügeln Deutschland kaputt, http://library.fes.de/magdeburg/pdf/1932/1932-122.pdf (abgerufen am 11.1.2023).

→ **Westbrock, Sven/Wrobel, Michael:** ›Gegendemo von Antifas und Bürgern, Rechtsextremer „Trauermarsch" in Remagen schrumpft um die Hälfte‹. In: *General-Anzeiger*, 13.11.2021, https://ga.de/region/ahr-und-rhein/remagen/rechtsextremer-trauermarsch-in-remagen-schrumpft-um-fast-die-haelfe_aid-64049455 (abgerufen 8.1.2023)

→ *Westfälische Rundschau* Nr. 196, *Westfälische Allgemeine Zeitung* (WAZ), *Ruhr Nachrichten* (RN), vom 24. August 1985.

→ *Zeit online*, 18. April 2018, https://www.zeit.de/news/2018-04/18/zahl-der-rechtsrock-konzerte-in-deutschland-nimmt-wieder-zu-180418-99-938764 (abgerufen am 12.6.2018).

→ ›90 Rechte treffen in Remagen auf 400 Gegendemonstranten‹. In: *Blick aktuell*, 17.11.2020, https://www.blick-aktuell.de/Berichte/90-Rechte-trafen-in-Remagenauf-400-Gegendemonstranten-459808.html (abgerufen 8.1.2023).

Quellen/Dokumente/Interviews

→ Inernetportalseite der AGST (Antifaschistischen Gruppe Südthüringen): http://www.afaction.info/index.php?menu=news&aid=922.

→ Aktenzeichen: 2 BvB 1/01, 2/01 u. 3/01 – Beschluss vom 18. März 2003.

→ Anfrage im Bundestag, Drucksache 15/13661, http://dip21.bundestag.de/dip21/btd/18/136/1813661.pdf.

→ *Antifa Texte* 2, falsches Impressum, tatsächlich: Göttingen, November 1986.

→ ›Demo-Krawalle vom 12. Dezember 2015: Hohe Schäden im Leipziger Süden.‹ In: Stadt Leipzig, 16. Dezember 2015, https://www.leipzig.de/news/news/demo-krawalle-vom-12-dezember-2015-hohe-schaeden-im-leipziger-sueden/ (abgerufen am 24.6.2018).

→ *Einsatz*, Broschüre der AA/BO, Grundlagen der AA/BO, September 1993.

→ ›Die Neo-Nazis machen mobil – Der Staat zieht die Fäden und profitiert davon! Fußball-Länderspiel BR Deutschland-Türkei am 26.10. im Berliner Olympiastadion. Kampf dem Faschismus‹, vierseitiges Flugblatt, unterzeichnet mit *Einige autonome Gruppen*, Westberlin 1983.

- ›Hamburg: Faschisten eine Abfuhr erteilt! Dokumentation zu den Ereignissen am 14./15.5.77‹, 40-seitige Broschüre des KB, Mai 1977, Auflage 10.000 Exemplare.
- ›Kämpferische Demonstration durchgesetzt‹, Pressemitteilung, 17. Januar 2015, http://entschlossenhandeln.blogsport.de/, (abgerufen am 22.6.2018).
- Interview des Autors mit Heiko. Hamburg, 27. Oktober 2013.
- Interview des Autors mit Paul Stern, Bad Fallingbostel, 26. Oktober 2013.
- ›Roter Vormarsch im Bezirk Niedersachsen‹, Bezirksparteitag/ Dez. 1932, als Manuskript gedruckt. Erscheinungsort: Hannover, Herausgeber: Bezirksleitung der KPD Niedersachsen.
- *Statistisches Landesamt Sachsen*: Jahrbuch für den Freistaat Sachsen 1929, Dresden, 1930.
- *Verfassungsschutzbericht* 1980, Der Bundesminister des Innern, Bonn 1981.
- *Verfassungsschutzbericht* 1992, Bundesminister des Innern, Bonn 1993.
- *Verfassungsschutzbericht* 1996, Bundesministerium des Innern, Bonn 1997.
- *Verfassungsschutzbericht Thüringen* 2002.

Videos

- **Block ZHG:** ›Wer wir sind, was passiert ist‹. In: *YouTube*,14.12.2020, https://www.youtube.com/watch?v=0NrbgPEZxXE (abgerufen 8.1.2023)

Bildnachweis

- → **Zeitgenössische Postkarten:** 17, 19, 21 oben, 97, 105, 113, 115, 145, 153 unten, 183, 184, 230.
- → **Rainer Recke:** 286, 291, 294 beide, 299 unten.
- → **Marcus Höhn:** 299 oben, 313 unten, 314.
- → **Andreas Domma:** 361.
- → **Klaus Malorney:** 284.
- → **Bernd Langer:** 295, 298 oben, 301, 305, 328, 329.
- → **Archiv Langer:** 360, 271, 274, 316.
- → **Bernward Comes:** 312.
- → **Wellenreiter:** 298 unten.